단기 합격을 위한
해커스 커리큘럼

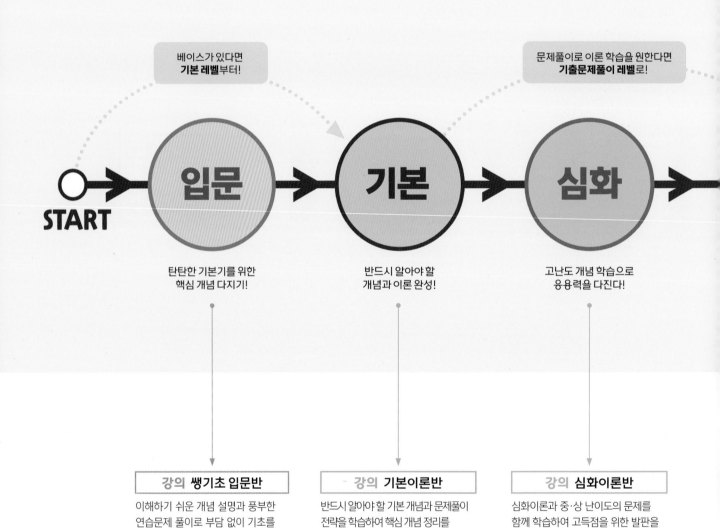

베이스가 있다면
기본 레벨부터!

문제풀이로 이론 학습을 원한다면
기출문제풀이 레벨로!

입문 → 기본 → 심화 →

START

탄탄한 기본기를 위한
핵심 개념 다지기!

반드시 알아야 할
개념과 이론 완성!

고난도 개념 학습으로
응용력을 다진다!

강의 **쌩기초 입문반**

이해하기 쉬운 개념 설명과 풍부한
연습문제 풀이로 부담 없이 기초를
다질 수 있는 강의

강의 **기본이론반**

반드시 알아야 할 기본 개념과 문제풀이
전략을 학습하여 핵심 개념 정리를
완성하는 강의

강의 **심화이론반**

심화이론과 중·상 난이도의 문제를
함께 학습하여 고득점을 위한 발판을
마련하는 강의

* 커리큘럼은 과목별·선생님별로 상이할 수 있으며, 자세한 내용은 해커스공무원 사이트에서 확인하세요.

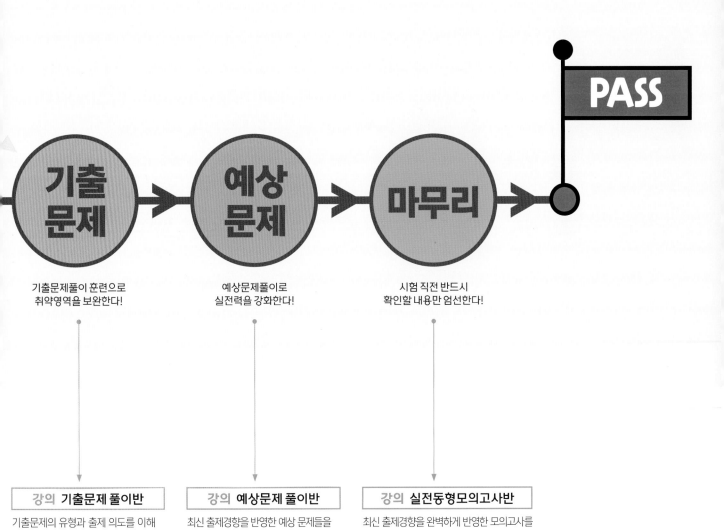

PASS

기출
문제

예상
문제

마무리

기출문제풀이 훈련으로
취약영역을 보완한다!

예상문제풀이로
실전력을 강화한다!

시험 직전 반드시
확인할 내용만 엄선한다!

강의 기출문제 풀이반

기출문제의 유형과 출제 의도를 이해
하고, 본인의 취약영역을 파악 및 보완
하는 강의

강의 예상문제 풀이반

최신 출제경향을 반영한 예상 문제들을
풀어보며 실전력을 강화하는 강의

강의 실전동형모의고사반

최신 출제경향을 완벽하게 반영한 모의고사를
풀어보며 실전 감각을 극대화하는 강의

강의 봉투모의고사반

시험 직전에 실제 시험과 동일한 형태의
모의고사를 풀어보며 실전력을 완성하는 강의

해커스
단/기/합/격

7급 PSAT
기출+적중
모의고사

언어논리

ⅢⅠ 해커스공무원

서문

난도 높은 7급 PSAT,
단기간에 점수를 향상시킬 수 있는 방법은 없나요?

7급 공채를 준비하는 수험생들 중 많은 분들이 이렇게 이야기합니다.
'7급 PSAT 기출문제는 양이 적어서 그것만 풀기에는 불안해요.'
'다른 유사적성시험 기출문제를 모두 풀기엔 양이 너무 많아 막막해요'
해커스 PSAT연구소는 이러한 7급 공채 수험생들의 고민을 해결할 수 있는,
7급 PSAT 학습에 최적화된 교재가 무엇일지 밤낮없이 고민했습니다.

언어논리 최신 출제 경향을 파악하여 철저히 대비할 수 있도록,
엄선된 다양한 문제를 풀어보며 전략적으로 시험을 준비할 수 있도록
체계적인 시간 관리 연습과 회독 학습을 통해 완벽하게 실전감각을 익힐 수 있도록,

해커스 PSAT연구소는 수많은 고민을 거듭한 끝에
『해커스 단기합격 7급 PSAT 기출+적중 모의고사 언어논리』를 출간하게 되었습니다.

『해커스 단기합격 7급 PSAT 기출+적중 모의고사 언어논리』는

1. 7급 PSAT 모의평가 및 최신 기출문제를 수록하여 출제 경향에 맞춰 시험에 전략적으로 대비할 수 있습니다.

2. 역대 PSAT 기출문제 중 7급 PSAT에 최적화된 문제로 구성된 기출 엄선 모의고사와, 7급 PSAT 출제경향을 반영하여 제작된 적
   중 예상 모의고사를 통해 문제풀이 능력을 기르고 실전 감각을 극대화할 수 있습니다

3. 취약 유형 분석표와 회독용 답안지를 통해, 본인의 취약점을 분석하고 체계적인 회독 학습을 할 수 있습니다.

이 책을 통해 7급 공채 PSAT를 준비하는 수험생 모두 합격의 기쁨을 누리시기 바랍니다.

해커스 PSAT연구소

목차

기출유형공략

PART 1 | 기출 엄선 모의고사

PART 2 | 적중 예상 모의고사

[부록]
 - 기출 출처 인덱스
 - 회독용 답안지

[책 속의 책]

약점 보완 해설집

언어논리 고득점을 위한 **이 책의 활용법**

1 기출유형공략으로 출제 경향과 유형 특징을 파악하여 전략적으로 학습한다.

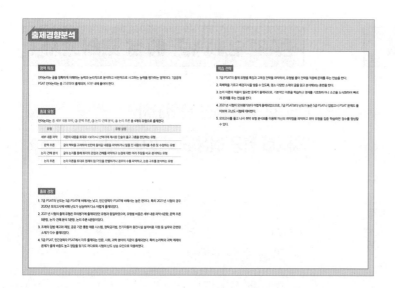

출제경향분석

최신 7급 공채 PSAT 언어논리 출제 유형과 출제 비중, 난이도, 학습 전략 등을 통해 영역에 대한 이해를 높이고 효과적으로 7급 공채 PSAT 언어논리에 대비할 수 있습니다.

유형 특징 & 고득점 전략

역대 PSAT 기출문제를 통해 유형별 문제 형태와 평가 요소를 분석하고, 이에 따른 고득점 전략을 확인하여 유형에 대한 이해를 높일 수 있습니다.

2 기출 엄선 모의고사와 적중 예상 모의고사를 통해 실전 감각을 끌어올린다.

기출 엄선 모의고사

7급 PSAT 학습에 최적화된 문제들로 구성된 기출 엄선 모의고사 5회분을 풀면서 문제풀이의 속도와 정확도를 향상시킬 수 있습니다.

적중 예상 모의고사

적중 예상 모의고사 2회분을 풀면서 7급 PSAT를 실전처럼 연습할 수 있습니다. 기출 문제와 동일한 난이도로 구성된 신작 문제를 제한 시간 내에 풀어봄으로써 실전 감각을 극대화할 수 있습니다.

언어논리 고득점을 위한 이 책의 활용법

3 상세한 해설을 통해 빠르고 정확한 풀이법을 연습한다.

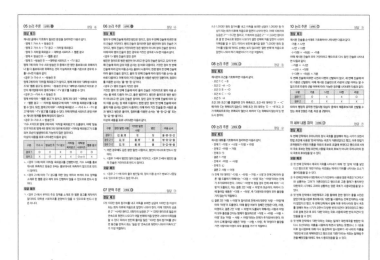

약점 보완 해설집

문제집과 해설집을 분리하여 보다 편리하게 학습할 수 있으며, 모든 문제에 대해 상세하고 이해하기 쉬운 해설을 수록하여 꼼꼼히 학습할 수 있습니다.

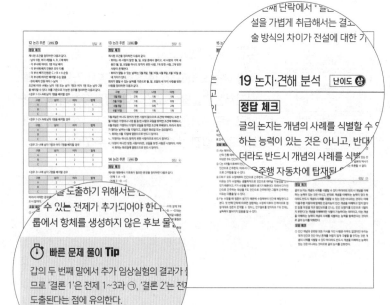

유형 분석 & 난이도

문제 유형과 난이도를 확인하여 자신의 문제 풀이 실력을 점검할 수 있습니다.

빠른 문제 풀이 Tip

문제를 빠르고 정확하게 풀 수 있는 Tip이나, 문제 풀이 시 유의해야 할 점을 정리하여 풀이 속도와 정확성을 더욱 향상시킬 수 있습니다.

4 취약 유형 분석표와 회독용 답안지를 활용해 약점을 극복하고 체계적으로 회독 학습을 한다.

취약 유형 분석표

문제를 푼 뒤 약점 보완 해설집에 수록된 취약 유형 분석표를 활용하여 자신의 실력을 점검하고 부족한 부분을 보완할 수 있습니다.

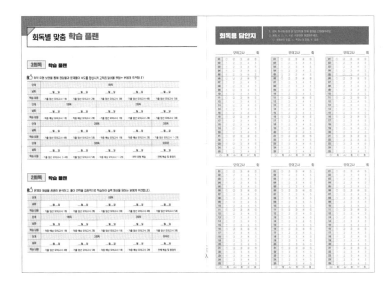

회독별 맞춤 학습 플랜

회독별 맞춤 학습 플랜을 활용하여 전략적으로 다회독 학습을 할 수 있습니다.

회독용 답안지

부록으로 제공되는 총 24회분의 회독용 답안지를 활용하여 실전처럼 마킹을 하며 문제를 풀어봄으로써 체계적인 다회독 학습이 가능합니다.

회독별 맞춤 학습 플랜

3회독 학습 플랜

👍 취약 유형 보완을 통해 정답율과 문제풀이 속도를 향상시켜 고득점 달성을 원하는 분에게 추천합니다.

단계	1회독				
날짜	___월___일	___월___일	___월___일	___월___일	___월___일
학습 내용	· 기출 엄선 모의고사 1회	· 기출 엄선 모의고사 2회	· 기출 엄선 모의고사 3회	· 기출 엄선 모의고사 4회	· 기출 엄선 모의고사 5회
단계	1회독		2회독		
날짜	___월___일	___월___일	___월___일	___월___일	___월___일
학습 내용	· 적중 예상 모의고사 1회	· 적중 예상 모의고사 2회	· 기출 엄선 모의고사 1회	· 기출 엄선 모의고사 2회	· 기출 엄선 모의고사 3회
단계	2회독				3회독
날짜	___월___일	___월___일	___월___일	___월___일	___월___일
학습 내용	· 기출 엄선 모의고사 4회	· 기출 엄선 모의고사 5회	· 적중 예상 모의고사 1회	· 적중 예상 모의고사 2회	· 기출 엄선 모의고사 1~2회
단계	3회독			마무리	
날짜	___월___일	___월___일	___월___일	___월___일	___월___일
학습 내용	· 기출 엄선 모의고사 3~4회	· 기출 엄선 모의고사 5회	· 적중 예상 모의고사 1~2회	· 취약 유형 복습	· 전체 복습 및 총정리

2회독 학습 플랜

👍 문제와 해설을 꼼꼼히 분석하고, 풀이 전략을 집중적으로 학습하여 실력 향상을 원하는 분에게 추천합니다.

단계	1회독				
날짜	___월___일	___월___일	___월___일	___월___일	___월___일
학습 내용	· 기출 엄선 모의고사 1회	· 기출 엄선 모의고사 2회	· 기출 엄선 모의고사 3회	· 기출 엄선 모의고사 4회	· 기출 엄선 모의고사 5회
단계	1회독		2회독		
날짜	___월___일	___월___일	___월___일	___월___일	___월___일
학습 내용	· 적중 예상 모의고사 1회	· 적중 예상 모의고사 2회	· 기출 엄선 모의고사 1회	· 기출 엄선 모의고사 2회	· 기출 엄선 모의고사 3회
단계	2회독			마무리	
날짜	___월___일	___월___일	___월___일	___월___일	___월___일
학습 내용	· 기출 엄선 모의고사 4회	· 기출 엄선 모의고사 5회	· 적중 예상 모의고사 1회	· 적중 예상 모의고사 2회	· 전체 복습 및 총정리

1회독 | 학습 플랜

👍 실제 시험을 보는 것처럼 문제 풀이 학습에 초점을 맞추어 단기간에 실전 대비를 원하는 분에게 추천합니다.

단계	PART1				
날짜	___월___일	___월___일	___월___일	___월___일	___월___일
학습 내용	·기출 엄선 모의고사 1회	·기출 엄선 모의고사 2회	·기출 엄선 모의고사 1~2회 복습 및 정리	·기출 엄선 모의고사 3회	·기출 엄선 모의고사 4회

단계	PART1		PART2		
날짜	___월___일	___월___일	___월___일	___월___일	___월___일
학습 내용	·기출 엄선 모의고사 5회	·기출 엄선 모의고사 3~5회 복습 및 정리	·적중 예상 모의고사 1회	·적중 예상 모의고사 2회	·적중 예상 모의고사 1~2회 복습 및 정리

📖 회독별 학습 가이드

1회독 "실전 감각 익히기"	2회독 "문제 풀이 전략 심화 학습"	3회독 "취약 유형 보완 및 고득점 달성"
·실전처럼 정해진 시간 내에 회독용 답안지에 마킹하며 한 회분씩 학습한다. ·틀린 문제와 풀지 못한 문제를 확인하며 취약한 부분을 파악하고, 풀이법을 숙지한다.	·틀린 문제와 풀지 못한 문제를 다시 한 번 풀어보고, 취약 유형 분석표를 바탕으로 취약한 부분에 대해 꼼꼼히 복습한다. ·해설을 꼼꼼히 읽어 정답과 오답의 이유를 분석하고 더 빠르고 정확한 문제 풀이 전략을 정리한다.	·회독별 점수와 정답률, 풀이 시간 등을 분석하여 반복적으로 틀리는 문제를 파악한다. ·문제 풀이 전략을 적용하여 취약한 유형의 문제를 중점적으로 풀어보고, 취약점을 극복한다.

7급 공채 및 PSAT 알아보기

7급 공채 알아보기

1. 7급 공채란?

7급 공채는 인사혁신처에서 학력, 경력에 관계없이 7급 행정직 및 기술직 공무원으로 임용되기를 원하는 불특정 다수인을 대상으로 실시하는 공개경쟁채용시험을 말합니다. 신규 7급 공무원 채용을 위한 균등한 기회 보장과 보다 우수한 인력의 공무원을 선발하는 데 목적이 있습니다. 경력경쟁채용이나 지역인재채용과 달리 20세 이상의 연령이면서 국가공무원법 제33조에서 정한 결격사유에 저촉되지 않는 한, 누구나 학력 제한이나 응시상한연령 없이 시험에 응시할 수 있습니다.

- **경력경쟁채용**: 공개경쟁채용시험에 의하여 충원이 곤란한 분야에 대해 채용하는 제도로서 다양한 현장 경험과 전문성을 갖춘 민간전문가를 공직자로 선발한다.
- **지역인재채용**: 자격요건을 갖춘 자를 학교별로 추천받아 채용하는 제도로서 일정 기간의 수습 근무를 마친 후 심사를 거쳐 공직자로 선발한다.

2. 7급 공채 채용 프로세스

시험 공고 ≫ 응시원서 접수 ≫ 1차 PSAT 시험 ≫ 합격자 발표

최종합격자 발표 ≪ 3차 면접 시험 ≪ 합격자 발표 ≪ 2차 전공 시험

* 최신 시험의 상세 일정은 사이버국가고시센터(www.gosi.kr) 참고

▌7급 공채 PSAT 알아보기

1. PSAT란?

PSAT(Public Service Aptitude Test, 공직적격성평가)는 특정 과목에 대한 전문 지식 보유 수준을 평가하는 대신, 공직자로서 지녀야 할 기본적인 자질과 능력 등을 종합적으로 평가하는 시험입니다. 이에 따라 PSAT는 이해능력, 추론 및 분석능력, 상황판단능력 등을 평가하는 언어논리, 자료해석, 상황판단 세 가지 영역으로 구성됩니다.

2. 시험 구성 및 평가 내용

과목	시험 구성	평가 내용
언어논리	25문항/60분	글의 이해, 표현, 추론, 비판과 논리적 사고 등의 능력을 평가함
자료해석	25문항/60분	표, 그래프, 보고서 형태로 제시된 수치 자료를 이해하고 계산하거나 자료 간의 연관성을 분석하여 정보를 도출하는 능력을 평가함
상황판단	25문항/60분	제시된 글과 표를 이해하여 상황 및 조건에 적용하고, 판단과 의사결정을 통해 문제를 해결하는 능력을 평가함

언어논리 고득점 가이드

█ 영역 및 출제 유형 분석

1. 영역 분석

언어논리는 글을 정확하게 이해하는 능력과 논리적으로 분석하고 비판적으로 사고하는 능력을 평가하기 위한 영역입니다. 이에 따라 문학이나 어법 등의 암기적 지식을 평가하는 문제는 출제되지 않으며, 제시된 지문을 읽고 이해 · 추론 · 분석하는 문제가 출제됩니다.

2. 출제 유형 분석

언어논리는 크게 세부 내용 파악, 문맥 추론, 논지·견해 분석, 논리 추론으로 구분됩니다. 출제되는 유형 모두 기본적인 독해력이 필수적으로 요구되므로 주어진 시간 내에 긴 길이의 지문을 빠르고 정확하게 이해하는 능력이 필요합니다.

구분	유형 설명
세부 내용 파악	지문의 내용을 토대로 <보기>나 선택지에 제시된 진술의 옳고 그름을 판단하는 유형
문맥 추론	글의 맥락을 고려하여 빈칸에 들어갈 내용을 파악하거나 밑줄 친 내용의 의미를 추론 및 수정하는 유형
논지·견해 분석	글의 논지를 통해 화자의 관점과 견해를 파악하고 논점에 대한 여러 주장을 비교·분석하는 유형
논리 추론	논리 이론을 토대로 명제의 참/거짓을 판별하거나 경우의 수를 파악하고, 논증 구조를 분석하는 유형

▌ 출제 경향 및 대비 전략

1. 출제 경향

① 출제 유형

7급 공채 PSAT에서 출제된 문제는 5급 공채와 민간경력자 PSAT에 출제되었던 유형과 거의 동일합니다. 그러나 7급 공채 PSAT에서는 기존에 다수 출제되었던 단순 독해 문제의 출제 비중이 줄고, 7급 공채 PSAT 예시 문제나 모의평가와 마찬가지로 공문서 작성, 민원 대응, 법령 개정 등을 활용한 신유형이 출제되었습니다.

② 난이도

모의평가에 비해 난도가 높게 출제되었습니다. 지문의 길이가 길고, 선택지가 까다로워 풀이 시간이 오래 소요되었으며, 특히 지문을 토대로 적용·판단하는 추론 문제와 연역·귀납 이론을 적용하는 논리 문제의 비중이 높아 체감 난도가 더욱 높았습니다.

③ 지문의 소재

모의평가와 마찬가지로 실무, 법령 관련 소재의 지문이 다수 출제되었습니다. 이외에도 인문, 사회, 역사, 과학, 철학 등 다양한 소재가 출제되었으며 특히 과학, 논리학 소재의 출제 비중이 높았습니다.

2. 대비 전략

① 시험 문제에 대한 분석이 선행되어야 합니다.

PSAT는 전문적인 지식의 암기 여부를 테스트하는 시험이 아닌 적성 시험입니다. 그렇기 때문에 시험의 특징과 출제 경향에 대해 정확히 파악하고, 그에 따라 전략적으로 대비하는 것이 중요합니다. 따라서 실제 언어논리 시험 문제가 어떻게 구성되고, 어떤 소재가 출제되는지, 어떤 문제 유형이 출제되는지 등에 대해 분석하여 시험의 특징을 파악해야 합니다.

② 기본적인 독해력과 사고력을 키워야 합니다.

언어논리에서는 지문의 소재가 다양하게 출제되므로 다양한 소재의 글을 읽고 정확히 이해할 수 있어야 합니다. 이에 따라 꾸준한 독서와 독해 연습을 통해 글의 구조를 이해하고, 글에서 묻고자 하는 바와 출제 의도를 파악하는 연습을 해야 합니다. 또한 논리의 체계 유형은 기본적인 논리 지식을 필수적으로 학습해야 합니다.

③ 문제 유형별 풀이 전략을 익혀야 합니다.

7급 공채 PSAT는 60분 동안 25문항을 풀어야 하는 시험이므로 시험 시간이 촉박하게 느껴질 수 있습니다. 따라서 독해 연습과 이론적인 부분에 대한 학습뿐만 아니라 제한된 시간 내에 빠르고 정확하게 문제를 풀 수 있는 유형별 문제 풀이 전략을 익혀야 합니다.

기출유형공략

출제경향분석

영역 특징

언어논리는 글을 정확하게 이해하는 능력과 논리적으로 분석하고 비판적으로 사고하는 능력을 평가하는 영역이다. 7급공채 PSAT 언어논리는 총 25문항이 출제되며, 60분 내에 풀어야 한다.

출제 유형

언어논리는 ① 세부 내용 파악, ② 문맥 추론, ③ 논지·견해 분석, ④ 논리 추론 총 4개의 유형으로 출제된다.

유형	유형 설명
세부 내용 파악	지문의 내용을 토대로 <보기>나 선택지에 제시된 진술의 옳고 그름을 판단하는 유형
문맥 추론	글의 맥락을 고려하여 빈칸에 들어갈 내용을 파악하거나 밑줄 친 내용의 의미를 추론 및 수정하는 유형
논지·견해 분석	글의 논지를 통해 화자의 관점과 견해를 파악하고 논점에 대한 여러 주장을 비교·분석하는 유형
논리 추론	논리 이론을 토대로 명제의 참/거짓을 판별하거나 경우의 수를 파악하고, 논증 구조를 분석하는 유형

출제 경향

1. 7급 PSAT의 난도는 5급 PSAT에 비해서는 낮고, 민간경력자 PSAT에 비해서는 높은 편이다. 특히 2021년 시험의 경우 2020년 모의고사에 비해 난도가 상승하여 다소 어렵게 출제되었다.

2. 2021년 시험의 출제 유형은 모의평가에 출제되었던 유형과 동일하였으며, 유형별 비중은 세부 내용 파악 6문항, 문맥 추론 8문항, 논지·견해 분석 5문항, 논리 추론 6문항이었다.

3. 조례의 입법 예고와 제정, 공공 기관 통합 채용 시스템, 청탁금지법, 전기자동차 충전시설 설치비용 지원 등 실무와 관련된 소재가 다수 출제되었다.

4. 5급 PSAT, 민간경력자 PSAT에서 자주 출제되는 인문, 사회, 과학 분야의 지문이 출제되었다. 특히 논리학과 과학 제재의 문제가 출제 비중도 높고 정답을 찾기도 까다로워 시험의 난도 상승 요인으로 작용하였다.

학습 전략

1. 7급 PSAT의 출제 유형별 특징과 고득점 전략을 파악하여, 유형별 풀이 전략을 적용해 문제를 푸는 연습을 한다.

2. 독해력을 기르고 배경지식을 쌓을 수 있도록, 평소 다양한 소재의 글을 읽고 분석해보는 훈련을 한다.

3. 논리 이론의 적용이 필요한 문제가 출제되므로, 기본적인 이론을 학습하고 명제를 기호화하거나 조건을 도식화하여 빠르게 문제를 푸는 연습을 한다.

4. 2021년 시험이 모의평가보다 어렵게 출제되었으므로, 7급 PSAT보다 난도가 높은 5급 PSAT나 입법고시 PSAT 문제도 풀어보며 고난도 시험에 대비한다.

5. 모의고사를 풀고 나서 취약 유형 분석표를 이용해 자신의 취약점을 파악하고 취약 유형을 집중 학습하면 점수를 향상할 수 있다.

1 | 세부 내용 파악

1 유형 특징

세부 내용 파악은 지문에 포함된 정보를 정확하게 파악할 수 있는지, 지문에 드러난 정보를 바탕으로 직접 명시되지 않은 내용까지 올바르게 추론할 수 있는지를 평가하는 유형이다.

2 최신 출제 경향

1. 2021년 시험에서 세부 내용 파악은 모의평가와 동일하게 6문항이 출제되었다.

2. 인문, 사회, 과학기술 등 다양한 분야의 글이 출제되었으며, 특히 과학 원리를 구체적 사례에 적용하는 문제나 실험 결과를 해석하는 문제와 같이 과학 제재의 출제 비중이 높은 편이다.

3. 역사 소재의 문제는 1문항만 출제되었으나, 지문을 전체적으로 읽고 여러 가지 정보를 연결해야 정오 판단이 가능하여 난도가 높았다.

4. 줄글로 된 설명문이 아닌 두 사람의 대화문 형태의 지문도 출제되었으나, 정답의 근거가 명확하여 문제의 난이도는 평이하였다.

3 고득점 전략

1. 지문의 전체 구조와 문단별 핵심 내용을 먼저 파악해두면, 각 <보기>나 선택지와 관련된 세부 정보가 어디에 있는지 쉽게 찾을 수 있어 문제 풀이 시간을 단축할 수 있다.

2. <보기>나 선택지에 제시된 진술에서 핵심어를 잡고, 핵심어를 중심으로 지문을 확인하면 빠르고 정확하게 문제를 풀 수 있다.

3. 지문과의 일치 여부를 확인할 수 있는 내용이 아니라 지문에 아예 등장하지 않는 내용이 <보기>나 선택지에 포함되는 경우도 있다. 따라서 <보기>나 선택지 중 지문에서 확실한 근거를 찾을 수 있는 것을 먼저 확인하고, 근거가 쉽게 찾아지지 않는 것을 나중에 확인하는 순서로 문제를 풀이하는 것이 좋다.

다음 글에서 알 수 있는 것은?

우리나라 국기인 태극기에는 태극 문양과 4괘가 그려져 있는데, 중앙에 있는 태극 문양은 만물이 음양 조화로 생장한다는 것을 상징한다. 또 태극 문양의 좌측 하단에 있는 이괘는 불, 우측 상단에 있는 감괘는 물, 좌측 상단에 있는 건괘는 하늘, 우측 하단에 있는 곤괘는 땅을 각각 상징한다. 4괘가 상징하는 바는 그것이 처음 만들어질 때부터 오늘날까지 변함이 없다.

태극 문양을 그린 기는 개항 이전에도 조선 수군이 사용한 깃발 등 여러 개가 있는데, 태극 문양과 4괘만 사용한 기는 개항 후에 처음 나타났다. 1882년 5월 조미수호조규 체결을 위한 전권대신으로 임명된 이응준은 회담 장소에 내걸 국기가 없어 곤란해 하다가 회담 직전 태극 문양을 활용해 기를 만들고 그것을 회담장에 걸어두었다. 그 기에 어떤 문양이 담겼는지는 오랫동안 알려지지 않았다. 그런데 2004년 1월 미국 어느 고서점에서 미국 해군부가 조미수호조규 체결 한 달 후에 만든 『해상 국가들의 깃발들』이라는 책이 발견되었다. 이 책에는 이응준이 그린 것으로 짐작되는 '조선의 기'라는 이름의 기가 실려 있다. 그 기의 중앙에는 태극 문양이 있으며 네 모서리에 괘가 하나씩 있는데, 좌측 상단에 감괘, 우측 상단에 건괘, 좌측 하단에 곤괘, 우측 하단에 이괘가 있다.

조선이 국기를 공식적으로 처음 정한 것은 1883년의 일이다. 1882년 9월에 고종은 박영효를 수신사로 삼아 일본에 보내면서, 그에게 조선을 상징하는 기를 만들어 사용해본 다음 귀국하는 즉시 제출하게 했다. 이에 박영효는 태극 문양이 가운데 있고 4개의 모서리에 각각 하나씩 괘가 있는 기를 만들어 사용한 후 그것을 고종에게 바쳤다. 고종은 이를 조선 국기로 채택하고 통리교섭사무아문으로 하여금 각국 공사관에 배포하게 했다. 이 기는 일본에 의해 강제 병합되기까지 국기로 사용되었는데, 언뜻 보기에 해상 국가들의 깃발들에 실린 '조선의 기'와 비슷하다. 하지만 자세히 보면 두 기는 서로 다르다. 조선 국기 좌측 상단에 있는 괘가 '조선의 기'에는 우측 상단에 있고, '조선의 기'의 좌측 상단에 있는 괘는 조선 국기의 우측 상단에 있다. 또 조선 국기의 좌측 하단에 있는 괘는 '조선의 기'의 우측 하단에 있고, '조선의 기'의 좌측 하단에 있는 괘는 조선 국기의 우측 하단에 있다.

① 미국 해군부는 통리교섭사무아문이 각국 공사관에 배포한 국기를 『해상 국가들의 깃발들』에 수록하였다.

② 조미수호조규 체결을 위한 회담 장소에서 사용하고자 이응준이 만든 기는 태극 문양이 담긴 최초의 기다.

③ 통리교섭사무아문이 배포한 기의 우측 상단에 있는 괘와 '조선의 기'의 좌측 하단에 있는 괘가 상징하는 것은 같다.

④ 오늘날 태극기의 우측 하단에 있는 괘와 고종이 조선 국기로 채택한 기의 우측 하단에 있는 괘는 모두 땅을 상징한다.

⑤ 박영효가 그린 기의 좌측 상단에 있는 괘는 물을 상징하고 이응준이 그린 기의 좌측 상단에 있는 괘는 불을 상징한다.

[정답 및 해설] ④

첫 번째 단락에서 태극기 우측 하단에 있는 곤괘는 땅을 상징하며, 4괘가 상징하는 바는 처음 만들어질 때부터 오늘날까지 변함이 없다고 했다. 또한, 세 번째 단락에서 조선 국기의 우측 하단에 있는 괘는 '조선의 기'의 좌측 하단에 있다고 했으며, 두 번째 단락에서 '조선의 기'의 좌측 하단에는 곤괘가 있다고 했다. 따라서 오늘날 태극기의 우측 하단에 있는 괘와 고종이 조선 국기로 채택 한 기의 우측 하단에 있는 괘는 모두 땅을 상징함을 알 수 있다.

① 두 번째 단락에서 미국 해군부가 만든 『해상 국가들의 깃발들』에는 이응준이 그린 것으로 짐작되는 '조선의 기'가 실려 있다고 했고, 세 번째 단락에서 통리교섭사무아문이 각국 공사관에 배포한 국기는 박영효가 만든 조선 국기라고 했다. 따라서 미국 해군부가 『해상 국가들의 깃발들』에 수록한 것은 통리교섭사무아문이 각국 공사관에 배포한 국기가 아니라 '조선의 기'임을 알 수 있다.

② 두 번째 단락에서 태극 문양을 그린 기는 개항 이전에도 조선 수군이 사용한 깃발 등 여러 개가 있다고 했으므로 이응준이 만든 기가 태극 문양이 담긴 최초의 기는 아님을 알 수 있다.

③ 세 번째 단락에서 '조선의 기'의 좌측 상단에 있는 괘는 조선 국기의 우측 상단에 있다고 했으므로 통리교섭사무아문이 배포한 기인 조선 국기의 우측 상단에 있는 괘와 같은 것은 '조선의 기'의 좌측 하단이 아니라 좌측 상단에 있는 괘임을 알 수 있다.

⑤ 세 번째 단락에서 조선 국기 좌측 상단에 있는 괘가 '조선의 기'에는 우측 상단에 있다고 했으며, 두 번째 단락에서 '조선의 기'의 좌측 상단에 감괘, 우측 상단에 건괘가 있다고 했다. 또한 첫 번째 단락에서 감괘는 물, 건괘는 하늘을 상징한다고 했다. 따라서 박영효가 그린 기의 좌측 상단에 있는 괘는 하늘을 상징하는 건괘이고, 이응준이 그린 기의 좌측 상단에 있는 괘는 물을 상징하는 감괘임을 알 수 있다.

2 | 문맥 추론

1 유형 특징

문맥 추론은 글의 맥락을 고려하여 빈칸에 들어갈 내용을 추론하거나 밑줄 친 내용에 관한 함축적 정보를 파악할 수 있는지, 명시적 정보로부터 추론한 내용을 다른 형태의 자료에 적용하거나 올바른 내용으로 수정할 수 있는지를 평가하는 유형이다.

2 최신 출제 경향

1. 2021년 시험에서 문맥 추론은 모의평가보다 1문항 감소한 8문항이 출제되었다.

2. 청탁금지법, 코로나 19 긴급재난지원금, 조례 제정 등 제도나 업무 처리 방식에 대한 설명을 대화문으로 제시하고, 대화 내용을 토대로 빈칸에 들어갈 내용을 추론하는 문제가 2021년 시험과 모의평가 모두 2문항씩 출제되었다.

3. 논의 내용에 따라 계획안을 수정하는 문제, 상황을 통해 법조문의 개정 내용을 유추하는 문제 등 모의평가에 등장했던 7급 PSAT의 특징적인 문제들이 2021년 시험에서도 출제되었다.

4. 지문의 정보를 도표로 재구성했을 때 각 항목에 들어갈 내용을 추론하는 문제와 같이, 서로 다른 종류의 지문과 자료를 복합적으로 활용하는 문제가 출제되었다.

3 고득점 전략

1. 필요한 정보를 빠르게 추론할 수 있도록, 빈칸이나 밑줄이 있는 부분을 먼저 확인하여 단서를 찾는다.

2. 빈칸이 지문의 마지막 부분에 위치한 경우, 전체를 요약한 내용이 들어갈 가능성이 있으므로 전반부에 제시된 단서도 놓치지 않고 확인한다.

3. 특정 제도나 정책, 법조문, 업무 프로세스 등을 설명하는 지문의 경우, 문제에 제시된 인물의 상황과 요건을 정확히 파악하여 적용되는 사항과 그렇지 않은 사항을 구분한다.

4 기출 예제

다음 대화의 빈칸에 들어갈 내용으로 가장 적절한 것은?

21 7급공채

> 갑: 국회에서 법률들을 제정하거나 개정할 때, 법률에서 조례를 제정하여 시행하도록 위임하는 경우가 있습니다. 그리고 이런 위임에 따라 지방자치단체에서는 조례를 새로 제정하게 됩니다. 각 지방자치단체가 법률의 위임에 따라 몇 개의 조례를 제정했는지 집계하여 '조례 제정 비율'을 계산하는데, 이 지표는 작년에 이어 올해도 지방자치단체의 업무 평가 기준에 포함되었습니다.
>
> 을: 그렇군요. 그 평가 방식이 구체적으로 어떻게 되고, A시의 작년 평가 결과는 어땠는지 말씀해 주세요.
>
> 갑: 먼저 그 해 1월 1일부터 12월 31일까지 법률에서 조례를 제정하도록 위임한 사항이 몇 건인지 확인한 뒤, 그 중 12월 31일까지 몇 건이나 조례로 제정되었는지로 평가합니다. 작년에는 법률에서 조례를 제정하도록 위임한 사항이 15건이 있었는데, 그 중 A시에서 제정한 조례는 9건으로 그 비율은 60%였습니다.
>
> 을: 그러면 올해는 조례 제정 상황이 어떻습니까?
>
> 갑: 1월 1일부터 7월 10일 현재까지 법률에서 조례를 제정하도록 위임한 사항은 10건인데, A시는 이 중 7건을 조례로 제정하였으며 조례로 제정하기 위하여 입법 예고 중인 것은 2건입니다. 현재 시의회에서 조례로 제정되기를 기다리며 계류 중인 것은 없습니다.
>
> 을: 모든 조례는 입법 예고를 거친 뒤 시의회에서 제정되므로, 현재 입법 예고 중인 2건은 입법 예고 기간이 끝나야만 제정될 수 있겠네요. 이 2건의 제정 가능성은 예상할 수 있나요?
>
> 갑: 어떤 조례는 신속히 제정되기도 합니다. 그러나 때로는 시의회가 계속 파행하기도 하고 의원들의 입장에 차이가 커 공전될 수도 있기 때문에 현재 시점에서 조례 제정 가능성을 단정하기는 어렵습니다.
>
> 을: 그러면 A시의 조례 제정 비율과 관련하여 알 수 있는 것은 무엇이 있을까요?
>
> 갑: A시는 [   ]

① 현재 조례로 제정하기 위하여 입법 예고가 필요한 것이 1건입니다.

② 올 한 해의 조례 제정 비율이 작년보다 높아집니다.

③ 올 한 해 총 9건의 조례를 제정하게 됩니다.

④ 현재 시점을 기준으로 평가를 받으면 조례 제정 비율이 90%입니다.

⑤ 올 한 해 법률에서 조례를 제정하도록 위임받은 사항이 작년보다 줄어듭니다.

[정답 및 해설] ①

갑의 세 번째 말에 따르면 7월 10일 현재까지 법률에서 조례를 제정하도록 위임한 10건 중 A시는 7건을 조례로 제정했고 입법 예고 중인 것은 2건이며, 을의 세 번째 말에 따르면 모든 조례는 입법 예고를 거친 뒤 시의회에서 제정된다. 따라서 빈칸에 들어갈 내용은 '현재 조례로 제정하기 위하여 입법 예고가 필요한 것이 1건입니다.'가 가장 적절하다.

② 현재로서는 1월 1일부터 12월 31일까지를 기준으로 하는 올 한 해 A시의 조례 제정 비율을 알 수 없으므로 적절하지 않다.

③ 현재 시점을 기준으로 A시는 7건의 조례를 제정했으며, 12월 31일까지 몇 개의 조례를 더 제정할지 알 수 없으므로 적절하지 않다.

④ 현재 시점을 기준으로 A시는 법률에서 조례를 제정하도록 위임받은 10건 중 7건을 조례로 제정하여, 조례 제정 비율은 70%이므로 적절하지 않다.

⑤ 현재로서는 1월 1일부터 12월 31일까지를 기준으로 하는 올 한 해 A시의 조례 제정 비율과 관련하여 알 수 있는 것이 없으므로 적절하지 않다.

3 | 논지·견해 분석

1 유형 특징

논지·견해 분석은 논지와 논거로 구성된 지문의 주제와 핵심 요지를 파악할 수 있는지, 특정 견해를 강화·약화하는 추가 정보를 판단할 수 있는지, 논점에 대한 여러 견해를 비교 분석할 수 있는지를 평가하는 유형이다.

2 최신 출제 경향

1. 2021년 시험에서 논지·견해 분석은 모의평가보다 1문항 감소한 5문항이 출제되었다.

2. 법조문을 서로 다르게 해석하여 논쟁이 발생하는 상황을 분석하는 문제가 2021년 시험과 모의평가 모두 1문항씩 출제되었다.

3. 2021년 시험에는 모의평가에 출제되었던 논지 파악 문제는 출제되지 않았으며, 둘 이상의 견해가 제시되고 각각을 비교·분석하는 문제 위주로 출제되었다.

3 고득점 전략

1. 지문을 읽을 주관적 판단을 개입시키지 말고, 객관적 시각으로 논증을 분석해야 한다.

2. 중심 내용은 '따라서', '요컨대', '하지만'과 같은 말 뒤에 등장할 가능성이 높으므로, 연결어에 유의하여 지문을 읽는다.

3. 지문에 제시된 모든 정보를 한꺼번에 파악하려고 하기보다는, 논점에 대해 어떤 입장인지 그 방향성을 먼저 확인하고 세부적인 내용을 확인하는 순서로 문제를 푼다.

4. 여러 명의 견해가 제시되는 경우, 쟁점이 무엇인지 확인하고 각 견해의 공통점과 차이점을 파악하는 연습을 한다.

다음 글의 ㉠과 ㉡에 대한 평가로 적절한 것만을 <보기>에서 모두 고르면? 21 7급공채

> 연역과 귀납, 이 두 종류의 방법은 지적 작업에서 사용될 수 있는 모든 추론을 포괄한다. 철학과 과학을 비롯한 모든 지적 작업에 연역적 방법이 필수적이라는 것을 부정하는 사람은 아무도 없다. 귀납적 방법의 경우 사정은 크게 다르다. 귀납적 방법이 철학적 작업에 들어설 여지가 없다고 믿는 사람이 있는가 하면, 한 걸음 더 나아가 어떠한 지적 작업에도 귀납적 방법이 불필요하다고 주장하는 사람들도 있다.
>
> ㉠귀납적 방법이 철학이라는 지적 작업에서 불필요하다는 견해는 독단적인 철학관에 근거한다. 이런 견해에 따르면 철학적 주장의 정당성은 선험적인 것으로, 경험적 지식을 확장하기 위해 사용되는 귀납적 방법에 의존할 수 없다. 그러나 이런 견해는 철학적 주장이 경험적 가설에 의존해서는 안 된다는 부당하게 편협한 철학관과 '귀납적 방법'의 모호성을 딛고 서 있다. 실제로 철학사에 나타나는 목적론적 신 존재 증명이나 외부 세계의 존재에 관한 형이상학적 논증 가운데는 귀납적 방법인 유비 논증과 귀추법을 교묘히 적용하고 있는 것도 있다.
>
> ㉡모든 지적 작업에서 귀납적 방법의 필요성을 부정하는 견해는 중요한 철학적 성과를 낳기도 하였다. 포퍼의 철학이 그런 사례 가운데 하나이다. 포퍼는 귀납적 방법의 정당화 가능성에 관한 회의적 결론을 받아들이고, 과학의 탐구가 귀납적 방법으로 진행된다는 견해는 근거가 없음을 보인다. 그에 따르면, 과학의 탐구 과정은 연역 논리 법칙에 따라 전개되는 추측과 반박의 작업으로 이루어진다. 이런 포퍼의 이론은 귀납적 방법의 필요성에 대한 전면적인 부정이 낳을 수 있는 흥미로운 결과 가운데 하나라고 할 수 있다.

───────────────〈보 기〉───────────────

ㄱ. 과학의 탐구가 귀납적 방법에 의해 진행된다는 주장은 ㉠을 반박한다.
ㄴ. 철학의 일부 논증에서 귀추법의 사용이 불가피하다는 주장은 ㉡을 반박한다.
ㄷ. 연역 논리와 경험적 가설 모두에 의존하는 지적 작업이 있다는 주장은 ㉠과 ㉡을 모두 반박한다.

① ㄱ
② ㄴ
③ ㄱ, ㄷ
④ ㄴ, ㄷ
⑤ ㄱ, ㄴ, ㄷ

[정답 및 해설] ②

㉠은 지적 작업 중 철학에서, ㉡은 철학과 과학을 포함한 모든 지적 작업에서 귀납적 방법이 불필요하다는 견해이다.

ㄱ. 과학의 탐구가 귀납적 방법에 의해 진행된다는 주장은 지적 작업 중 철학에서 귀납적 방법이 불필요하다는 견해인 ㉠을 반박하지 않으므로 적절하지 않은 평가이다.

ㄴ. 두 번째 단락에서 귀추법은 귀납적 방법에 해당한다고 했다. 따라서 철학의 일부 논증에서 귀추법의 사용이 불가피하다는 주장은 모든 지적 작업에서 귀납적 방법이 불필요하다는 견해인 ㉡을 반박하므로 적절한 평가이다.

ㄷ. 연역 논리와 경험적 가설 모두에 의존한다는 것은 연역적 방법과 귀납적 방법이 모두 필요하다는 것을 의미한다. 따라서 연역 논리와 경험적 가설 모두에 의존하는 지적 작업이 있다는 주장은 모든 지적 작업에서 귀납적 방법이 불필요하다는 견해인 ㉡을 반박하지만, 그 지적 작업이 철학에 해당하는지 알 수 없어 ㉠은 반박하지 않으므로 적절하지 않은 평가이다.

따라서 ㉠과 ㉡에 대한 평가로 적절한 것은 ㄴ이다.

4 | 논리 추론

1 유형 특징

논리 추론은 형식논리의 추론 규칙을 활용하여 주어진 전제들로부터 타당한 결론을 도출할 수 있는지, 조건을 조합하여 가능한 경우의 수를 파악할 수 있는지, 논증의 타당성을 판단하거나 타당한 논증을 위해 필요한 전제를 추가할 수 있는지를 평가하는 유형이다.

2 최신 출제 경향

1. 2021년 시험에서 논리 추론은 모의평가보다 2문항 증가한 6문항이 출제되었다.

2. 형식논리를 이용하는 문제의 경우 조건의 개수가 많고, 줄글 형태의 지문에서 필요한 명제를 찾아내야 하는 문제가 출제되어 난도가 높은 편이었다.

3. 모의평가에 출제되지 않았던 논리적 사고 과정과 논증 구조를 분석하는 문제가 2021년 시험에 출제되었으며, 정확한 이해를 요구하여 풀이 시간이 많이 소요되는 문제도 있었다.

3 고득점 전략

1. 명제의 역·이·대우, 진리표, 선언지 제거법, 후건 긍정의 오류 등 문제 풀이에 필요한 기본적인 논리 이론을 학습한다.

2. 명제 간의 관계를 빠르게 파악할 수 있도록, 다양한 문제를 풀어보면서 자주 출제되는 표현의 기호화 방법을 익힌다.

3. 고려해야 할 조건이 많고 복잡한 경우, 표나 그림으로 정리하여 빠진 조건이나 경우가 없는지 확인하면 정답률을 높일 수 있다.

다음 글의 내용이 참일 때, 반드시 참인 것만을 <보기>에서 모두 고르면?   21 7급공채

> 최근 두 주 동안 직원들은 다음 주에 있을 연례 정책 브리핑을 준비해 왔다. 브리핑의 내용과 진행에 관해 알려진 바는 다음과 같다. 개인건강정보 관리 방식 변경에 관한 가안이 정책제안에 포함된다면, 보건정보의 공적 관리에 관한 가안도 정책제안에 포함될 것이다. 그리고 정책제안을 위해 구성되었던 국민건강 2025팀이 재편된다면, 앞에서 언급한 두 개의 가안이 모두 정책제안에 포함될 것이다. 개인건강정보 관리 방식 변경에 관한 가안이 정책제안에 포함되고 국민건강 2025팀 리더인 최팀장이 다음 주 정책 브리핑을 총괄한다면, 프레젠테이션은 국민건강 2025팀의 팀원인 손공정씨가 맡게 될 것이다. 그런데 보건정보의 공적 관리에 관한 가안이 정책제안에 포함될 경우, 국민건강 2025팀이 재편되거나 다음 주 정책 브리핑을 위해 준비한 보도자료가 대폭 수정될 것이다. 한편, 직원들 사이에서는, 최팀장이 다음 주 정책 브리핑을 총괄하면 팀원 손공정씨가 프레젠테이션을 담당한다는 말이 돌았는데 그 말은 틀린 것으로 밝혀졌다.

―――――――――――〈보 기〉―――――――――――

ㄱ. 개인건강정보 관리 방식 변경에 관한 가안과 보건정보의 공적 관리에 관한 가안 중 어느 것도 정책제안에 포함되지 않는다.
ㄴ. 국민건강 2025팀은 재편되지 않고, 이 팀의 최팀장이 다음 주 정책 브리핑을 총괄한다.
ㄷ. 보건정보의 공적 관리에 관한 가안이 정책제안에 포함된다면, 다음 주 정책 브리핑을 위해 준비한 보도자료가 대폭 수정될 것이다.

① ㄱ
② ㄴ
③ ㄱ, ㄷ
④ ㄴ, ㄷ
⑤ ㄱ, ㄴ, ㄷ

[정답 및 해설] ④

제시된 글에서 기호화가 필요한 문장을 정리하면 다음과 같다.
· 명제 1: 개인건강정보 → 보건정보
· 명제 2: 2025팀 재편 → 개인건강정보 ∧ 보건정보
· 명제 3: 개인건강정보 ∧ 최팀장 → 손공정
· 명제 4: 보건정보 → 2025팀 재편 ∨ 보도자료
· 명제 5: '최팀장 → 손공정'은 거짓

전건이 참이고 후건이 거짓인 경우에 조건문이 거짓이 되므로 명제 5에 따라 '최팀장 → 손공정'이 거짓이라면 '최팀장 ∧ ~공정'이 참임을 알 수 있다. 명제 3의 대우 '~손공정 → ~개인건강정보 ∨ ~최팀장'에 의해 '~개인건강정보'가 도출된다. 이때 명제 2의 대우는 '~개인건강정보 ∨ ~보건정보 → ~2025팀 재편'이므로 '~2025팀 재편'도 참이다.

ㄱ. 명제 3의 대우에 의해 '~개인건강정보'는 도출되지만, 제시된 명제만으로 '~보건정보'가 참인지는 알 수 없으므로 반드시 참은 아니다.

ㄴ. 명제 5에 의해 '최팀장'이 도출되고, 명제 3의 대우와 명제 2의 대우에 의해 '~2025팀 재편'이 도출되므로 반드시 참이다.

ㄷ. 명제 3의 대우와 명제 2의 대우에 의해 '~2025팀 재편'이 도출된다. 따라서 보건정보의 공적 관리에 관한 가안이 정책제안에 포함된다면, 명제 4에서 선언지 제거법을 통해 '보도자료'가 도출되므로 반드시 참이다.

따라서 반드시 참인 것은 ㄴ, ㄷ이다.

PART **1**

기출 엄선 모의고사

01. 다음 글에서 추론할 수 있는 것은?

19 5급공채

조선왕조실록은 조선 시대 국왕의 재위 기간에 있었던 중요 사건들을 정리한 기록물로 역사적인 가치가 크다. 이에 유네스코는 태조부터 철종까지의 시기에 있었던 사건들이 담긴 조선왕조실록 총 1,893권, 888책을 세계 기록 유산으로 등재하였다.

실록의 간행 과정은 상당히 길고 복잡했다. 먼저, 사관이 국왕의 공식적 언행과 주요 사건을 매일 기록하여 사초를 만들었다. 그 국왕의 뒤를 이어 즉위한 새 왕은 전왕(前王)의 실록을 만들기 위해 실록청을 세웠다. 이 실록청은 사초에 담긴 내용을 취사선택해 실록을 만든 후 해산하였다. 이렇게 만들어진 실록은 전왕의 묘호(廟號)를 붙여 '○○실록'이라고 불렸다. 이런 식으로 일이 진행되다 보니 『철종실록』이 고종 때에 간행되었던 것이다.

한편 정변으로 왕이 바뀌었을 때에는 그 뒤를 이은 국왕이 실록청 대신 일기청을 설치하여 물러난 왕의 재위 기간에 있었던 일을 '○○○일기(日記)'라는 명칭으로 정리해 간행했다. 인조 때 『광해군실록』이 아니라 『광해군일기』가 간행된 것은 바로 이 때문이다. '일기'는 명칭만 '실록'이라고 부르지 않을 뿐 간행 과정은 그와 동일했다. 그렇기 때문에 '일기'도 세계 기록 유산으로 등재된 조선왕조실록에 포함된 것이다. 『단종실록』은 특이한 사례에 해당된다. 단종은 계유정난으로 왕위에서 쫓겨난 후에 노산군으로 불렸고, 그런 이유로 세조 때 『노산군일기』가 간행되었다. 그런데 숙종 24년(1698)에 노산군이 단종으로 복위된 후로 『노산군일기』를 『단종실록』으로 고쳐 부르게 되었다.

조선 후기 붕당 간의 대립은 실록 내용에도 영향을 미쳤다. 선조 때 동인과 서인이라는 붕당이 등장한 이래, 선조의 뒤를 이은 광해군과 인조 때까지만 해도 붕당 간 대립이 심하지 않았다. 그러나 인조의 뒤를 이어 효종, 현종, 숙종이 연이어 왕위에 오르는 과정에서 붕당 간 대립이 심해졌다. 효종 때부터는 집권 붕당이 다른 붕당을 폄훼하기 위해 이미 만들어져 있는 실록을 수정해 간행하는 일이 벌어졌다. 수정된 실록에는 원래의 실록과 구분해 '○○수정실록'이라는 명칭을 따로 붙였다.

① 『효종실록』은 현종 때 설치된 실록청이 간행했을 것이다.

② 『노산군일기』는 숙종 때 설치된 일기청이 간행했을 것이다.

③ 『선조수정실록』은 광해군 때 설치된 실록청이 간행했을 것이다.

④ 『고종실록』은 세계 기록 유산으로 등재된 조선왕조실록에 포함되어 있을 것이다.

⑤ 『광해군일기』는 세계 기록 유산으로 등재된 조선왕조실록에 포함되어 있지 않을 것이다.

02. 다음 대화의 빈칸에 들어갈 내용으로 가장 적절한 것은?

19 7급예시

갑: 2019년 7월 17일 학술연구자정보망에서 학술연구자 A의 기본 정보는 조회할 수 있는데, A의 연구 업적 정보는 조회가 되지 않는다는 민원이 있었습니다. 어떻게 답변해야 할까요?

을: 학술연구자가 학술연구자정보망에 기본 정보를 제공하는 데 동의하였으나, 연구 업적 정보 공개에 추가로 동의하지 않았을 경우, 민원인은 학술연구자의 연구 업적 정보를 조회할 수 없어요. 또한 동의했다고 하더라도 해당 학술연구자의 업적 정보의 집적이 완료되지 않았을 경우에도 그는 연구 업적 정보를 조회할 수 없습니다.

갑: 학술연구자가 연구 업적 정보 공개에 추가로 동의하지 않았다면 조회 화면에 무슨 문구가 표시되나요?

을: 조회 화면에 "해당 연구자가 상기 정보의 공개에 동의하지 않았습니다"라는 문구가 표시됩니다. 해당 연구자의 업적 정보의 집적이 완료되지 않은 경우에는 조회 화면에 "업적 정보 집적 중"이라는 문구가 표시되고요. 해당 민원인께서는 무슨 문구가 표시되었다고 말씀하시나요?

갑: 문구 표시에 대한 말씀은 듣지 못했어요. 아마 문구를 읽지 못한 것 같아요. 근데 학술연구자의 업적 정보 제공 동의율과 업적 정보 집적률은 현재 얼마만큼 되나요?

을: 2019년 7월 18일 오늘 기준으로 학술연구자의 연구 업적 정보 제공 동의율은 약 92%입니다. 동의자 대상 업적 정보 집적률은 약 88 %고요. 동의한 학술연구자가 10여만 명에 이르러 자료를 집적하는 데 시간이 많이 걸려요. 하지만 2019년 8월 말까지는 정보 집적이 끝날 겁니다.

갑: 그렇군요. 그러면 제가 민원인에게 [   ] 라고 답변 드리면 되겠네요. 고맙습니다.

① 지금은 조회할 수 없지만 2019년 8월 말이 되면 학술연구자 A의 연구 업적 정보가 조회될 것이다

② 학술연구자 A가 연구 업적 정보 공개에 동의하지 않았거나 그의 업적 정보가 현재 집적 중이기 때문에 그렇다

③ 현재 학술연구자 A는 연구 업적 정보 공개에 동의한 상태지만 그의 업적 정보가 현재 집적 중이기 때문에 그렇다

④ 지금은 조회할 수 없지만 만일 학술연구자 A가 연구 업적 정보 공개에 동의했다면 한 달 안에는 그의 연구 업적 정보를 조회할 수 있다

⑤ 오늘 다시 학술연구자 A의 연구 업적 정보를 조회한다면 "해당 연구자가 상기 정보의 공개에 동의하지 않았습니다"라는 문구가 나올 것이다

인과 관계를 나타내는 인과 진술 '사건 X는 사건 Y의 원인이다'를 우리는 어떻게 이해해야 할까? '사건 X는 사건 Y의 원인이다'라는 진술은 곧 '사건 X는 사건 Y보다 먼저 일어났고, X로부터 Y를 예측할 수 있다'를 뜻한다. 여기서 'X로부터 Y를 예측할 수 있다'는 것은 '관련된 자료와 법칙을 모두 동원하여 X로부터 Y를 논리적으로 도출할 수 있다'를 뜻한다.

하지만 관련 자료와 법칙을 우리가 어떻게 모두 알 수 있겠는가? 만일 우리가 그 자료나 법칙을 알 수 없다면, 진술 'X는 Y의 원인이다'를 입증하지도 반증하지도 못하는 것이 아닐까? 경험주의자들이 이미 주장했듯이, 입증하거나 반증하는 증거를 원리상 찾을 수 없는 진술은 무의미하다. 예컨대 '역사는 절대정신의 발현 과정이다'라는 진술은 입증 증거도 반증 증거도 아예 찾을 수 없고 이 때문에 이 진술은 무의미하다. 그렇다면 만일 관련 자료와 법칙을 모두 알아낼 수 없거나 거짓 자료나 틀린 법칙을 갖고 있다면, 우리가 'X는 Y의 원인이다'를 유의미하게 진술할 방법이 없는 것처럼 보인다.

하지만 꼭 그렇다고 말할 수는 없다. 다음과 같은 상황을 생각해 보자. 오늘날 우리는 관련된 참된 법칙과 자료를 써서 A로부터 B를 논리적으로 도출함으로써 A가 B의 원인이라는 것을 입증했다. 하지만 1600년에 살았던 갑은 지금은 틀린 것으로 밝혀진 법칙을 써서 A로부터 B를 논리적으로 도출함으로써 '사건 A는 사건 B의 원인이다'를 주장했다. 이 경우 갑의 진술이 무의미하다고 주장할 필요가 없다. 왜냐하면 갑의 진술 'A는 B의 원인이다'는 오늘날 참이고 1600년에도 참이었기 때문이다.

따라서 우리는 갑의 진술 'A는 B의 원인이다'가 1600년 당시에 무의미했다고 말해서는 안 되고, 입증할 수 있는 진술을 그 당시에 갑이 입증하지는 못했다고 말하는 것이 옳다. 갑이 거짓 법칙을 써서라도 A로부터 B를 도출할 수 있다면, 그의 진술은 입증할 수 있는 진술이고, 이 점에서 그의 진술은 유의미하다. 이처럼 우리가 관련 법칙과 자료를 모르거나 틀린 법칙을 썼다고 해서, 우리의 인과 진술이 무의미하다고 주장해서는 안 된다. 우리가 관련 법칙과 자료를 지금 모두 알 수 없다 하더라도 우리는 여전히 유의미하게 인과 관계를 주장할 수 있다.

'A는 B의 원인이다'의 참 또는 거짓 여부가 오늘 결정될 수 없다는 이유에서 그 진술이 무의미하다고 주장해서는 안 된다. 미래의 어느 시점에 그 진술을 입증 또는 반증하는 증거가 나타날 여지가 있다면 그 진술은 유의미하다. 이 진술이 단지 유의미한 진술을 넘어서 참된 진술로 입증되려면, 지금이 아니더라도 언젠가 참인 법칙과 자료로부터 논리적으로 도출할 수 있어야 하겠지만 말이다.

① 관련 법칙을 명시할 수 없다면 인과 진술은 무의미하다.

② 반증할 수 있는 인과 진술은 입증할 수 있는 인과 진술과 마찬가지로 유의미한 진술이다.

③ 논리적 도출을 통해 입증된 인과 진술들 가운데 나중에 일어난 사건이 원인이 되는 경우가 있다.

④ 가까운 미래에는 입증될 수 없는 진술 '지구와 가장 가까운 항성계에도 지적 생명체가 산다'는 무의미하다.

⑤ 관련된 자료들이 현재 알려지지 않아서 앞선 사건으로부터 나중 사건을 논리적으로 도출할 수 없다면, 두 사건 사이에는 인과 관계가 있을 수 없다.

주식회사의 이사는 주주총회에서 선임된다. 1주 1의결권 원칙이 적용되는 주주총회에서 주주는 본인이 보유하고 있는 주식 비율에 따라 의결권을 갖는다. 예를 들어 5%의 주식을 가진 주주는 전체 의결권 중에서 5%의 의결권을 갖는다.

주주총회에서 이사를 선임할 때에는 각 이사 후보자별 의결이 별도로 이루어진다. 예를 들어 2인의 이사를 선임하는 주주총회에서 3인의 이사 후보가 있다면, 각 후보를 이사로 선임하는 세 건의 안건을 올려 각각 의결한다. 즉, 총 세 번의 의결 후 찬성 수를 가장 많이 얻은 2인을 이사로 선임하는 것이다. 이를 단순투표제라 한다. 단순투표제에서 발행주식 총수의 50%를 초과하는 지분을 가진 주주는 모든 이사를 자신이 원하는 사람으로 선임할 수 있게 되고, 그럴 경우 50% 미만을 보유하고 있는 주주는 자신이 원하는 사람을 한 명도 이사로 선임하지 못하게 된다.

집중투표제는 이러한 문제를 해결하기 위해 고안된 방안이다. 이는 복수의 이사를 한 건의 의결로 선임하는 방법으로 단순투표제와 달리 행사할 수 있는 의결권이 각 후보별로 제한되지 않는다. 예를 들어 회사의 발행주식이 100주이고 선임할 이사는 5인, 후보는 8인이라고 가정해 보자. 집중투표제를 시행한다면 25주를 가진 주주는 선임할 이사가 5인이기 때문에 총 125개의 의결권을 가지며 75주를 가진 지배주주는 총 375개의 의결권을 가진다. 각 주주는 자신의 의결권을 자신이 원하는 후보에게 집중하여 배분할 수 있다. 125개의 의결권을 가진 주주는 자신이 원하는 이사 후보 1인에게 125표를 집중 투표하여 이사로 선임될 가능성을 높일 수 있다. 최종적으로 5인의 이사는 찬성 수를 많이 얻은 순서에 따라 선임된다.

주주가 집중투표를 청구하기 위해서는 주식회사의 정관에 집중투표를 배제하는 규정이 없어야 한다. 이러한 방식을 옵트아웃 방식이라고 한다. 정관에서 명문으로 규정해야 제도를 시행할 수 있는 옵트인 방식과는 반대되는 것이다. 하지만 현재 우리나라 전체 상장회사의 90% 이상은 집중투표를 배제하는 정관을 가지고 있어 집중투표제의 활용이 미미한 상황이다.

① 한 안건에 대해 단순투표제와 집중투표제 모두 1주당 의결권의 수는 그 의결로 선임할 이사의 수와 동일하다.

② 집중투표제에서 대주주는 한 건의 의결로 선임될 이사의 수가 가능한 한 많아지기를 원할 것이다.

③ 집중투표제로 이사를 선임하는 경우 소액주주는 본인이 원하는 최소 1인의 이사를 선임할 수 있다.

④ 정관에 집중투표제에 관한 규정이 없다면 주주는 이사를 선임할 때 집중투표를 청구할 수 없다.

⑤ 단순투표제에서는 전체 의결권의 과반수를 얻어야만 이사로 선임된다.

푄 현상은 바람이 높은 산을 넘을 때 고온 건조하게 변하는 것을 가리킨다. 공기가 상승하게 되면 기압이 낮아져 공기가 팽창하는 단열팽창 현상 때문에 공기 온도가 내려간다. 공기가 상승할 때 고도에 따른 온도 하강률을 기온감률이라 한다. 공기는 수증기를 포함하고 있는데, 공기가 최대한 가질 수 있는 수증기량은 온도가 내려갈수록 줄어들고, 공기의 수증기가 포화상태에 이르는 온도인 이슬점 온도보다 더 낮은 온도에서는 수증기가 응결하여 구름이 생성되거나 비가 내리게 된다. 공기의 수증기가 포화상태일 경우에는 습윤 기온감률이 적용되고, 불포화상태일 경우에는 건조 기온감률이 적용되는데, 건조 기온감률은 습윤 기온감률에 비해 고도 차이에 따라 온도가 더 크게 변한다. 이러한 기온감률의 차이 때문에 푄 현상이 발생하는 것이다.

가령, 높은 산이 있는 지역의 해수면 고도에서부터 어떤 공기 덩어리가 이 산을 넘는다고 할 때, 이 공기의 온도는 건조 기온감률에 따라 내려가다가 공기가 일정 높이까지 상승하여 온도가 이슬점 온도에 도달한 후에는 공기 내 수증기가 포화하면 습윤 기온감률에 따라 온도가 내려간다. 공기의 상승 과정에서 공기 속 수증기는 구름을 형성하거나 비를 내리며 소모되고, 이는 산 정상에 이를 때까지 계속된다. 이 공기가 산을 넘어 건너편 사면을 타고 하강할 때는 공기가 건조하기 때문에 건조 기온감률에 따라 온도가 올라가게 된다. 따라서 산을 넘은 공기가 다시 해수면 고도에 도달하면 산을 넘기 전보다 더 뜨겁고 건조해진다. 이 건조한 공기가 푄 현상의 결과물이다.

우리나라에도 대표적인 푄 현상으로 높새바람이 있다. 이는 강원도 영동지방에 부는 북동풍과 같은 동풍류의 바람에 의해 푄 현상이 일어나 영서지방에 고온 건조한 바람이 부는 것을 의미한다. 늦은 봄에서 초여름에 한랭 다습한 오호츠크해 고기압에서 불어오는 북동풍이 태백산맥을 넘을 때 푄 현상을 일으키게 된다. 이 높새바람의 고온 건조한 성질은 영서지방의 농작물에 피해를 주기도 하고 산불을 일으키기도 한다.

① 공기가 상승하여 공기의 온도가 이슬점 온도에 도달한 이후부터는 공기가 상승할수록 공기 내 수증기량은 줄어든다.

② 공기가 상승할 때 공기의 온도가 이슬점 온도에 도달하는 고도는 공기 내 수증기량과 상관없이 일정하다.

③ 높새바람을 따라 이동한 공기 덩어리가 지닌 수증기량은 이동하기 전보다 증가한다.

④ 공기 내 수증기량이 증가하면 습윤 기온감률이 적용되기 시작하는 고도가 높아진다.

⑤ 동일 고도에서 공기의 온도는 공기가 상승할 때가 하강할 때보다 높다.

06. 다음 글의 빈칸에 들어갈 내용으로 가장 적절한 것은?

21 7급공채

민간 문화 교류 증진을 목적으로 열리는 국제 예술 공연의 개최가 확정되었다. 이번 공연이 민간 문화 교류 증진을 목적으로 열린다면, 공연 예술단의 수석대표는 정부 관료가 맡아서는 안 된다. 만일 공연이 민간 문화 교류 증진을 목적으로 열리고 공연 예술단의 수석대표는 정부 관료가 맡아서는 안 된다면, 공연 예술단의 수석대표는 고전음악 지휘자나 대중음악 제작자가 맡아야 한다. 현재 정부 관료 가운데 고전음악 지휘자나 대중음악 제작자는 없다. 예술단에 수석대표는 반드시 있어야 하며 두 사람 이상이 공동으로 맡을 수도 있다. 전체 세대를 아우를 수 있는 사람이 아니라면 수석대표를 맡아서는 안 된다. 전체 세대를 아우를 수 있는 사람이 극히 드물기에, 위에 나열된 조건을 다 갖춘 사람은 모두 수석대표를 맡는다.

누가 공연 예술단의 수석대표를 맡을 것인가와 더불어, 참가하는 예술인이 누구인가도 많은 관심의 대상이다. 그런데 아이돌 그룹 A가 공연 예술단에 참가하는 것은 분명하다. 왜냐하면 만일 갑이나 을이 수석대표를 맡는다면 A가 공연 예술단에 참가하는데, _____ 때문이다.

① 갑은 고전음악 지휘자이며 전체 세대를 아우를 수 있기

② 갑이나 을은 대중음악 제작자 또는 고전음악 지휘자이기

③ 갑과 을은 둘 다 정부 관료가 아니며 전체 세대를 아우를 수 있기

④ 을이 대중음악 제작자가 아니라면 전체 세대를 아우를 수 없을 것이기

⑤ 대중음악 제작자나 고전음악 지휘자라면 누구나 전체 세대를 아우를 수 있기

07. 다음 글의 내용이 참일 때, 반드시 참인 것만을 <보기>에서 모두 고르면?

19 민경채

전통문화 활성화 정책의 일환으로 일부 도시를 선정하여 문화관광특구로 지정할 예정이다. 특구 지정 신청을 받아본 결과, A, B, C, D, 네 개의 도시가 신청하였다. 선정과 관련하여 다음 사실이 밝혀졌다.

○ A가 선정되면 B도 선정된다.
○ B와 C가 모두 선정되는 것은 아니다.
○ B와 D 중 적어도 한 도시는 선정된다.
○ C가 선정되지 않으면 B도 선정되지 않는다.

〈보 기〉

ㄱ. A와 B 가운데 적어도 한 도시는 선정되지 않는다.

ㄴ. B도 선정되지 않고 C도 선정되지 않는다.

ㄷ. D는 선정된다.

① ㄱ

② ㄴ

③ ㄱ, ㄷ

④ ㄴ, ㄷ

⑤ ㄱ, ㄴ, ㄷ

08. 다음 글의 내용이 참일 때, 반드시 참이라고는 할 수 없는 것은?

20 5급공채

직원 갑, 을, 병, 정, 무를 대상으로 A, B, C, D 네 개 영역에 대해 최우수, 우수, 보통 가운데 하나로 분류하는 업무 평가를 실시하였다. 그리고 그 결과는 다음과 같다.

○ 모든 영역에서 보통 평가를 받은 직원이 있다.
○ 모든 직원이 보통 평가를 받은 영역이 있다.
○ D 영역에서 우수 평가를 받은 직원은 모두 A 영역에서도 우수 평가를 받았다.
○ 갑은 C 영역에서만 보통 평가를 받았다.
○ 을만 D 영역에서 보통 평가를 받았다.
○ 병, 정은 A, B 두 영역에서 최우수 평가를 받았고 다른 직원들은 A, B 어디서도 최우수 평가를 받지 않았다.
○ 무는 1개 영역에서만 최우수 평가를 받았다.

① 갑은 A 영역에서 우수 평가를 받았다.

② 을은 B 영역에서 보통 평가를 받았다.

③ 병은 C 영역에서 보통 평가를 받았다.

④ 정은 D 영역에서 최우수 평가를 받았다.

⑤ 무는 A 영역에서 우수 평가를 받았다.

09. 다음 글의 내용이 참일 때, 반드시 참인 것만을 <보기>에서 모두 고르면?

21 5급공채

A아파트에는 이번 인구총조사 대상자들이 거주한다. A아파트 관리소장은 거주민 수지, 우진, 미영, 양미, 가은이 그 대상이 되었는지 궁금했다. 수지에게 수지를 포함한 다른 친구들의 상황을 물어보았는데 수지는 다음과 같이 답변하였다.

○ 나와 양미 그리고 가은 중 적어도 한 명은 대상이다.
○ 나와 양미가 모두 대상인 것은 아니다.
○ 미영이 대상이 아니거나 내가 대상이다.
○ 우진이 대상인 경우에만 양미 또한 대상이다.
○ 가은이 대상이면, 미영도 대상이다.

───────── <보 기> ─────────

ㄱ. 수지가 대상이 아니라면, 우진은 대상이다.
ㄴ. 가은이 대상이면, 수지와 우진 그리고 미영이 대상이다.
ㄷ. 양미가 대상인 경우, 5명 중 2명만이 대상이다.

① ㄱ
② ㄴ
③ ㄱ, ㄷ
④ ㄴ, ㄷ
⑤ ㄱ, ㄴ, ㄷ

10. 다음 글의 <실험>에 대한 분석으로 가장 적절한 것은?

20 5급공채

비활성 기체인 라돈에는 질량이 다른 39종의 동위원소들이 존재하는데, 그중 자연에서 주로 발견되는 것은 질량수가 222인 ^{222}Rn과 질량수가 220인 ^{220}Rn이다. ^{222}Rn과 ^{220}Rn의 화학적 성질은 매우 비슷하지만, 반감기가 서로 다르다. 반감기는 방사성 붕괴를 통해 원래 양의 절반이 되는 시간을 말하는 것으로, 방사성 물질마다 고유한 반감기가 있다. ^{222}Rn은 반감기가 3.8일인 반면, ^{220}Rn은 55.6초밖에 되지 않는다. 이러한 특성 탓에 ^{220}Rn의 경우 ^{222}Rn과 달리 빠른 속도로 붕괴하여 긴 거리를 이동하지 못하므로 인체에 도달할 확률이 낮다. ^{220}Rn은 발생원으로부터 50cm 이상 떨어지면 그 영향이 나타나지 않으며, ^{222}Rn에서 발생한 방사선은 밀폐된 공간에서는 거의 균일하게 분포한다.

───────── <실 험> ─────────

갑은 ^{222}Rn과 ^{220}Rn에서 나온 방사선을 측정할 수 있는 측정기를 가지고 석재 A와 석재 B에서 발생하는 방사선량을 밀폐된 실험실에서 측정하였다. 방사선량은 석재로부터 0cm, 20cm, 60cm 떨어진 지점에서 측정되었다. ^{222}Rn과 ^{220}Rn 이외의 물질에 의한 영향은 없었다. 측정 결과는 다음과 같았다. 측정된 방사선량은 +의 개수에 비례한다.

석재로부터의 거리 (cm) / 석재의 종류	0	20	60
A	++++	+++	+
B	+	+	+

① A는 ^{220}Rn을 포함하지 않는다.
② B는 ^{222}Rn과 ^{220}Rn을 모두 포함한다.
③ 0cm 떨어진 지점에서 측정된 A의 방사선은 모두 ^{222}Rn에서 나온 것이다.
④ 20cm 떨어진 지점에서 측정된 방사선 중 ^{222}Rn에서 나온 방사선량은 B보다 A가 더 많다.
⑤ 60cm 떨어진 지점에서 측정된 A의 방사선과 B의 방사선은 모두 ^{222}Rn에서 나온 것이다.

11. 다음 글의 <실험 결과>에 대한 판단으로 적절한 것만을 <보기>에서 모두 고르면? 21 7급공채

박쥐 X가 잡아먹을 수컷 개구리의 위치를 찾기 위해 사용하는 방법에는 두 가지가 있다. 하나는 수컷 개구리의 울음소리를 듣고 위치를 찾아내는 '음탐지' 방법이다. 다른 하나는 X가 초음파를 사용하여, 울음소리를 낼 때 커졌다 작아졌다 하는 울음주머니의 움직임을 포착하여 위치를 찾아내는 '초음파탐지' 방법이다. 울음주머니의 움직임이 없으면 이 방법으로 수컷 개구리의 위치를 찾을 수 없다.

〈실 험〉

한 과학자가 수컷 개구리를 모방한 두 종류의 로봇개구리를 제작했다. 로봇개구리 A는 수컷 개구리의 울음소리를 내고, 커졌다 작아졌다 하는 울음주머니도 가지고 있다. 로봇개구리 B는 수컷 개구리의 울음소리만 내고, 커졌다 작아졌다 하는 울음주머니는 없다. 같은 수의 A 또는 B를 크기는 같지만 서로 다른 환경의 세 방 안에 같은 위치에 두었다. 세 방의 환경은 다음과 같다.
○ 방 1: 로봇개구리 소리만 들리는 환경
○ 방 2: 로봇개구리 소리뿐만 아니라, 로봇개구리가 있는 곳과 다른 위치에서 로봇개구리 소리와 같은 소리가 추가로 들리는 환경
○ 방 3: 로봇개구리 소리뿐만 아니라, 로봇개구리가 있는 곳과 다른 위치에서 로봇개구리 소리와 전혀 다른 소리가 추가로 들리는 환경

각 방에 같은 수의 X를 넣고 실제로 로봇개구리를 잡아먹기 위해 공격하는 데 걸리는 평균 시간을 측정했다. X가 로봇개구리의 위치를 빨리 알아낼수록 공격하는 데 걸리는 시간은 짧다.

〈실험 결과〉
○ 방 1: A를 넣은 경우는 3.4초였고 B를 넣은 경우는 3.3초로 둘 사이에 유의미한 차이는 없었다.
○ 방 2: A를 넣은 경우는 8.2초였고 B를 넣은 경우는 공격하지 않았다.
○ 방 3: A를 넣은 경우는 3.4초였고 B를 넣은 경우는 3.3초로 둘 사이에 유의미한 차이는 없었다.

―――――〈보 기〉―――――

ㄱ. 방 1과 2의 〈실험 결과〉는, X가 음탐지 방법이 방해를 받는 환경에서는 초음파탐지 방법을 사용한다는 가설을 강화한다.

ㄴ. 방 2와 3의 〈실험 결과〉는, X가 소리의 종류를 구별할 수 있다는 가설을 강화한다.

ㄷ. 방 1과 3의 〈실험 결과〉는, 수컷 개구리의 울음소리와 전혀 다른 소리가 들리는 환경에서는 X가 초음파탐지 방법을 사용한다는 가설을 강화한다.

① ㄱ

② ㄷ

③ ㄱ, ㄴ

④ ㄴ, ㄷ

⑤ ㄱ, ㄴ, ㄷ

12. 다음 논증의 구조를 분석한 것으로 가장 적절한 것은? (단, ↓는 '위의 문장이 아래 문장을 지지함'을, ⓐ+ⓑ는 'ⓐ와 ⓑ가 결합됨'을 의미함) 17 5급공채

ⓐ만약 어떤 사람에게 다가온 신비적 경험이 그가 살아갈 수 있는 힘으로 밝혀진다면, 그가 다른 방식으로 살아야 한다고 다수인 우리가 주장할 근거는 어디에도 없다. 사실상 신비적 경험은 우리의 모든 노력을 조롱할 뿐 아니라, 논리라는 관점에서 볼 때 우리의 관할 구역을 절대적으로 벗어나 있다. ⓑ우리 자신의 더 '합리적인' 신념은 신비주의자가 자신의 신념을 위해서 제시하는 증거와 그 본성에 있어서 유사한 증거에 기초해 있다. ⓒ우리의 감각이 우리의 신념에 강력한 증거가 되는 것과 마찬가지로, 신비적 경험도 그것을 겪은 사람의 신념에 강력한 증거가 된다. ⓓ우리가 지닌 합리적 신념의 증거와 유사한 증거에 해당하는 경험은, 그러한 경험을 한 사람에게 살아갈 힘을 제공해줄 것이 분명하다. ⓔ신비적 경험은 신비주의자들에게는 살아갈 힘이 되는 것이다. ⓕ신비주의자들의 삶의 방식이 수정되어야 할 '불합리한' 것이라고 주장할 수는 없다.

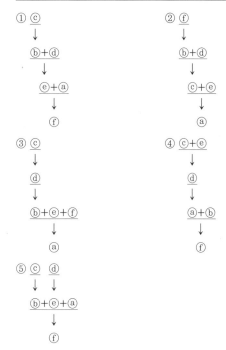

13. 다음 글에 대한 분석으로 적절한 것만을 <보기>에서 모두 고르면?

'자연화'란 자연과학의 방법론에 따라 자연과학이 수용하는 존재론을 토대 삼아 연구를 수행한다는 의미이다. 심리학을 자연과학의 하나라고 생각하는 철학자 A는, 인식론의 자연화를 주장하기 위해 다음의 〈논증〉을 제시하였다.

〈논 증〉

(1) 전통적 인식론은 적어도 다음의 두 가지 목표를 가진다. 첫째, 세계에 관한 믿음을 정당화하는 것이고, 둘째, 세계에 관한 믿음을 나타내는 문장을 감각 경험을 나타내는 문장으로 번역하는 것이다.

(2) 전통적 인식론은 첫째 목표도 달성할 수 없고 둘째 목표도 달성할 수 없다.

(3) 만약 전통적 인식론이 이 두 가지 목표 중 어느 하나라도 달성할 수가 없다면, 전통적 인식론은 폐기되어야 한다.

(4) 전통적 인식론은 폐기되어야 한다.

(5) 만약 전통적 인식론이 폐기되어야 한다면, 인식론자는 전통적 인식론 대신 심리학을 연구해야 한다.

(6) 인식론자는 전통적 인식론 대신 심리학을 연구해야 한다.

〈보 기〉

ㄱ. 전통적 인식론의 목표에 (1)의 '두 가지 목표' 외에 "세계에 관한 믿음이 형성되는 과정을 규명하는 것"이 추가된다면, 위 논증에서 (6)은 도출되지 않는다.

ㄴ. (2)를 "전통적 인식론은 첫째 목표를 달성할 수 없거나 둘째 목표를 달성할 수 없다."로 바꾸어도 위 논증에서 (6)이 도출된다.

ㄷ. (4)는 논증 안의 어떤 진술들로부터 나오는 결론일 뿐만 아니라 논증 안의 다른 진술의 전제이기도 하다.

① ㄱ
② ㄷ
③ ㄱ, ㄴ
④ ㄴ, ㄷ
⑤ ㄱ, ㄴ, ㄷ

---

14. 다음 글의 (가)와 (나)에 대한 판단으로 적절한 것만을 <보기>에서 모두 고르면?

확률적으로 가능성이 희박한 사건이 우리 주변에서 생각보다 자주 일어나는 것처럼 보인다. 왜 이러한 현상이 발생하는지를 설명하는 다음과 같은 두 입장이 있다.

(가) 만일 당신이 가능한 모든 결과들의 목록을 완전하게 작성한다면, 그 결과들 중 하나는 반드시 나타난다. 표준적인 정육면체 주사위를 던지면 1에서 6까지의 수 중 하나가 나오거나 어떤 다른 결과, 이를테면 주사위가 탁자 아래로 떨어져 찾을 수 없게 되는 일 등이 벌어질 수 있다. 동전을 던지면 앞면 또는 뒷면이 나오거나, 동전이 똑바로 서는 등의 일이 일어날 수 있다. 아무튼 가능한 결과 중 하나가 일어나리라는 것만큼은 확실하다.

(나) 한 사람에게 특정한 사건이 발생할 확률이 매우 낮더라도, 충분히 많은 사람에게는 그 사건이 일어날 확률이 매우 높을 수 있다. 예컨대 어떤 불행한 사건이 당신에게 일어날 확률은 낮을지 몰라도, 지구에 현재 약 70억 명이 살고 있으므로, 이들 중 한두 사람이 그 불행한 일을 겪고 있다는 것은 이상한 일이 아니다.

〈보 기〉

ㄱ. 로또 복권 1장을 살 경우 1등에 당첨될 확률은 낮지만, 모든 가능한 숫자의 조합을 모조리 샀을 때 추첨이 이루어진다면 무조건 당첨된다는 사례는 (가)로 설명할 수 있다.

ㄴ. 어떤 사람이 교통사고를 당할 확률은 매우 낮지만, 대한민국에서 교통사고는 거의 매일 발생한다는 사례는 (나)로 설명할 수 있다.

ㄷ. 주사위를 수십 번 던졌을 때 1이 연속으로 여섯 번 나올 확률은 매우 낮지만, 수십만 번 던졌을 때는 이런 사건을 종종 볼 수 있다는 사례는 (가)로 설명할 수 있으나 (나)로는 설명할 수 없다.

① ㄱ
② ㄷ
③ ㄱ, ㄴ
④ ㄴ, ㄷ
⑤ ㄱ, ㄴ, ㄷ

15. 다음 대화에 대한 분석으로 가장 적절한 것은? 17 5급공채

A: '2+3=5'처럼 특정한 수를 다루는 수식은 공리가 가지는 몇 가지 특성, 즉 증명 불가능하며 그 자체로 명백하다는 특성을 가지고 있다.

B: '2+3=5'는 증명될 수 없고 그 자체로 명백하다는 데 동의한다. 그것은 물론 공리의 특성이다. 하지만 그런 수식은 공리와는 달리 일반적이지 않으며 그 개수도 무한하다.

C: 공리는 증명 불가능하다. 그런데 증명 불가능한 진리가 무한히 많다는 것은 틀린 생각이다. 그러므로 특정한 수를 다루는 무한히 많은 수식들이 공리일 수는 없다. 나아가 어떤 수식이 증명 불가능한 경우, 우리는 그것의 참과 거짓을 알 수 없을 것이다. 그러나 우리는 모든 수식의 참과 거짓을 알 수 있다. 따라서 모든 수식은 증명 가능하다.

D: 수식의 참과 거짓을 알기 위해 증명이 꼭 필요하지는 않다. 우리는 직관을 통해 모든 수식의 참과 거짓을 그 자체로 명백하게 알 수 있다.

E: 직관을 통해 그 자체로 명백하게 참과 거짓을 알 수 있는 수식은 없다. 예를 들어 '135664+37863=173527'은 정말 그 자체로 명백한가? 도대체 우리가 135664에 대한 직관을 가지고 있기나 한가? 그러나 우리는 이 수식이 참이라는 것을 분명히 안다. 모든 수식은 증명될 수 있기 때문이다.

F: 작은 수로 이루어진 수식의 경우와 큰 수로 이루어진 경우를 나누어 생각할 필요가 있겠다. '2+3=5'와 같이 작은 수에 관한 수식은 직관을 통해 그 자체로 명백하게 참임을 알 수 있으며 증명은 불가능하다. 반면에 '135664+37863=173527'과 같이 큰 수로 이루어진 수식은 그 자체로 명백하게 알 수는 없지만 증명은 가능하다.

G: 작은 수와 큰 수를 나누는 기준이 10이라고 한번 가정해 보자. 그렇다면 만약 10 이상의 수로 이루어진 수식이 증명될 수 있다면, 왜 5 이상, 2 이상, 1 이상의 경우는 증명될 수 없는가?

① B는 특정한 수를 다루는 수식이 공리의 특성을 갖는다고 해서 모두 공리는 아니라고 주장함으로써 A의 주장을 반박한다.

② C는 특정한 수를 다루는 수식이 무한히 많다는 것을 부정함으로써, 그러한 수식은 증명 불가능하다는 B의 주장을 반박한다.

③ D는 큰 수로 이루어진 수식의 참과 거짓을 그 자체로 명백히 알 수 있다는 데 반대하고, E는 그것을 증명할 수 있다고 주장한다.

④ F는 어떠한 수식도 증명을 통해 참임을 아는 것이 아니라는 D의 주장을 반박하면서 E의 주장을 옹호한다.

⑤ G는 만약 큰 수로 이루어진 수식이 증명될 수 있다면 작은 수로 이루어진 수식도 증명될 수 있다는 점에 근거하여 F의 주장을 반박한다.

16. 다음 글의 ㉠을 설명하는 가설로 가장 적절한 것은?

16 민경채

한 개체의 발생은 한 개의 세포가 세포분열을 통해 여러 세포로 분열되면서 진행된다. 따라서 한 개체를 구성하는 모든 세포는 동일한 유전자를 가지고 있다. 하지만 발생 과정에서 발현되는 유전자의 차이 때문에 세포는 다른 형태의 세포로 분화된다. 이와 같은 유전자 발현의 차이는 다양한 원인에 의해 이루어지는데 ㉠애기장대 뿌리에서 일어나는 세포 분화를 그 예로 알아보자.

분화가 완료되어 성숙한 애기장대 뿌리의 표면에는 두 종류의 세포가 있는데 하나는 뿌리털세포이고 다른 하나는 털이 없는 분화된 표피세포이다. 하지만 애기장대 뿌리의 표면이 처음부터 이 두 세포 형태를 가지고 있었던 것은 아니다. 발생 과정에서 미분화된 애기장대 뿌리의 중심부에는 피층세포가 서로 나란히 연결되어 원형으로 구성된 한 층의 피층세포층이 있으며, 이 층과 접하여 뿌리의 바깥쪽에 원형으로 미분화된 표피세포로 구성된 한 층의 미분화 표피세포층이 있다.

미분화된 표피세포가 그 안쪽의 피층세포층에 있는 두 개의 피층세포와 접촉하는 경우엔 뿌리털세포로 분화되어 발달하지만, 한 개의 피층세포와 접촉하는 경우엔 분화된 표피세포로 발달한다. 한편 미분화된 표피세포가 서로 다른 형태의 세포로 분화되기 위해서는 유전자 A의 발현에 차이가 있어야 하는데, 미분화된 표피세포에서 유전자 A가 발현되지 않으면 그 세포는 뿌리털세포로 분화되며 유전자 A가 발현되면 분화된 표피세포로 분화된다.

① 미분화 표피세포에서 유전자 A의 발현 조절은 분화될 세포에 뿌리털이 있는지에 따라 결정된다.

② 미분화된 세포가 뿌리털세포나 분화된 표피세포로 분화되는 것은 그 세포가 어느 세포로부터 유래하였는지에 따라 결정된다.

③ 미분화 표피세포가 뿌리털세포 또는 분화된 표피세포로 분화되는 것은 미분화 표피세포가 유전자 A를 가지고 있는지에 따라 결정된다.

④ 미분화 표피세포가 뿌리딜세포 또는 분화된 표피세포로 분화가 되는 것은 미분화된 뿌리에서 미분화 표피세포층과 피층세포층의 위치에 의해 결정된다.

⑤ 미분화 표피세포가 어떤 세포로 분화될 것인지는 각 미분화 표피세포가 발생 중에 접촉하는 피층세포의 수에 따라 조절되는 유전자 A의 발현에 의해 결정된다.

17. 다음 글의 입장을 강화하는 내용으로 가장 적절한 것은?

14 민경채

　　고대사회를 정의하는 기준 중의 하나로 '생계경제'가 사용되곤 한다. 생계경제 사회란 구성원들이 겨우 먹고 살 수 있는 정도의 식량만을 확보하고 있어서 식량 자원이 줄어들게 되면 자동적으로 구성원 전부를 먹여 살릴 수 없게 되고, 심하지 않은 가뭄이나 홍수 등의 자연재해에 의해서도 유지가 어렵게 될 수 있는 사회를 의미한다. 그러므로 고대사회에서의 삶은 근근이 버텨가는 것이고, 그 생활은 기아와의 끊임없는 투쟁이다. 왜냐하면 그 사회에서는 기술적인 결함과 그 이상의 문화적인 결함으로 인해 잉여 식량을 생산할 수 없기 때문이다.

　　고대사회에 대한 이러한 견해보다 더 뿌리 깊은 오해도 없다. 소위 생계경제의 성격을 지닌 것으로 간주되는 많은 고대사회들, 예를 들어 남아메리카에서는 종종 공동체의 연간 필요 소비량에 맞먹는 잉여 식량을 생산했다는 점에 주의를 기울일 필요가 있다. 기아와의 끊임없는 투쟁을 의미하는 생계경제가 고대사회를 특징짓는 개념이라면 오히려 프롤레타리아가 기아에 허덕이던 19세기 유럽 사회야말로 고대사회라고 할 수 있을 것이다. 사실상 생계경제라는 개념은 서구의 근대적인 이데올로기의 영역에 속하는 것으로 결코 과학적 개념도구가 아니다. 민족학을 위시한 근대 과학이 이토록 터무니없는 기만에 희생되어 왔다는 것은 역설적이며, 더군다나 산업 국가들이 이른바 저발전 세계에 대한 전략의 방향을 잡는 데 기여했다는 사실은 두렵기까지 하다.

① 고대사회가 경제적으로 풍요로웠던 것은 생계경제 체제 때문이었다.

② 산업사회로 이행하면서 경제적 잉여가 발생하였고 계급이 형성되었다.

③ 자연재해나 전쟁으로 인해 고대사회는 항상 불안정한 상황에 처해 있었다.

④ 고대사회에서 존재하였던 축제는 경제적인 잉여를 해소하는 기제로 작용했다.

⑤ 유럽의 산업 국가들에 의한 문명화 과정을 통해 저발전된 아프리카의 생활 여건이 개선되었다.

18. 다음 글의 <표>에 대한 판단으로 적절한 것만을 <보기>에서 모두 고르면?

21 /급승채

　　법제처 주무관 갑은 지방자치단체를 대상으로 조례 입안을 지원하고 있다. 갑은 지방자치단체가 조례 입안 지원 신청을 하는 경우, 두 가지 기준에 따라 나누어 신청 안들을 정리하고 있다. 해당 조례안의 입법 예고를 완료하였는지 여부를 기준으로 '완료'와 '미완료'로 나누고, 과거에 입안을 지원하였던 조례안 중에 최근에 접수된 조례안과 내용이 유사한 사례가 있는지를 판단하여 유사 사례 '있음'과 '없음'으로 나눈다. 유사 사례가 존재하지 않는 경우에만 갑은 팀장인 을에게 그 접수된 조례안의 주요 내용을 보고해야 한다.

　　최근 접수된 조례안 (가)는 지난 분기에 지원하였던 조례안과 많은 부분 유사한 내용을 담고 있다. 입법 예고는 현재 진행 중이다. 조례안 (나)의 경우는 입법 예고가 완료된 후에 접수되었고, 그 주요 내용이 지난해에 지원한 조례안의 주요 내용과 유사하다. 조례안 (다)는 주요 내용이 기존에 지원하였던 조례안과 유사성이 전혀 없는 새로운 내용을 규정하고 있으며, 입법 예고가 진행되지 않았다.

　　이상의 내용을 다음과 같은 형식으로 나타낼 수 있다.

〈표〉 입안 지원 신청 조례안별 분류

기준 ＼ 조례안	(가)	(나)	(다)
A	㉠	㉡	㉢
B	㉣	㉤	㉥

──── 〈보 기〉 ────

ㄱ. A에 유사 사례의 유무를 따지는 기준이 들어가면, ㉣과 ㉥이 같다.

ㄴ. B에 따라 을에 대한 갑의 보고 여부가 결정된다면, ㉠과 ㉢은 같다.

ㄷ. ㉣과 ㉤이 같으면, ㉠과 ㉡이 같다.

① ㄱ

② ㄷ

③ ㄱ, ㄴ

④ ㄴ, ㄷ

⑤ ㄱ, ㄴ, ㄷ

19. 다음 대화의 ㉠에 따라 <계획안>을 수정한 것으로 적절하지 않은 것은?

21 7급공채

갑: 나눠드린 'A시 공공 건축 교육 과정' 계획안을 다 보셨죠? 이제 계획안을 어떻게 수정하면 좋을지 각자의 의견을 자유롭게 말씀해 주십시오.

을: 코로나19 상황을 고려해 대면 교육보다 온라인 교육이 좋겠습니다. 그리고 방역 활동에 모범을 보이는 차원에서 온라인 강의로 진행한다는 점을 강조하는 것이 좋겠습니다. 온라인 강의는 편안한 시간에 접속하여 수강하게 하고, 수강 가능한 기간을 명시해야 합니다. 게다가 온라인으로 진행하면 교육 대상을 A시 시민만이 아닌 모든 희망자로 확대하는 장점이 있습니다.

병: 좋은 의견입니다. 여기에 덧붙여 교육 대상을 공공 건축 업무 관련 공무원과 일반 시민으로 구분하는 것이 좋겠습니다. 관련 공무원과 일반 시민은 기반 지식에서 차이가 커 같은 내용으로 교육하기에 적합하지 않습니다. 업무와 관련된 직무 교육 과정과 일반 시민 수준의 교양 교육 과정으로 따로 운영하는 것이 좋겠습니다.

을: 교육 과정 분리는 좋습니다만, 공무원의 직무 교육은 참고할 자료가 많아 온라인 교육이 비효율적입니다. 직무 교육 과정은 다음에 논의하고, 이번에는 시민 대상 교양 과정으로만 진행하는 것이 좋겠습니다. 그리고 A시의 유명 공공 건축물을 활용해서 A시를 홍보하고 관심을 끌 수 있는 주제의 강의가 있으면 좋겠습니다.

병: 그게 좋겠네요. 마지막으로 덧붙이면 신청 방법이 너무 예전 방식입니다. 시 홈페이지에서 신청 게시판을 찾아가는 방법을 안내할 필요는 있지만, 요즘 같은 모바일 시대에 이것만으로는 부족합니다. A시 공식 어플리케이션에서 바로 신청서를 작성하고 제출할 수 있도록 하면 좋겠습니다.

갑: ㉠ 오늘 회의에서 나온 의견을 반영하여 계획안을 수정하도록 하겠습니다. 감사합니다.

―――――<기획안>―――――

A시 공공 건축 교육 과정

○ 강의 주제: 공공 건축의 미래/ A시의 조경

○ 일시: 7. 12.(월) 19:00~21:00 / 7. 14.(수) 19:00~21:00

○ 장소: A시 청사 본관 5층 대회의실

○ 대상: A시 공공 건축에 관심 있는 A시 시민 누구나

○ 신청 방법: A시 홈페이지→'시민참여'→'교육'→'공공 건축 교육 신청 게시판'에서 신청서 작성

① 강의 주제에 "건축가협회 선정 A시의 유명 공공 건축물 TOP3"를 추가한다.

② 일시 항목을 "○ 기간: 7. 12.(월) 06:00~7. 16.(금) 24:00"으로 바꾼다.

③ 장소 항목을 "○ 교육방식: 코로나19 확산 방지를 위해 온라인 교육으로 진행"으로 바꾼다.

④ 대상을 "A시 공공 건축에 관심 있는 사람 누구나"로 바꾼다.

⑤ 신청 방법을 "A시 공식 어플리케이션을 통한 A시 공공 건축 교육 과정 간편 신청"으로 바꾼다.

20. 다음 글에서 추론할 수 있는 것만을 <보기>에서 모두 고르면?

19 민경채

생산자가 어떤 자원을 투입물로 사용해서 어떤 제품이나 서비스 등의 산출물을 만드는 생산과정을 생각하자. 산출물의 가치에서 생산하는 데 소요된 모든 비용을 뺀 것이 '순생산가치'이다. 생산자가 생산과정에서 투입물 1단위를 추가할 때 순생산가치의 증가분이 '한계순생산가치'이다. 경제학자 P는 이를 ⓐ'사적(私的) 한계순생산가치'와 ⓑ'사회적 한계순생산가치'로 구분했다.

사적 한계순생산가치란 한 기업이 생산과정에서 투입물 1단위를 추가할 때 그 기업에 직접 발생하는 순생산가치의 증가분이다. 사회적 한계순생산가치란 한 기업이 투입물 1단위를 추가할 때 발생하는 사적 한계순생산가치에 그 생산에 의해 부가적으로 발생하는 사회적 비용을 빼고 편익을 더한 것이다. 여기서 이 생산과정에서 부가적으로 발생하는 사회적 비용이나 편익에는 그 기업의 사적 한계순생산가치가 포함되지 않는다.

―――――<보 기>―――――

ㄱ. ⓐ의 크기는 기업의 생산이 사회에 부가적인 편익을 발생시키는지의 여부와 무관하게 결정된다.

ㄴ. 어떤 기업이 투입물 1단위를 추가할 때 사회에 발생하는 부가적인 편익이나 비용이 없는 경우, 이 기업이 야기하는 ⓐ와 ⓑ의 크기는 같다.

ㄷ. 기업 A와 기업 B가 동일한 투입물 1단위를 추가했을 때 각 기업에 의해 사회에 부가적으로 발생하는 비용이 같을 경우, 두 기업이 야기하는 ⓑ의 크기는 같다.

① ㄱ

② ㄷ

③ ㄱ, ㄴ

④ ㄴ, ㄷ

⑤ ㄱ, ㄴ, ㄷ

행위의 도덕적 옳고 그름을 평가하는 대표적인 입장 중의 하나는 공리주의이다. 공리주의는 행위의 유용성을 평가하여 도덕적 옳고 그름을 판단하려는 입장이다. 이 중 양적으로 유용성을 고려하여 도덕적 옳고 그름을 판단하려 하는 여러 세부 입장들이 있다. X는 유용성을 판단함에 있어서 "⊙"라는 입장이다. 하지만 이러한 입장은 설득력이 없다. 왜냐하면 X의 입장을 받아들일 경우 도덕적으로 올바른 행위가 무엇인지 적절하게 판단할 수 없는 상황이 존재하기 때문이다. 예를 들어, 어떤 행위자가 선택할 수 있는 행위가 총 셋인데 그 행위 각각이 산출하는 사회 전체의 행복의 양과 고통의 양이 다음과 같다고 해 보자.

행위 선택지	행복의 양	고통의 양
A1	100	99
A2	90	10
A3	10	9

어떤 행위를 선택하는 것이 올바른 것일까? 사람들 대부분은 A2를 선택하는 것이 올바르다고 답한다. 그러나 X의 입장은 A2를 선택하는 것이 올바르다는 것을 보여주지 못한다. 왜냐하면 A2의 행복의 양은 A1의 행복의 양보다 적고, A2의 고통의 양은 A3의 고통의 양보다 많아서 A2는 X의 입장을 충족시켜 주는 행위가 아니기 때문이다. 그뿐만 아니라 X의 입장을 따를 경우 A1이나 A3도 도덕적으로 올바른 행위가 아니게 된다. 결국 세 선택지 중 어떤 것을 선택해도 도덕적으로 올바르지 않게 되는 셈이다.

반면 Y의 입장은 X의 입장이 처하게 되는 위와 같은 문제를 해결할 수 있는 방법으로 제시되었다. 이 입장에 따르면, 어떤 행위자가 행한 행위가 도덕적으로 올바른 것일 필요충분조건은 그 행위가 그 행위자가 선택할 수 있는 다른 모든 행위보다 큰 유용성을 갖는다는 것이며 여기서 유용성이란 행복의 양에서 고통의 양을 뺀 결과를 나타낸다. 세 행위 선택지 중 행복의 양에서 고통의 양을 뺀 결과값이 A2가 가장 크기 때문에, Y의 입장에 따르면 A2를 선택하는 것이 올바른 것이라고 결론지을 수 있다. 따라서 X의 입장보다 Y의 입장이 더 낫다고 할 수 있다.

21. 위 글의 ⊙에 들어갈 내용으로 가장 적절한 것은?

① 어떤 행위자가 행한 행위가 산출하는 행복의 양이 그 행위가 산출하는 고통의 양보다 항상 많다면, 그 행위는 도덕적으로 옳다.

② 어떤 행위자가 행한 행위가 그 행위자가 선택할 수 있는 다른 행위에 비해 많은 행복을 산출하거나 적은 고통을 산출한다면, 그 행위는 도덕적으로 옳다.

③ 어떤 행위자가 행한 행위가 도덕적으로 올바른 것일 필요충분조건은 그 행위가 산출하는 행복의 양이 그 행위가 산출하는 고통의 양보다 항상 많다는 것이다.

④ 어떤 행위자가 행한 행위가 도덕적으로 올바른 것일 필요충분조건은 그 행위가 그 행위자가 선택할 수 있는 다른 모든 행위에 비해 많은 행복을 산출하거나 적은 고통을 산출한다는 것이다.

⑤ 어떤 행위자가 행한 행위가 도덕적으로 올바른 것일 필요충분조건은 그 행위가 그 행위자가 선택할 수 있는 다른 모든 행위에 비해 많은 행복을 산출하고 동시에 적은 고통을 산출한다는 것이다.

22. 다음 갑~병 중 Y의 입장에 대한 반박으로 적절한 것만을 모두 고르면?

갑: 가능한 행위 선택지가 A1, A2, A3일 때 A1의 행복의 양이 90이고 고통의 양이 50, A2의 행복의 양이 50이고 고통의 양이 10, A3의 행복의 양이 70이고 고통의 양이 30인 상황을 고려해 보자. Y의 입장은 X의 입장과 비슷한 문제에 부딪힌다. 그 점에서 Y의 입장은 적절하지 않다.

을: 도덕적 행위, 즉 유용성이 가장 크다고 판단하여 한 행위를 나중에 되돌아보면 행위자는 언제나 미처 생각하지 못한 선택지가 가장 큰 유용성을 지닌다는 것을 깨닫는다. 이는 우리가 이미 선택한 행위는 올바르지 않다는 것을 함축하고 이를 통해 우리는 도덕적으로 올바른 행위를 한 번도 할 수 없다는 불합리한 결론에 도달하도록 한다. 불합리한 결론을 도출하는 입장은 잘못된 이론이기 때문에 Y의 입장은 적절하지 않다.

병: 행복의 양에서 고통의 양을 뺀 유용성이 음수로 나올 경우도 많다. 그러한 경우에는 Y의 입장에 근거해도 주어진 선택지 중 어떤 것이 도덕적으로 올바른 것인지 판단할 수 없다. 그 점에서 Y의 입장은 적절하지 않다.

① 갑
② 병
③ 갑, 을
④ 을, 병
⑤ 갑, 을, 병

23. 다음 글의 ㉠에 들어갈 진술로 가장 적절한 것은?

19 5급공채

흔히들 과학적 이론이나 가설을 표현하는 엄밀한 물리학적 언어만을 과학의 언어라고 생각한다. 그러나 과학적 이론이나 가설을 검사하는 과정에는 이러한 물리학적 언어 외에 우리의 감각적 경험을 표현하는 일상적 언어도 사용될 수밖에 없다. 그런데 우리의 감각적 경험을 표현하는 일상적 언어에는 과학적 이론이나 가설을 표현하는 물리학적 언어와는 달리 매우 불명료하고 엄밀하게 정의될 수 없는 용어들이 포함되어 있다. 어떤 학자는 이러한 용어들을 '발룽엔'이라고 부른다.

이제 과학적 이론이나 가설을 검사하는 과정에 발룽엔이 개입된다고 해보자. 이 경우 우리는 증거와 가설 사이의 논리적 관계가 무엇인지 결정할 수 없게 될 것이다. 즉, 증거가 가설을 논리적으로 뒷받침하고 있는지 아니면 논리적으로 반박하고 있는지에 관해 미결정적일 수밖에 없다는 것이다. 그 이유는 증거를 표현할 때 포함될 수밖에 없는 발룽엔을 어떻게 해석할 것인지에 따라 증거와 가설 사이의 논리적 관계에 대한 다양한 해석이 나오게 될 것이기 때문이다. 발룽엔의 의미는 본질적으로 불명료할 수밖에 없다. 즉, 발룽엔을 아무리 상세하게 정의하더라도 그것의 의미를 정확하고 엄밀하게 규정할 수는 없다는 것이다.

논리실증주의자들이나 포퍼는 증거와 가설 사이의 관계를 논리적으로 정확하게 판단할 수 있고 이를 통해 가설을 정확히 검사할 수 있다고 생각했다. 그러나 증거와 가설이 상충하면 가설이 퇴출된다는 식의 생각은 너무 단순한 것이다. 증거와 가설의 논리적 관계에 대한 판단을 위해서는 증거가 의미하는 것이 무엇인지 파악하는 것이 선행되어야 하기 때문이다. 따라서 우리가 발룽엔의 존재를 염두에 둔다면, '㉠'라고 결론지을 수 있다.

① 과학적 가설과 증거의 논리적 관계를 정확하게 판단할 수 있다는 생각은 잘못된 것이다.

② 과학적 가설을 정확하게 검사하기 위해서는 우리의 감각적 경험을 배제해야 한다.

③ 과학적 가설을 검사하기 위한 증거를 표현할 때 발룽엔을 사용해서는 안 된다.

④ 과학적 가설을 표현하는 데에도 발룽엔이 포함될 수밖에 없다.

⑤ 증거가 의미하는 것이 무엇인지 정확히 파악해야 한다.

24. 다음 글의 ㉠에 해당하는 내용으로 가장 적절한 것은?

21 7급공채

A시에 거주하면서 1세, 2세, 4세의 세 자녀를 기르는 갑은 육아를 위해 집에서 15km 떨어진 키즈 카페인 B카페에 자주 방문한다. B카페는 지역 유일의 키즈 카페라서 언제나 50여 구획의 주차장이 꽉 찰 정도로 성업 중이다. 최근 자동차를 교체하게 된 갑은 친환경 추세에 부응하여 전기차로 구매하였는데, B카페는 전기차 충전시설이 없었다. 세 자녀를 돌보느라 거주지에서의 자동차 충전 시기를 놓치는 때가 많은 갑은 이러한 불편함을 호소하며 B카페에 전기차 충전시설 설치를 요청하였다. 하지만 B카페는, 충전시설을 설치하고 싶지만 비용이 문제라서 A시의 「환경 친화적 자동차의 보급 및 이용 활성화를 위한 조례」(이하 '조례')에 따른 지원금이라도 받아야 간신히 설치할 수 있는 상황인데, 아래의 조문에서 보듯이 B카페는 그에 해당하지 않는다고 설명하였다.

> 「환경 친화적 자동차의 보급 및 이용 활성화를 위한 조례」
> 제9조(충전시설 설치대상) ① 주차단위구획 100개 이상을 갖춘 다음 각호의 시설은 전기자동차 충전시설을 설치하여야 한다.
> 　1. 판매 · 운수 · 숙박 · 운동 · 위락 · 관광 · 휴게 · 문화시설
> 　2. 500세대 이상의 아파트, 근린생활시설, 기숙사
> ② 시장은 제1항의 설치대상에 대하여는 설치비용의 반액을 지원하여야 한다.
> ③ 시장은 제1항의 설치대상에 해당하지 않는 사업장에 대하여도 전기자동차 충전시설의 설치를 권고할 수 있다.

갑은 영유아와 같이 보호가 필요한 이들이 많이 이용하는 키즈 카페 등과 같은 사업장에도 전기차 충전시설의 설치를 지원해 줄 수 있는 근거를 조례에 마련해 달라는 민원을 제기하였다. 갑의 민원을 검토한 A시 의회는 관련 규정의 보완이 필요하다고 인정하여, ㉠조례 제9조를 개정하였고, B카페는 이에 근거한 지원금을 받아 전기차 충전시설을 설치하게 되었다.

① 제1항 제3호로 "다중이용시설(극장, 음식점, 카페, 주점 등 불특정다수인이 이용하는 시설을 말한다)"을 신설

② 제1항 제3호로 "교통약자(장애인 · 고령자 · 임산부 · 영유아를 동반한 사람, 어린이 등 일상생활에서 이동에 불편을 느끼는 사람을 말한다)를 위한 시설"을 신설

③ 제4항으로 "시장은 제2항에 따른 지원을 할 때 교통약자(장애인 · 고령자 · 임산부 · 영유아를 동반한 사람, 어린이 등 일상생활에서 이동에 불편을 느끼는 사람을 말한다)를 위한 시설을 우선적으로 지원하여야 한다."를 신설

④ 제4항으로 "시장은 제3항의 권고를 받아들이는 사업장에 대하여는 설치비용의 60퍼센트를 지원하여야 한다."를 신설

⑤ 제4항으로 "시장은 전기자동차 충전시설의 의무 설치대상으로서 조기 설치를 희망하는 사업장에는 설치 비용의 전액을 지원할 수 있다."를 신설

25. 다음 글의 (나)에서 영희의 가설과 근거 사이의 관계에 대한 평가로 적절하지 않은 것은? 15 5급공채

(가) 우리나라의 고분, 즉 무덤은 크게 나누어 세 가지 요소로 구성되어 있다. 첫째는 목관(木棺), 옹관(甕棺)과 같이 시신을 넣어두는 용기이다. 둘째는 이들 용기를 수용하는 내부 시설로 광(壙), 곽(槨), 실(室) 등이 있다. 셋째는 매장시설을 감싸는 외부 시설로 이에는 무덤에서 지상에 성토한, 즉 흙을 쌓아 올린 부분에 해당하는 분구(墳丘)와 분구 주위를 둘러 성토된 부분을 보호하는 호석(護石) 등이 있다.

일반적으로 고고학계에서는 무덤에 대해 '묘(墓)−분(墳)−총(塚)'의 발전단계를 상정한다. 이러한 구분은 성토의 정도를 기준으로 삼은 것이다. 매장시설이 지하에 설치되고 성토하지 않은 무덤을 묘라고 한다. 묘는 또 목관묘와 같이 매장시설, 즉 용기를 가리킬 때도 사용된다. 분은 지상에 분명하게 성토한 무덤을 가리킨다. 이 중 성토를 높게 하여 뚜렷하게 구분되는 대형 분구를 가리켜 총이라고 한다.

고분 연구에서는 지금까지 설명한 매장시설 이외에도 함께 묻힌 피장자(被葬者)와 부장품이 그 대상이 된다. 부장품에는 일상품, 위세품, 신분표상품이 있다. 일상품은 일상생활에 필요한 물품들로 생산 및 생활 도구 등이 이에 해당한다. 위세품은 정치, 사회적 관계를 표현하기 위해 사용된 물품이다. 당사자 사이에만 거래되어 일반인이 입수하기 어려운 물건으로, 피장자가 착장(着裝)하여 위세를 드러내던 것을 착장형 위세품이라고 한다. 생산도구나 무기 및 마구 등은 일상품이기도 하지만 물자의 장악이나 군사력을 상징하는 부장품이기도 하다. 이것들은 피장자의 신분이나 지위를 상징하는 물건으로 일상품적 위세품이라고 한다. 이러한 위세품 중에 6세기 중엽 삼국의 국가체제 및 신분질서가 정비되어 관등(官等)이 체계화된 이후 사용된 물품을 신분표상품이라고 한다.

(나) 영희는 삼국 시대를 연구하고 있다. 그녀는 (가)의 글을 읽고 다음의 세 가설을 세웠다.

A: 시신을 넣어두는 용기는 목관, 옹관뿐이다.
B: 삼국 모두 묘−분−총의 발전단계를 보이며 성토가 높은 것은 신분의 높음을 상징한다.
C: 관리들의 의관(衣冠)에 관련된 부장품은 신분표상품이다.

그리고 자료 조사를 통해 가설들을 약화하는 근거가 발견되지 않으면 해당 가설을 수용할 생각이다. 영희가 최근 얻은 근거는 다음과 같다.

a. 신라의 황남대총은 왕릉이다.
b. 백제는 총에 해당하는 분이 없다.
c. 부여 가증리에서 석관(石棺)이 있는 초기 백제 유적이 발견되었다.
d. 삼국의 체제 정립 이전인 원삼국 시대 유물인 세발토기(土器)가 부장품으로 발견되었다.

① 근거 a는 가설 B를 강화한다.
② 근거 c는 가설 A를 약화한다.
③ 근거 d는 가설 C를 강화한다.
④ 근거 b와 c에 비추어 수용될 수 있는 가설은 한 개이다.
⑤ 근거 a∼d에 비추어 수용될 수 있는 가설은 한 개이다.

약점 보완 해설집 p.2

01. 다음 글의 내용과 부합하는 것은? 17 5급공채

아래로 흐르던 물이 손에 부딪쳐 튀어 오르는 것이 기운[氣]이라 하더라도 손에 부딪쳐 튀어 오르게 하는 것은 이치[理]니, 어찌 기운만 홀로 작용한다고 할 수 있겠는가?

대저 물이 아래로 흐르게 하는 것은 이치이며, 흐르던 물이 손에 부딪쳐 튀어 오르게 하는 것도 역시 이치이다. 물이 아래로 내려가는 것은 '본연의 이치[本然之理]' 때문이며, 손에 부딪쳤을 때 튀어 오르는 것은 '기운을 타고 있는 이치[乘氣之理]' 때문이다. 기운을 타고 있는 이치 밖에서 '본연의 이치'를 따로 구하는 것은 옳지 않지만, 기운을 타고 정상(定常)에 위반되는 것을 가리켜 '본연의 이치'라고 하는 것 역시 옳지 않다. 그리고 만약 정상에 위반되는 것에 대해 여기에는 기운만 홀로 작용하고 이치가 존재하지 않는다고 하는 것 역시 옳지 않다.

어떤 악인(惡人) 아무개가 편안히 늙어 죽는 것은 그야말로 정상에 위반되지만, 나라를 다스리는 도리가 공평하지 않아 상벌이 제대로 시행되지 못하여 악인이 득세하고 선한 사람이 곤궁해지는 까닭 역시 이치이다. 맹자는 "작은 것은 큰 것에 부림을 받고, 약한 것은 강한 것에 부림을 받는다. 이것은 천(天)이다"라고 하였다. 대저 덕의 크고 작음을 논하지 않고 오직 물리적인 대소와 강약만을 승부로 삼는 것이 어찌 천의 본연이겠는가? 이것은 형세를 기준으로 말한 것이니, 형세가 이미 그러할 때는 이치도 역시 그러하니, 이것을 천이라 한 것이다. 그러니 아무개가 목숨을 보존할 수 있었던 것은 본연의 이치가 아니라고 하면 옳지만, 기운이 홀로 그렇게 하고 이치는 없다고 하면 옳지 않다. 천하에 어찌 이치 밖에서 기운이 존재하겠는가?

대저 이치는 본래 하나일 뿐이고, 기운 역시 하나일 뿐이다. 기운이 움직일 때 고르지 않으면 이치도 역시 고르지 못하니, 기운은 이치를 떠나지 못하고 이치는 기운을 떠나지 못한다. 이렇다면 이치와 기운은 하나이니, 어디에서 따로 있는 것을 볼 수 있겠는가?

① 약한 것이 강한 것의 부림을 받는 것은 천의 본연이다.

② 형세가 바뀐 기운에는 그 기운을 타고 작용하는 이치가 반드시 있다.

③ 기운을 타고 있는 이치 이외에 그 기준이 되는 본연의 이치가 독립적으로 실재한다.

④ 악인이 편안히 늙어 죽는 것은 이치가 아니며, 다만 기운이 그렇게 작용할 뿐이다.

⑤ 이치에는 본연의 것과 정상을 벗어난 것이 있는데, 이 중 본연의 이치만 참된 이치이다.

02. 다음 글의 내용과 부합하지 않는 것은? 12 민경채

1970년대 이후 미국의 사회 규범과 제도는 소득 불균형을 심화시켰고 그런 불균형을 묵과했다고 볼 수 있다. 그 예로 노동조합의 역사를 보자. 한때 노동조합은 소득 불균형을 제한하는 역할을 하였고, 노동조합이 몰락하자 불균형을 억제하던 힘이 사라졌다.

제조업이 미국경제를 주도할 때 노동조합도 제조업 분야에서 가장 활발했다. 그러나 지금 미국경제를 주도하는 것은 서비스업이다. 이와 같은 산업구조의 변화는 기술의 발전이 주된 요인이지만 많은 제조업 제품을 주로 수입에 의존하게 된 것이 또 다른 요인이다. 이러한 사실에 기초하여 노동조합의 몰락은 산업구조의 변화가 그 원인이라는 견해가 지배적이었다. 그러나 노동조합이 전반적으로 몰락한 주요 원인을 제조업 분야의 쇠퇴에서 찾는 이러한 견해는 틀린 것으로 판명되었다.

1973년 전체 제조업 종사자 중 39%였던 노동조합원의 비율이 2005년에는 13%로 줄어들었을 뿐더러, 새롭게 부상한 서비스업 분야에서도 조합원들을 확보하지 못했다. 예를 들어 대표적인 서비스 기업인 월마트는 제조업에 비해 노동조합이 생기기에 더 좋은 조건을 갖추고 있었다. 월마트 직원들이 더 높은 임금과 더 나은 복리후생 제도를 요구할 수 있는 노동조합에 가입되어 있었더라면, 미국의 중산층은 수십만 명 더 늘었을 것이다. 그런데도 월마트에는 왜 노동조합이 없는가?

1960년대에는 노동조합을 인정하던 기업과 이에 관련된 이해집단들이 1970년대부터는 노동조합을 공격하기 시작했다. 1970년대 말과 1980년대 초에는, 노동조합을 지지하는 노동자 20명 중 적어도 한 명이 불법적으로 해고되었다. 1970년대 중반 이후 기업들은 보수적 성향의 정치적 영향력에 힘입어서 노동조합을 압도할 수 있게 되었다. 소득의 불균형에 강력하게 맞섰던 노동조합이 축소된 것이다. 이처럼 노동조합의 몰락은 정치와 기업이 결속한 결과이다.

① 1973년부터 2005년 사이에 미국 제조업에서는 노동조합원의 비율이 감소하였다.

② 1970년대 중반 이후 노동조합의 몰락에는 기업뿐 아니라 보수주의적 정치도 일조하였다.

③ 미국에서 제조업 상품의 수입의존도 상승은 서비스업이 경제를 주도하는 산업 분야가 되는 요인 중 하나였다.

④ 미국 제조업 분야 내에서의 노동조합 가입률 하락은 산업구조의 변화로 인한 서비스업의 성장 때문이다.

⑤ 1970년대 말 이후 미국 기업이 노동조합을 지지하는 노동자들에게 행한 조치 중에는 합법적이지 못한 경우도 있었다.

03. 다음 글에서 알 수 있는 것은?

20 5급공채

함경도 경원부의 두만강 건너편 북쪽에 살던 여진족은 조선을 자주 침략하다가 태종 때 서쪽으로 이동해 명이 다스리는 요동의 봉주라는 곳까지 갔다. 그곳에 정착한 여진족은 한동안 조선을 침략하지 않았다. 한편 명은 봉주에 나타난 여진족을 통제하고자 건주위라는 행정단위를 두고, 여진족 추장을 책임자로 임명했다. 그런데 1424년에 봉주가 북쪽의 이민족에 의해 침략받는 일이 벌어졌다. 이에 건주위 여진족은 동쪽으로 피해 아목하라는 곳으로 이동했다. 조선의 국왕 세종은 이들이 또 조선을 침입할 가능성이 있다고 생각하고, 그 침입에 대비하고자 압록강변 중에서 방어에 유리한 곳을 골라 여연군이라는 군사 거점을 설치했다.

세종의 예상대로 건주위 여진족은 1432년 12월에 아목하로부터 곧바로 동쪽으로 신속해 압록상을 선너 여연군을 침략했다. 이 소식을 들은 세종은 최윤덕을 지휘관으로 삼아 이듬해 3월, 건주위 여진족을 정벌하게 했다. 최윤덕의 부대는 여연군에서 서남쪽으로 수백 리 떨어진 지점에 있는 만포에서 압록강을 건넌 후 아목하까지 북진해 건주위 여진족을 토벌했다. 이후에 세종은 만포와 여연군 사이의 거리가 지나치게 멀어 여진족이 그 중간 지점에서 압록강을 건너올 경우, 막기 힘들다고 판단했다. 이에 만포의 동북쪽에 자성군을 두어 압록강을 건너오는 여진에 대비하도록 했다. 이로써 여연군의 서남쪽에 군사 거점이 하나 더 만들어지게 되었다. 자성군은 상류로부터 여연군을 거쳐 만포 방향으로 흘러가는 압록강이 보이는 요충지에 자리 잡고 있다. 세종은 자성군의 지리적 이점을 이용해 강을 건너오는 적을 공격하기 좋은 위치에 군사 기지를 만들도록 했다.

국경 방비가 이처럼 강화되었으나, 건주위 여진족은 다시 강을 넘어 여연군을 침략했다. 이에 세종은 1437년에 이천이라는 장수를 보내 재차 여진 정벌에 나섰다. 이천의 부대는 만포에서 압록강을 건너 건주위 여진족을 토벌했다. 이후 세종은 국경 방비를 더 강화하고자 여연군과 자성군 사이의 중간 지점에 우예군을 설치했으며, 여연군에서 동남쪽으로 멀리 떨어진 곳에 무창군을 설치했다. 이 네 개의 군은 4군이라 불렸으며, 조선이 북쪽 변경에 대한 방비를 강화하는 데 중요한 역할을 했다.

① 여연군이 설치되어 있던 곳에서 동쪽 방면으로 곧장 나아가면 아목하에 도착할 수 있었다.

② 최윤덕은 여연군과 무창군을 잇는 직선 거리의 중간 지점에서 강을 건너 여진족을 정벌했다.

③ 이천의 두 번째 여진 정벌이 끝난 직후에 조선은 북쪽 국경의 방비를 강화하고자 자성군과 우예군, 무창군을 신설했다.

④ 세종은 여진의 침입에 대비하기 위해 경원부를 여연군으로 바꾸고, 최윤덕을 파견해 그곳 인근에 3개 군을 더 설치하게 했다.

⑤ 4군 중 하나인 여연군으로부터 압록강 물줄기를 따라 하류로 이동하면 이천의 부대가 왕명에 따라 여진을 정벌하고자 압록강을 건넜던 지역에 이를 수 있었다.

04. 다음 글에서 알 수 있는 것은?

20 5급공채

조선시대에는 역대 국왕과 왕비의 신주가 있는 종묘에서 정기적으로 제사를 크게 지냈으며, 그때마다 종묘제례악에 맞추어 '일무(佾舞)'라는 춤을 추는 의식을 행했다. 일무란 일정한 수의 행과 열을 맞추어 추는 춤으로 황제에 대한 제사의 경우에는 팔일무를 추는 것이 원칙이었고, 제후에 대한 제사에는 육일무를 추었다. 팔일무는 행과 열을 각각 8개씩 지어 모두 64명이 추는 춤이다. 육일무는 행과 열을 각각 6개씩 지어 추는 춤으로서, 참여하는 사람의 수는 36명이다. 대한제국을 선포하기 전까지 조선 왕조는 제후국의 격식에 맞추어 육일무를 거행했다.

일무에는 문무(文舞)와 무무(武舞)라는 두 가지 종류가 있는데, 문무를 먼저 춘 다음에 같은 사람들이 무무를 뒤이어 추는 것이 성해신 규칙이었다. 일무를 출 때는 손에 무구라는 도구를 들고 춤을 추게 했는데, 문무를 출 때는 왼손에 '약'이라는 피리를 들고 오른손에 '적'이라는 꿩 깃털 장식물을 들었다. 문무를 추는 사람은 이렇게 한 사람당 2종의 무구를 들고 춤을 추었다. 한편 중국 역대 왕조는 무무를 거행할 때 창, 검, 궁시(활과 화살)를 들고 춤을 추게 했다. 이에 비해 조선에서는 궁시를 무구로 쓰지 않았다. 조선에서는 무무를 출 때 앞쪽 세 줄에 선 사람들로 하여금 한 사람당 검 하나씩만 잡고 춤을 추게 했으며, 뒤쪽의 세 줄에 선 사람들은 한 사람당 창 하나씩만 잡은 채 춤을 추게 했다.

한편 1897년에 고종이 대한제국을 선포한 이후에는 황제국의 격식에 맞게 64명이 일무를 추었다. 그러나 일제 강점기에는 다시 36명이 일무를 추는 것으로 바뀌었다. 종묘에서 제사를 지내는 일은 광복 후 잠시 중단되었다가, 1960년대에 종묘제례악이 중요무형문화재로 지정됨에 따라 복원되었다. 복원된 종묘제례의 일무는 팔일무였으며, 예전처럼 먼저 문무를 추고 뒤이어 무무를 추는 방식을 지켰다. 문무를 출 때 손에 드는 무구는 조선시대의 것과 동일했고, 무무를 출 때 앞의 네 줄에 선 사람들은 검을 들되 뒤의 네 줄에 선 사람들은 창을 들게 했다. 종묘제례 행사는 1969년부터 전주 이씨 대동종약원이 맡아 오늘날까지 정기적으로 시행하고 있는데, 그 형식은 1960년대에 복원된 것을 그대로 따르고 있다.

① 대한제국 시기에는 종묘제례에서 문무를 출 때 궁시를 들지 않고 검과 창만 들었다.

② 일제 강점기 때 거행된 종묘제례에서는 문무를 육일무로 추었고, 무무는 팔일무로 추었다.

③ 조선시대에는 종묘제례에서 무무를 출 때 한 사람당 4종의 무구를 손에 들고 춤을 추게 했다.

④ 조선시대에 종묘제례를 거행할 때에는 육일무를 추도록 하되 제후국의 격식에 맞추어 무무만 추었다.

⑤ 오늘날 시행되고 있는 종묘제례 행사에서 문무를 추는 사람들은 한 사람당 2종의 무구를 손에 들고 춤을 춘다.

05. 다음 글에서 추론할 수 없는 것은?　　　　20 민경채

아이를 엄격하게 키우는 것은 부모와 다른 사람들에 대해 반감과 공격성을 일으킬 수 있고, 그 결과 죄책감과 불안감을 낳으며, 결국에는 아이의 창조적인 잠재성을 해치게 된다. 반면에 아이를 너그럽게 키우는 것은 그와 같은 결과를 피하고, 더 행복한 인간관계를 만들며, 풍요로운 마음과 자기신뢰를 고취하고, 자신의 잠재력을 발전시킬 수 있도록 한다. 이와 같은 진술은 과학적 탐구의 범위에 속하는 진술이다. 논의의 편의상 이 두 주장이 실제로 강력하게 입증되었다고 가정해보자. 그렇다면 우리는 이로부터 엄격한 방식보다는 너그러운 방식으로 아이를 키우는 것이 더 좋다는 점이 과학적 연구에 의해 객관적으로 확립되었다고 말할 수 있을까?

위의 연구를 통해 확립된 것은 다음과 같은 조건부 진술일 뿐이다. 만약 우리의 아이를 죄책감을 지닌 혼란스러운 영혼이 아니라 행복하고 정서적으로 안정된 창조적인 개인으로 키우고자 한다면, 아이를 엄격한 방식보다는 너그러운 방식으로 키우는 것이 더 좋다. 이와 같은 진술은 상대적인 가치판단을 나타낸다. 상대적인 가치판단은 특정한 목표를 달성하려면 어떤 행위가 좋다는 것을 진술하는데, 이런 종류의 진술은 경험적 진술이고, 경험적 진술은 모두 관찰을 통해 객관적인 과학적 테스트가 가능하다. 반면 "아이를 엄격한 방식보다는 너그러운 방식으로 키우는 것이 더 좋다."라는 문장은 가령 "살인은 악이다."와 같은 문장처럼 절대적인 가치판단을 표현한다. 그런 문장은 관찰에 의해 테스트할 수 있는 주장을 표현하지 않는다. 오히려 그런 문장은 행위의 도덕적 평가기준 또는 행위의 규범을 표현한다. 절대적인 가치판단은 과학적 테스트를 통한 입증의 대상이 될 수 없다. 왜냐하면 그와 같은 판단은 주장을 표현하는 것이 아니라 행위의 기준이나 규범을 나타내기 때문이다.

① 아이를 엄격한 방식보다는 너그러운 방식으로 키우는 것이 더 좋다는 것은 경험적 진술이 아니다.

② 아이를 엄격한 방식보다는 너그러운 방식으로 키우는 것이 더 좋다는 것은 상대적인 가치판단이다.

③ 아이를 엄격한 방식보다는 너그러운 방식으로 키우는 것이 더 좋다는 것은 과학적 연구에 의해 객관적으로 입증될 수 있는 주장이 아니다.

④ 정서적으로 안정된 창조적 개인으로 키우려면, 아이를 엄격한 방식보다는 너그러운 방식으로 키우는 것이 더 좋다는 것은 상대적인 가치판단이다.

⑤ 정서적으로 안정된 창조적 개인으로 키우려면, 아이를 엄격한 방식보다는 너그러운 방식으로 키우는 것이 더 좋다는 것은 과학적으로 테스트할 수 있다.

06. 다음 글의 A가 반드시 참이 되도록 ㉠~㉤ 부분을 수정하려고 할 때 적절한 것은?　　　　12 5급공채

2주 전 조사를 의뢰 받은 부식제 누출 사고의 분석 결과를 간략히 요약해서 말씀드리겠습니다. 귀사가 의뢰한 사안의 핵심에는 이 사고에 대해 책임을 져야 할 관련자의 범위를 규명하는 일과 더불어 위험물질 관리시스템 RE-201과 이 사고의 연관성 여부를 규명하는 일이 있었으며, 우리의 분석은 여기에 초점을 맞추고 있습니다.

먼저, 관련자들의 담당업무를 분석한 결과 ㉠안전관리팀의 강 과장과 시설연구소의 남 박사 중 적어도 한 사람에게 이 사고와 관련된 책임이 있다는 판단에 도달했습니다. 물론 이 사고에 대한 책임의 소재는 추가로 밝혀질 수 있다는 점을 말씀드려둡니다. 그러나 ㉡사고 당일의 당직 책임자였던 도 부장과 박 과장에게는 어떠한 과실이나 책임의 여지도 없었습니다. 또 우리는 사고 당일을 포함하여 지난 수 개월 동안의 공장 전체의 부식제 분배 시스템 작동 상황을 공학적 측면에서 면밀히 검토했습니다. 이 검토의 결론은 이렇습니다. ㉢만일 이 사고와 관련된 책임이 안전관리팀의 강 과장에게 있고 또 이 사고가 위험물질 관리 시스템 RE-201과 관련되었다면, 부식제 누출 사고는 공장의 S 구역에서만 일어났어야 합니다. 그러나 알려진 것처럼 ㉣누출 사고는 S 구역을 포함하는 광범위한 영역에서 일어났을 뿐만 아니라 상대적으로 T와 U 구역의 누출이 훨씬 더 심각했습니다.

마지막으로 알아낸 것은, ㉤만일 강 과장에게 이 사고와 관련된 책임이 있다면 남 박사에게도 책임이 있을 수밖에 없다는 것이었습니다. 책임 소재의 명확한 범위에 대한 분석은 아직 진행 중입니다. 그러나 일단 앞의 분석을 토대로 [A]이번 사고가 RE-201과 관련되었다는 주장은 틀렸다는 결론을 내릴 수 있었습니다.

① ㉠을 '안전관리팀의 강 과장과 시설연구소의 남 박사 모두에게 이 사고와 관련된 책임이 있는 것은 아니다'로 고친다.

② ㉡을 '사고 당일의 당직 책임자였던 도 부장과 박 과장에게도 책임의 여지가 있었습니다.'로 고친다.

③ ㉢에서 '관련되었다면'을 '관련되었다면, 그리고 그런 경우에 한해서'로 고친다.

④ ㉣을 '누출 사고는 S 구역이 아니라 T와 U 구역에서 일어났습니다.'로 고친다.

⑤ ㉤을 '남 박사에게는 이 사고와 관련된 책임이 없다'로 고친다.

07. 다음 글의 빈칸에 들어갈 내용으로 가장 적절한 것은?

20 민경채

A는 말벌이 어떻게 둥지를 찾아가는지 알아내고자 했다. 이에 A는 말벌이 둥지에 있을 때, 둥지를 중심으로 솔방울들을 원형으로 배치했는데, 그 말벌은 먹이를 찾아 둥지를 떠났다가 다시 둥지로 잘 돌아왔다. 이번에는 말벌이 먹이를 찾아 둥지를 떠난 사이, A가 그 솔방울들을 수거하여 둥지 부근 다른 곳으로 옮겨 똑같이 원형으로 배치했다. 그랬더니 돌아온 말벌은 솔방울들이 치워진 그 둥지로 가지 않고 원형으로 배치된 솔방울들의 중심으로 날아갔다.

이러한 결과를 관찰한 A는 말벌이 방향을 찾을 때 솔방울이라는 물체의 재질에 의존한 것인지 혹은 솔방울들로 만든 모양에 의존한 것인지를 알아내고자 하였다. 그래서 이번에는 말벌이 다시 먹이를 찾아 둥지를 떠난 사이, 앞서 원형으로 배치했던 솔방울들을 치우고 그 자리에 돌멩이들을 원형으로 배치했다. 그리고 거기 있던 솔방울들을 다시 가져와 둥지를 중심으로 삼각형으로 배치했다. 그러자 A는 돌아온 말벌이 원형으로 배치된 돌멩이들의 중심으로 날아가는 것을 관찰할 수 있었다.

이 실험을 통해 A는 먹이를 찾으러 간 말벌이 둥지로 돌아올 때, ⬜⬜⬜⬜⬜는 결론에 이르렀다.

① 물체의 재질보다 물체로 만든 모양에 의존하여 방향을 찾는다
② 물체로 만든 모양보다 물체의 재질에 의존하여 방향을 찾는다
③ 물체의 재질과 물체로 만든 모양 모두에 의존하여 방향을 찾는다
④ 물체의 재질이나 물체로 만든 모양에 의존하지 않고 방향을 찾는다
⑤ 경우에 따라 물체의 재질에 의존하기도 하고 물체로 만든 모양에 의존하기도 하면서 방향을 찾는다

08. 다음 글에서 알 수 있는 것만을 <보기>에서 모두 고르면?

18 5급공채

기존 암치료법은 암세포의 증식을 막는 데 초점이 맞춰져 있으나, 컴퓨터 설명 모형이 새로 나와 이와는 다른 암치료법이 개발될 수 있다는 가능성이 제시되었다. W 교수의 연구에 따르면, 종전의 공간 모형은 종양의 3차원 공간 구조를 잘 설명하지만 암세포들 간 유전 변이를 잘 설명하지는 못한다. 또 다른 종전 모형인 비공간 모형은 암세포들 간 유전 변이를 잘 설명해 종양의 진화 과정은 정교하게 그려냈지만 종양의 3차원 공간 구조는 잡아내지 못했다. 그러나 종양의 성장과 진화를 이해하려면 종양의 3차원 공간 구조뿐만 아니라 유전 변이를 잘 설명할 수 있어야 한다.

새로 개발된 컴퓨터 설명 모형은 왜 모든 암세포들이 그토록 많은 유전 변이들을 갖고 있으며, 그 가운데 약제 내성을 갖는 '주동자 변이'가 어떻게 전체 종양에 퍼지게 되는지를 잘 설명해준다. 이 설명의 열쇠는 암세포들이 이곳저곳으로 옮겨 다닐 수 있는 능력을 갖고 있다는 데 있다. W 교수는 "사실상 환자를 죽게 만드는 암의 전이는 암세포의 자체 이동 능력 때문"이라고 말한다. 종전의 공간 모형에 따르면 암세포는 빈곳이 있을 때만 분열할 수 있고 다른 세포를 올라타고서만 다른 곳으로 옮겨갈 수 있다. 그래서 암세포가 분열할 수 있는 곳은 제한되어 있다. 하지만 새 모형에 따르면 암세포가 다른 세포의 도움 없이 빈곳으로 이동할 수 있다. 이런 식으로 암세포는 여러 곳으로 이동하여 그곳에서 증식함으로써 새로운 유전 변이를 얻게 된다. 바로 이 때문에 종양은 종전 모형의 예상보다 더 빨리 자랄 수 있고 이상할 정도로 많은 유전 변이들을 가질 수 있다.

〈보 기〉

ㄱ. 컴퓨터 설명 모형은 종전의 공간 모형보다 암세포의 유전 변이를 더 잘 설명한다.

ㄴ. 종전의 공간 모형은 컴퓨터 설명 모형보다 암세포의 3차원 공간 구조를 더 잘 설명한다.

ㄷ. 종전의 공간 모형과 비공간 모형은 암세포의 자체 이동 능력을 인정하지만 이를 설명할 수 없다.

① ㄱ
② ㄴ
③ ㄱ, ㄷ
④ ㄴ, ㄷ
⑤ ㄱ, ㄴ, ㄷ

09. 다음 글의 내용이 참일 때, 반드시 참인 것은? 15 민경채

A교육청은 관할지역 내 중학생의 학력 저하가 심각한 수준에 달했다고 우려하고 있다. A교육청은 이러한 학력 저하의 원인이 스마트폰의 사용에 있다고 보고 학력 저하를 방지하기 위한 방안을 마련하기로 하였다. 자료 수집을 위해 A교육청은 B중학교를 조사하였다. 조사 결과에 따르면, B중학교에서 스마트폰을 가지고 등교하는 학생들 중에서 국어 성적이 60점 미만인 학생이 20명, 영어 성적이 60점 미만인 학생이 20명이었다.

B중학교에 스마트폰을 가지고 등교하지만 학교에 있는 동안은 사용하지 않는 학생들 중에 영어 성적이 60점 미만인 학생은 없다. 그리고 B중학교에서 방과 후 보충 수업을 받아야 하는 학생 가운데 영어 성적이 60점 이상인 학생은 없다.

① 이 조사의 대상이 된 B중학교 학생은 적어도 40명 이상이다.

② B중학교 학생인 성열이의 영어 성적이 60점 미만이라면, 성열이는 방과 후 보충 수업을 받아야할 것이다.

③ B중학교 학생인 대석이의 국어 성적이 60점 미만이라면, 대석이는 학교에 있는 동안에 스마트폰을 사용할 것이다.

④ 스마트폰을 가지고 등교하더라도 학교에 있는 동안은 사용하지 않는 B중학교 학생 가운데 방과 후 보충 수업을 받아야 하는 학생은 없다.

⑤ B중학교에서 스마트폰을 가지고 등교하는 학생들 가운데 학교에 있는 동안은 스마트폰을 사용하지 않는 학생은 적어도 20명 이상이다.

10. 甲은 수업 준비물인 가위, 칼, 색연필, 크레파스, 볼펜 5종류 중 일부만을 가지고 있다. 甲이 가지고 있는 수업 준비물에 대한 아래 <조건>이 모두 참일 때, <보기>에서 반드시 참인 것만을 모두 고르면? 20 입법고시

─〈조 건〉─
○ 甲은 가위 또는 칼 둘 중에 하나를 가지고 있지만, 둘 모두를 가지고 있지는 않다.
○ 甲은 색연필 또는 크레파스 둘 중에 하나를 가지고 있지만, 둘 모두를 가지고 있지는 않다.
○ 甲이 칼을 가지고 있지 않다면, 甲은 볼펜을 가지고 있을 것이다.
○ 甲이 색연필을 가지고 있지 않다면, 甲은 가위도 칼도 가지고 있지 않을 것이다.

─〈보 기〉─
ㄱ. 甲이 2종류의 준비물만을 가지고 있다면, 甲은 반드시 칼을 가지고 있을 것이다.
ㄴ. 甲이 볼펜을 가지고 있지 않다면, 甲은 가위를 가지고 있지 않을 것이다.
ㄷ. 甲이 3종류의 준비물만을 가지고 있다면, 甲은 반드시 볼펜을 가지고 있을 것이다.

① ㄱ
② ㄷ
③ ㄱ, ㄴ
④ ㄴ, ㄷ
⑤ ㄱ, ㄴ, ㄷ

11. 다음 글에서 알 수 없는 것은? 17 민경채

현대 심신의학의 기초를 수립한 연구는 1974년 심리학자 애더에 의해 이루어졌다. 애더는 쥐의 면역계에서 학습이 가능하다는 주장을 발표하였는데, 그것은 면역계에서는 학습이 이루어지지 않는다고 믿었던 당시의 과학적 견해를 뒤엎는 발표였다. 당시까지는 학습이란 뇌와 같은 중추 신경계에서만 일어날 수 있을 뿐 면역계에서는 일어날 수 없다고 생각했다.

애더는 시클로포스파미드가 면역세포인 T세포의 수를 감소시켜 쥐의 면역계 기능을 억제한다는 사실을 알고 있었다. 어느 날 그는 구토를 야기하는 시클로포스파미드를 투여하기 전 사카린 용액을 먼저 쥐에게 투여했다. 그러자 그 쥐는 이후 사카린 용액을 회피하는 반응을 일으켰다. 그 원인을 찾던 애더는 쥐에게 시클로포스파미드는 투여하지 않고 단지 사카린 용액만 먹여도 쥐의 혈류 속에서 T세포의 수가 감소된다는 것을 알아내었다. 이것은 사카린 용액이라는 조건자극이 T세포 수의 감소라는 반응을 일으킨 것을 의미한다.

심리학자들은 자극−반응 관계 중 우리가 태어날 때부터 가지고 있는 것을 '무조건자극−반응'이라고 부른다. '음식물−침 분비'를 예로 들 수 있고, 애더의 실험에서는 '시클로포스파미드−T세포 수의 감소'가 그 예이다. 반면에 무조건자극이 새로운 조건자극과 연결되어 반응이 일어나는 과정을 '파블로프의 조건형성'이라고 부른다. 애더의 실험에서 쥐는 조건형성 때문에 사카린 용액만 먹여도 시클로포스파미드를 투여 받았을 때처럼 T세포 수의 감소 반응을 일으킨 것이다. 이런 조건형성 과정은 경험을 통한 행동의 변화라는 의미에서 학습과정이라 할 수 있다.

이 연구 결과는 몇 가지 점에서 중요하다고 할 수 있다. 심리적 학습은 중추신경계의 작용으로 이루어진다. 그런데 면역계에서도 학습이 이루어진다는 것은 중추신경계와 면역계가 독립적이지 않으며 어떤 방식으로든 상호작용한다는 것을 말해준다. 이 발견으로 연구자들은 마음의 작용이나 정서 상태에 의해 중추신경계의 뇌세포에서 분비된 신경전달물질이나 호르몬이 우리의 신체 상태에 어떠한 영향을 끼치게 되는지를 더 면밀히 탐구하게 되었다.

① 쥐에게 시클로포스파미드를 투여하면 T세포 수가 감소한다.
② 애더의 실험에서 사카린 용액은 새로운 조건자극의 역할을 한다.
③ 애더의 실험은 면역계가 중추신경계와 상호작용할 수 있음을 보여준다.
④ 애더의 실험 이전에는 중추신경계에서 학습이 가능하다는 것이 알려지지 않았다.
⑤ 애더의 실험에서 사카린 용액을 먹은 쥐의 T세포 수가 감소하는 것은 면역계의 반응이다.

12. 다음 글의 내용이 참일 때, 반드시 참인 것은? 20 5급공채

외교부에서는 남자 6명, 여자 4명으로 이루어진 10명의 신임 외교관을 A, B, C 세 부서에 배치하고자 한다. 이때 따라야 할 기준은 다음과 같다.

○ 각 부서에 적어도 한 명의 신임 외교관을 배치한다.
○ 각 부서에 배치되는 신임 외교관의 수는 각기 다르다.
○ 새로 배치되는 신임 외교관의 수는 A가 가장 적고, C가 가장 많다.
○ 여자 신임 외교관만 배치되는 부서는 없다.
○ B에는 새로 배치되는 여자 신임 외교관의 수가 새로 배치되는 남자 신임 외교관의 수보다 많다.

① A에는 1명의 신임 외교관이 배치된다.
② B에는 3명의 신임 외교관이 배치된다.
③ C에는 5명의 신임 외교관이 배치된다.
④ B에는 1명의 남자 신임 외교관이 배치된다.
⑤ C에는 2명의 여자 신임 외교관이 배치된다.

13. 다음 글의 내용이 참일 때, 반드시 참인 것만을 <보기>에서 모두 고르면?
19 5급공채

> 세 사람, 가영, 나영, 다영은 지난 회의가 열린 날짜와 요일에 대해 다음과 같이 기억을 달리 하고 있다.
>
> ○ 가영은 회의가 5월 8일 목요일에 열렸다고 기억한다.
> ○ 나영은 회의가 5월 10일 화요일에 열렸다고 기억한다.
> ○ 다영은 회의가 6월 8일 금요일에 열렸다고 기억한다.
>
> 　추가로 다음 사실이 알려졌다.
>
> ○ 회의는 가영, 나영, 다영이 언급한 월, 일, 요일 중에 열렸다.
> ○ 세 사람의 기억 내용 가운데, 한 사람은 월, 일, 요일의 세 가지 사항 중 하나만 맞혔고, 한 사람은 하나만 틀렸으며, 한 사람은 어느 것도 맞히지 못했다.

---〈보 기〉---
> ㄱ. 회의는 6월 10일에 열렸다.
> ㄴ. 가영은 어느 것도 맞히지 못한 사람이다.
> ㄷ. 다영이 하나만 맞힌 사람이라면 회의는 화요일에 열렸다.

① ㄱ
② ㄷ
③ ㄱ, ㄴ
④ ㄴ, ㄷ
⑤ ㄱ, ㄴ, ㄷ

14. 다음 대화의 ㉠과 ㉡에 들어갈 내용을 적절하게 짝지은 것은?
21 5급공채

> 갑: 현재 개발 중인 백신 후보 물질 모두를 A~D그룹을 대상으로 임상실험을 한 결과, A그룹에서 항체를 생성한 후보 물질은 모두 B그룹에서도 항체를 생성했습니다. 후보 물질 모두를 대상으로 한 또 다른 실험에서는, D그룹에서 항체를 생성하지 않은 후보 물질은 모두 C그룹에서 항체를 생성했습니다.
> 을: 흥미롭네요. 제가 다른 실험의 결과도 들었는데, C그룹에서 항체를 생성했지만 B그룹에서는 항체를 생성하지 않은 후보 물질도 있다고 합니다.
> 갑: 그렇군요. 아, 그리고 추가로 임상실험이 진행 중입니다. 실험 결과는 다음의 둘 중 하나로 나올 예정입니다. 한 가지 경우는 "　　㉠　　"는 결과입니다.
> 을: 지금까지 우리가 언급한 실험 결과가 모두 사실이라면, 그 경우에는 C그룹에서만 항체를 생성하는 후보 물질이 있다는 결론이 나오는군요.
> 갑: 그리고 다른 한 경우는 "　　㉡　　"는 결과입니다.
> 을: 그 경우에는, D그룹에서 항체를 생성하는 후보 물질이 있다는 결론이 나오는군요.

① ㉠: B그룹에서 항체를 생성한 후보 물질은 없다.
　㉡: C그룹에서 항체를 생성한 후보 물질은 모두 A그룹에서 항체를 생성했다.
② ㉠: B그룹에서 항체를 생성한 후보 물질은 없다.
　㉡: D그룹에서 항체를 생성한 후보 물질은 모두 C그룹에서 항체를 생성했다.
③ ㉠: D그룹에서 항체를 생성한 후보 물질은 모두 A그룹에서 항체를 생성했다.
　㉡: B그룹과 C그룹에서 항체를 생성한 후보 물질이 있다.
④ ㉠: D그룹에서 항체를 생성한 후보 물질은 모두 A그룹에서 항체를 생성했다.
　㉡: C그룹에서 항체를 생성하지 않은 후보 물질이 있다.
⑤ ㉠: D그룹에서 항체를 생성한 후보 물질은 모두 B그룹에서 항체를 생성했다.
　㉡: C그룹에서 항체를 생성한 후보 물질은 모두 D그룹에서 항체를 생성하지 않았다.

15. 다음 논증에 대한 평가로 적절한 것만을 <보기>에서 모두 고르면?　13 민경채

눈이나 귀에는 각각 고유의 기능이 있다. 그 기능을 잘 수행하는 상태가 훌륭한 상태이고, 그 기능을 잘 수행하지 못하는 상태가 나쁜 상태이다. 혼이나 정신은 다스리는 기능을 한다. 혼이나 정신도 눈이나 귀와 마찬가지로 훌륭한 상태에서 고유의 기능을 가장 잘 수행한다. 따라서 훌륭한 상태의 혼은 잘 다스리지만 나쁜 상태에 있는 혼은 잘못 다스린다.

올바름 혹은 도덕적임은 혼이나 정신의 훌륭한 상태이지만, 올바르지 못함은 혼이나 정신의 나쁜 상태이다. 올바른 혼과 정신을 가진 사람은 훌륭하게 살지만, 그렇지 못한 사람은 잘못 산다. 또한 훌륭하게 사는 사람, 즉 도덕적인 사람은 행복할 것이며, 행복한 것은 그에게 이익을 준다. 따라서 도덕적인 것은 이익이 되는 것이다.

〈보 기〉

ㄱ. 도덕적으로 살고 있음에도 불행한 사람이 존재한다는 것은 이 논증을 약화한다.
ㄴ. 도덕적으로 살지 않는 것은 이익이 되지 않는다는 주장이 이 논증으로부터 추론된다.
ㄷ. 눈이나 귀가 고유의 기능을 잘 수행하더라도 눈이나 귀를 도덕적이라고 하지 않는 것은 이 논증을 강화한다.

① ㄱ
② ㄷ
③ ㄱ, ㄴ
④ ㄴ, ㄷ
⑤ ㄱ, ㄴ, ㄷ

16. 다음 A~F에 대한 평가로 적절하지 않은 것은?　17 5급공채

어느 때부터 인간으로 간주할 수 있는가와 관련된 주제는 인문학뿐만 아니라 자연과학에서도 흥미로운 주제이다. 특히 태아의 인권 취득과 관련하여 이러한 주제는 다양하게 논의되고 있다. 과학적으로 볼 때, 인간은 수정 후 시간이 흐름에 따라 수정체, 접합체, 배아, 태아의 단계를 거쳐 인간의 모습을 갖추게 되는 수준으로 발전한다. 수정 후에 태아가 형성되는 데까지는 8주 정도가 소요되는데 배아는 2주경에 형성된다. 10달의 임신 기간은 태아 형성기, 두뇌의 발달 정도 등을 고려하여 4기로 나뉘는데, 1~3기는 3개월 단위로 나뉘고 마지막 한 달은 4기에 해당한다. 이러한 발달 단계의 어느 시점에서부터 그 대상을 인간으로 간주할 것인지에 대해서는 다양한 견해들이 있다.

A에 따르면 태아가 산모의 뱃속으로부터 밖으로 나올 때 즉 태아의 신체가 전부 노출이 될 때부터 인간에 해당한다. B에 따르면 출산의 진통 때부터는 태아가 산모로부터 독립해 생존이 가능하기 때문에 그때부터 인간에 해당한다. C는 태아가 형성된 후 4개월 이후부터 인간으로 간주한다. 지각력이 있는 태아는 보호받아야 하는데 지각력에 있어서 필수 요소인 전뇌가 2기부터 발달하기 때문이다. D에 따르면 정자와 난자가 합쳐졌을 때, 즉 수정체부터 인간에 해당한다. 그 이유는 수정체는 생물학적으로 인간으로 태어날 가능성을 갖고 있기 때문이다. E에 따르면 합리적 사고를 가능하게 하는 뇌가 생기는 시점 즉 배아에 해당하는 때부터 인간에 해당한다. F는 수정될 때 영혼이 생기기 때문에 수정체부터 인간에 해당한다고 본다.

① A가 인간으로 간주하는 대상은 B도 인간으로 간주한다.
② C가 인간으로 간주하는 대상은 E도 인간으로 간주한다.
③ D가 인간으로 간주하는 대상은 E도 인간으로 간주한다.
④ D가 인간으로 간주하는 대상을 F도 인간으로 간주하지만, 그렇게 간주하는 이유는 다르다.
⑤ 접합체에도 영혼이 존재할 수 있다는 연구결과를 얻더라도 F의 견해는 설득력이 떨어지지 않는다.

'거짓말'을 어떻게 정의해야 하는가는 혼란을 일으킬 수 있는 물음입니다. 어떤 사람의 말을 '거짓말'로 만드는 것은 거짓말을 하려는 그 사람의 의도일까요? 아니면 그 말이 사실과 일치하는가의 여부일까요? ㉠자신이 거짓이라고 믿는 것을 의도적으로 말하는 사람을 두고 거짓말을 한다고 말하는 것은 당연합니다. 문제는, 자신이 참이라고 믿는 것을 믿는 대로 말했는데 그 말이 사실은 거짓인 경우, 이를 두고 거짓말을 한다고 할 수 있는가 하는 것입니다. 예를 들어서 이런 말을 듣곤 하지 않습니까? "거짓말을 하려고 한 게 아니라 어쩌다 보니 거짓말이 되고 말았다." 참이라고 생각하고 말했는데, 내가 참이라고 생각한 것이 사실과 달라 거짓이 되었다는 의미입니다. 이 경우에는 ㉡거짓말을 만드는 것은 말하는 사람의 의도라기보다는 사실과의 일치 여부가 되겠지요. 이런 의미에서 거짓말을 하는 것은 정직하지 않은 것과는 상관없는 일이 됩니다. ㉢사실과 일치하는 내용을 참이라고 믿고 말했지만, 결과적으로 거짓말을 하게 되는 셈이니까요. 이런 거짓말을 '결과적 거짓말'이라고 한다면, 자신이 믿는 것과는 반대로 말하는 것을 '의도적 거짓말'이라고 할 수 있을 것입니다. '거짓말'을 결과적 거짓말로 정의할 것인가, 의도적 거짓말로 정의할 것인가는 맥락에 따라서 다를 수 있지만, ㉣우리가 '거짓말'에 대해서 갖고 있는 개념에 더 잘 맞는 것은 의도적 거짓말이라고 생각합니다.

'단순히 거짓인 말'과 '거짓말'은 서로 구별되어야 하는 말입니다. 마찬가지로 '우연히 참이 된 말'과 '참말'도 구별되어야겠지요. 가령, 모든 것을 자신이 믿는 바와는 정반대로 말하는 사람을 생각해 봅시다. 만일 이 사람이 '서울은 대한민국의 수도가 아니다.'라고 믿는다면, '서울은 대한민국의 수도이다.'라고 말할 것입니다. 이 경우 그는 사실과의 일치 여부로 보면 참말을 한 셈이지만, 사실과 일치하는 내용을 자신의 믿음대로 말한 사람과는 다른 의미에서 참말을 했다고 해야 하지 않을까요? 다시 말해서, ㉤그는 우연히 진실을 말했을 뿐입니다. 이런 사람과, 자신이 믿는 바대로 말하려고 했고 그 결과 진실을 말한 사람은 구별되어야 한다고 생각합니다.

① ㉠을 '자신이 참이라고 믿는 것을 의도적으로 말하는 사람을 두고 거짓말을 한다고 말하는 것은 당연합니다'로 수정한다.

② ㉡을 '거짓말을 만드는 것은 사실과의 일치 여부가 아니라 말하는 사람의 의도가 되겠지요'로 수정한다.

③ ㉢을 '사실과 일치하지 않는 내용을 참이라고 믿고 말했지만, 결과적으로 거짓말을 하게 되는 셈이니까요'로 수정한다.

④ ㉣을 '이 두 가지 거짓말이 모두 참말과 구분된다는 점에서는 동일한 거짓말이라고 생각합니다'로 수정한다.

⑤ ㉤을 '그는 의도적으로 진실을 말하고 있는 것입니다'로 수정한다.

인간이 부락집단을 형성하고 인간의 삶 전체가 반영된 이야기가 시작되었을 때부터 설화가 존재하였다. 설화에는 직설적인 표현도 있지만, 풍부한 상징성을 가진 것이 많다. 이 이야기들에는 민중이 믿고 숭상했던 신들에 관한 신성한 이야기인 신화, 현장과 증거물을 중심으로 엮은 역사적인 이야기인 전설, 민중의 욕망과 가치관을 보여주는 허구적 이야기인 민담이 있다. 설화 속에는 원(願)도 있고 한(恨)도 있으며, 아름답고 슬픈 사연도 있다. 설화는 한 시대의 인간들의 삶과 문화이며 바로 그 시대에 살았던 인간의식 그 자체이기에 설화 수집은 중요한 일이다.

상주지방에 전해오는 '공갈못설화'를 놓고 볼 때 공갈못의 생성은 과거 우리의 농경사회에서 중요한 역사적 사건으로서 구전되고 인식되었지만, 이에 관한 당시의 문헌 기록은 단 한 줄도 전해지지 않고 있다. 이는 당시 신라의 지배층이나 관의 입장에서 공갈못 생성에 관한 것이 기록할 가치가 있는 정치적 사건은 아니라는 인식을 보여준다. 공갈못 생성은 다만 농경생활에 필요한 농경민들의 사건이었던 것이다.

공갈못 관련 기록은 조선시대에 와서야 발견된다. 이에 따르면 공갈못은 삼국시대에 형성된 우리나라 3대 저수지의 하나로 그 중요성이 인정되었다. 당대에 기록되지 못하고 한참 후에서야 단편적인 기록들만이 전해진 것이다. 일본은 고대 역사를 제대로 정리한 기록이 없는데도 주변에 흩어진 기록과 구전(口傳)을 모아 『일본서기』라는 그럴싸한 역사책을 완성하였다. 이 점을 고려할 때 역사성과 현장성이 있는 전설을 가볍게 취급해서는 결코 안 된다. 이러한 의미에서 상주지방에 전하는 지금의 공갈못에 관한 이야기도 공갈못 생성의 증거가 될 수 있는 역사성을 가진 귀중한 자료인 것이다.

① 공갈못설화는 전설에 해당한다.

② 설화가 기록되기 위해서는 원이나 한이 배제되어야 한다.

③ 삼국의 사서에는 농경생활 관련 사건이 기록되어 있지 않다.

④ 한국의 3대 저수지 생성 사건은 조선시대에 처음 기록되었다.

⑤ 조선과 일본의 역사기술 방식의 차이는 전설에 대한 기록 여부에 있다.

19. 다음 글의 논지를 약화하는 것으로 가장 적절한 것은?

18 5급공채

온갖 사물이 뒤섞여 등장하는 사진들에서 고양이를 틀림 없이 알아보는 인공지능이 있다고 해보자. 그러한 식별 능력은 고양이 개념을 이해하는 능력과 어떤 관계가 있을까? 고양이를 실수 없이 가려내는 능력이 고양이 개념을 이해하는 능력의 필요충분조건이라고 할 수 있을까?

먼저, 인공지능이든 사람이든 고양이 개념에 대해 이해하면서도 영상 속의 짐승이나 사물이 고양이인지 정확히 판단하지 못하는 경우는 있을 수 있다. 예를 들어, 누군가가 전형적인 고양이와 거리가 먼 희귀한 외양의 고양이를 보고 "좀 이상하게 생긴 족제비로군요."라고 말했다고 해보자. 이것은 틀린 판단이지만, 그렇다고 그가 고양이 개념을 이해하시지 못하고 있다고 평가하는 것은 부적절한 일일 것이다.

이번에는 다른 예로 누군가가 영상자료에서 가을에 해당하는 장면들을 실수 없이 가려낸다고 해보자. 그는 가을 개념을 이해하고 있다고 보아야 할까? 그 장면들을 실수 없이 가려낸다고 해도 그가 가을이 적잖은 사람들을 왠지 쓸쓸하게 하는 계절이라든가, 농경문화의 전통에서 수확의 결실이 있는 계절이라는 것, 혹은 가을이 지구 자전축의 기울기와 유관하다는 것 등을 반드시 알고 있는 것은 아니다. 심지어 가을이 지구의 1년을 넷으로 나눈 시간 중 하나를 가리킨다는 사실을 모르고 있을 수도 있다. 만일 가을이 여름과 겨울 사이에 오는 계절이라는 사실조차 모르는 사람이 있다면 우리는 그가 가을 개념을 이해하고 있다고 인정할 수 있을까? 그것은 불합리한 일일 것이다.

가을이든 고양이든 인공지능이 그런 개념들을 충분히 이해하는 것은 영원히 불가능하다고 단언할 이유는 없다. 하지만 우리가 여기서 확인한 점은 개념의 사례를 식별하는 능력이 개념을 이해하는 능력을 함축하는 것은 아니고, 그 역도 마찬가지라는 것이다.

① 인간 개념과 관련된 모든 지식을 가진 사람은 아무도 없겠지만 우리는 대개 인간과 인간 아닌 존재를 어렵지 않게 구별할 줄 안다.

② 어느 정도의 훈련을 받은 사람은 병아리의 암수를 정확히 감별하지만 그렇다고 암컷과 수컷 개념을 이해하고 있다고 볼 이유는 없다.

③ 자율주행 자동차에 탑재된 인공지능이 인간 개념을 이해하고 있지 않다면 동물 복장을 하고 횡단보도를 건너는 인간 보행자를 인간으로 식별하지 못한다.

④ 정육면체 개념을 이해할 리가 없는 침팬지도 다양한 형태의 크고 작은 상자들 가운데 정육면체 모양의 상자에만 숨겨둔 과자를 족집게같이 찾아낸다.

⑤ 10월 어느 날 남반구에서 북반구로 여행을 간 사람이 그곳의 계절을 봄으로 오인한다고 해서 그가 봄과 가을의 개념을 잘못 이해하고 있다고 할 수는 없다.

20. 다음 글의 ⊙~©에 들어갈 내용을 <보기>에서 골라 적절하게 나열한 것은?

21 5급공채

촛불의 연소와 동물의 호흡이 지속되기 위해서는 산소가 포함된 공기가 제공되어야 한다는 공통점이 있다. 즉 촛불의 연소는 공기 중 산소를 사용하며 이는 이산화탄소로 바뀐다. 동물의 호흡도 체내로 흡수된 공기 내 산소가 여러 대사 과정에 사용된 후 이산화탄소로 바꾸어 호흡기를 통해 공기 중으로 배출된다. 공기 내 산소가 줄어들어 이산화탄소가 일정 수준 이상이 되면 촛불은 꺼지고 동물은 호흡을 할 수 없어서 죽는다.

이런 사실을 근거로 A는 식물의 광합성과 산소 발생에 관한 세 가지 실험을 실시하였다. 또한 실험을 통제하여 산소 부족만이 촛불이 꺼지거나 쥐가 죽는 환경요인이 되도록 하였다. 그리하여 식물에서 광합성이 일어나기 위해서는 빛과 이산화탄소가 모두 필요하다는 것과 식물의 산소 생산에 빛이 필요하다는 결론을 얻었다.

실험 1: [⊙] 이로부터 식물이 산소를 생산한다는 것을 알 수 있었다.

실험 2: [ⓒ] 이로부터 식물이 산소를 생산하기 위해서는 빛이 필요하다는 것을 알 수 있었다.

실험 3: [©] 이로부터 식물에서 광합성이 일어나기 위해서는 빛과 이산화탄소가 모두 있어야 한다는 것을 알 수 있었다.

〈보 기〉

ㄱ. 빛이 있는 곳에서 밀폐된 유리 용기에 쥐와 식물을 넣어두면 일정 시간이 지나도 쥐는 죽지 않지만, 빛이 없는 곳에서 밀폐된 유리 용기에 쥐와 식물을 넣어두면 그 시간이 지나기 전에 쥐는 죽는다.

ㄴ. 밀폐된 용기에 촛불을 넣고 일정 시간이 지나면 촛불이 꺼지지만, 식물과 함께 촛불을 넣어두면 동일한 시간이 지나도 촛불은 꺼지지 않는다.

ㄷ. 빛이 없는 곳에 있는 식물에 이산화탄소를 공급하거나 빛이 있는 곳의 식물에 이산화탄소를 공급하지 않으면 광합성이 일어나지 않지만, 빛이 있는 곳의 식물에 이산화탄소를 공급하면 광합성이 일어난다.

	⊙	ⓒ	©
①	ㄱ	ㄴ	ㄷ
②	ㄴ	ㄱ	ㄷ
③	ㄴ	ㄷ	ㄱ
④	ㄷ	ㄱ	ㄴ
⑤	ㄷ	ㄴ	ㄱ

미국의 일부 주에서 판사는 형량을 결정하거나 가석방을 허가하는 판단의 보조 자료로 양형 보조 프로그램 X를 활용한다. X는 유죄가 선고된 범죄자를 대상으로 그 사람의 재범 확률을 추정하여 그 결과를 최저 위험군을 뜻하는 1에서 최고 위험군을 뜻하는 10까지의 위험지수로 평가한다.

2016년 A는 X를 활용하는 플로리다 주 법정에서 선고받았던 7천여 명의 초범들을 대상으로 X의 예측 결과와 석방 후 2년간의 실제 재범 여부를 조사했다. 이 조사 결과를 토대로 한 ㉠A의 주장은 X가 흑인과 백인을 차별한다는 것이다. 첫째 근거는 백인의 경우 위험지수 1로 평가된 사람이 가장 많고 10까지 그 비율이 차츰 감소한 데 비하여 흑인의 위험지수는 1부터 10까지 고르게 분포되었다는 관찰 결과이다. 즉 고위험군으로 분류된 사람의 비율이 백인보다 흑인이 더 크다는 것이었다. 둘째 근거는 예측의 오류와 관련된 것이다. 2년 이내 재범을 ⎡　(가)　⎤ 사람 중에서 ⎡　(나)　⎤으로 잘못 분류되었던 사람의 비율은 흑인의 경우 45%인 반면 백인은 23%에 불과했고, 2년 이내 재범을 ⎡　(다)　⎤ 사람 중에서 ⎡　(라)　⎤으로 잘못 분류되었던 사람의 비율은 흑인의 경우 28%인 반면 백인은 48%로 훨씬 컸다. 종합하자면, 재범을 저지른 사람이든 그렇지 않은 사람이든, 흑인은 편파적으로 고위험군으로 분류된 반면 백인은 편파적으로 저위험군으로 분류된 것이다.

X를 개발한 B는 A의 주장을 반박하는 논문을 발표하였다. B는 X의 목적이 재범 가능성에 대한 예측의 정확성을 높이는 것이며, 그 정확성에는 인종 간에 차이가 나타나지 않는다고 주장했다. B에 따르면, 예측의 정확성을 판단하는 데 있어 중요한 것은 고위험군으로 분류된 사람 중 2년 이내 재범을 저지른 사람의 비율과 저위험군으로 분류된 사람 중 2년 이내 재범을 저지르지 않은 사람의 비율이다. B는 전자의 비율이 백인 59%, 흑인 63%, 후자의 비율이 백인 71%, 흑인 65%라고 분석하고, 이 비율들은 인종 간에 유의미한 차이를 드러내지 않는다고 주장했다. 또 B는 X에 의해서 고위험군 혹은 저위험군으로 분류되기 이전의 흑인과 백인의 재범률, 즉 흑인의 기저재범률과 백인의 기저재범률 간에는 이미 상당한 차이가 있었으며, 이런 애초의 차이가 A가 언급한 예측의 오류 차이를 만들어 냈다고 설명한다. 결국 ㉡B의 주장은 X가 편파적으로 흑인과 백인의 위험지수를 평가하지 않는다는 것이다.

하지만 기저재범률의 차이로 인종 간 위험지수의 차이를 설명하여, X가 인종차별적이라는 주장을 반박하는 것은 잘못이다. 기저재범률에는 미국 사회의 오래된 인종차별적 특징, 즉 흑인이 백인보다 범죄자가 되기 쉬운 사회 환경이 반영되어 있기 때문이다. 처음 범죄를 저질러서 재판을 받아야 하는 흑인을 생각해 보자. 그의 위험지수를 판정할 때 사용되는 기저재범률은 그와 전혀 상관없는 다른 흑인들이 만들어 낸 것이다. 그런 기저재범률이 전혀 상관없는 사람의 형량이나 가석방 여부에 영향을 주는 것은 잘못이다. 더 나아가 이런 식으로 위험지수를 평가받아 형량이 정해진 흑인들은 더 오랜 기간 교도소에 있게 될 것이며, 향후 재판받을 흑인들의 위험지수를 더욱 높이는 결과를 가져오게 될 것이다. 따라서 ㉢X의 지속적인 사용은 미국 사회의 인종차별을 고착화한다.

21. 위 글의 (가)~(라)에 들어갈 말을 적절하게 나열한 것은?

	(가)	(나)	(다)	(라)
①	저지르지 않은	고위험군	저지른	저위험군
②	저지르지 않은	고위험군	저지른	고위험군
③	저지르지 않은	저위험군	저지른	저위험군
④	저지른	고위험군	저지르지 않은	저위험군
⑤	저지른	저위험군	저지르지 않은	고위험군

22. 위 글의 ㉠~㉢에 대한 평가로 적절한 것만을 <보기>에서 모두 고르면?

⎯⎯⎯⎯⎯⎯⎯⎯ <보 기> ⎯⎯⎯⎯⎯⎯⎯⎯

ㄱ. 강력 범죄자 중 위험지수가 10으로 평가된 사람의 비율이 흑인과 백인 사이에 차이가 없다면, ㉠은 강화된다.

ㄴ. 흑인의 기저재범률이 높을수록 흑인에 대한 X의 재범 가능성 예측이 더 정확해진다면, ㉡은 약화된다.

ㄷ. X가 특정 범죄자의 재범률을 평가할 때 사용하는 기저재범률이 동종 범죄를 저지른 사람들로부터 얻은 것이라면, ㉢은 강화되지 않는다.

① ㄱ
② ㄷ
③ ㄱ, ㄴ
④ ㄴ, ㄷ
⑤ ㄱ, ㄴ, ㄷ

23. 다음 글의 ㉠과 ㉡에 들어갈 진술로 가장 적절한 것은?

15 5급공채

(가) 민주주의 국가의 시민은 모든 법에 복종해야 하는 도덕적 의무를 갖는다. 그렇다면, 민주주의 국가의 시민은 법을 위반할 수 있는 도덕적 권리를 가질 수 있는가? ㉠ 라고 생각하는 경우에는 이 물음에 대해 그렇지 않다고 답변할 것이다. 그러나 이런 생각은 받아들일 수 없다. 왜냐하면 어떠한 국가라도 정의롭지 않은 법과 정책을 산출할 수 있을 뿐만 아니라 시민들은 국가에 대한 의무를 초월하는 다른 권리도 가질 수 있기 때문이다. 특히 시민들은 자신들의 양심에 따를 권리를 가진다. 그리고 그 권리가 국가에 대한 의무와 충돌할 경우 자신이 옳다고 판단한 것을 할 수 있는 권리도 있다. 따라서 민주주의 국가의 시민들은 법에 복종할 의무를 갖지만 그들의 양심을 따르는 것이 그 의무와 충돌할 경우 양심을 따를 권리도 갖는다. 결국 어떤 국가가 개인의 권리를 존중하는 민주주의 국가라면 그 국가는 각 시민이 자신의 양심에 따라 법을 위반할 수 있는 도덕적 권리를 인정해야 한다. 그럼에도 불구하고, 민주주의 국가 에서는 시민이 자신의 양심에 따라 법을 위반할 경우 그 위반 행위에 대해 처벌을 받는 일이 발생한다. 민주주의 국가가 이런 일을 저지르는 것은 분명 잘못이다. 왜냐하면 그것은 국가가 권리로 인정한 것을 국가가 금지하고 처벌하는 것이기 때문이다.

(나) 민주주의 국가가 권리로 인정한 것을 국가가 금지하고 처벌하는 경우가 있는데 그것은 정말 잘못일까? 이 물음을 해결하기 위해서는 '권리'라는 용어가 한 가지 방식으로만 사용되는 것은 아니라는 데 주목해야 한다. 가령, 다음 대화를 생각해보자.

갑: 나에겐 게임을 할 권리가 있어. 게임을 하는 것은 내 자유야. 따라서 너는 내가 게임하는 것을 금지할 수 없어.

을: 그래. 너에겐 게임을 할 권리가 있어. 그렇다고 해서 게임하는 것을 막을 수 없는 것은 아니야. 네가 과도하게 게임을 하기 때문에 발생할 문제가 심각하다면 나는 네가 게임하는 것을 막을 수 있어.

위 대화에서 갑과 을은 모두 갑이 게임을 할 권리를 가지고 있다는 것을 인정한다. 하지만 그들은 '권리'라는 용어를 약간 다른 의미로 사용하고 있다. 갑은 '권리'라는 말을 '그 무엇도 막을 수 없는 것'으로 사용하고 있지만, 을은 '권리'라는 말을 '특별한 이유가 있다면 막을 수 있는 것'으로 사용하고 있다. 갑이 의미하는 권리를 '권리$_1$', 을이 의미하는 권리를 '권리$_2$'라고 하자. 이렇게 두 권리를 구분하여 생각해 보면, 민주주의 국가가 양심에 따를 권리를 인정하면서도 그것에 따른 행위를 처벌하는 것은 잘못이 아니라고 결론지을 수 있다. 왜냐하면, ㉡ .

① ㉠: 법에 대한 복종은 절대적인 도덕적 의무이다
　㉡: 양심에 따를 권리는 권리$_1$에 해당하는 것이기 때문이다.

② ㉠: 인간에겐 그 무엇도 침해할 수 없는 권리가 있다
　㉡: 양심에 따를 권리는 권리$_1$에 해당하는 것이기 때문이다.

③ ㉠: 법에 대한 복종은 절대적인 도덕적 의무이다
　㉡: 양심에 따를 권리는 권리$_2$에 해당하는 것이기 때문이다.

④ ㉠: 인간에겐 그 무엇도 침해할 수 없는 권리가 있다
　㉡: 양심에 따를 권리는 권리$_2$에 해당하는 것이기 때문이다.

⑤ ㉠: 법에 대한 복종과 도덕적 의무는 양립가능하다
　㉡: 양심에 따를 권리는 권리$_2$에 해당하는 것이기 때문이다.

24. 다음 대화의 ㉠으로 적절한 것만을 <보기>에서 모두 고르면?

갑: 우리 지역 장애인의 체육 활동을 지원하기 위한 '장애인 스포츠강좌 지원사업'의 집행 실적이 저조하다고 합니다. 지원 바우처를 제대로 사용하지 못하고 있다는 의미인데요. 비장애인을 대상으로 하는 '일반 스포츠강좌 지원사업'은 인기가 많아 예산이 금방 소진된다고 합니다. 과연 어디에 문제점이 있는 것일까요?

을: 바우처를 수월하게 사용하려면 사용 가능한 가맹 시설이 많이 있어야 합니다. 우리 지역의 '장애인 스포츠강좌 지원사업' 가맹 시설은 10개소이며 '일반 스포츠강좌 지원사업' 가맹 시설은 300개소입니다. 그런데 장애인들은 비장애인들에 비해 바우처를 사용하기 훨씬 어렵습니다. 혹시 장애인의 수에 비해 장애인 대상 가맹 시설의 수가 비장애인의 경우보다 턱없이 적어서 그런 것 아닐까요?

병: 글쎄요, 제 생각은 조금 다릅니다. 바우처 지원액이 너무 적은 것은 아닐까요? 장애인을 대상으로 하는 스포츠강좌는 보조인력 비용 등 추가 비용으로 인해, 비장애인 대상 강좌보다 수강료가 높을 수 있습니다. 바우처를 사용한다 해도 자기 부담금이 여전히 크다면 장애인들은 스포츠강좌를 이용하기 어려울 것입니다.

정: 하지만 제가 보기엔 장애인들의 주요 연령대가 사업에서 제외된 것 같습니다. 현재 본 사업의 대상 연령은 만 12세에서 만 49세까지인데, 장애인 인구의 고령자 인구 비율이 비장애인 인구에 비해 높다는 사실을 고려하면, 대상 연령의 상한을 적어도 만 64세까지 높여야 한다고 생각합니다.

갑: 모두들 좋은 의견 감사합니다. 오늘 회의에서 논의된 내용을 확인하기 위해 ㉠필요한 자료를 조사해 주세요.

──────── <보 기> ────────

ㄱ. 장애인 및 비장애인 각각의 인구 대비 '스포츠강좌 지원사업' 가맹 시설 수

ㄴ. 장애인과 비장애인 각각 '스포츠강좌 지원사업'에 참여하기 위해 본인이 부담해야 하는 금액

ㄷ. 만 50세에서 만 64세까지의 장애인 중 스포츠강좌 수강을 희망하는 인구와 만 50세에서 만 64세까지의 비장애인 중 스포츠강좌 수강을 희망하는 인구

① ㄴ
② ㄷ
③ ㄱ, ㄴ
④ ㄱ, ㄷ
⑤ ㄱ, ㄴ, ㄷ

25. 다음 글의 <논쟁>에 대한 분석으로 적절한 것만을 <보기>에시 모두 고르면?

갑과 을은「위원회의 운영에 관한 규정」제8조에 대한 해석을 놓고 논쟁하고 있다. 그 조문은 다음과 같다.

제8조(위원장 및 위원) ① 위원장은 위촉된 위원들 중에서 투표로 선출한다.
② 위원장과 위원은 한 차례만 연임할 수 있다.
③ 위원장의 사임 등으로 보선된 위원장의 임기는 전임 위원장 임기의 남은 기간으로 한다.

──────── <논 쟁> ────────

쟁점 1: A는 위원을 한 차례 연임하던 중 그 임기의 마지막 해에 위원장으로 선출되어, 2년에 걸쳐 위원장으로 활동하고 있다. 이에 대해, 갑은 A가 규정을 어기고 있다고 주장하지만, 을은 그렇지 않다고 주장한다.

쟁점 2: B가 위원장을 한 차례 연임하여 활동하던 중에 연임될 때의 투표 절차가 적법하지 않다는 이유로 위원장의 직위가 해제되었는데, 이후의 보선에 B가 출마하였다. 이에 대해, 갑은 B가 선출되면 규정을 어기게 된다고 주장하지만, 을은 그렇지 않다고 주장한다.

쟁점 3: C는 위원장을 한 차례 연임하였고, 다음 위원장으로 선출된 D는 임기 만료 직전에 사퇴하였는데, 이후의 보선에 C가 출마하였다. 이에 대해, 갑은 C가 선출되면 규정을 어기게 된다고 주장하지만, 을은 그렇지 않다고 주장한다.

──────── <보 기> ────────

ㄱ. 쟁점 1과 관련하여, 갑은 위원으로서의 임기가 종료되면 위원장으로서의 자격도 없는 것으로 생각하지만, 을은 위원장이 되는 경우에는 그 임기나 연임 제한이 새롭게 산정된다고 생각하기 때문이라고 하면, 갑과 을 사이의 주장 불일치를 설명할 수 있다.

ㄴ. 쟁점 2와 관련하여, 갑은 위원장이 부적법한 절차로 당선되었더라도 그것이 연임 횟수에 포함된다고 생각하지만, 을은 그렇지 않다고 생각하기 때문이라고 하면, 갑과 을 사이의 주장 불일치를 설명할 수 있다.

ㄷ. 쟁점 3과 관련하여, 위원장 연임 제한의 의미가 '단절되는 일 없이 세 차례 연속하여 위원장이 되는 것만을 막는다'는 것으로 확정된다면, 갑의 주장은 옳고, 을의 주장은 그르다.

① ㄱ
② ㄷ
③ ㄱ, ㄴ
④ ㄴ, ㄷ
⑤ ㄱ, ㄴ, ㄷ

약점 보완 해설집 p.10

제3회 기출 엄선 모의고사

01. 다음 글의 내용과 부합하는 것은?   21 5급공채

『승정원일기』는 조선시대 왕의 비서 기관인 승정원의 업무 일지이다. 승정원에서 처리한 업무는 당시 최고의 국가 기밀이었으므로 『승정원일기』에는 중앙과 지방에서 수집된 주요한 정보와 긴급한 국정 사항이 생생하게 기록되었다. 『승정원일기』가 왕의 통치 기록으로서 주요한 자리를 차지할 수 있었던 것은 조선의 통치 구조와 관련이 있다. 조선은 모든 국가 조직이 왕을 중심으로 짜여 있는 중앙집권제 국가였다. 국가 조직은 크게 여섯 분야로 나뉘어져 이, 호, 예, 병, 형, 공의 육조가 이를 담당하였다. 승정원도 육조에 맞추어 육방으로 구성되었고, 육방에는 담당 승지가 한 명씩 배치되었다. 중앙과 지방의 모든 국정 업무는 육조를 통해 수합되었고, 육조는 이를 다시 승정원의 해당 방의 승지에게 보고하였다. 해당 승지는 이를 다시 왕에게 보고하였고, 왕의 명령이 내려지면 담당 승지가 받아 해당 부서에 전하였다.

승정원에 보고된 육조의 모든 공문서는 승정원의 주서가 받아서 기록하였는데, 상소문이나 탄원서 등의 문서도 마찬가지였다. 만약 사헌부, 사간원, 홍문관 등에서 특정 관료나 사안에 대해 비판하는 경우 주서가 그 내용을 기록하였으며, 왕과 신료가 만나 국정을 의논하거나 경연을 할 때 주서는 반드시 참석하여 그 대화 내용을 기록하였다. 즉 주서는 사관의 역할도 겸하였으며, 주서가 사관으로서 기록한 것을 사초라 하였다. 하루 일과가 끝나면 주서는 자신이 기록한 사초를 정리하여 이것을 승정원에서 처리한 공문서나 상소문과 함께 모두 모아 매일 『승정원일기』를 작성하였다. 한 달이 되면 이를 한 책으로 엮어 왕에게 보고하였고, 왕의 결재를 받은 다음 자신이 근무하는 승정원 건물에 보관하였다.

『승정원일기』는 오직 한 부만 작성되었으므로 궁궐의 화재로 원본 자체가 소실되기도 하였다. 임진왜란 전에 승정원은 경복궁 근정전 서남쪽에 위치하였는데, 왜란으로 경복궁이 불타면서 『승정원일기』도 함께 소실되었다. 이후에도 여러 차례 궁궐에 화재가 발생하였다. 영조 23년에는 창덕궁에 불이 나 『승정원일기』가 거의 타버렸으나 영조는 이를 복원하도록 하였다.

① 주서는 사초에 근거하여 육조의 국정 업무 자료를 선별해 수정한 뒤 책으로 엮어 왕에게 보고하였다.

② 형조에서 수집한 지방의 공문서는 승정원의 형방 승지를 통해 왕에게 보고되었다.

③ 왕이 사간원에 내리는 공문서는 사간원에 배치된 승지를 통해 전달되었다.

④ 사관의 역할을 겸하였던 주서와 승지는 함께 『승정원일기』를 작성하였다.

⑤ 경복궁에 보관되어 있던 『승정원일기』는 영조 대의 화재로 소실되었다.

02. 다음 글의 내용과 부합하는 것을 <보기>에서 모두 고르면?   11 민경채

조선정부가 부과하던 세금 중에서 농민들을 가장 고통스럽게 했던 것은 공물(貢物)이었다. 공물은 지방의 특산물을 세금으로 바치는 것이다. 하지만 그 지방에서 생산되지 않는 물품을 바치도록 함으로써 공물을 준비하는 데 많은 어려움이 있었다. 이에 따라 공물을 대신 납부하고 농민들에게 대가를 받는 방납(防納)이 성행하였는데, 방납 과정에서 관료와 결탁한 상인들이 높은 대가를 농민들에게 부담시켰으므로 농민들의 부담은 가중되었다.

임진왜란과 병자호란을 거치는 동안 농촌경제는 파탄이 났고 정부는 재정적자에 시달렸다. 이러한 체제 위기를 수습하기 위한 대책으로 마련된 것이 대동법(大同法)이다. 대동법은 특산물 대신 쌀을 바치도록 하고, 과세 기준도 호(戶)에서 토지로 바뀌었다. 이에 따라 방납으로 인한 폐단이 줄어들고, 토지가 많은 양반들의 부담이 늘어난 반면 농민들의 부담은 감소되었다.

대동법의 시행과 더불어 동전으로 세금을 납부하는 대전납(代錢納)의 추세도 확대되었다. 대전납의 실시로 화폐의 수요가 급속히 늘어나 상평통보와 같은 동전이 다량으로 주조되었다. 체제 수호를 위해 실시된 대동법과 조세금납화는 상품화폐경제의 발달을 촉진하면서 상업이 성장할 수 있는 여건을 제공하였다.

1894년 갑오개혁을 계기로 조선에서는 현물인 쌀 대신에 금속 화폐인 동전으로 조세를 납부하는 것이 전면화 되었다. 토지에 부과되던 원래의 세금 액수에 따라 납세액이 정해져 내야 하는 세금은 전에 비해 큰 차이가 없었다. 하지만 조세 수취 과정에서 발생했던 여러 잡세(雜稅)들은 없어지게 되었다. 갑오개혁에 부정적이었던 한말의 지사 황현(黃玹)조차 갑오정권의 조세금납화 정책에 대해 긍정적인 평가를 한 것은 "새로 개정된 신법이 반포되자 백성들은 모두 발을 구르고 손뼉을 치며 기뻐하여, 서양법을 따르든 일본법을 따르든 그들이 다시 태어난 듯 희색을 감추지 못하였"기 때문이었다.

〈보 기〉

ㄱ. 백성들은 조세금납 전면화를 환영하였다.

ㄴ. 대동법 시행에 따라 방납과 잡세가 사라졌다.

ㄷ. 일본법과 서양법에 따라 조세금납화가 처음 시행되었다.

ㄹ. 대동법 시행에 따라 양반과 농민의 부담이 모두 감소되었다.

① ㄱ

② ㄱ, ㄷ

③ ㄴ, ㄹ

④ ㄷ, ㄹ

⑤ ㄱ, ㄴ, ㄷ

03. 다음 (가)에 제시된 <작성 원칙>에 따라 (나)의 <A시 보도자료>를 수정하거나 보완하고자 할 때, 가장 적절한 것은?

19 7급예시

(가) 〈작성 원칙〉
○ 보도자료의 제목 및 부제는 전체 내용을 압축적으로 제시하는 내용을 담아야 한다.
○ 첫 단락인 '리드'에서 '누가, 언제, 무엇을, 어떻게, 왜'의 핵심정보를 제시해야 한다.
○ 제목과 부제에서 드러내고 있는 핵심 정보를 본문에서 빠짐없이 제시해야 한다.
○ 불필요한 잉여 정보를 포함하거나 동일 정보를 필요 이상 반복해서는 안 된다.
○ 정보 전개에 필요한 표, 그래프, 그림 등을 적절하게 제공해야 한다.

(나) 〈A시 보도자료〉
㉠봄철 불청객 '황사' 이렇게 대처하겠습니다!
– 대응 체계 강화와 시민 행동 요령 안내 등
철저한 대비로 황사 피해 최소화 –

㉡A시는 매년 봄철(3~5월) 불청객으로 찾아오는 황사 피해를 최소화하기 위해 적극적인 대처 방안을 마련했다. 이에 따라 A시는 황사 대응 체계를 신속하게 가동하고, 시민 행동 요령을 적극적으로 안내할 예정이다. 또 관련부서 및 유관기관과 유기적으로 협조하기로 했다.

매년 봄철이면 반갑지 않은 손님인 황사가 찾아온다. 황사는 우리 인체에 악영향을 주기 때문에, 시민들의 건강 피해 예방을 위해 철저한 대비가 필요하다. A시의 최근 10년간 연평균 황사 관측일수는 6.1일이며, 이 중 5.1일(83%)이 봄철(3~5월)에 집중 발생하는 것으로 나타났다.
— ㉢ —

기상청의 기상 전망에 따르면 A시의 황사 발생 일수는 4월에는 평년(1.9일)과 비슷하겠으나, 5월에는 평년(2.5일)보다 많을 것으로 전망된다. 특히 ㉣최근 중국 북부지역의 가뭄으로 평년보다 더 강한 황사가 발생할 가능성이 있어 철저하게 대비해야 한다.

A시에서는 황사 발생시 관련부서 및 유관기관과 유기적으로 협조하여 기후 상황 전파, 도로변과 대규모 공사장 물 뿌리기, 진공청소차를 활용한 청소 등 체계적인 대응을 신속하게 실시하여 황사 피해를 최소화할 계획이다.
— ㉤ —

① ㉠을 '불청객 황사, 봄철 국민 건강을 위협하는 주범입니다'로 수정한다.

② ㉡은 아래 부분에서 반복적으로 설명되는 내용이므로 삭제한다.

③ ㉢에 최근 30년간 한국의 황사 발생 관측일수를 도표로 제공한다.

④ ㉣에 이어 중국 북부지역 가뭄 원인과 중국 정부의 대처 방안을 추가한다.

⑤ ㉤에 시민들이 황사 피해를 최소화할 수 있는 행동 요령과 그 안내 계획을 추가한다.

04. 다음 글에서 알 수 있는 것은?

19 민경채

대부분의 미국 경찰관은 총격 사건을 경험하지 않고 은퇴하지만, 그럼에도 매년 약 600명이 총에 맞아 사망하고, 약 200명은 부상당한다. 미국에서 총격 사건 중 총기 발사 경험이 있는 경찰관 대부분이 심리적 문제를 보인다.

총격 사건을 겪은 경찰관을 조사한 결과, 총격 사건이 일어나는 동안 발생하는 중요한 심리현상 중의 하나가 시간·시각·청각왜곡을 포함하는 지각왜곡이었다. 83%의 경찰관이 총격이 오가는 동안 시간왜곡을 경험했는데, 그들 대부분은 한 시점에서 시간이 감속하여 모든 것이 느려진다고 느꼈다. 또한 56%가 시각왜곡을, 63%가 청각왜곡을 겪었다. 시각왜곡 중에서 가장 빈번한 증상은 한 가지 물체에만 주의가 집중되고 그 밖의 장면은 무시되는 것이다. 청각왜곡은 권총 소리, 고함 소리, 지시 사항 등의 소리를 제대로 듣지 못하는 것이다.

총격 사건에서 총기를 발사한 경찰관은 사건 후 수많은 심리증상을 경험한다. 가장 일반적인 심리증상은 높은 위험 지각, 분노, 불면, 고립감 등인데, 이러한 반응은 특히 총격 피해자 사망 시에 잘 나타난다. 총격 사건을 겪은 경찰관은 이전에 생각했던 것보다 자신의 직업이 더욱 위험하다고 지각하게 된다. 그들은 총격 피해자, 부서, 동료, 또는 사회에 분노를 느끼기도 하는데, 이는 자신을 누군가에게 총을 쏴야만 하는 상황으로 몰아넣었다는 생각 때문에 발생한다. 이러한 심리증상은 그 정도에서 큰 차이를 보였다. 37%의 경찰관은 심리증상이 경미했고, 35%는 중간 정도이며, 28%는 심각했다. 이러한 심리증상의 정도는 총격 사건이 발생한 상황에서 경찰관 자신의 총기 사용이 얼마나 정당했는가와 반비례하는 것으로 보인다. 수적으로 열세인 것, 권총으로 강력한 자동화기를 상대해야 하는 것 등의 요소가 총기 사용의 정당성을 높여준다.

① 총격 사건 중에 경험하는 지각왜곡 중에서 청각왜곡이 가장 빈번하게 나타난다.

② 전체 미국 경찰관 중 총격 사건을 경험하는 사람이 경험하지 않는 사람보다 많다.

③ 총격 피해자가 사망했을 경우 경찰관이 경험하는 청각왜곡은 그렇지 않은 경우보다 심각할 것이다.

④ 총격 사건 후 경찰관이 느끼는 높은 위험 지각, 분노 등의 심리증상은 지각왜곡의 정도에 의해 영향을 받는다.

⑤ 범죄자가 경찰관보다 강력한 무기로 무장했을 경우 경찰관이 총격 사건 후 경험하는 심리증상은 반대의 경우보다 약할 것이다.

05. 다음 글의 내용이 참일 때, 밑줄 친 결론을 이끌어내기 위해 추가해야 할 전제로 적설한 것은? 15 민경채

> A팀이 제작하는 운영체제를 C팀의 전산 시스템에 설치하면 C팀의 보안 시스템에 오류를 발생시킨다. B팀이 제작하는 전원 공급 장치는 5%의 결함률이 있다. 즉 B팀이 제작하는 전원 공급 장치 중 5%의 제품은 결함이 있고 나머지는 결함이 없다. C팀의 전산 시스템에는 반드시 B팀이 제작한 전원 공급 장치를 장착한다. 만일 C팀의 보안 시스템에 오류가 있거나 전원 공급 장치에 결함이 있다면, C팀의 전산 시스템에는 오류가 발생한다. 그러므로 C팀의 전산 시스템에는 반드시 오류가 발생한다.

① A팀이 제작하는 운영체제를 B팀의 전산 시스템에 설치한다.

② A팀이 제작하는 운영체제를 C팀의 전산 시스템에 설치하지 않는다.

③ B팀이 제작하여 C팀에 제공하는 전원 공급 장치에 결함이 있다.

④ B팀에서 제작한 결함이 없는 95%의 전원 공급 장치를 C팀의 전산 시스템에 장착한다.

⑤ C팀의 전산 시스템 오류는 다른 결함요인에 의해서도 발생한다.

06. 다음 갑~병의 견해에 대한 분석으로 적절한 것만을 <보기>에서 모두 고르면? 20 5급공채

갑: 인간과 달리 여타의 동물에게는 어떤 형태의 의식도 없다. 소나 개가 상처를 입었을 때 몸을 움츠리고 신음을 내는 통증 행동을 보이기는 하지만 실제로 통증을 느끼는 것은 아니다. 동물에게는 통증을 느끼는 의식이 없으므로 동물의 행동은 통증에 대한 아무런 느낌 없이 이루어지는 것이다. 우리는 늑대를 피해 도망치는 양을 보고 양이 늑대를 두려워한다고 말한다. 그러나 두려움을 느낀다는 것은 의식적인 활동이므로 양이 두려움을 느끼는 일은 일어날 수 없다. 양의 행동은 단지 늑대의 몸에서 반사된 빛이 양의 눈을 자극한 데 따른 반사작용일 뿐이다.

을: 동물이 통증 행동을 보일 때는 실제로 통증을 의식한다고 보아야 한다. 동물은 통증을 느낄 수 있으나 다만 자의식이 없을 뿐이다. 우리는 통증을 느낄 수 있는 의식과 그 통증을 '나의 통증'이라고 느낄 수 있는 자의식을 구별해야 한다. 의식이 있어야만 자의식이 있지만, 의식이 있다고 해서 반드시 자의식을 갖는 것은 아니다. 세 번의 전기충격을 받은 쥐는 그때마다 통증을 느끼지만, '내'가 전기충격을 세 번 받았다고 느끼지는 못한다. '나의 통증'을 느끼려면 자의식이 필요하며, 통증이 '세 번' 있었다고 느끼기 위해서도 자의식이 필요하다. 자의식이 없으면 과거의 경험을 기억하는 일은 불가능하기 때문이다.

병: 동물이 아무것도 기억할 수 없다는 주장을 인정하고 나면, 동물이 무언가를 학습할 수 있다는 주장은 아예 성립할 수 없을 것이다. 그렇게 되면 동물의 학습에 관한 연구는 무의미해질 것이다. 하지만 어느 이웃에게 한 번 발로 차인 개는 그를 만날 때마다 그 사실을 기억하고 두려움을 느끼며 몸을 피한다. 그렇다면 무언가를 기억하기 위해 자의식이 꼭 필요한 것일까. 그렇지는 않아 보인다. 실은 인간조차도 아무런 자의식 없이 무언가를 기억하여 행동할 때가 있다. 하물며 동물은 말할 것도 없을 것이다. 또한, 과거에 경험한 괴로운 사건은 '나의 것'이라고 받아들이지 않고도 기억될 수 있다.

─────〈보 기〉─────

ㄱ. 갑과 병은 동물에게 자의식이 없다고 여긴다.

ㄴ. 갑과 을은 동물이 의식 없이 행동할 수 있다고 여긴다.

ㄷ. 을에게 기억은 의식의 충분조건이지만, 병에게 기억은 학습의 필요조건이다.

① ㄱ

② ㄷ

③ ㄱ, ㄴ

④ ㄴ, ㄷ

⑤ ㄱ, ㄴ, ㄷ

07. 다음 글에서 추론할 수 있는 것만을 <보기>에서 모두 고르면?

두 입자만으로 이루어지고 이들이 세 가지의 양자 상태 1, 2, 3 중 하나에만 있을 수 있는 계(system)가 있다고 하자. 여기서 양자 상태란 입자가 있을 수 있는 구별 가능한 어떤 상태를 지시하며, 입자는 세 가지 양자 상태 중 하나에 반드시 있어야 한다. 이때 그 계에서 입자들이 어떻게 분포할 수 있는지 경우의 수를 세는 문제는, 각 양자 상태에 대응하는 세 개의 상자 ①②③ 에 두 입자가 있는 경우의 수를 세는 것과 같다. 경우의 수는 입자들끼리 서로 구별 가능한지와 여러 개의 입자가 하나의 양자 상태에 동시에 있을 수 있는지에 따라 달라진다.

두 입자가 구별 가능하고, 하나의 양자 상태에 여러 개의 입자가 있을 수 있다고 가정하자. 이것을 'MB 방식'이라고 부르며, 두 입자는 각각 a, b로 표시할 수 있다. a가 1의 양자 상태에 있는 경우는 ab| | |, | a | b |, | a | | b |의 세 가지이고, a가 2의 양자 상태에 있는 경우와 a가 3의 양자 상태에 있는 경우도 각각 세 가지이다. 그러므로 MB 방식에서 경우의 수는 9이다.

두 입자가 구별되지 않고, 하나의 양자 상태에 여러 개의 입자가 있을 수 있다고 가정하자. 이것을 'BE 방식'이라고 부른다. 이때에는 두 입자 모두 a로 표시하게 되므로 aa| | |, | |aa| |, | | |aa|, |a|a| |, |a| |a|, | |a|a|가 가능하다. 그러므로 BE 방식에서 경우의 수는 6이다.

두 입자가 구별되지 않고, 하나의 양자 상태에 하나의 입자만 있을 수 있다고 가정하자. 이것을 'FD 방식'이라고 부른다. 여기에서는 BE 방식과 달리 하나의 양자 상태에 두 개의 입자가 동시에 있는 경우는 허용되지 않으므로 |a|a| |, |a| |a|, | |a|a|만 가능하다. 그러므로 FD 방식에서 경우의 수는 3이다.

양자 상태의 가짓수가 다를 때에도 MB, BE, FD 방식 모두 위에서 설명한 대로 입자들이 놓이게 되고, 이때 경우의 수는 달라질 수 있다.

─────── 〈보 기〉 ───────

ㄱ. 두 개의 입자에 대해, 양자 상태가 두 가지이면 BE 방식에서 경우의 수는 2이다.

ㄴ. 두 개의 입자에 대해, 양자 상태의 가짓수가 많아지면 FD 방식에서 두 입자가 서로 다른 양자 상태에 각각 있는 경우의 수는 커진다.

ㄷ. 두 개의 입자에 대해, 양자 상태가 두 가지 이상이면 경우의 수는 BE 방식에서보다 MB 방식에서 언제나 크다.

① ㄱ
② ㄷ
③ ㄱ, ㄴ
④ ㄴ, ㄷ
⑤ ㄱ, ㄴ, ㄷ

---

08. 다음 글에서 추론할 수 없는 것은?

미국과 영국은 1921년 워싱턴 강화회의를 기점으로 태평양 및 중국에 대한 일본의 침략을 견제하기 시작하였다. 가중되는 외교적 고립으로 인해 일본은 광물과 곡물을 수입하는 태평양 경로를 상실할 위험에 처하였다. 이에 대처하기 위해 일본은 식민지 조선의 북부 지역에서 광물과 목재 등 군수산업 원료를 약탈하는 데 주력하게 되었다. 콩 또한 확보해야 할 주요 물자 중 하나였는데, 콩은 당시 일본에서 선호하던 식량일 뿐만 아니라 군수산업을 위한 원료이기도 하였다.

일본은 확보된 공업 원료와 식량 자원을 자국으로 수송하는 물류 거점으로 함경도를 주목하였다. 특히 청진·나진·웅기 등 대륙 종단의 시발점이 되는 항구와 조선의 최북단 지역이던 무산·회령·종성·온성을 중시하였다. 또한 조선의 남부 지방에서는 면화, 북부 지방에서는 양모 생산을 장려하였던 조선총독부의 정책에 따라 두만강을 통해 바로 만주로 진출할 수 있는 회령·종성·온성은 양을 목축하는 축산 거점으로 부상하였다. 일본은 만주와 함경도에서 생산된 광물자원과 콩, 두만강변 원시림의 목재를 일본으로 수송하기 위해 함경선, 백무선 등의 철도를 잇따라 부설하였다. 더불어 무산과 회령, 경흥에서는 석탄 및 철광 광산을 본격적으로 개발하였다. 이에 따라 오지의 작은 읍이었던 무산·회령·종성·온성의 개발이 촉진되어 근대적 도시로 발전하였다. 일본의 정책들은 함경도를 만주와 같은 경제권으로 묶음으로써 조선의 다른 지역과 경제적으로 분리시켰다.

철도 부설 및 광산 개발을 위해 일본은 조선 노동자들을 강제 동원하였고, 수많은 조선 노동자들이 강제 노동 끝에 산록과 땅 속 깊은 곳에서 비참한 삶을 마쳤다. 1935년 회령의 유선탄광에서 폭약이 터져 800여 명의 광부가 매몰돼 사망했던 사건은 그 단적인 예이다. 영화 〈아리랑〉의 감독 겸 주연이었던 나운규는 그의 고향 회령에서 청진까지 부설되었던 철도 공사에 조선인 노동자들이 강제 동원되어 잔혹한 노동에 혹사되는 참상을 목도하였다. 그때 그는 노동자들이 부르던 아리랑의 애달픈 노랫가락을 듣고 영화 〈아리랑〉의 기본 줄거리를 착상하였다.

① 영화 〈아리랑〉 감독의 고향에서 탄광 폭발사고가 발생하였다.
② 조선 최북단 지역의 몇몇 작은 읍들은 근대적 도시로 발전하였다.
③ 축산 거점에서 대륙 종단의 시발점이 되는 항구까지 부설된 철도가 있었다.
④ 군수산업 원료를 일본으로 수송하는 것이 함경선 부설의 목적 중 하나였다.
⑤ 일본은 함경도를 포함하여 한반도와 만주를 같은 경제권으로 묶는 정책을 폈다.

09. 다음 ㉠을 평가한 것으로 가장 적절한 것은?

18 5급공채

일어나기 매우 어려운 사건이 일어났다고 매우 믿을 만한 사람이 증언했을 때, 우리는 그 사건이 일어났다고 추론할 수 있는가? 증언하는 사람이 거짓말을 자주 해서 믿을 만하지 않은 사람이거나 증언이 진기한 사건에 관한 것이라면, 증언의 믿음직함은 떨어질 수밖에 없다. 흄은 증언이 단순히 진기한 사건 정도가 아니라 기적 사건에 관한 것인 경우를 다룬다. 기적이 일어났다고 누군가 증언했다고 생각해 보자. 흄의 이론에 따르면, 그 증언이 거짓일 확률과 그 기적이 실제로 일어날 확률을 비교해서, 후자가 더 낮다면 우리는 기적 사건이 일어나지 않았다고 생각하고, 전자가 더 낮다면 우리는 그 증언이 거짓이 아니라고 생각해야 한다. 한편 프라이스의 이론에 따르면, 그 증언이 참일 확률이 기적이 일어날 확률보다 훨씬 높으면, 우리는 그 증언으로부터 기적이 실제로 일어났으리라고 추론할 수 있다.

예컨대 가람은 ㉠거의 죽어가는 사람이 살아나는 기적이 일어났다고 증언했다. 그런 기적이 일어날 확률은 0.01%지만, 가람은 매우 믿을 만한 사람이어서 그의 증언이 거짓일 확률은 0.1%다. 의심 많은 나래는 가람보다 더 믿을 만한 증인이다. 나래도 그런 기적을 증언했는데 그의 증언이 거짓일 확률은 0.001%다.

① 흄의 이론에 따르면, 나래가 ㉠에 대해 거짓말했다고 생각해야 한다.

② 흄의 이론에 따르면, ㉠에 대한 가람의 증언이 받아들일 만하다고 생각해야 한다.

③ 프라이스의 이론에 따르면, 가람이 ㉠에 대해 거짓말했다고 생각해야 한다.

④ 흄의 이론에 따르든 프라이스의 이론에 따르든, 가람의 증언으로부터 ㉠이 실제로 일어났으리라고 추론할 수 있다.

⑤ 흄의 이론에 따르든 프라이스의 이론에 따르든, 나래의 증언으로부터 ㉠이 실제로 일어났으리라고 추론할 수 있다.

10. (가)~(다)에 들어갈 예시를 <보기>에서 골라 알맞게 짝지은 것은?

12 민경채

첫째, 필요조건으로서 원인은 "어떤 결과의 원인이 없었다면 그 결과도 없다"는 말로 표현할 수 있다. 예를 들어 ⎡ (가) ⎤ 만일 원치 않는 결과를 제거하고자 할 때 그 결과의 원인이 필요조건으로서 원인이라면, 우리는 그 원인을 제거하여 결과가 일어나지 않게 할 수 있다.

둘째, 충분조건으로서 원인은 "어떤 결과의 원인이 있었다면 그 결과도 있다"는 말로 표현할 수 있다. 예를 들어 ⎡ (나) ⎤ 만일 특정한 결과를 원할 때 그것의 원인이 충분조건으로서 원인이라면, 우리는 그 원인을 발생시켜 그것의 결과가 일어나게 할 수 있다.

셋째, 필요충분조건으로서 원인은 "어떤 결과의 원인이 없다면 그 결과는 없고, 동시에 그 원인이 있다면 그 결과도 있다"는 말로 표현할 수 있다. 예를 들어 ⎡ (다) ⎤ 필요충분조건으로서 원인의 경우, 원인을 일으켜서 그 결과를 일으키고 원인을 제거해서 그 결과를 제거할 수 있다.

── 〈보 기〉──

ㄱ. 물체 속도 변화의 원인은 물체에 힘을 가하는 것이다. 물체에 힘이 가해지면 물체의 속도가 변하고, 물체에 힘이 가해지지 않는다면 물체의 속도는 변하지 않는다.

ㄴ. 뇌염모기에 물리는 것은 뇌염 발생의 원인이다. 뇌염모기에 물린다고 해서 언제나 뇌염에 걸리는 것은 아니다. 하지만 뇌염모기에 물리지 않으면 뇌염은 발생하지 않는다. 그래서 원인에 해당하는 뇌염모기를 박멸한다면 뇌염 발생을 막을 수 있다.

ㄷ. 콜라병이 총알에 맞는 것은 콜라병이 깨지는 원인이다. 콜라병을 깨뜨리는 원인은 콜라병을 맞히는 총알 이외에도 다양하다. 누군가 던진 돌도 콜라병을 깨뜨릴 수 있다. 하지만 콜라병이 총알에 맞는다면 그것이 깨지는 것은 분명하다.

	(가)	(나)	(다)
①	ㄱ	ㄴ	ㄷ
②	ㄱ	ㄷ	ㄴ
③	ㄴ	ㄱ	ㄷ
④	ㄴ	ㄷ	ㄱ
⑤	ㄷ	ㄴ	ㄱ

11. 다음 글에 비추어 볼 때, <실험>에서 추론한 것으로 적절한 것만을 <보기>에서 모두 고르면?

21 5급공채

A식물은 머리카락 모양의 털을 잎 표피에서 생산한다. 어떤 A식물은 털에서 당액을 분비하여 잎이 끈적하다. 반면 다른 A식물의 잎은 털의 모양은 비슷하지만 당액이 분비되지 않으므로 매끄럽다. 만약 자연에서 두 표현형이 같은 장점을 갖고 있다면 끈적한 A식물과 매끄러운 A식물은 1:1의 비율로 나타나야 한다. 하지만 A식물의 잎을 갉아먹는 B곤충이 있는 환경에서는 끈적한 식물과 매끄러운 식물이 1:1로 발견되는 반면, B곤충이 없는 환경에서는 끈적한 식물보다 매끄러운 식물이 더 많이 발견된다. 끈적한 식물은 종자 생산에 사용해야 할 광합성 산물의 일정량을 끈적한 당액의 분비에 소모한다. B곤충이 잎을 갉아먹으면 A식물의 광합성 산물의 생산량이 줄어든다. A식물이 만들어 내는 종자의 수는 광합성 산물의 양에 비례한다. 한 표현형이 다른 표현형보다 종자를 많이 생산하면 그 표현형을 가진 개체가 더 많이 나타난다.

〈실 험〉

B곤충으로부터 보호되는 환경에서 끈적한 A식물과 매끄러운 A식물을, 종자를 생산할 수 있을 만큼 성장시킨다. 그렇게 기른 두 종류의 A식물을 각각 절반씩 나누어, 절반은 B곤충의 침입을 허용하는 환경에, 나머지 절반은 B곤충을 차단하는 환경에 두었다. B곤충이 침입하는 조건에서 매끄러운 개체는 끈적한 개체보다 잎이 더 많이 갉아먹혔다. 매끄러운 개체와 끈적한 개체가 생산한 종자의 수 사이에 의미 있는 차이는 나타나지 않았다. 한편 B곤충이 없는 조건에서는 끈적한 개체가 매끄러운 개체보다 종자를 45% 더 적게 생산했다.

〈보 기〉

ㄱ. B곤충이 없는 환경에 비해 B곤충이 있는 환경에서, 매끄러운 식물의 종자 수가 감소한 정도는 끈적한 식물의 종자 수가 감소한 정도보다 컸다.

ㄴ. B곤충이 있는 환경에서 매끄러운 식물이 생산하는 광합성 산물은, B곤충이 없는 환경에서 매끄러운 식물이 생산하는 광합성 산물보다 양이 더 많았다.

ㄷ. B곤충이 있는 환경에서, 끈적한 식물이 매끄러운 식물보다 종자 생산에 소모한 광합성 산물의 양이 더 많았다.

① ㄱ

② ㄴ

③ ㄱ, ㄷ

④ ㄴ, ㄷ

⑤ ㄱ, ㄴ, ㄷ

12. 다음 글의 논증에 대한 비판으로 적절하지 않은 것은?

16 5급공채

진화론자들은 지구상에서 생명의 탄생이 30억 년 전에 시작됐다고 추정한다. 5억 년 전 캄브리아기 생명폭발 이후 다양한 생물종이 출현했다. 인간 종이 지구상에 출현한 것은 길게는 100만 년 전이고 짧게는 10만 년 전이다. 현재 약 180만 종의 생물종이 보고되어 있다. 멸종된 것을 포함해서 5억 년 전 이후 지구상에 출현한 생물종은 1억 종에 이른다. 5억 년을 100년 단위로 자르면 500만 개의 단위로 나눌 수 있다. 이것은 새로운 생물종이 평균적으로 100년 단위마다 약 20종이 출현한다는 것을 의미한다. 하지만 지난 100년간 생물학자들은 지구상에서 새롭게 출현한 종을 찾아내지 못했다. 이는 한 종에서 분화를 통해 다른 종이 발생한다는 신화론이 거짓이라는 것을 함축한다.

① 100년마다 20종이 출현한다는 것은 다만 평균일 뿐이다. 현재의 신생 종 출현 빈도는 그보다 훨씬 적을 수 있지만 언젠가 신생 종이 훨씬 많이 발생하는 시기가 올 수 있다.

② 5억 년 전 이후부터 지구상에 출현한 생물종이 1,000만 종 이하일 수 있다. 그러면 100년 내에 새로 출현하는 종의 수는 2종 정도이므로 신생 종을 발견하기 어려울 수 있다.

③ 생물학자는 새로 발견한 종이 신생 종인지 아니면 오래 전부터 존재했던 종인지 판단하기 어렵다. 따라서 신생 종의 출현이나 부재로 진화론을 검증하려는 시도는 성공할 수 없다.

④ 30억 년 전에 생물이 출현한 이후 5차례의 대멸종이 일어났으나 대멸종은 매번 규모가 달랐다. 21세기 현재, 알려진 종 중 사라지는 수가 크게 늘고 있어 우리는 인간에 의해 유발된 대멸종의 시대를 맞이하는 것으로 볼 수 있다.

⑤ 생물학자들이 발견한 몇몇 종은 지난 100년 내에 출현한 종이라고 판단할 이유가 있다. DNA의 구성에 따라 계통수를 그렸을 때 본줄기보다는 곁가지 쪽에 배치될수록 늦게 출현한 종임을 알 수 있기 때문이다.

13. 다음 갑~병의 견해에 대한 분석으로 적절한 것만을 <보기>에서 모두 고르면?　　　　　　　　　　　　20 5급공채

갑: 현대 사회에서 '기술'이라는 용어는 낯설지 않다. 이 용어는 어떻게 정의될 수 있을까? 한 가지 분명한 사실은 우리가 기술이라고 부를 수 있는 것은 모두 물질로 구현된다는 것이다. 기술이 물질로 구현된다는 말은 그것이 물질을 소재 삼아 무언가 물질적인 결과물을 산출한다는 의미이다. 나노기술이나 유전자조합기술도 당연히 이 조건을 만족하는 기술이다.

을: 기술은 반드시 물질로 구현되는 것이어야 한다는 말은 맞지만 그렇게 구현되는 것들을 모두 기술이라고 부를 수는 없다. 가령, 본능적으로 개미집을 만드는 개미의 재주 같은 것은 기술이 아니다. 기술로 인정되려면 그 안에 지성이 개입해 있어야 한다. 나노기술이나 유전자조합기술을 기술이라 부를 수 있는 이유는 둘 다 고도의 지성의 산물인 현대과학이 그 안에 깊이 개입해 있기 때문이다. 더 나아가 기술에 대한 우리의 주된 관심사가 현대 사회에 끼치는 기술의 막강한 영향력에 있다는 점을 고려할 때, '기술'이란 용어의 적용을 근대 과학혁명 이후에 등장한 과학이 개입한 것들로 한정하는 것이 합당하다.

병: 근대 과학혁명 이후의 과학이 개입한 것들이 기술이라는 점을 부인하지 않는다. 하지만 그런 과학이 개입한 것들만 기술로 간주하는 정의는 너무 협소하다. 지성이 개입해야 기술인 것은 맞지만 기술을 만들어내기 위해 과학의 개입이 꼭 필요한 것은 아니다. 오히려 기술은 과학과 별개로 수많은 시행착오를 통해 발전해 나가기도 한다. 이를테면 근대 과학혁명 이전에 인간이 곡식을 재배하고 가축을 기르기 위해 고안한 여러 가지 방법들도 기술이라고 불러야 마땅하다. 따라서 우리는 '기술'을 더 넓게 적용할 수 있도록 정의할 필요가 있다.

―――――〈보 기〉―――――

ㄱ. '기술'을 적용하는 범위는 셋 중 갑이 가장 넓고 을이 가장 좁다.

ㄴ. 을은 '모든 기술에는 과학이 개입해 있다.'라는 주장에 동의하지만, 병은 그렇지 않다.

ㄷ. 병은 시행착오를 거쳐 발전해온 옷감 제작법을 기술로 인정하지만, 갑은 그렇지 않다.

① ㄱ

② ㄴ

③ ㄱ, ㄷ

④ ㄴ, ㄷ

⑤ ㄱ, ㄴ, ㄷ

14. 다음 글의 ㉠~㉤에 대한 설명으로 가장 적절한 것은?　　　　　　　　20 7급모의

세균은 산소에 대한 요구성과 내성에 따라 구분된다. '절대 호기성 세균'은 산소에 대한 내성이 있고 대사 과정에서 산소 호흡을 하기 때문에 산소의 농도가 높은 곳에서 잘 자랄 수 있다. 반면에 '미세 호기성 세균'은 산소 호흡을 하지만 산소에 대한 내성이 '절대 호기성 세균'보다 낮아서 '절대 호기성 세균'이 살아가는 환경의 산소 농도보다 낮은 농도의 산소에서만 살 수 있다. 두 종류의 세균은 모두 산소를 이용하는 호흡이 필수적이므로 산소가 없거나 너무 낮은 농도에서는 살 수 없다. '통성 세균'은 산소에 대한 내성이 있고, 산소가 있는 곳에서는 산소 호흡을 하고 산소가 없거나 너무 낮은 농도에서는 산소 호흡 대신 발효 과정을 통해 에너지를 만들어낼 수 있기 때문에 산소가 있는 환경과 없는 환경 모두에서 자랄 수 있다. 그러나 산소 호흡이 발효 과정보다 많은 에너지를 만들어내기 때문에 산소 농도가 높은 환경에서 더 잘 자란다. '혐기성 세균'은 산소 호흡을 할 수 없는 세균으로 발효 과정만을 통해 에너지를 만들어낸다. '혐기성 세균'은 산소에 대한 내성을 가지고 있어 산소가 있어도 자랄 수 있는 '내기 혐기성 세균'과 산소에 대한 내성이 없어 일정 농도 이상의 산소에 노출되면 사멸하는 '절대 혐기성 세균'으로 나뉜다. '내기 혐기성 세균'의 생장은 산소 농도와는 무관하다.

티오글리콜레이트 배양액을 담고 있는 시험관에서 배양액의 위쪽은 공기와 접하고 있어 산소가 충분하다. 시험관 배양액의 산소 농도는 시험관 아래쪽으로 갈수록 감소하며, 시험관의 맨 아래쪽에는 산소가 거의 없다. 아래 그림은 티오글리콜레이트 배양액을 담고 있는 5개의 시험관(㉠~㉤)에 '절대 호기성 세균', '미세 호기성 세균', '통성 세균', '내기 혐기성 세균', '절대 혐기성 세균' 중 하나를 배양한 결과를 나타내며, 각 시험관에는 서로 다른 세균이 배양되었다. 그림에서 검은색 점 각각은 살아있는 하나의 세균을 나타낸다.

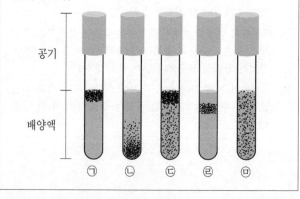

① ㉠은 '통성 세균'이 자란 시험관이다.

② ㉡에서 자란 세균은 발효 과정으로 에너지를 만들어 낸다.

③ ㉢에서 자란 세균은 산소에 대한 내성이 없다.

④ ㉣에서 자란 세균은 산소 호흡을 할 수 없다.

⑤ ㉣과 ㉤은 모두 '혐기성 세균'이 자란 시험관이다.

15. 그린 포럼의 일정을 조정하고 있는 A 행정관이 고려해야 할 사항들이 다음과 같을 때, 반드시 참이라고는 할 수 없는 것은?

16 민경채

○ 포럼은 개회사, 발표, 토론, 휴식으로 구성하며, 휴식은 생략할 수 있다.

○ 포럼은 오전 9시에 시작하여 늦어도 당일 정오까지는 마쳐야 한다.

○ 개회사는 포럼 맨 처음에 10분 또는 20분으로 한다.

○ 발표는 3회까지 계획할 수 있으며, 각 발표시간은 동일하게 40분으로 하거나 동일하게 50분으로 한다.

○ 각 발표마다 토론은 10분으로 한다.

○ 휴식은 최대 2회까지 가질 수 있으며, 1회 휴식은 20분으로 한다.

---

① 발표를 2회 계획한다면, 휴식을 2회 가질 수 있는 방법이 있다.

② 발표를 2회 계획한다면, 오전 11시 이전에 포럼을 마칠 방법이 있다.

③ 발표를 3회 계획하더라도, 휴식을 1회 가질 수 있는 방법이 있다.

④ 각 발표를 50분으로 하더라도, 발표를 3회 가질 수 있는 방법이 있다.

⑤ 각 발표를 40분으로 하고 개회사를 20분으로 하더라도, 휴식을 2회 가질 수 있는 방법이 있다.

16. 다음 글의 내용이 참일 때, 반드시 참인 것은?

17 5급공채

전 세계적 금융위기로 인해 그 위기의 근원지였던 미국의 경제가 상당한 피해를 입었다. 미국에서는 경제 회복을 위해 통화량을 확대하는 양적완화 정책을 실시할 것인지를 두고 논란이 있었다. 미국의 양적완화는 미국 경제회복에 효과가 있겠지만, 국제 경제에 적지 않은 영향을 줄 수 있기 때문이다.

미국이 양적완화를 실시하면, 달러화의 가치가 하락하고 우리나라의 달러 환율도 하락한다. 우리나라의 달러 환율이 하락하면 우리나라의 수출이 감소한다. 우리나라 경제는 대외 의존도가 높기 때문에 경제의 주요지표들이 개선되기 위해서는 수출이 감소하면 안 된다.

또 미국이 양적완화를 중단하면 미국 금리가 상승한다. 미국 금리가 상승하면 우리나라 금리가 상승하고, 우리나라 금리가 상승하면 우리나라에 대한 외국인 투자가 증가한다. 또한 우리나라 금리가 상승하면 우리나라의 가계부채 문제가 심화된다. 가계부채 문제가 심화되는 나라의 국내소비는 감소한다. 국내소비가 감소하면, 경제의 전망이 어두워진다.

---

① 우리나라의 수출이 증가했다면 달러화 가치가 하락했을 것이다.

② 우리나라의 가계부채 문제가 심화되었다면 미국이 양적완화를 중단했을 것이다.

③ 우리나라에 대한 외국인 투자가 감소하면 우리나라 경제의 전망이 어두워질 것이다.

④ 우리나라 경제의 주요지표들이 개선되었다면 우리나라의 달러 환율이 하락하지 않았을 것이다.

⑤ 우리나라의 국내소비가 감소하지 않았다면 우리나라에 대한 외국인 투자가 감소하지 않았을 것이다.

17. 다음 글의 ㉠을 강화하는 것만을 <보기>에서 모두 고르면?

20 7급모의

1977년 캐나다의 실험에서 연구진은 인공 조미료 사카린이 인간에게 암을 일으킬 수 있는지를 밝히려고 약 200마리의 쥐를 사용해 실험했다. 실험 결과가 발표되자 그 활용의 타당성에 관해 비판이 제기되었다. 투여된 사카린의 양이 쥐가 먹는 음식의 5%로 너무 많다는 것이었다. 인간에게 그 양은 음료수 800병에 함유된 사카린 양인데, 누가 하루에 음료수를 800병이나 마시겠느냐는 비판이었다.

일리가 없는 말은 아니지만 ㉠이것은 합당한 비판이 아니다. 물론 인간에게 적용할 실험 결과를 얻으려면 인간이 사카린에 노출되는 상황을 그대로 재현하여 실험하는 것이 바람직하다. 그러나 일상적인 환경에서 대개의 발암물질은 유효성이 아주 낮아서 수천 명 중 한 명 정도의 비율로만 그 효과를 확인할 수 있다. 발암물질의 유효성은 몸에 해당 물질을 받아들인 개체들 가운데 암에 걸리는 개체의 비율에 의존하는데, 이 비율이 낮을수록 발암물질의 유효성이 낮아진다. 물론 발암물질의 유효성이 낮아도 그 피해는 클 수 있다. 예를 들어 유효성이 매우 낮은 경우라도, 관련 모집단이 수천만 명이라면 그로 인해 암에 걸리는 사람은 수만 명에 이를 수 있다. 이런 상황에서 발암물질의 효과를 확인하려는 동물 실험은 최소한 수만 마리의 쥐를 이용한 실험을 해야 유의미한 결과를 얻을 수 있다. 하지만 그렇게 많은 쥐를 이용해서 실험하는 것은 불가능하다.

이럴 때 택하는 전형적인 전략은 실험 대상의 수를 줄이고 발암물질의 투여량을 늘리는 것이다. 예를 들어 어떤 발암물질을 통상적인 수준에서 투여한다면 200마리의 쥐 가운데 암이 발생한 것은 거의 없을 것이다. 하지만 그 발암물질을 전체 음식의 5%로 늘리게 되면 200마리의 쥐 가운데에서도 암이 발생한 쥐의 수는 제법 늘어나게 될 것이다. 이렇게 발암물질의 투여량을 늘리면 실험 대상의 수를 줄이더라도 유의미한 실험 결과를 확보할 수 있는 것이다. 결국 사카린과 암 사이의 인과관계를 밝히려 한 1977년 실험과 그 활용의 타당성에 근본적인 잘못이 있다고 할 수 없다.

<보 기>

ㄱ. 인간이든 쥐든 암이 발생하는 사례의 수는 발암물질의 섭취량에 비례한다.

ㄴ. 쥐에게 다량 투입하였을 때 암을 일으킨 물질 중에는 인간에게 발암물질이 아닌 것이 있다.

ㄷ. 발암물질의 유효성이 클수록 더 많은 수의 실험 대상을 확보해야 유의미한 실험 결과를 얻을 수 있다.

① ㄱ

② ㄷ

③ ㄱ, ㄴ

④ ㄴ, ㄷ

⑤ ㄱ, ㄴ, ㄷ

18. 다음 글의 빈칸에 들어갈 내용으로 가장 적절한 것은?

21 7급공채

갑: 안녕하십니까. 저는 시청 토목정책과에 근무합니다. 부정 청탁을 받은 때는 신고해야 한다고 들었습니다.

을: 예, 「부정청탁 및 금품등 수수의 금지에 관한 법률」(이하 '청탁금지법')에서는, 공직자가 부정 청탁을 받았을 때는 명확히 거절 의사를 표현해야 하고, 그랬는데도 상대방이 이후에 다시 동일한 부정 청탁을 해 온다면 소속 기관의 장에게 신고해야 한다고 규정합니다.

갑: '금품등'에는 접대와 같은 향응도 포함되지요?

을: 물론이지요. 청탁금지법에 따르면, 공직자는 동일인으로부터 명목에 상관없이 1회 100만 원 혹은 매 회계연도에 300만 원을 초과하는 금품이나 접대를 받을 수 없습니다. 직무 관련성이 있는 경우에는 100만 원 이하라도 대가성 여부와 관계없이 처벌을 받습니다.

갑: '동일인'이라 하셨는데, 여러 사람이 청탁을 하는 경우는 어떻게 되나요?

을: 받는 사람을 기준으로 하여 따지게 됩니다. 한 공직자에게 여러 사람이 동일한 부정 청탁을 하며 금품을 제공하려 하였을 때에도 이들의 출처가 같다고 볼 수 있다면 '동일인'으로 해석됩니다. 또한 여러 행위가 계속성 또는 시간적·공간적 근접성이 있다고 판단되면, 합쳐서 1회로 간주될 수 있습니다.

갑: 실은, 연초에 있었던 지역 축제 때 저를 포함한 우리 시청 직원 90명은 행사에 참여한다는 차원으로 장터에 들러 1인당 8천 원씩을 지불하고 식사를 했는데, 이후에 그 식사가 X회사 사장인 A의 축제 후원금이 1인당 1만 2천 원씩 들어간 것이라는 사실을 알게 되었습니다. 이에 대하여는 결국 대가성 있는 접대도 아니고 직무 관련성도 없는 것으로 확정되었으며, 추가된 식사비도 축제 주최 측에 돌려주었습니다. 그리고 이달 초에는 Y회사의 임원인 B가 관급 공사 입찰을 도와달라고 청탁하면서 100만 원을 건네려 하길래 거절한 적이 있습니다. 그런데 어제는 고교 동창인 C가 찾아와 X회사 공장 부지의 용도 변경에 힘써 달라며 200만 원을 주려고 해서 단호히 거절하였습니다.

을: 그러셨군요. 말씀하신 것을 바탕으로 설명드리겠습니다.

① X회사로부터 받은 접대는 시간적·공간적 근접성으로 보아 청탁금지법을 위반한 향응을 받은 것이 됩니다.

② Y회사로부터 받은 제안의 내용은 청탁금지법상의 금품이라고는 할 수 없지만 향응에는 포함될 수 있습니다.

③ 청탁금지법상 A와 C는 동일인으로서 부정 청탁을 한 것이 됩니다.

④ 직무 관련성이 없다면 B와 C가 제시한 금액은 청탁금지법상의 허용 한도를 벗어나지 않습니다.

⑤ 현재는 청탁금지법상 C의 청탁을 신고할 의무가 생기지 않지만, C가 같은 청탁을 다시 한다면 신고해야 합니다.

19. 다음 글에서 알 수 없는 것은?　　　　　19 5급공채

　　연금 제도의 금융 논리와 관련하여 결정적으로 중요한 원리는 중세에서 비롯된 신탁 원리다. 12세기 영국에서는 미성년 유족(遺族)에게 토지에 대한 권리를 합법적으로 이전할 수 없었다. 그럼에도 불구하고 영국인들은 유언을 통해 자식에게 토지 재산을 물려주고 싶어 했다. 이런 상황에서 귀족들이 자신의 재산을 미성년 유족이 아닌, 친구나 지인 등 제3자에게 맡기기 시작하면서 신탁 제도가 형성되기 시작했다. 여기서 재산을 맡긴 성인 귀족, 재산을 물려받은 미성년 유족, 그리고 미성년 유족을 대신해 그 재산을 관리·운용하는 제3자로 구성되는 관계, 즉 위탁자, 수익자, 그리고 수탁자로 구성되는 관계가 등장했다. 이 관계에서 주목해야 할 것은 미성년 유족은 성인이 될 때까지 재산권을 온전히 인정받지는 못 했다는 점이다. 즉 신탁 원리 하에서 수익자는 재산에 대한 운용 권리를 모두 수탁인인 제3자에게 맡기도록 되어 있었기 때문에 수익자의 지위는 불안정했다.

　　연금 제도가 이 신탁 원리에 기초해 있는 이상, 연금 가입자는 연기금 재산의 운용에 대해 영향력을 행사하기 어렵게 된다. 왜냐하면 신탁의 본질상 공·사 연금을 막론하고 신탁 원리에 기반을 둔 연금 제도에서는 수익자인 연금 가입자의 적극적인 권리 행사가 허용되지 않기 때문이다. 결국 신탁 원리는 수익자의 연금 운용 권리를 현저히 약화시키는 것을 기본으로 한다. 그 대신 연금 운용을 수탁자에게 맡기면서 '수탁자 책임'이라는, 논란이 분분하고 불분명한 책임이 부과된다. 수탁자 책임 이행의 적절성을 어떻게 판단할 수 있는가에 대해 많은 논의가 있었지만, 수탁자 책임의 내용에 대해서 실질적인 합의가 이루어지지는 못했다.

　　중세에서 기원한 신탁 원리가 연금 제도와 연금 산업에 미치는 효과는 현재까지도 여전히 유효하고 강력하다. 신탁 원리의 영향으로 인해 연금 가입자의 자율적이고 적극적인 권리 행사가 철저하게 제한되어 왔다. 그 결과 연금 가입자는 자본 시장의 최고 원리인 유동성을 마음껏 누릴 수 없었으며, 결국 연기금 운용자인 수탁자의 재량에 종속되는 존재가 되고 말았다.

① 사적 연금 제도의 가입자는 자본 시장의 유동성을 충분히 누릴 수 없다.

② 위탁자 또는 수익자와 직접적인 혈연 관계에 있지 않아도 수탁자로 지정될 수 있었다.

③ 연금 수익자의 지위가 불안정하기 때문에 연기금 재산에 대한 적극적인 권리 행사가 제한되었다.

④ 신탁 제도는 미성년 유족에게 토지 재산권이 합법적으로 이전될 수 없었던 중세 영국의 상황 속에서 생겨났다.

⑤ 연금 제도가 신탁 원리에 기반을 두었기 때문에 수탁자가 수익자보다 재산 운용에 대해 더 많은 재량권을 갖게 되었다.

20. 다음 글의 A~C의 주장에 대한 평가로 적절한 것만을 <보기>에서 모두 고르면?　　　　　21 입법고시

　　농업혁명 이후부터 대부분의 인간사회는 남자를 여자보다 더 높게 평가하는 부계사회였다. 부계사회는 남자에게 야심 차고 공격적으로 행동하라고 가르치고, 여자에게는 순종적으로 행동하라고 가르친다. 남녀를 구분 짓는 경계를 넘는 사람은 예외 없이 처벌하지만, 가르침을 따르는 사람에게 동등하게 보상하지는 않는다. 남성적이라고 평가받는 속성들은 여성적이라고 평가받는 속성에 비해 더 높은 가치를 부여받고, 여자다움의 이상을 구현한 구성원은 남자다움의 이상을 구현한 구성원에 비해 얻는 것이 더 적다. 그렇다면 왜 남자가 여자보다 높은 지위를 가지고 높이 평가받았을까? 이에 대하여 A, B, C는 다음과 같이 설명한다.

　　A는 남자가 여자보다 더 힘이 세기 때문에 밭 갈기나 추수처럼 힘든 노동이 필요한 업무를 독점할 수 있었다고 말한다. 남자는 덕분에 식량 생산을 통제할 수 있었고, 이것이 정치적 영향력으로 나타났다는 것이다.

　　B는 남자의 지배가 힘이 아니라 공격성의 결과라고 설명한다. 공격성이 강한 남자들이 전투를 위하여 군대를 조직하고, 그중에 군 지휘자를 뽑았으며, 군의 지휘권을 가진 남자들이 민간 사회에서도 주인이 된 것이다. 그리고 남자들은 민간 사회에 대한 통제권을 이용해서 더 많은 전쟁을 벌였고, 전쟁의 횟수가 늘어날수록 사회에 대한 남자의 통제력도 강해졌다.

　　C는 남녀가 다른 생존 및 번식 전략을 발전시켰다고 설명한다. 남자들이 가임기 여성을 임신시킬 기회를 놓고 서로 경쟁할 때, 번식에 성공할 확률은 무엇보다도 다른 남자들을 넘어서서 이기는 능력에 달려 있었다. 세월이 흐르면서, 가장 야심 차고 공격적이며 경쟁적인 남자의 남성적인 유전자들이 후대에 물려지게 되었다. 반면에 여자들은 아이를 양육하는 기간 동안 식량을 구할 기회가 줄어들었기 때문에, 자신과 자녀의 생존을 보장하려면 남자가 내세운 조건을 무조건적으로 받아들일 수밖에 없었다. 따라서, 세월이 흐르면서 순종적인 여자의 여성적 유전자가 후대에 전해지게 되었다.

〈보 기〉

ㄱ. 대부분의 사회에서 남자와 여자가 밭 갈기나 추수와 같은 힘든 노동을 균등하게 배분하여 진행하였다는 사실이 발견될 경우, A의 주장은 약화된다.

ㄴ. 여자가 육체적 노력이 필요 없는 사제, 법률가, 정치인 같은 고위직에서도 대체로 배제되어 왔다는 사실은 B의 주장을 약화한다.

ㄷ. 아이를 양육하는 기간 동안 여자들끼리 협력하여 자신과 자녀의 생존을 성공적으로 보장한 사례가 상당수 발견될 경우, C의 주장은 강화되지 않는다.

① ㄱ

② ㄷ

③ ㄱ, ㄴ

④ ㄱ, ㄷ

⑤ ㄱ, ㄴ, ㄷ

갑상선은 목의 아래 쪽에 있는 분비샘으로, 'T4'로 불리는 티록신과 'T3'으로 불리는 트리요드타이로닌을 합성하고 분비하는 기능을 한다. 이렇게 갑상선이 분비하는 호르몬은 우리 몸의 성장과 활동에 필요한 체내 대사를 조절한다. 갑상선의 이런 활동은 뇌의 제어를 받는다. 뇌하수체는 갑상선자극호르몬(TSH)을 분비하여 갑상선을 자극함으로써 갑상선호르몬 T4와 T3이 합성, 분비되도록 한다. 분비된 호르몬은 혈액을 통해 다시 뇌하수체에 도달하여 음성 되먹임 작용을 통해 TSH의 분비를 조절하고, 그럼으로써 체내 갑상선호르몬의 양이 일정하게 유지되도록 한다.

갑상선 질환은 병리적 검사로 간단히 진단할 수 있다. 일반적으로 혈중 TSH나 T4, T3의 수치 중 어느 것이든 낮으면 갑상선기능저하증으로 진단한다. 갑상선 질환 진단에 사용되는 가장 기본적인 검사는 혈중 TSH와 T4의 측정이다. 갑상선에서 분비되는 시점에 갑상선호르몬의 93%는 T4이고 나머지가 T3이다. 이후 T4의 일부는 기분이 좋아지게 만드는 활력 호르몬으로 알려진 T3으로, 또는 T3의 작용을 방해하여 조직이나 세포 안에서 제 역할을 하지 못하게 하는 rT3으로 변환된다. 체내에 rT3이 많아지면 T3의 작용이 저하되기 때문에 TSH 수치가 정상이면서도 갑상선기능저하증에 해당하는 증상이 나타날 수 있다. 따라서 갑상선의 호르몬 분비량 수준을 알려주는 TSH 수치의 측정만으로는 갑상선기능저하증을 놓치지 않고 찾아내기 어렵다. ┌─ ㉠ ─┐ 때문이다.

갑상선기능저하증은 뇌하수체의 이상으로 발생하기도 하지만 유해한 화학물질의 유입이나 과도한 스트레스 때문에 갑상선호르몬 생산이 줄어들면서 발생하기도 한다. 이런 요인으로 인해 T3 수치가 낮아지는 것은 전형적인 경우다. 이런 경우에는 셀레늄 섭취를 늘림으로써 rT3의 수치를 낮춰 T3의 생산과 기능을 진작할 수 있다. 술, 담배, 패스트푸드를 멀리하는 것도 도움이 된다. 갑상선기능저하증 환자들이 복용하는 약으로 LT4가 있는데, 체내에서 만들어지는 T4와 같은 작용을 하도록 투입되는 호르몬 공급제다. 호르몬 공급제를 복용할 때 흡수 장애가 발생하면 투약 효과가 저하되므로 알맞은 복용법에 따라 복용하는 것이 중요하다.

21. 위 글에서 알 수 없는 것은?

① TSH 수치를 측정하면 갑상선에서 분비되는 호르몬 양의 수준을 추정할 수 있다.

② 갑상선기능저하증 환자의 경우 체내의 T3 양은 전체 갑상선호르몬의 7% 미만이다.

③ 셀레늄 섭취를 늘리면 T3 수치가 저하됨으로 인해 발생하는 증상을 완화할 수 있다.

④ 뇌하수체의 TSH 분비가 적정 수준으로 유지되더라도 갑상선기능저하증이 나타날 수 있다.

⑤ 특정 호르몬의 기능을 하는 약물을 복용함으로써 해당 호르몬 이상으로 인한 증상을 완화할 수 있다.

22. 위 글의 ㉠에 들어갈 말로 가장 적절한 것은?

① TSH 수치만으로는 rT3의 양이나 효과를 가늠할 수 없기

② rT3의 작용으로 T3의 생성이 억제되면서 T4의 상대적 비중이 왜곡될 수 있기

③ TSH 수치가 정상이 아니어도 rT3의 작용으로 T3과 T4의 농도가 정상 범위일 수 있기

④ TSH 수치를 토대로 음성 되먹임 원리를 응용하여 갑상선 호르몬의 분비량을 알 수 있기

⑤ 외부에서 유입되는 유해물질의 농도 등 갑상선 기능에 영향을 미치는 요소를 TSH 측정만으로는 파악할 수 없기

23. 다음 글의 주장을 약화하는 것만을 <보기>에서 모두 고르면?

15 5급공채

베이즈주의는 확률을 이용해서 과학의 다양한 가설들을 평가하는 과학 방법론의 한 분야이다. 그것은 새로운 정보의 유입에 따른 과학적 가설의 확률 변화 메커니즘을 제시한다. 새로운 정보가 유입되기 전 확률을 사전확률, 유입된 후의 확률을 사후확률이라고 한다. 따라서 베이즈주의가 제시하는 메커니즘은 사전확률과 새로운 정보로부터 사후확률을 결정하는 것이라고 할 수 있다. 베이즈주의자들이 사전확률을 결정할 때 고려해야 할 기준은, "A가 참일 확률과 A가 거짓일 확률의 합이 1이어야 한다."는 것과 같은 확률론의 기본 규칙을 준수해야 한다는 것뿐이다. 그럼 동일한 가설에 대해서 두 과학자가 극단적으로 다른 사전확률을 부여하는 것도 단지 확률론의 기본 규칙을 어기지 않는다는 이유로 허용될 수 있는가? 그렇다고 할 때 베이즈주의는 주관적이고 임의적인 사전확률을 허용하는 것으로 볼 수 있다. 바로 이 점에서 베이즈주의 과학 방법론은 과학의 객관성을 확보할 수 없다고 비판받는다.

하지만 동일한 가설에 부여하는 사전확률이 다르다는 것이, 그 사전확률의 결정이 완전히 임의적이라는 것을 함축하진 않는다. 물론 개개의 과학자들이 동일한 가설에 다른 사전확률을 부여할 때 가설에 대한 느낌에 의존할 수 있다. 이때 그 느낌은 가설을 제시한 사람에 대한 판단에서 비롯된 것일 수 있다. 하지만 과학자들이 사전확률을 부여할 때 의존하는 것은 느낌과 같은 것이 아니다. 그보다는 과학 공동체가 공유하고 있는 배경지식이 사전확률을 결정하는 데 있어 결정적인 역할을 한다.

베이즈주의 비판자들이 문제 삼는 주관적인 사전확률이란 배경지식을 고려한 것이 아니라, 가설을 제시한 사람에 대한 느낌과 같은 요소만 고려한 경우이다. 하지만 현실 과학자들의 사전확률은 언제나 배경지식을 토대로 한다. 만약 동일 가설에 대해서 두 과학자가 극단적으로 다른 사전확률을 가지고 있다면, 아마도 그 둘은 완전히 다른 배경지식을 가지고 있기 때문일 것이다. 그렇지만 동시대 과학자들이 완전히 다른 배경지식을 가지고 있는 경우는 거의 없다. 따라서 과학자들은 동일한 가설에 대해서 비슷한 사전확률을 부여하게 될 것이며, 이에 사전확률의 주관성 문제는 크게 완화될 것이다. 그러므로 베이즈주의 과학 방법론이 객관성을 확보할 수 없다는 주장은 성급하다.

─〈보 기〉─

ㄱ. 동일한 배경지식을 가졌다는 것보다는 느낌과 같은 요소가 사전확률 결정에 더 중요한 영향을 미친다.

ㄴ. 특정 가설에 대해 동일한 사전확률을 부여한 사람들이 다른 느낌을 가지는 경우가 있다.

ㄷ. 동일한 배경지식을 가지고 있는 개개의 과학자들이 베이즈주의의 확률 변화 메커니즘을 따라 확률을 수정한다면, 그들 각각이 동일한 가설에 부여하는 확률들은 점차 일치할 것이다.

① ㄱ

② ㄴ

③ ㄱ, ㄷ

④ ㄴ, ㄷ

⑤ ㄱ, ㄴ, ㄷ

24. 다음 글의 주장으로 볼 수 있는 것만을 <보기>에서 모두 고르면?

14 5급공채

A는 고려 인종 때 사람이니, 삼국의 시초로부터 일천 이백여 년이나 떨어져 활동한 사람이다. 천년 이후의 사람이 천년 이전의 역사를 기록하는 일에는 오류가 발생할 경우가 많다. 예를 들어 남송 때 사람인 조정·장준이 한나라 때 위상·병길의 일을 엉터리로 기록한 것과 같은 경우가 그것이다. A 역시 삼한이 어느 곳에 있었는지도 모르면서 역사서에 기록하였으니, 다른 사실이야 말해 무엇 하겠는가. 우리나라 고대사의 기록은 근거를 댈 수 없는 경우가 많은데도 A는 그 기록을 자료로 역사서를 저술하였다. 또 사실 여부를 따져 보지도 않고 중국의 책들을 그대로 끌어다 인용하였다.

백두산은 몽고 땅에서부터 뻗어내려 온 줄기가 남쪽으로 천여 리를 달려 만들어졌다. 이 대간룡(大幹龍)의 동쪽 지역 가운데 별도로 한 지역을 이루어 다른 지역과 섞이지 않은 곳이 있다. 하·은·주 삼대에는 이를 숙신(肅愼)이라 일컬었고, 한나라 때는 읍루(挹婁), 당나라 때는 말갈(靺鞨), 송나라 때는 여진(女眞)이라 하였으며 지금은 오라영고탑(烏喇寧古塔)이라고 부른다. 그런데 A의 역사서에는 이곳이 한나라 선제 때 '말갈'이라는 이름으로 일컬어졌다고 하였다. 가리키는 대상이 같더라도 명칭은 시대에 따라 변화하는 법이거늘, A의 서술은 매우 터무니없다. 북적(北狄)을 삼대에는 훈육(葷粥), 한나라 때는 흉노(匈奴), 당나라 때는 돌궐(突厥), 송나라 때는 몽고(蒙古)라고 하였는데, 어떤 이가 한나라 역사를 서술하며 돌궐이 중원을 침입했다고 쓴다면 비웃지 않을 사람이 없을 것이다. A의 역사서는 비유하자면 이와 같은 것이다.

─────〈보 기〉─────

ㄱ. 역사서를 저술할 때에는 중국의 기록을 참조하더라도 우리 역사서를 기준으로 해야 한다.

ㄴ. 역사서를 저술할 때에는 지역의 위치, 종족과 지명의 변천 등 사실을 확인해야 한다.

ㄷ. 역사서를 저술할 때에는 중국의 역사서에서 우리나라와 관계된 것들을 찾아내어 반영해야 한다.

① ㄱ
② ㄴ
③ ㄱ, ㄷ
④ ㄴ, ㄷ
⑤ ㄱ, ㄴ, ㄷ

25. 다음에 나타난 논증의 구조를 올바르게 도식화한 것은?(단, ↑는 밑줄 위의 문장들이 화살표가 가리키는 문장을 논리적으로 지지함을 의미한다.)

09 5급공채

㉠어떤 행위에 의해 직접적으로 영향을 받을 사람 모두가 그 행위가 이루어지길 선호한다면 그 행위는 도덕적으로 정당하다. ㉡체세포 제공자는, 자연임신에 의해 아이를 낳을 경우 자신의 유전자를 반만 물려줄 수 있지만 복제기술을 이용할 경우 자기 유전자를 온전히 물려줄 수 있다는 이유에서 복제기술을 선호할 것이다. ㉢복제기술을 통해 태어날 인간은 복제기술이 사용되지 않았더라면 태어나지 못했을 것이므로 복제기술의 사용을 선호할 것이다. ㉣복제기술에 의해 직접적으로 영향을 받을 사람은 자기 체세포를 이용하는 복제기술을 통해서 아이를 가지려는 사람들과 복제기술을 통해서 태어날 인간뿐이다. ㉤체세포 제공자와 복제기술로 태어날 인간은 모두 복제기술의 사용을 선호할 것이다. ㉥복제기술을 인간에게 사용하는 것은 도덕적으로 정당하다.

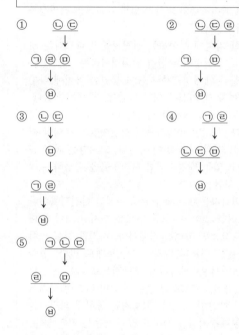

· 풀이 시간: _____분/60분
· 맞힌 문항 수: _____문항/25문항

01. 다음 글에서 알 수 있는 것은?
19 민경채

고려의 수도 개경 안에는 궁궐이 있고, 그 주변으로 가옥과 상점이 모여 시가지를 형성하고 있었다. 이 궁궐과 시가지를 둘러싼 성벽을 개경 도성이라고 불렀다. 개경 도성에는 여러 개의 출입문이 있었는데, 서쪽에 있는 문 가운데 가장 많은 사람이 드나든 곳은 선의문이었다. 동쪽에는 숭인문이라는 문도 있었다. 도성 안에는 선의문과 숭인문을 잇는 큰 도로가 있었다. 이 도로는 궁궐의 출입문인 광화문으로부터 도성 남쪽 출입문 방향으로 나 있는 다른 도로와 만나는데, 두 도로의 교차점을 십자가라고 불렀다.

고려 때에는 개경의 십자가로부터 광화문까지 난 거리를 남대가라고 불렀다. 남대가 양편에는 관청의 허가를 받아 영업하는 상점인 시전들이 도로를 따라 나란히 위치해 있었다. 이 거리는 비단이나 신발을 파는 시전, 과일 파는 시전 등이 밀집한 번화가였다. 고려 정부는 이 거리를 관리하기 위해 남대가의 남쪽 끝 지점에 경시서라는 관청을 두었다.

개경에는 남대가에만 시전이 있는 것이 아니었다. 십자가에서 숭인문 방향으로 몇백 미터를 걸어가면 그 도로 북쪽편에 자남산이라는 조그마한 산이 있었다. 이 산은 도로에서 불과 몇십 미터 떨어져 있지 않은데, 그 산과 남대가 사이의 공간에 기름만 취급하는 시전들이 따로 모인 유시 골목이 있었다. 또 십자가에서 남쪽으로 이어진 길로 백여 미터만 가도 그 길에 접한 서쪽면에 돼지고기만 따로 파는 저전들이 있었다. 이외에도 십자가와 선의문 사이를 잇는 길의 중간 지점에 수륙교라는 다리가 있었는데, 그 옆에 종이만 파는 저시 골목이 있었다.

① 남대가의 북쪽 끝에 궁궐의 출입문이 자리잡고 있었다.
② 수륙교가 있던 곳으로부터 서북쪽 방향에 자남산이 있다.
③ 숭인문과 경시서의 중간 지점에 저시 골목이 위치해 있었다.
④ 선의문과 십자가를 연결하는 길의 중간 지점에 저전이 모여 있었다.
⑤ 십자가에서 유시 골목으로 가는 길의 중간 지점에 수륙교가 위치해 있었다.

02. 다음 글의 내용과 부합하지 않는 것은?
14 민경채

오늘날 대부분의 경제 정책은 경제의 규모를 확대하거나 좀 더 공평하게 배분하는 것을 도모한다. 하지만 뉴딜 시기 이전의 상당 기간 동안 미국의 경제 정책은 성장과 분배의 문제보다는 '자치(self-rule)에 가장 적절한 경제 정책은 무엇인가?'의 문제를 중시했다.

그 시기에 정치인 A와 B는 거대화된 자본 세력에 대해 서로 다르게 대응하였다. A는 거대 기업에 대항하기 위해 거대 정부로 맞서기보다 기업 담합과 독점을 무너뜨려 경제권력을 분산시키는 것을 대안으로 내세웠다. 그는 산업 민주주의를 옹호했는데 그 까닭은 그것이 노동자들의 소득을 증진시키기 때문이 아니라 자치에 적합한 시민의 역량을 증진시키기 때문이었다. 반면 B는 경제 분산화를 꾀하기보다 연방 정부의 역량을 증가시켜 독점자본을 통제하는 노선을 택했다. 그에 따르면, 민주주의가 성공하기 위해서는 거대 기업에 대응할 만한 전국 단위의 정치권력과 시민 정신이 필요하기 때문이었다. 이렇게 A와 B의 경제 정책에는 차이점이 있지만, 둘 다 경제 정책이 자치에 적합한 시민 도덕을 장려하는 경향을 지녀야 한다고 보았다는 점에서는 일치한다.

하지만 뉴딜 후반기에 시작된 성장과 분배 중심의 정치경제학은 시민 정신 중심의 정치경제학을 밀어내게 된다. 실제로 1930년대 대공황 이후 미국의 경제 회복은 시민의 자치 역량과 시민 도덕을 육성하는 경제 구조 개혁보다는 케인즈 경제학에 입각한 중앙정부의 지출 증가에서 시작되었다. 그에 따라 미국은 자치에 적합한 시민 도덕을 강조할 필요가 없는 경제 정책을 펼쳐나갔다. 또한 모든 가치에 대한 판단은 시민 도덕에 의지하는 것이 아니라 개인이 알아서 해야 하는 것이며 국가는 그 가치관에 중립적이어야만 공정한 것이라는 자유주의 철학이 우세하게 되었다. 모든 이들은 자신이 추구하는 가치와 상관없이 일정 정도의 복지 혜택을 받을 권리를 가지게 되었다. 하지만 공정하게 분배될 복지 자원을 만들기 위해 경제 규모는 확장되어야 했으며, 정부는 거대화된 경제권력들이 망하지 않도록 국민의 세금을 투입하여 관리하기 시작했다. 그리고 시민들은 자치하는 자 즉 스스로 통치하는 자가 되기보다 공정한 분배를 받는 수혜자로 전락하게 되었다.

① A는 시민의 소득 증진을 위하여 경제권력을 분산시키는 방식을 택하였다.
② B는 거대 기업을 규제할 수 있는 전국 단위의 정치권력이 필요하다는 입장이다.
③ A와 B는 시민 자치 증진에 적합한 경제 정책이 필요하다는 입장이다.
④ A와 B의 정치경제학은 모두 1930년대 미국의 경제 위기 해결에 주도적 역할을 하지 못하였다.
⑤ 케인즈 경제학에 기초한 정책은 시민의 자치 역량을 육성하기 위한 경제 구조 개혁 정책이 아니었다.

03. 다음 대화의 빈칸에 들어갈 내용으로 가장 적절한 것은?

21 민경채

갑: 이번 프로젝트는 정보 보안이 매우 중요해서 1인당 2대의 업무용 PC를 사용하기로 하였습니다. 원칙적으로, 1대는 외부 인터넷 접속만 할 수 있는 외부용 PC이고 다른 1대는 내부 통신망만 이용할 수 있는 내부용 PC입니다. 둘 다 통신을 제외한 다른 기능을 사용하는 데는 아무런 제한이 없습니다.

을: 외부용 PC와 내부용 PC는 각각 별도의 저장 공간을 사용하나요?

갑: 네, 맞습니다. 그러나 두 PC 간 자료를 공유하려면 두 가지 방법만 쓰도록 되어 있습니다. 첫 번째 방법은 이메일을 이용하는 것입니다. 본래 내부용 PC는 내부 통신망용이리 이메일 계정에 접속할 수 없지만, 프로젝트 팀장의 승인을 받아 ○○메일 계정에 접속한 뒤 자신의 ○○메일 계정으로 자료를 보내는 것만 허용하였습니다.

을: 그러면 첫 번째 방법은 내부용 PC에서 외부용 PC로 자료를 보낼 때만 가능하겠군요. 두 번째 방법을 이용하면 외부용 PC에서 내부용 PC로도 자료를 보낼 수 있나요?

갑: 물론입니다. 두 번째 방법은 내부용 PC와 외부용 PC에 설치된 자료 공유 프로그램을 이용하는 것인데, 이를 이용하면 두 PC 간 자료의 상호 공유가 가능합니다.

을: 말씀하신 자료 공유 프로그램을 이용하면 두 PC 사이에 자료를 자유롭게 공유할 수 있는 건가요?

갑: 파일 개수, 용량, 공유 횟수에는 제한이 없습니다. 다만, 이 프로그램을 사용할 때는 보안을 위해 프로젝트 팀장이 비밀번호를 입력해 주어야만 합니다.

을: 그렇군요. 그런데 외부용 PC로 ○○메일이 아닌 일반 이메일 계정에도 접속할 수 있나요?

갑: 아닙니다. 원칙적으로는 외부용 PC에서 자료를 보내거나 받기 위하여 사용 가능한 이메일 계정은 ○○메일 뿐입니다. 그러나 예외적으로 필요한 경우에 한해 보안 부서에 공문으로 요청하여 승인을 받으면, 일반 이메일 계정에 접속하여 자료를 보내거나 받을 수 있습니다.

을: 아하! 외부 자문위원의 자료를 전달받아 내부용 PC에 저장하기 위해서는 [   ]

① 굳이 프로젝트 팀장이 비밀번호를 입력할 필요가 없겠군요.

② 사전에 보안 부서에 요청하여 외부용 PC로 일반 이메일 계정에 접속할 수 있는 권한을 부여받는 방법밖에 없겠네요.

③ 외부 자문위원의 PC에서 ○○메일 계정으로 자료를 보낸 뒤, 내부용 PC로 ○○메일 계정에 접속하여 자료를 내려받으면 되겠군요.

④ 외부 자문위원의 PC에서 일반 이메일 계정으로 자료를 보낸 뒤, 사전에 보안 부서의 승인을 받아 내부용 PC로 일반 이메일 계정에 접속하여 자료를 내려받으면 되겠네요.

⑤ 외부 자문위원의 PC에서 ○○메일 계정으로 자료를 보낸 뒤, 외부용 PC로 ○○메일 계정에 접속해 자료를 내려받아 자료 공유 프로그램을 이용하여 내부용 PC로 보내면 되겠네요.

04. 다음 글의 A와 B에 대한 평가로 적절한 것만을 <보기>에서 모두 고르면?

19 5급공채

지구중심설을 고수하던 프톨레마이오스의 추종자 A와 B는 '지구가 태양 주위를 1년 주기로 공전하고 있다'는 지구 공전 가설에 대하여 나름의 논증으로 대응한다.

A: 오른쪽 눈을 감고 본 세상과 왼쪽 눈을 감고 본 세상은 사물의 상대적 위치가 미묘하게 다르다. 지구 공전 가설이 옳다면, 지구의 공전 궤도 상에서 서로 가장 멀리 떨어진 두 위치에서 별을 관측한다면 별의 위치가 다르게 보일 것이다. 그러나 별은 늘 같은 위치에 있는 것으로 관측된다. 그러므로 지구 공전 가설은 틀렸다.

B: 바람과 반대 방향으로 빠르게 달리는 마차에서 보면 빗방울은 정지한 마차에서 볼 때보다 더 비스듬하게 떨어지는 것으로 보이지만 마차가 같은 속도로 바람과 같은 방향으로 달릴 때에는 그보다는 덜 비스듬하게 떨어지는 것으로 보인다. 지구 공전 가설이 옳다면 지구의 운동 속도는 상당히 빠를 것이고 반년이 지나면 운동 방향이 반대가 될 것이다. 그러므로 지구의 운동 방향에 따라 별빛이 기울어지는 정도가 변할 것이고 별의 가시적 위치가 달라질 것이다. 그러나 별은 늘 같은 위치에 있는 것으로 관측된다. 그러므로 지구 공전 가설은 틀렸다.

〈보 기〉

ㄱ. A와 B 모두 일상적 경험에 착안하여 얻은 예측과 별을 관측한 결과를 근거로 지구 공전 가설을 평가했다.

ㄴ. A와 B 모두 당시 관측 기술의 한계로 별의 위치 변화가 관측되지 않았을 가능성을 고려하지 않았다.

ㄷ. 지구가 공전하면 별의 위치가 달라져 보일 이유를, A는 관측자의 관측 위치가 달라진 것에서, B는 관측자의 관측 대상에 대한 운동 방향이 뒤바뀐 것에서 찾았다.

① ㄱ

② ㄷ

③ ㄱ, ㄴ

④ ㄴ, ㄷ

⑤ ㄱ, ㄴ, ㄷ

05. 다음 글의 <표>에 대한 판단으로 옳은 것만을 <보기>에서 모두 고르면?

20 7급모의

우리 몸에는 세 종류의 중요한 근육이 있는데 이것들은 서로 다른 두 기준에 따라 각각 두 종류로 분류될 수 있다. 두 기준은 근육을 구성하는 근섬유에 줄무늬가 있는지의 여부와 근육의 움직임을 우리가 의식적으로 통제할 수 있는지의 여부이다.

세 종류의 중요한 근육 중 뼈대근육은 우리가 의식적으로 통제하여 사용할 수 있기 때문에 수의근이라고 하며 뼈에 부착되어 있다. 이 근육에 있는 근섬유에는 줄무늬가 있어서 줄무늬근으로 분류된다. 뼈대근육은 달리기, 들어 올리기와 같은 신체적 동작을 일으킨다. 우리가 신체적 운동을 통해 발달시키고자 하는 근육이 바로 뼈대근육이다.

뼈대근육과 다른 종류로서 내장근육이 있는데, 이 근육은 소화기관, 혈관, 기도에 있는 근육으로서 의식적인 통제하에 있는 것이 아니다. 내장근육에 있는 근섬유에는 줄무늬가 없어서 민무늬근으로 분류된다. 위나 다른 소화기관에 있는 근육은 꿈틀운동을 일으킨다. 혈관에 있는 근육은 혈관의 직경을 변화시켜서 피의 흐름을 촉진시킨다. 기도에 있는 근육은 기도의 직경을 변화시켜서 공기의 움직임을 촉진시킨다.

심장근육은 심장에서만 발견되는데 심장근육에 있는 근섬유에는 줄무늬가 있다. 심장근육은 심장벽을 구성하고 있고 심장을 수축시키는 역할을 하는데, 이 근육은 우리가 의식적으로 통제할 수 있는 것이 아니기 때문에 불수의근으로 분류된다.

지금까지 기술한 내용을 정리하면 다음과 같다.

〈표〉 근육의 종류와 특징

기준 ＼ 종류	뼈대근육	내장근육	심장근육
A	㉠	㉡	㉢
B	㉣	㉤	㉥

〈보 기〉

ㄱ. ㉡과 ㉢이 같은 특징이라면, A에는 근섬유에 줄무늬가 있는지를 따지는 기준이 들어간다.

ㄴ. ㉣과 ㉥이 다른 특징이라면, B에는 근육의 움직임을 의식적으로 통제할 수 있는지를 따지는 기준이 들어간다.

ㄷ. ㉠에 '수의근'이 들어간다면, ㉤에는 '민무늬근'이 들어가야 한다.

① ㄱ
② ㄷ
③ ㄱ, ㄴ
④ ㄴ, ㄷ
⑤ ㄱ, ㄴ, ㄷ

06. 다음 글의 내용이 참일 때, 참인지 거짓인지 알 수 있는 것만을 <보기>에서 모두 고르면?

19 민경채

머신러닝은 컴퓨터 공학에서 최근 주목 받고 있는 분야이다. 이 중 샤펠식 과정은 성공적인 적용 사례들로 인해 우리에게 많이 알려진 학습 방법이다. 머신러닝의 사례 가운데 샤펠식 과정에 해당하면서 의사결정트리 방식을 따르지 않는 경우는 없다.

머신러닝은 지도학습과 비지도학습이라는 두 배타적 유형으로 나눌 수 있고, 모든 머신러닝의 사례는 이 두 유형 중 어디엔가 속한다. 샤펠식 과정은 모두 전자에 속한다. 머신러닝에서 새로 떠오르는 방법은 강화학습인데, 강화학습을 활용하는 모든 경우는 후자에 속한다. 그리고 의사결정트리 방식을 적용한 사례들 가운데 강화학습을 활용하는 머신러닝의 사례도 있다.

〈보 기〉

ㄱ. 의사결정트리 방식을 적용한 모든 사례는 지도학습의 사례이다.

ㄴ. 샤펠식 과정의 적용 사례가 아니면서 의사결정트리 방식을 적용한 경우가 존재한다.

ㄷ. 강화학습을 활용하는 머신러닝 사례들 가운데 의사결정트리 방식이 적용되지 않은 경우는 없다.

① ㄴ
② ㄷ
③ ㄱ, ㄴ
④ ㄱ, ㄷ
⑤ ㄱ, ㄴ, ㄷ

07. 다음 글의 내용이 모두 참일 때 반드시 참인 것만을 <보기>에서 모두 고르면? 18 5급공채

신생벤처기업 지원투자 사업이나 벤처기업 입주지원 사업이 10월에 진행된다면 벤처기업 대표자 간담회도 10월에 열려야 한다. 그런데 창업지원센터가 10월에 간담회 장소로 대관되지 않을 경우 벤처기업 입주지원 사업이 10월에 진행된다. 만일 대관된다면 벤처기업 입주지원 사업은 11월로 연기된다. 또한 기존 중소기업 지원 사업이 10월에 진행된다면 벤처기업 대표자 간담회는 11월로 연기된다. 벤처기업 대표자 간담회가 10월에 열릴 경우 창업지원센터는 간담회 장소로 대관된다. 벤처기업 대표자 간담회 외의 일로 창업지원센터가 대관되는 일은 없다. 이러한 상황에서 신생벤처기업 지원투자 사업과 기존 중소기업 지원 사업 중 한 개의 사업만이 10월에 진행된다는 것이 밝혀졌다.

─────〈보 기〉─────

ㄱ. 벤처기업 입주지원 사업은 10월에 진행되지 않는다.

ㄴ. 벤처기업 대표자 간담회는 10월에 진행되지 않는다.

ㄷ. 신생벤처기업 지원투자 사업은 10월에 진행되지 않는다.

① ㄱ

② ㄷ

③ ㄱ, ㄴ

④ ㄴ, ㄷ

⑤ ㄱ, ㄴ, ㄷ

08. 다음 글의 대화 내용이 참일 때, 갑수보다 반드시 나이가 적은 사람만을 모두 고르면? 16 5급공채

갑수, 을수, 병수, 철희, 정희 다섯 사람은 어느 외국어 학습 모임에서 서로 처음 만났다. 이후 모임을 여러 차례 갖게 되었지만 그들의 관계는 형식적인 관계 이상으로는 발전하지 않았다. 이 모임에서 주도적인 역할을 하고 있는 갑수는 서로 더 친하게 지냈으면 좋겠다는 생각에 뒤풀이를 갖자고 제안했다. 갑수의 제안에 모두 동의했다. 그들은 인근 맥줏집을 찾아갔다. 그 자리에서 그들이 제일 먼저 한 일은 서로의 나이를 묻는 것이었다.

먼저 갑수가 정희에게 말했다. "정희 씨, 나이가 몇 살이에요?" 정희는 잠시 머뭇거리더니 다음과 같이 말했다. "나이 묻는 것은 실례인 거 아시죠? 저는요, 갑수 씨 나이는 알고 있거든요. 어쨌든 갑수 씨보다는 나이가 적어요." 그리고는 "그럼 을수 씨 나이는 어떻게 되세요?"라고 을수에게 물었다. 을수는 "정희 씨, 저는 정희 씨와 철희 씨보다는 나이가 많지 않아요."라고 했다.

그때 병수가 대뜸 갑수에게 말했다. "그런데 저는 정작 갑수 씨 나이가 궁금해요. 우리들 중에서 리더 역할을 하고 있잖아요. 진짜 나이가 어떻게 되세요?" 갑수가 "저요? 음, 많아야 병수 씨 나이죠."라고 하자, "아, 그렇군요. 그럼 제가 대장해도 될까요? 하하……"라고 병수가 너털 웃음을 웃으며 대꾸했다.

이때, "그럼 그렇게 하세요. 오늘 술값은 리더가 내시는 거 아시죠?"라고 정희가 끼어들었다. 그리고 "그런데 철희 씨는 좀 어려 보이는데, 몇 살이에요?"라고 물었다. 철희는 다소 수줍은 듯이 고개를 숙였다. 그리고는 "저는 병수 씨와 한 살 차이밖에 나지 않아요. 보기보다 나이가 많죠?"라고 대답했다.

① 정희

② 철희, 을수

③ 정희, 을수

④ 철희, 정희

⑤ 철희, 정희, 을수

09. 다음 글에 대한 분석으로 적절한 것만을 <보기>에서 모두 고르면? 19 5급공채

이론 A는 행위자들의 선호가 제도적 맥락 속에서 형성된다고 본다. 한편, 행위를 설명하기 위해 선호를 출발점으로 삼는 이론 B는 선호의 형성 과정에 주목하지 않는다. 왜냐하면 선호는 '주어진 것'이며 제도나 개인의 심리에 의해 설명해야 할 대상이 아니라고 보기 때문이다. 이 주어진 선호는 합리적인 것으로 간주된다. 왜냐하면 이론 B에서 상정된 개인은 자기 자신의 이익을 최대화하는 전략을 선택하는 존재, 즉 합리적 존재라 가정되기 때문이다.

이론 A는 행위자들의 선호를 주어진 것으로 간주해서는 안 된다고 본다. 행위의 구체적 맥락을 이해하지 못한다면 자기 이익을 최대화하는 전략을 따른 행위를 강조하는 것이 아무런 의미를 갖지 못한다고 보기 때문이다. 구체적인 상황 속에서 행위자는 특정한 목적과 수단을 가지고 행위하기 마련이다. 그렇다면 그런 행위자들의 행위를 제대로 설명하기 위해서는 그 목적과 수단이 왜 자신의 이익을 최대화한다고 생각했는지, 즉 왜 그런 선호가 형성되었는지 설명해야 한다. 그런데 제도와 같은 맥락적 요소를 배제하면, 그런 선호 형성을 설명할 수 없다. 따라서 이론 A는 행위자들의 선호 형성도 설명해야 할 대상으로 상정한다.

이론 A가 선호의 형성을 설명하려 한다고 해서 개인의 심리를 분석하려는 것은 아니다. 이론 A에 따르면, 제도는 구체적 상황에 처한 행위자들의 선택을 제약함으로써 그들의 전략에 영향을 준다. 또한 제도는 행위자들이 자신이 추구하는 목적을 구체화하는 데도 영향을 미친다. 그렇다고 행위가 제도에 의해 완전히 결정된다는 것은 아니다. 구체적 상황에서의 행위자들의 행위를 이해하게 해주는 단서는 제도적 맥락으로부터 찾아야 한다는 것이 이론 A의 견해이다.

─── <보 기> ───

ㄱ. 선호 형성과 관련해 이론 A와 이론 B는 모두 개인의 심리에 대한 분석에 주목하지 않는다.

ㄴ. 이론 A는 맥락적 요소를 이용해 선호 형성 과정을 설명하려고 하지만 이론 B는 선호 형성 과정을 설명하려 하지 않는다.

ㄷ. 이론 B는 행위자가 자기 자신의 이익을 최대화하는 전략에 따른다는 것을 부정하지만 이론 A는 그렇지 않다.

① ㄱ
② ㄷ
③ ㄱ, ㄴ
④ ㄴ, ㄷ
⑤ ㄱ, ㄴ, ㄷ

10. 다음 글의 논지를 강화하는 것만을 <보기>에서 모두 고르면? 20 5급공채

인간이 발전시켜온 생각이나 행동의 역사를 놓고 볼 때, 인간이 지금과 같이 놀라울 정도로 이성적인 방향으로 발전해올 수 있었던 것은 이성적이고 도덕적 존재로서 자신의 잘못을 스스로 시정할 수 있는 능력 덕분이다. 인간은 토론과 경험에 힘입을 때에만 자신의 과오를 고칠 수 있다. 단지 경험만으로는 부족하다. 경험을 해석하기 위해서는 토론이 반드시 있어야 한다. 인간이 토론을 통해 내리는 판단의 힘과 가치는, 판단이 잘못되었을 때 그것을 고칠 수 있다는 사실로부터 비롯되며, 잘못된 생각과 관행은 사실과 논쟁 앞에서 점차 그 힘을 잃게 된다. 따라서 민주주의 국가에서는 자유로운 토론이 보장되어야 한다. 자유로운 토론이 없다면 잘못된 생각의 근거뿐 아니라 그러한 생각 자체의 의미에 대해서도 모르게 되기 때문이다.

어느 누구에게도 다른 사람들의 의사 표현을 통제할 권리는 없다. 다른 사람의 생각을 표현하지 못하게 억누르려는 권력은 정당성을 갖지 못한다. 가장 좋다고 여겨지는 정부일지라도 그럴 자격을 갖고 있지 않다. 흔히 민주주의 국가에서는 여론을 중시한다고 한다. 하지만 그 어떤 정부라 하더라도 여론의 힘을 빌려 특정 사안에 대한 토론의 자유를 제한하려 하는 행위를 해서는 안 된다. 그런 행위는 여론에 반(反)해 사회 구성원 대다수가 원하는 토론의 자유를 제한하려는 것만큼이나 나쁘다. 인류 전체를 통틀어 단 한 사람만이 다른 생각을 가지고 있다고 해도, 그 사람에게 침묵을 강요하는 것은 옳지 못하다. 이는 어떤 한 사람이 자신과 의견이 다른 나머지 사람 모두에게 침묵을 강요하는 것만큼이나 용납될 수 없는 일이다. 권력을 동원해서 억누르려는 의견은 옳은 것일 수도, 옳지 않은 것일 수도 있다. 그런데 정부가 자신이 옳다고 가정함으로써 다른 사람들이 그 의견을 들어볼 기회까지 봉쇄한다면 그것은 사람들이 토론을 통해 잘못을 드러내고 진리를 찾을 기회를 박탈하는 것이다. 설령 그 의견이 잘못된 것이라 하더라도 그 의견을 억압하는 것은 토론을 통해 틀린 의견과 옳은 의견을 대비시킴으로써 진리를 생생하고 명확하게 드러낼 수 있는 대단히 소중한 기회를 놓치는 결과를 낳게 된다.

─── <보 기> ───

ㄱ. 축적된 화재 사고 기록들에 대해 어떠한 토론도 이루어지지 않았음에도 불구하고 화재 사고를 잘 예방하였다.

ㄴ. 정부가 사람들의 의견 표출을 억누르지 않는 사회에서 오히려 사람들이 가짜 뉴스를 더 많이 믿었다.

ㄷ. 갈릴레오의 저서가 금서가 되어 천문학의 과오를 드러내고 진리를 찾을 기회가 한동안 박탈되었다.

① ㄱ
② ㄷ
③ ㄱ, ㄴ
④ ㄴ, ㄷ
⑤ ㄱ, ㄴ, ㄷ

11. 다음 글의 갑~병에 대한 분석으로 가장 적절한 것은?

20 5급공채

경험 연구에서 연구의 타당성을 확보하기 위한 노력은 매우 중요하다. 먼저 연구의 외적 타당성을 확보하기 위해 대표성을 지닌 자료를 수집해야 한다. 표본 집단을 잘못 설정하면 연구 대상의 대표성을 확보할 수 없게 되고 결국 연구 결과의 일반화에 실패하므로 연구의 외적 타당성은 저해된다. 이는 연구 대상인 표본의 수나 표본 집단의 대상 지정과 관련이 있다. 다음으로 연구의 내적 타당성을 확보하기 위해서는 역사 요인과 선택 요인에 따른 오류를 제거해야 한다. 역사 요인은 외부적 사건이 원인이 되어 연구에 영향을 미쳤지만 이를 미처 고려하지 못하고 연구의 결과가 합당한 것처럼 결론을 내리게 하는 요인이다. 역사 요인에 따른 오류를 제거하기 위해서는 반드시 비교 집단을 설정하여 정보를 수집해야 한다. 선택 요인은 비교 집단을 설정했지만 비교 집단을 잘못 설정함으로써 잘못된 결론을 도출하게 하는 요인이다. 이 요인에 따른 오류를 제거하기 위해서는 독립 변수 조건 이외에 다른 조건들이 현저하게 차이가 나는 집단을 비교 집단으로 설정하지 않아야 한다.

축구 협회가 축구에 대한 관심도를 높이기 위해 초등학교에 지급하는 축구 관련 지원금을 인상하는 정책을 시행한 후 이 정책이 적용된 100개교를 대상으로 정책 효과성 연구를 실시하였다고 가정하자. 연구 결과 이 정책이 적용된 학교의 초등학생들에게서 축구에 대한 관심도가 2배 증가하였다는 결과를 얻었다고 하자. 이 연구의 타당성 검토와 관련하여 갑~병은 다음과 같이 주장하였다.

갑: 지원금 인상 정책이 적용된 초등학교 중, 소수의 학교만을 대상으로 연구하거나 혹은 지원금 인상 정책이 적용되지 않은 초등학교까지도 연구 대상으로 지정하는 오류가 있는지 검토해야 한다.

을: 연구 시기에 월드컵이 개최되었고 우리나라가 본선에 진출하였으므로 이 요인이 축구에 대한 관심도 상승에 더 큰 영향을 미쳤을 수 있다. 이에 지원금 인상 정책이 적용되지 않은 초등학교를 비교 집단으로 설정하여 연구를 실시했는지 검토해야 한다.

병: 비교 집단을 설정했으나 지원금 인상 정책이 적용되지 않은 초등학교 중 축구에 대한 관심도 수준이 현저히 차이나는 집단을 비교 집단으로 설정하지 않았는지 검토해야 한다.

① 갑은 연구의 내적 타당성을 확보하기 위해 연구 대상의 대표성 확보에 관한 타당성을 검토하자는 것이다.

② 을은 연구의 내적 타당성을 확보하기 위해 선택 요인과 관련한 타당성을 검토하자는 것이다.

③ 을은 연구의 외적 타당성을 확보하기 위해 역사 요인과 관련한 타당성을 검토하자는 것이다.

④ 병은 연구의 내적 타당성을 확보하기 위해 선택 요인과 관련한 타당성을 검토하자는 것이다.

⑤ 병은 연구의 외적 타당성을 확보하기 위해 연구 결과 일반화가 가능한 표본 집단 선정에 관한 타당성을 검토하자는 것이다.

12. 다음 글의 전체 흐름과 맞지 않는 한 곳을 ㉠~㉤에서 찾아 수정하려고 할 때, 가장 적절한 것은?

15 민경채

소아시아 지역에 위치한 비잔틴 제국의 수도 콘스탄티노플이 이슬람교를 신봉하는 오스만인들에 의해 함락되었다는 소식이 인접해 있는 유럽 지역에까지 전해지자 그 곳 교회의 한 수도원 서기는 "㉠지금까지 이보다 더 끔찍했던 사건은 없었으며, 앞으로도 결코 없을 것이다."라고 기록했다. 1453년 5월 29일 화요일, 해가 뜨자마자 오스만 제국의 군대는 난공불락으로 유명한 케르코포르타 성벽의 작은 문을 뚫고 진군하기 시작했다. 해가 질 무렵, 약탈당한 도시에 남아있는 모든 것들은 그들의 차지가 되었다. 비잔틴 제국의 86번째 황제였던 콘스탄티노스 11세는 서쪽 성벽 아래에 있는 좁은 골목에서 전사하였다. 이것으로 ㉡1,100년 이상 존재했던 소아시아 지역의 기독교도 황제가 사라졌다.

잿빛 말을 타고 화요일 오후 늦게 콘스탄티노플에 입성한 술탄 메흐메드 2세는 우선 성소피아 대성당으로 갔다. 그는 이 성당을 파괴하는 대신 이슬람 사원으로 개조하라는 명령을 내렸고, 우선 그 성당을 철저하게 자신의 보호 하에 두었다. 또한 학식이 풍부한 그리스 정교회 수사에게 격식을 갖추어 공석중인 총대주교직을 수여하고자 했다. 그는 이슬람 세계를 위해 ㉢기독교의 제단뿐만 아니라 그 이상의 것들도 활용했다. 역대 비잔틴 황제들이 제정한 법을 그가 주도하고 있던 법제화의 모델로 이용하였던 것이다. 이러한 행위들은 ㉣단절을 추구하는 정복왕 메흐메드 2세의 의도에서 비롯된 것이라고 할 수 있다.

그는 자신이야말로 지중해를 '우리의 바다'라고 불렀던 로마 제국의 진정한 계승자임을 선언하고 싶었던 것이다. 일례로 그는 한때 유럽과 아시아를 포함한 지중해 전역을 지배했던 제국의 정통 상속자임을 선언하면서, 의미심장하게도 자신의 직함에 '룸 카이세리', 즉 로마의 황제라는 칭호를 추가했다. 또한 그는 패권 국가였던 로마의 옛 명성을 다시 찾기 위한 노력의 일환으로 로마 사람의 땅이라는 뜻을 지닌 루멜리아에 새로 수도를 정했다. 이렇게 함으로써 그는 ㉤오스만 제국이 유럽으로 확대될 것이라는 자신의 확신을 보여주었다.

① ㉠을 '지금까지 이보다 더 영광스러운 사건은 없었으며'로 고친다.

② ㉡을 '1,100년 이상 존재했던 소아시아 지역의 이슬람 황제가 사라졌다'로 고친다.

③ ㉢을 '기독교의 제단뿐만 아니라 그 이상의 것들도 파괴했다'로 고친다.

④ ㉣을 '연속성을 추구하는 정복왕 메흐메드 2세의 의도에서 비롯된 것'으로 고친다.

⑤ ㉤을 '오스만 제국이 아시아로 확대될 것이라는 자신의 확신을 보여주었다'로 고친다.

13. 다음 글에 대한 추론으로 옳지 않은 것은? 20 입법고시

임금의 본질에 관한 문제는 주로 일본에서 파업에 참가한 근로자에 대해 파업에 참가한 기간 동안의 임금을 공제하는 범위와 관련하여 논의되어 왔다. 임금의 본질에 관한 문제는 사용자가 근로자에게 지급하는 제반 급여나 수당을 임금으로 볼 것인가 하는 문제와 직결되어 있다. 임금의 본질을 어떻게 이해하는가에 따라 사용자가 근로자에게 지급하는 금품 가운데 임금에 해당하는 요소를 가지고 있는 부분은 임금으로 보게 되고, 그렇지 않은 부분은 임금이 아닌 것으로 보게 된다. 임금의 본질에 관한 이론은 임금법제의 해석과 적용에 영향을 주게 된다. 임금의 본질에 관한 학설은 다음과 같다.

A학설은 근로계약을 근로자의 근로제공과 사용자의 임금지급의 교환계약으로 보는 것을 전제로 한다. 이에 따르면, 임금은 근로제공의 대가이므로 근로자의 구체적인 근로가 현실적으로 제공되어야 근로계약상의 임금청구권이 발생한다. 즉, 임금은 기본적으로 근로제공의 이행이 선행된 후 지급되는 후불적 성격을 갖는다.

B학설은 임금을 근로자가 자신의 노동력을 사용자의 처분에 맡긴 것에 대한 대가로 보는 이론이다. 이에 따르면, 근로자가 근로계약에 따라 사업장에 출근하여 자신의 노동력을 처분 가능한 상태로 두었으면 사용자가 이를 사용하지 않았거나 사용할 수 없어서 실제로 근로의 제공이 이루어지지 않더라도 사용자는 이에 대한 임금을 지급하여야 한다. 즉, 근로자가 사업장에 편입되어 사용자의 지휘 명령하에서 노동력을 처분 가능한 상태로 두게 되면, 근로자가 현실적으로 노무에 종사하지 않더라도 그것이 근로자의 귀책 사유에 기인하지 않는 한 임금청구권을 상실하지 않는다.

C학설은 임금이 현실적인 근로제공에 따른 교환적 임금과 근로계약상 근로자의 종업원으로서의 지위에 근거한 생활보장적 임금이라는 두 부분으로 구성된다고 보는 이론이다. 이 이론에 따르면, 실제로 행해진 근로제공에 대하여 지급되는 부분과 이를 전제로 지급되는 정근수당이나 직무수당 등은 교환적 임금에 해당하며, 근로제공 여부와 상관없이 근로자가 종업원의 지위를 유지하는 동안 지급되는 가족수당이나 교육수당은 생활보장적 임금에 해당한다.

① A학설은 휴일에 근로를 제공하지 않은 근로자에게 지급되는 유급주휴수당을 임금으로 보지 않을 것이다.

② B학설은 재택근무와 같이 출퇴근이 불분명한 근무형태에 대해서는 임금을 산정하는 것이 어려울 수 있다는 한계가 있다.

③ C학설에 대해서는 사용자 측에서 근로제공과 직접적인 관련성이 없는 근로자의 생활보장에 대한 책임을 사용자에게 부담시킨다는 불만을 제기할 수 있다.

④ 출근한 근로자가 자신의 잘못으로 부상을 당하여 근로를 제공하지 못한 경우에 B학설에 따르면 사용자는 그 부분에 대해서는 임금을 지급할 의무가 있다.

⑤ C학설에 따르면 두 근로자가 같은 양과 질의 노동을 제공하더라도 임금이 동일하지 않을 수 있다.

14. 다음 글의 (가)와 (나)에 들어갈 진술을 <보기>에서 골라 알맞게 짝지은 것은? 15 5급공채

사실 진술로부터 당위 진술을 도출할 수 없다는 것을 명시적으로 주장한 최초의 인물은 영국의 철학자 데이비드 흄이었다. 그의 주장은 논리적으로 타당하다고 할 수 있다. 그 이유를 이해하기 위해 일단 명제 P와 Q가 있는데 Q는 P로부터 도출될 수 있는 것이라 가정해 보자. 즉, P가 Q를 논리적으로 함축하는 경우를 생각해 보자. 가령, "비가 오고 구름이 끼어 있다."는 "비가 온다."를 논리적으로 함축한다. 이제 이 두 문장이 다음과 같이 결합되는 경우를 생각해 보자.

"비가 오고 구름이 끼어 있지만, 비가 오지 않는다."

이 명제는 분명히 자기모순적인 명제이다. 왜냐하면 "비가 오고 비가 오지 않는다."라는 자기모순적인 명제를 포함하고 있기 때문이다. 이러한 결과를 바탕으로, 우리는 이제 다음과 같이 결론지을 수 있다.

(가)

우리는 이러한 결론을 이용하여, 사실 진술로부터 당위 진술을 도출할 수 없다고 하는 흄의 주장을 이해해 볼 수 있다. 예를 들어, 명제 A를 "타인을 돕는 행동은 행복을 최대화한다."라고 해보자. 이것은 사실 진술로 이루어진 명제이다. 명제 B를 "우리는 타인을 도와야 한다."라고 해보자. 이것은 당위 진술로 이루어진 명제이다. 물론 "B가 아니다."는 "우리는 타인을 돕지 않아도 된다."가 될 것이다. 이제 우리는 이러한 명제들에 대해 앞의 논리를 그대로 적용시켜 볼 수 있다. 즉, "A이지만 B가 아니다."는 자기모순적인 명제가 아니라는 것이다. 따라서 B는 A로부터 도출되지 않는다. 이 점을 일반화시켜 말하자면 다음과 같다.

(나)

〈보 기〉

ㄱ. Q가 P로부터 도출될 수 있다면, "P이지만 Q는 아니다."라는 명제는 자기모순적인 명제이다.

ㄴ. Q가 P로부터 도출될 수 없다면, "P이지만 Q는 아니다."라는 명제는 자기모순적인 명제가 아니다.

ㄷ. 어떤 행동이 행복을 최대화한다는 것으로부터 그 행동을 행하여야만 한다는 것을 도출할 수 없다.

ㄹ. 어떤 행동을 행하여야만 한다는 것으로부터 그 행동이 행복을 최대화한다는 것을 도출할 수 없다.

ㅁ. "어떤 행동이 행복을 최대화한다."라는 명제와 "그 행동을 행하여야만 한다."라는 명제는 둘 다 참일 수 있다.

	(가)	(나)
①	ㄱ	ㄷ
②	ㄱ	ㅁ
③	ㄴ	ㄷ
④	ㄴ	ㄹ
⑤	ㄴ	ㅁ

15. 다음 글의 ㉠과 ㉡에 들어갈 문장을 <보기>에서 골라 바르게 짝지은 것은?

19 5급공채

한편에서는 "C시에 건설될 도시철도는 무인운전 방식으로 운행된다."라고 주장하고, 다른 한편에서는 "C시에 건설될 도시철도는 무인운전 방식으로 운행되지 않는다."라고 주장한다고 하자. 이 두 주장은 서로 모순되는 것처럼 보인다. 하지만 양편이 팽팽히 대립한 회의가 "C시에 도시철도는 적합하지 않다고 판단되므로, 없던 일로 합시다."라는 결론으로 끝날 가능성도 있다는 사실을 우리는 고려해야 한다. C시에 도시철도가 건설되지 않을 경우에도 양편의 주장에 참이나 거짓이라는 값을 매겨야 한다면 어떻게 매겨야 옳을까?

한 가지 분석 방안에 따르면, "C시에 건설될 도시철도는 무인운전 방식으로 운행된다."라는 문장은 "㉠　　　"라는 것을 의미하는 것으로 해석한다. 이렇게 해석할 경우, C시에 도시철도를 건설하지 않기로 했으므로 원래의 문장은 거짓이 된다. 이런 분석은 "C시에 건설될 도시철도는 무인운전 방식으로 운행되지 않는다."에 대해서도 똑같이 적용되어 그것에도 거짓이라는 값을 부여한다.

원래 문장, "C시에 건설될 도시철도는 무인운전 방식으로 운행된다."를 분석하는 둘째 방안도 있다. 이 방안에서는 우선 원래 문장은 "㉡　　　"라는 것을 의미하는 것으로 해석한다. 그런 다음 이렇게 분석된 이 문장은 C시에 도시철도를 건설해 그것을 무인운전이 아닌 방식으로 운행하는 일은 없다는 주장과 같은 의미를 나타낸다고 이해한다. 이렇게 해석할 경우 원래의 문장은 참이 된다. 왜냐하면 C시에 도시철도를 건설하지 않기로 했으므로 C시에 도시철도를 건설해 그것을 무인운전이 아닌 방식으로 운행하는 일도 당연히 없을 것이기 때문이다. 이런 분석은 "C시에 건설될 도시철도는 무인운전 방식으로 운행되지 않는다."에 대해서도 똑같이 적용되어 그것에도 참이라는 값을 부여한다.

─〈보 기〉─

(가) C시에 도시철도가 건설되고, 그 도시철도는 무인운전 방식으로 운행된다.

(나) C시에 무인운전 방식으로 운행되는 도시철도가 건설되거나, 아니면 아무 도시철도도 건설되지 않는다.

(다) C시에 도시철도가 건설되면, 그 도시철도는 무인운전 방식으로 운행된다.

(라) C시에 도시철도가 건설되는 경우에만, 그 도시철도는 무인운전 방식으로 운행된다.

	㉠	㉡
①	(가)	(다)
②	(가)	(라)
③	(나)	(다)
④	(나)	(라)
⑤	(라)	(다)

16. 뇌물수수 혐의자 A~D에 관한 다음 진술들 중 하나만 참일 때, 이들 가운데 뇌물을 받은 사람의 수는?

18 5급공채

○ A가 뇌물을 받았다면, B는 뇌물을 받지 않았다.
○ A와 C와 D 중 적어도 한 명은 뇌물을 받았다.
○ B와 C 중 적어도 한 명은 뇌물을 받지 않았다.
○ B와 C 중 한 명이라도 뇌물을 받았다면, D도 뇌물을 받았다.

① 0명
② 1명
③ 2명
④ 3명
⑤ 4명

17. 다음의 세 명제에 대한 올바른 판단이라고 볼 수 없는 것은?

05 5급공채

> (가) 우리는 어떤 것이 존재한다고 믿을 경우에만 그것에 대해 감정을 갖는다.
> (나) 우리는 소설에 나오는 어떤 인물도 존재한다고 믿지 않는다.
> (다) 우리는 소설에 나오는 인물에 대해 종종 감정을 갖는다.

① 위의 세 명제가 모두 함께 참일 수는 없다.

② 신의 존재를 믿지 않는 사람도 신을 두려워한다고 말할 수 있다면 그것은 (가)를 지지하는 근거가 된다.

③ (가)와 (나)를 동시에 참이라고 받아들일 수 있는 하나의 방식은 소설에 나오는 인물에 대해 우리가 느끼는 것은 진짜 감정이 아니라고 보는 것이다.

④ (가)와 (다)를 동시에 참이라고 받아들일 수 있는 하나의 방식은 소설을 읽는 동안에는 그 소설 속의 인물이 존재한다고 보는 것이다.

⑤ (가)와 (나)를 동시에 참이라고 받아들일 수 있는 하나의 방식은 소설을 읽으면서 가지는 감정의 대상은 소설 속의 인물이 아니라 그 인물과 비슷한 상황에 있는 실제 인물이라고 보는 것이다.

18. 다음 글의 ㉠에 대한 주장을 약화하는 진술만을 <보기>에서 모두 고르면?

20 5급공채

동물이 단위 시간당 소모하는 에너지의 양을 물질대사율이라고 한다. 동물들은 세포 유지, 호흡, 심장박동 같은 기본적인 기능들을 위한 최소한의 물질대사율, 즉 최소대사율을 유지해야 한다. ㉠동물의 물질대사율은 다음과 같은 특성을 지닌다.

먼저, 최소대사율은 동물의 종에 따라 달라지고, 특히 내온동물과 외온동물은 뚜렷한 차이를 나타낸다. 신체 내 물질대사로 생성된 열에 의해 체온을 유지하는 내온동물에는 포유류 등이, 체온 유지에 필요한 열을 외부에서 얻는 외온동물에는 양서류와 파충류 등이 포함된다. 최소 수준 이상으로 열의 생성이나 방출이 요구되지 않는 환경에서 스트레스 없이 가만히 쉬고 있는 상태의 내온동물의 최소대사율을 기초대사율이라고 한다. 외온동물의 최소대사율은 내온동물과 달리 주변 온도에 따라 달라지는데, 이는 주변 온도가 물질대사와 체온을 변화시키기 때문이다. 어떤 온도에서 스트레스 없이 쉬고 있는 상태의 외온동물의 최소대사율을 그 온도에서의 표준대사율이라고 한다. 기본적인 신체 기능을 유지하는 데 필요한 에너지의 양은 외온동물보다 내온동물에서 더 크다.

내온동물의 물질대사율은 다양한 요인에 의해 영향을 받는데, 몸의 크기가 그 중 하나다. 몸집이 큰 포유동물은 몸집이 작은 포유동물보다 물질대사율이 크다. 몸집이 클수록 일반적으로 더 무겁다는 사실을 고려하면, 물질대사율은 몸무게가 클수록 크다고 볼 수 있다. 한편 포유동물에서 단위 몸무게당 기초대사율은 몸무게에 반비례하는 경향을 나타낸다. 이는 내온동물의 몸이 작을수록 안정적인 체온을 유지하는 에너지 비용이 커진다는 가설을 통해 설명될 수 있다. 이 가설은 동물의 몸집이 작을수록 부피 대비 표면적이 커져서 주변으로 열을 더 쉽게 빼앗기기 때문에 체온 유지를 위해 더 많은 에너지를 생산해야 할 필요가 있다는 생각에 근거를 두고 있다.

> ─〈보 기〉─
>
> ㄱ. 툰드라 지역에 서식하는 포유류 중, 순록의 몸무게 1kg당 기초대사율은 같은 지역의 토끼의 그것보다 크다.
>
> ㄴ. 양서류에 속하는 어떤 동물의 최소대사율이 주변 온도에 따라 뚜렷이 달라졌다.
>
> ㄷ. 몸 크기가 서로 비슷한 악어와 성인 남성을 비교하였을 때, 전자의 표준대사율의 최댓값이 후자의 기초대사율의 1/20 미만이었다.

① ㄱ

② ㄷ

③ ㄱ, ㄴ

④ ㄴ, ㄷ

⑤ ㄱ, ㄴ, ㄷ

19. ㉠~㉤의 예로서 옳게 연결하지 못한 것은?

옛날이나 지금이나 치세와 난세가 없을 수 없소. 치세에는 왕도정치와 패도정치가 있소. 군주의 재능과 지혜가 출중하여 뛰어난 영재들을 잘 임용하거나, 비록 군주의 재능과 지혜가 모자라더라도 현자를 임용하여, 인의의 도를 실천하고 백성을 교화하는 것은 ㉠왕도(王道)정치입니다. 군주의 지혜와 재능이 출중하더라도 자신의 총명만을 믿고 신하를 불신하며, 인의의 이름만 빌려 권모술수의 정치를 행하여 백성들로 하여금 자신의 사익만 챙기고 도덕적 교화를 이루게 하지 못하는 것은 ㉡패도(覇道)정치라오.

나아가 난세에는 세 가지 경우가 있소. 속으로는 욕심 때문에 마음이 흔들리고 밖으로는 유혹에 빠져서 백성들의 힘을 모두 박탈하여 자기 일신만을 받들고 신하의 진실한 충고를 배척하면서 자기만 성스러운 체하다가 자멸하는 자는 ㉢폭군(暴君)의 경우이지요. 정치를 잘해보려는 뜻은 가지고 있으나 간사한 이를 분별하지 못하고 등용한 관리들이 재주가 없어 나라를 망치는 자는 ㉣혼군(昏君)의 경우이지요. 심지가 나약하여 뜻이 굳지 못하고 우유부단하며 구습만 고식적으로 따르다가 나날이 쇠퇴하고 미약해지는 자는 ㉤용군(庸君)의 경우이지요.

① ㉠ – 상(商)의 태갑(太甲)과 주(周)의 성왕(成王)은 자질이 오제, 삼황에 미치지 못했지요. 만약 성스러운 신하의 도움이 없었다면 법률과 제도가 전복된다 한들 누가 구제할 수 있었겠소. 필시 참소하는 사람들이 서로 난을 일으켰을 것이오. 그러나 태갑은 이윤(伊尹)에게 정사를 맡겨 백성을 교화하고 성왕은 주공에게 정사를 맡김으로써 인의의 도를 기르고 닦아 결국 대업을 계승했지요.

② ㉡ – 진(晉) 문공(文公)과 한(漢) 고조(高祖)는 황제의 대업을 성취하여 나라를 부강하게 하고 백성을 부유하게 하였소. 다만 아쉬운 점은 인의의 도를 체득하지 못하고 권모술수에 능하였을 뿐, 백성을 교화시키지 못했다는 것이오.

③ ㉢ – 당의 덕종(德宗)은 현명하지 못해 인자와 현자들을 알아보지 못했소. 자신의 총명에 한계가 있음을 깨닫지 못하여 때때로 유능한 관리의 충언을 들었으나 곧 그들을 멀리했기에 간사한 소인배들이 그 틈을 타 아첨할 경우 쉽게 빠져들었소.

④ ㉣ – 송의 신종(神宗)은 유위(有爲)정치의 뜻을 크게 발하여 왕도정치를 회복하고자 했소. 그러나 왕안석(王安石)에게 빠져서 그의 말이라면 모두 따르고 그의 정책이라면 모두 채택하여 재리(財利)를 인의(仁義)로 알고, 형법전서를 시경(詩經), 서경(書經)으로 알았지요. 사악한 이들이 뜻을 이뤄 날뛰는 반면 현자들은 자취를 감춰 백성들에게 그 해독이 미쳤고 전란의 조짐까지 야기했소.

⑤ ㉤ – 주의 난왕(赧王), 당의 희종(僖宗), 송의 영종(寧宗) 등은 무기력하고 나태하여 구습만 답습하면서 한 가지 폐정도 개혁하지 못하고, 한 가지 선책도 제출하지 못한 채 묵묵히 앉아서 나라가 망하기를 기다리고 있던 자들이오.

20. 다음 글의 내용을 평가한 것으로 가장 적절한 것은?

갑국에서는 소셜미디어 상에서 진보 성향의 견해들이 두드러지게 나타난다. 이러한 현상은 다음 두 가설에 의해서 설명될 수 있다.

A 가설은 이러한 현상이 일어나는 이유가 진보 이념에서 전통적으로 중시되는 참여 민주주의의 가치가 쌍방향 의사소통을 주요 특징으로 하는 소셜미디어와 잘 부합하기 때문이라고 본다. 진보 성향을 가진 사람들은 일반적으로 엘리트에 의한 통제보다는 시민들이 가지는 영향력과 정치 활동에 지시를 표하고, 참여를 통해 자신들의 입장이 정당함을 보여주려는 경향이 강하다. 갑국의 소셜미디어 사용자들의 다수가 진보적인 젊은 유권자들이라는 사실은 이러한 A 가설을 뒷받침한다. 최근 갑국의 트위터 사용자에 대한 연구에서도 진보적인 유권자들이 트위터와 같은 소셜미디어를 더 자주 이용하는 것으로 나타났다.

한편 소셜미디어가 가지는 대안 매체로서의 가능성에 관련한 B 가설에 따르면, 소셜미디어는 기존의 주류 언론에서 상대적으로 소외된 집단에 의해 주도적으로 활용될 가능성이 높다. 가령 트위터는 140자의 트윗이라는 형식을 통해 누구든지 팔로워들에게 원하는 메시지를 전파할 수 있고, 이 메시지는 리트윗을 통해 더 많은 사람들에게 전달될 수 있다. 이러한 트위터의 작동방식은 사용자들로 하여금 더 이상 주류 언론에 의한 매개 과정을 거치지 않고 독자적인 언론인으로 활동하며 다수에게 자신들의 견해를 전달할 수 있게 해준다. B 가설은 주류 언론이 가지는 이념적 성향이 소셜미디어의 이념적 편향성의 방향을 결정하는 주요 요인이 되리라는 예측을 가능케 한다. 즉 어떤 이념적 성향을 가진 집단이 주류 언론에 대해 상대적 소외감을 더 크게 느끼느냐에 따라 누가 이 대안 매체의 활용가치를 더 크게 느끼는지 결정되리라는 것이다.

① 갑국에 적용한 것과 동일한 방식으로 분석했을 때, 을국의 경우 트위터 사용자들은 진보 성향보다 보수 성향이 많았다는 사실은 A 가설을 약화하지 않는다.

② 갑국의 주류 언론은 보수적 이념 성향이 강하다는 사실은 B 가설을 강화한다.

③ 갑국의 젊은 사람들 중에 진보 성향의 비율이 높다는 사실은 A 가설을 강화하고 B 가설은 약화한다.

④ 갑국에서 주류 언론보다 소셜미디어의 영향력이 강하다는 사실은 A 가설과 B 가설을 모두 강화한다.

⑤ 갑국에서는 정치 활동을 많이 하는 사람들이 소셜미디어를 더 많이 사용한다는 사실은 A 가설과 B 가설을 모두 약화한다.

곤충이 유충에서 성체로 발생하는 과정에서 단단한 외골격은 더 큰 것으로 주기적으로 대체된다. 곤충이 유충, 번데기, 성체로 변화하는 동안, 이러한 외골격의 주기적 대체는 몸 크기를 증가시키는 것과 같은 신체 형태 변화에 필수적이다. 이러한 외골격의 대체를 '탈피'라고 한다. 성체가 된 이후에 탈피하지 않는 곤충들의 경우, 그것들의 최종 탈피는 성체의 특성이 발현되고 유충의 특성이 완전히 상실될 때 일어난다. 이런 유충에서 성체로의 변태 과정을 조절하는 호르몬에는 탈피호르몬과 유충호르몬이 있다.

탈피호르몬은 초기 유충기에 형성된 유충의 전흉선에서 분비된다. 탈피 시기가 되면, 먹이 섭취 활동과 관련된 자극이 유충의 뇌에 전달된다. 이 자극은 이미 뇌의 신경분비세포에서 합성되어 있던 전흉선자극호르몬의 분비를 촉진하여 이 호르몬이 순환계로 방출될 수 있게끔 만든다. 분비된 전흉선자극호르몬은 순환계를 통해 전흉선으로 이동하여, 전흉선에서 허물 벗기를 촉진하는 탈피호르몬이 분비되도록 한다. 그리고 탈피호르몬이 분비되면 탈피의 첫 단계인 허물 벗기가 시작된다. ⊙성체가 된 이후에 탈피하지 않는 곤충들의 경우, 성체로의 마지막 탈피가 끝난 다음에 탈피호르몬은 없어진다.

유충호르몬은 유충 속에 있는 알라타체라는 기관에서 분비된다. 이 유충호르몬은 탈피 촉진과 무관하며, 유충의 특성이 남아 있게 하는 역할만을 수행한다. 따라서 각각의 탈피 과정에서 분비되는 유충호르몬의 양에 의해서, 탈피 이후 유충으로 남아 있을지, 유충의 특성이 없는 성체로 변태할지가 결정된다. 유충호르몬의 방출량은 유충호르몬의 분비를 억제하는 알로스테틴과 분비를 촉진하는 알로트로핀에 의해 조절된다. 이 알로스테틴과 알로트로핀은 곤충의 뇌에서 분비된다. 한편, 유충호르몬의 방출량이 정해져 있을 때 그 호르몬의 혈중 농도는 유충호르몬에스터라제와 같은 유충호르몬 분해 효소와 유충호르몬결합단백질에 의해 조절된다. 유충호르몬결합단백질은 유충호르몬에스터라제 등의 유충호르몬 분해 효소에 의해서 유충호르몬이 분해되어 혈중 유충호르몬의 농도가 낮아지는 것을 막으며, 유충호르몬을 유충호르몬 작용 조직으로 안전하게 수송한다.

21. 위 글에서 추론할 수 있는 것만을 <보기>에서 모두 고르면?

〈보 기〉

ㄱ. 유충의 전흉선을 제거하면 먹이 섭취 활동과 관련된 자극이 유충의 뇌에 전달될 수 없다.

ㄴ. 변태 과정 중에 있는 곤충에게 유충기부터 알로트로핀을 주입하면, 그것은 성체로 발생하지 않을 수 있다.

ㄷ. 유충호르몬이 없더라도 변태 과정 중 탈피호르몬이 분비되면 탈피가 시작될 수 있다.

① ㄱ

② ㄴ

③ ㄱ, ㄷ

④ ㄴ, ㄷ

⑤ ㄱ, ㄴ, ㄷ

22. 위 글을 토대로 할 때, 다음 <실험 결과>에 대한 분석으로 적절한 것만을 <보기>에서 모두 고르면?

〈실험 결과〉

성체가 된 이후에 탈피하지 않는 곤충의 유충기부터 성체로 이어지는 발생 단계별 유충호르몬과 탈피호르몬의 혈중 농도 변화를 관찰하였더니 다음과 같았다.

결과1: 유충호르몬 혈중 농도는 유충기에 가장 높으며 이후 성체가 될 때까지 점점 감소한다.

결과2: 유충에서 성체로의 최종 탈피가 일어날 때까지 탈피호르몬은 존재하였고, 그 구간 탈피호르몬 혈중 농도에는 변화가 없었다.

〈보 기〉

ㄱ. 결과1은 "혈중 유충호르몬에스터라제의 양은 유충기에 가장 많으며 성체기에서 가장 적다."는 가설에 의해서 설명된다.

ㄴ. "성체가 된 이후에 탈피하지 않는 곤충들의 경우, 최종 탈피가 끝난 다음에 전흉선은 파괴되어 사라진다."는 것은 결과2와 ⊙이 동시에 성립하는 이유를 제시한다.

ㄷ. 결과1과 결과2는 함께 "변태 과정에 있는 곤충의 탈피호르몬 대비 유충호르몬의 비율이 작아질수록 그 곤충은 성체의 특성이 두드러진다."는 가설을 지지한다.

① ㄱ

② ㄷ

③ ㄱ, ㄴ

④ ㄴ, ㄷ

⑤ ㄱ, ㄴ, ㄷ

23. 다음 글에 대한 추론으로 옳지 않은 것은?   21 입법고시

국회의장이 제출된 예산안(기금운용계획안을 포함한다.)을 소관 상임위원회에 회부하면, 이로써 국회 예산안 심사의 실질적인 첫 단계인 상임위원회 예비심사가 개시된다. 예산안이 회부된 소관 상임위원회는 예비심사를 하여 그 결과를 의장에게 보고한다. 예산안에 대한 상임위원회의 예비심사 절차는 법률안 등 일반 의안에 대한 심사와 마찬가지로 예산안의 상정, 제안설명, 전문위원의 검토보고, 대체토론, 소위원회 심사, 찬반토론 및 의결 순으로 이루어진다. 국회의장은 예산안을 소관 상임위원회에 회부할 때에는 심사기간을 정할 수 있으며, 상임위원회가 이유 없이 그 기간 내에 심사를 마치지 않는 경우에는 예산안을 바로 예산결산특별위원회(이하 '예결위'라 한다.)에 회부할 수 있다.

상임위원회가 예비심사 결과를 보고하면, 국회의장이 예비심사보고서를 예산안에 첨부하여 예결위에 회부함으로써 예결위의 종합심사가 개시된다. 상임위원회의 예비심사는 예결위 심사에 앞선 예비적인 성격을 가지며 예비심사결과는 예결위를 구속하지 못한다. 이를 보완하기 위하여 「국회법」은 예결위로 하여금 상임위원회의 예비심사내용을 존중하고, 상임위원회에서 삭감한 세출 예산금액을 증가시킬 때에는 상임위원회의 동의를 받도록 하고 있다.

예결위의 종합심사는 예산안의 상정, 정부의 제안설명, 전문위원의 검토보고, 종합정책질의 및 부별심사(또는 분과위원회심사), 찬반토론 및 표결 순으로 이루어진다. 종합정책질의는 모든 부처에 대해 예결위 위원들이 예산안에 대하여 질의하고 정부 측의 답변을 듣는 절차를 말하고, 부별심사는 경제부처와 비경제부처로 나누어 부처의 소관 예산안에 대하여 질의하고 답변을 듣는 절차를 말한다. 부별심사와 분과위원회 심사는 둘 중에 하나의 절차만 진행하는데 실제로는 부별심사로 운영되고 있다. 종합정책질의와 부별심사를 진행할 때 예결위원장은 간사와 협의하여 각 교섭단체별 질의시간 등의 진행방법을 정한다.

예결위는 종합정책질의와 부별심사를 마치면 예산안등조정소위원회를 구성하여 예산안에 대한 심사를 진행한다. 통상적으로 예산안등조정소위원회는 11~15명 정도의 위원으로 구성하고, 소위원장은 예결위원장으로 하며, 간사는 교섭단체별로 1명씩 둔다.

예결위 위원 전체가 참여하는 종합정책질의나 부별심사에서는 행정부의 국무위원을 대상으로 각 위원별로 약 10분씩 질의를 하고 답변을 듣는 형태로 진행되기 때문에 예산안 자체에 대한 구체적인 심사가 이루어지기 어렵다. 따라서 예결위의 실질적인 예산안 심사는 예산안등조정소위원회에서 상임위원회의 예비심사결과를 참고하여 이루어지게 된다. 통상적으로 예산안등조정소위원회는 감액심사를 먼저 진행한 후, 증액심사를 진행한다.

① 상임위원회의 예비심사가 종료되지 않은 경우에도 예결위의 종합심사가 개시될 수 있다.

② 부별심사에서 부처의 소관 기금운용계획안에 대한 각 교섭단체별 질의시간을 정할 때, 예결위원장은 간사와 협의한다.

③ 예결위의 종합심사 중 종합정책질의는 예결위 위원들이 예산안에 관하여 경제부처와 비경제부처 전체에게 질의하는 단계이다.

④ 예산안등조정소위원회의 전체 위원 질의시간은 통상 110~150분이다.

⑤ 상임위원회의 예비심사 및 예결위의 종합심사 모두 전문위원의 검토보고 후 찬반토론이 진행된다.

24. 다음 글의 ㉠의 내용으로 적절한 것은?   19 7급예시

○○시에 주민등록을 두고 있으며 무직인 갑은 만 3세인 손녀의 돌봄을 위해 ○○시육아종합지원센터에서 운영하는 장난감 대여 서비스를 이용하려고 하였다. 하지만 ○○시 육아종합지원센터는 다음의 「○○시육아종합지원센터 운영규정」(이하 '운영규정'이라 한다)에 따라 갑이 장난감 대여 서비스를 이용할 수 없다고 안내하였다.

> 「○○시육아종합지원센터 운영규정」
> 제95조(회원) ① 본 센터의 각종 서비스를 이용하려는 자는 회원으로 등록되어 있어야 한다.
> ② 회원이 될 수 있는 자는 만 5세 이하 자녀를 둔 ○○시에 주민등록을 두고 있는 자와 ○○시 소재 직장 재직자이다.
> ③ 회원등록을 위해 제출해야 하는 구비서류는 별도로 정한다.

그러자 갑은 ○○시가 제정한 다음의 「○○시육아종합지원 센터 설치 및 운영 조례」(이하 '조례'라 한다)에 근거하여 장난감 대여 서비스를 이용하게 해달라는 민원을 제기하였다.

> 「○○시육아종합지원센터 설치 및 운영 조례」
> 제5조(회원) ① 회원은 본 센터에 개인정보를 제공하여 회원등록을 한 자로서 본 센터의 모든 서비스를 이용할 수 있는 자를 말한다.
> ② 회원이 되려는 자는 다음 각 호의 요건을 모두 갖추어야 한다.
> 1. ○○시에 주민등록을 두고 있는 자 또는 ○○시 소재 직장 재직자
> 2. 만 5세 이하 아동의 직계존속 또는 법정보호자

갑의 민원을 검토한 ○○시는 운영규정과 조례가 불일치함을 발견하고 ㉠갑과 같은 조건의 사람들도 장난감 대여 서비스를 이용할 수 있도록 운영규정 또는 조례의 일부를 개정하였다.

① 운영규정 제95조 제1항의 '회원으로 등록되어 있어야 한다'를 '본 센터에 개인정보를 제공하여 회원으로 등록되어 있어야 한다'로 개정한다.

② 운영규정 제95조 제2항의 '만 5세 이하 자녀를 둔'을 '만 5세 이하 아동의 직계존속 또는 법정보호자로서'로 개정한다.

③ 조례 제5조 제1항의 '서비스를 이용할 수 있는 자'를 '서비스를 이용할 수 있는 자의 직계존속 또는 법정보호자'로 개정한다.

④ 조례 제5조 제2항 제1호를 '○○시에 주민등록을 두고 있는 자'로 개정한다.

⑤ 조례 제5조 제2항 제2호를 '만 5세 이하 아동의 부모 또는 법정보호자'로 개정한다.

25. 다음 글을 토대로 갑에 대한 을의 반박이 <보기>와 같은 차원인 것을 고르면?   11 5급공채

논쟁에서 견해 차이가 발생하는 세 차원은 다음과 같다.

(1) 상대방이 받아들이는 규범이나 이론에 동의하지 않아서 발생하는 차원

(2) 상대방이 받아들이는 사실정보에 동의하지 않아서 발생하는 차원

(3) 상대방이 사용하는 개념이나 의미에 동의하지 않아서 발생하는 차원

─────────〈보 기〉─────────

갑: 2008년에 정부가 시행한 '비지팅 코리아' 사업으로 한국방문 외국인 관광객 수가 전년 대비 두 배로 증가하였습니다. 이 사업은 우리나라가 관광 강국으로 나아가는 데 있어 지향점을 보여주는 모범 사례입니다.

을: 2008년에 한국을 방문한 외국인 관광객 수는 전년과 대비하여 크게 증가하지 않았습니다. 두 배처럼 보이는 것은 관광 비자로 입국한 이주 노동자의 증가 때문입니다.

① 갑: 최근 자살률이 10년 전 대비 13%가 증가했습니다. 함부로 자신의 목숨을 버리는 행동을 하지 말아야 합니다. 그것은 자기보존의 법칙을 위반하는 것이며, 우리 도덕의 기초인 자연법을 부정하는 행위입니다.

을: 아닙니다. 자살을 해서는 안 되는 이유는 자연법 때문이 아니라 자살이 사회에 많은 해악을 초래하기 때문입니다. 자연법은 규범계와 자연계를 혼동하고 있습니다.

② 갑: 폭력적 광고가 어린이 시청시간대에 방송되어서는 안 됩니다. 실험에 따르면, 폭력적 광고에 노출된 어린이가 60분 이내에 장난감을 폭력적으로 다루는 행위 건수가 그렇지 않은 어린이에 비해 230% 더 높게 나왔습니다.

을: 폭력적 광고에 노출된 어린이들이 폭력적 반응을 보이기는 하지만, 그렇다고 폭력적 광고를 제한할 수는 없습니다. 광고주 개인의 합법적인 경제활동을 제한하는 도덕은 있을 수 없으니까요.

③ 갑: 정당한 명분을 위해서 부당한 수단을 취하는 상황을 '더러운 손'의 상황이라고 합니다. 홍길동씨가 남몰래 추진한 A지역 개발 사업은 국가에 유익하였지만 법적 절차를 어겼다는 점에서 그는 책임을 져야 합니다.

을: 무슨 소리입니까? 홍길동씨는 A지역 개발 사업이 아니라 B지역 개발 사업에 참여하였습니다. 더구나 B지역 개발 사업을 추진한다는 것은 A지역 개발 사업에 막대한 지장을 주기 때문에 한 사람이 동시에 두 사업을 추진할 수는 없습니다.

④ 갑: 최근 기여 입학제를 찬성하는 정치인들이 50%를 넘어 섰습니다. 현대 민주사회에 있어서 교육이란 바람직한 시민적 능력의 확보를 의미하는데, 이 능력을 돈으로 거래하는 것은 어불성설입니다.

　을: 바람직한 시민적 능력을 확보한다는 것은 기초 교육의 취지일 뿐이죠. 교육이란 개인이 지적 성장을 하도록 도와주는 과정입니다.

⑤ 갑: 최근 노동현장의 쟁의가 폭력적이라고 비난하는 사람들이 있습니다. 하지만 세계의 경제질서가 노동자를 열악한 환경으로 내몰았습니다. 노동자들이 사용하는 폭력보다 체제의 보이지 않는 폭력이 더 부도덕한 것입니다.

　을: 폭력은 물리적인 힘일 수밖에 없어요. 만일 그렇지 않다면, 우리는 어떠한 사법적 판단도 하기 힘들어집니다. 폭행범들이 보이지 않는 힘 때문에 폭행을 저지를 수밖에 없었다고 자신들의 폭력을 정당화할 것이기 때문입니다.

약점 보완 해설집 p.28

· 풀이 시간: _____분/60분
· 맞힌 문항 수: _____문항/25문항

01. 다음 글의 내용과 부합하는 것은?

16 5급공채

현재 알려진 가장 오래된 판소리는 〈춘향가〉이다. 기생의 딸과 양반집 도련님의 신분을 뛰어넘는 사랑이 주제인 〈춘향가〉는 노비에서 양인으로, 양인에서 양반으로 신분 상승이 이루어지던 조선 후기의 사회현상과 하층민의 신분 상승에 대한 열망을 반영하고 있다. 이처럼 민(民)의 사회적 열망을 담고 있던 판소리들은 당시 전국으로 확산되었다.

판소리는 한국의 서사무가의 서술원리와 구연방식을 빌려다가 흥미 있는 설화 자료를 각색해, 굿이 아닌 세속의 저잣거리에서 일반 사람들을 상대로 노래하면서 시작되었다. 호남지역에서 대대로 무당을 세습하던 세습 무당 집안에서는 여자 무당이 굿을 담당하고 남자 무당은 여자 무당을 도와 여러 가지 잡일을 했다. 당연히 굿을 해주고 받는 굿값의 분배도 여자 무당을 중심으로 이루어졌고, 힘든 잡일을 담당한 남자 무당은 몫이 훨씬 적었다. 남자 무당이 굿에 참여하고 그 몫의 돈을 받는 경우는 노래를 할 때뿐이었다. 따라서 세습 무당 집안에서 태어난 남자들은 노래를 잘하는 것이 잘 살 수 있는 길이었다. 남자들은 노래공부를 열심히 했고, 이 과정에서 세습 무당 집안에서는 많은 명창을 배출하였다.

이러한 호남지역의 무속적 특징은 조선 후기 사회 변화와 관련을 맺으면서 판소리의 발생을 자극했다. 조선 후기로 갈수록 지역 마을마다 행하던 주민 공동행사인 마을굿이 제사형태로 바뀌었고, 이에 따라 무당이 참여하지 않는 마을굿이 늘어났다. 정부와 양반 지배층이 유교이념에 입각하여 지속적으로 무속을 탄압하는 정책을 펴왔던 탓이었다. 또한 합리적 사고의 발달에 따라 무속이 사회적 신임을 잃은 탓이기도 하였다.

호남지역의 세습 무당들은 개인의 질병을 치료하는 굿보다는 풍년이나 풍어를 기원하는 정기적인 마을굿을 하여 생계를 유지했다. 이러한 마을굿이 점차 사라지면서 그들은 생계를 위협받게 되었다. 한편 이 시기에는 상업이 발달하면서 상행위가 활발해졌고, 생활이 풍족해짐에 따라 백성들의 문화욕구가 커지면서 예능이 상품으로 인정받았다. 이에 따라 춤과 소리 등의 예술과 곡예가 구경거리로 부상하였다. 세습 무당 집안 출신의 노래 잘하는 남자 무당들은 무속이라는 속박을 떨쳐 버리고 돈을 벌기 위하여 소리판을 벌이게 되었다. 이들의 소리가 많은 사람에게 환영을 받자 점차 전문 직업인으로서 명창이 등장하게 되었다. 대중적 인기가 자신의 명성과 소득에 직결되었으므로, 이들은 대중이 좋아할 만한 내용을 담은 소리들을 발굴하고 개발하였다. 이 중 가장 인기를 얻은 것이 〈춘향가〉였다.

① 호남지역의 무속적 특징이 판소리 발생의 배경이었으므로, 판소리는 호남지역에 국한되었다.
② 호남지역의 세습 무당 집안에서는 일반적으로 여자 무당의 소득이 남자 무당보다 높았다.
③ 마을굿의 형식을 표준화하는 과정에서 세습 무당 집안은 명창을 배출하였다.
④ 조선 후기 상업 발달은 여자 무당의 쇠퇴와 남자 무당의 성장을 가져왔다.
⑤ 판소리의 시작은 서사무가의 다양화와 무속의 상업화를 가져왔다.

02. 다음 글에서 알 수 있는 것은?

20 5급공채

수사 기관이 피의자를 체포할 때 피의자에게 묵비권을 행사할 수 있고 불리한 진술을 하지 않을 권리가 있으며 변호사를 선임할 권리가 있음을 알려야 한다. 이를 '미란다 원칙'이라고 하는데, 이는 피의자로 기소되어 법정에 선 미란다에 대한 재판을 통해 확립되었다. 미란다의 변호인은 "경찰관이 미란다에게 본인의 진술이 법정에서 불리하게 쓰인다는 사실과 변호인을 선임할 권리가 있다는 사실을 말해주지 않았으므로 미란다의 자백은 공정하지 않고, 따라서 미란다의 자백을 재판 증거로 삼을 수 없다."라고 주장했다. 미국 연방대법원은 이를 인정하여, 미란다가 자신에게 묵비권과 변호사 선임권을 갖고 있다는 사실을 안 상태에서 분별력 있게 자신의 권리를 포기하고 경찰관의 신문에 진술했어야 하므로, 경찰관이 이러한 사실을 고지하였다는 것이 입증되지 않는 한, 신문 결과만으로 얻어진 진술은 그에게 불리하게 사용될 수 없다고 판결하였다.

미란다 판결 전에는 전체적인 신문 상황에서 피의자가 임의적으로 진술했다는 점이 인정되면, 즉 임의성의 원칙이 지켜졌다면 재판 증거로 사용되었다. 이때 수사 기관이 피의자에게 헌법상 권리를 알려주었는지 여부는 문제되지 않았다. 경찰관이 고문과 같은 가혹 행위로 받아낸 자백은 효력이 없지만, 회유나 압력을 행사했더라도 제때에 음식을 주고 밤에 잠을 자게 하면서 받아낸 자백은 전체적인 상황이 강압적이지 않았다면 증거로 인정되었다. 그런데 이러한 기준은 사건마다 다르게 적용되었으며 수사 기관으로 하여금 강압적인 분위기를 조성하도록 유도했으므로, 구금되어 조사받는 상황에서의 잠재적 위협으로부터 피의자를 보호해야 할 수단이 필요했다.

수사 절차는 본질적으로 강제성을 띠기 때문에, 수사 기관과 피의자 사이에 힘의 균형은 이루어지기 어렵다. 이런 상황에서 미란다 판결이 제시한 원칙은 수사 절차에서 수사 기관과 피의자가 대등한 지위에서 법적 다툼을 해야 한다는 원칙을 구현하는 첫출발이었다. 기존의 수사 관행을 전면적으로 부정하는 미란다 판결은 자백의 증거 능력에 대해 종전의 임의성의 원칙을 버리고 절차의 적법성을 채택하여, 수사 절차를 피의자의 권리를 보호하는 방향으로 전환하는 데에 크게 기여했다.

① 미란다 원칙을 확립한 재판에서 미란다는 무죄 판정을 받았다.

② 미란다 판결은 피해자의 권리에 있어 임의성의 원칙보다는 절차적 적법성이 중시되어야 한다는 점을 부각시켰다.

③ 미란다 판결은 법원이 수사 기관이 행하는 고문과 같은 가혹 행위에 대해 수사 기관의 법적 책임을 묻는 시초가 되었다.

④ 미란다 판결 전에는 수사 과정에 강압적인 요소가 있었더라도 피의자가 임의적으로 진술한 자백의 증거 능력이 인정될 수 있었다.

⑤ 미란다 판결에서 연방대법원은 피의자가 변호사 선임권이나 묵비권을 알고 있었다면 경찰관이 이를 고지하지 않아도 피의자의 자백은 효력이 있다고 판단하였다.

03. 다음 글에서 알 수 있는 것은?

20 5급공채

조선 시대에는 국왕의 부모에 대한 제사를 국가의례로 거행했다. 하지만 국왕의 생모가 후궁이라면, 아무리 왕을 낳았다고 해도 그에 대한 제사를 국가의례로 간주하지 않는 것이 원칙이었다. 그런데 이 원칙은 영조 때부터 무너지기 시작했다. 영조는 왕이 된 후에 자신의 생모인 숙빈 최씨를 위해 육상궁이라는 사당을 세웠다. 또 국가의례에 관한 규례가 담긴 『국조속오례의』를 편찬할 때, 육상궁에 대한 제사를 국가의례로 삼아 그 책 안에 수록해 두었다. 영조는 선조의 후궁이자, 추존왕 원종을 낳은 인빈 김씨의 사당도 매년 방문했다. 이 사당의 이름은 저경궁이다. 원종은 인조의 생부로서, 아들 인조가 국왕이 되었으므로 사후에 왕으로 추존된 인물이다. 한편 영조의 선왕이자 이복형인 경종도 그 생모 희빈 장씨를 위해 대빈궁이라는 사당을 세웠지만, 영조는 단 한 번도 대빈궁을 방문하지 않았다.

영조의 뒤를 이은 국왕 정조는 효장세자의 생모인 정빈 이씨의 사당을 만들어 연호궁이라 불렀다. 잘 알려진 바와 같이 정조는 사도세자의 아들이다. 그런데 영조는 아들인 사도세자를 죽인 후, 오래전 사망한 자기 아들인 효장세자를 정조의 부친으로 삼겠다고 공포했다. 이런 연유로 정조는 정빈 이씨를 조모로 대우하고 연호궁에서 매년 제사를 지냈다. 정조는 연호궁 외에도 사도세자의 생모인 영빈 이씨의 사당도 세워 선희궁이라는 이름을 붙이고 제사를 지냈다. 정조의 아들로서, 그 뒤를 이어 왕이 된 순조 역시 자신의 생모인 수빈 박씨를 위해 경우궁이라는 사당을 세워 제사를 지냈다.

이처럼 후궁의 사당이 늘어났으나 그 위치가 제각각이어서 관리하기가 어려웠다. 이에 순종은 1908년에 대빈궁, 연호궁, 선희궁, 저경궁, 경우궁을 육상궁 경내로 모두 옮겨 놓고 제사를 지내게 했다. 1910년에 일본이 대한제국의 국권을 강탈했으나, 이 사당들에 대한 제사는 유지되었다. 일제강점기에는 고종의 후궁이자 영친왕 생모인 엄씨의 사당 덕안궁도 세워졌는데, 이것도 육상궁 경내에 자리 잡게 되었다. 이로써 육상궁 경내에는 육상궁을 포함해 후궁을 모신 사당이 모두 7개에 이르게 되었으며, 이때부터 그곳을 칠궁이라 부르게 되었다.

① 경종은 선희궁과 연호궁에서 거행되는 제사에 매년 참석했다.

② 『국조속오례의』가 편찬될 때 대빈궁, 연호궁, 선희궁, 경우궁에 대한 제사가 국가의례에 처음 포함되었다.

③ 영빈 이씨는 영조의 후궁이었던 사람이며, 수빈 박씨는 정조의 후궁이었다.

④ 고종이 대빈궁, 연호궁, 선희궁, 저경궁, 경우궁을 육상궁 경내로 이전해 놓음에 따라 육상궁은 칠궁으로 불리게 되었다.

⑤ 조선 국왕으로 즉위해 실제로 나라를 다스린 인물의 생모에 해당하는 후궁으로서 일제 강점기 때 칠궁에 모셔져 있던 사람은 모두 5명이었다.

04. 다음 글에 비추어 볼 때 <사례>의 빈칸에 들어갈 진술로 가장 적절한 것은?
15 5급상채

인체 구성성분의 60%는 물이다. 이 중에 대략 3분의 2는 세포 안의 공간에 있는 세포내액으로, 나머지는 세포 밖의 공간에 있는 세포외액으로 존재한다. 세포외액은 다시 세포 사이의 공간에 있는 세포간질액과 혈관 안에 있는 혈액으로 구성된다. 세포내액과 세포외액은 세포막이라는 장벽으로 구분되어 있고, 세포막은 물만 통과할 수 있을 뿐 어떤 삼투질도 통과하지 못한다. 반면 세포간질액과 혈액은 혈관이라는 장벽으로 구분되어 있다. 이제 삼투질에는 소금만 있다고 가정하자. 소금은 혈관을 자유롭게 통과할 수 있기 때문에, 혈관 안팎의 소금 농도가 다르다면 농도가 높은 곳에서 낮은 곳으로 소금이 확산되어 이동한다. 장벽을 사이에 두고 삼투질 농도가 낮은 공간의 물이 삼투질 농도가 높은 공간으로 이동하는 삼투현상이 발생하는데, 이 삼투현상은 세포막과 혈관에서 모두 일어날 수 있다.

체내에서 세포막이나 혈관을 사이에 두고 일어나는 삼투질의 확산과 삼투현상으로 각 공간의 삼투질 농도는 평형을 이루고 있다. 이때 세포내액, 세포간질액, 혈액의 삼투질 농도는 300mosm/L이고, 0.9% 소금 용액의 삼투질 농도와 동일하다고 하자. 만약 세포간질액에 소금이 추가되어 삼투질 농도가 350mosm/L로 증가된다면, 세포간질액에 있는 소금은 세포 안으로는 확산되지 못하지만 혈액으로 확산되고, 세포 안과 혈관 안의 물이 삼투질 농도가 높은 세포간질액으로 이동하는 삼투현상이 일어난다. 이런 과정을 통해 세포내액, 세포간질액, 혈액은 300mosm/L과 350mosm/L 사이의 삼투질 농도에서 다시 평형을 이루게 된다.

〈사 례〉

철수와 영훈의 체액 삼투질 농도가 300mosm/L인 상태에서 철수는 0.9%의 소금 용액 1L를, 영훈은 순수한 물 1L를 마셨다. 섭취한 음료는 소화기관에서 모두 흡수되어 혈관 안으로 들어가 온몸으로 퍼져 평형을 이루었다. 음료를 섭취하기 전과 비교하여 [   ]

① 철수의 세포내액 증가량과 세포외액 증가량은 같다.
② 영훈의 세포외액 증가량이 세포내액 증가량보다 적다.
③ 철수의 세포외액 증가량은 영훈의 세포외액 증가량보다 적다.
④ 철수의 세포내액 증가량은 영훈의 세포외액 증가량보다 많다.
⑤ 철수의 세포내액의 삼투질 농도는 영훈의 세포내액의 삼투질 농도보다 낮다.

05. 다음 글의 문맥에 맞지 않는 곳을 ㉠~㉤에서 찾아 수정하려고 할 때, 가장 적절한 것은?
19 5급공채

'단일환자방식'은 숫자가 아닌 문자를 암호화하는 가장 기본적인 방법이다. 이는 문장에 사용된 문자를 일정한 규칙에 따라 일대일 대응으로 재배열하여 문장을 암호화하는 방법이다. 예를 들어, 철수가 이 방법에 따라 영어 문장 'I LOVE YOU'를 암호화하여 암호문으로 만든다고 해보자. 철수는 먼저 알파벳을 일대일 대응으로 재배열하는 규칙을 정하고, 그 규칙에 따라 'I LOVE YOU'를 'Q RPDA LPX'와 같이 암호화하게 될 것이다. 이때 철수가 사용한 규칙에는 ㉠'I를 Q로 변경한다', 'L을 R로 변경한다' 등이 포함되어 있는 셈이다.

우리가 단일환자방식에 따라 암호화한 영어 문장을 접한다고 해보자. 그 암호문을 어떻게 해독할 수 있을까? ㉡우리가 그 암호문에 단일환자방식의 암호화 규칙이 적용되어 있다는 것을 알고 있다면 문제가 쉽게 해결될 수도 있다. 알파벳의 사용 빈도를 파악하여 일대일 대응의 암호화 규칙을 추론해낼 수 있기 때문이다. 이제 통계 자료를 통해 영어에서 사용되는 알파벳의 사용 빈도를 조사해 보니 E가 12.51%로 가장 많이 사용되었고 그 다음 빈도는 T, A, O, I, N, S, R, H의 순서라는 것이 밝혀졌다고 하자. ㉢물론 이러한 통계 자료를 확보했다고 해도 암호문이 한두 개 밖에 없다면 암호화 규칙을 추론하기는 힘들 것이다. 그러나 암호문을 많이 확보하면 할수록 암호문을 해독할 수 있는 가능성이 높아질 것이다.

이제 누군가가 어떤 영자 신문에 포함되어 있는 모든 문장을 단일환자방식의 암호화 규칙 α에 따라 암호문들로 만들었다고 해보자. 그 신문 전체에 사용된 알파벳 수는 충분히 많기 때문에 우리는 암호문들에 나타난 알파벳 빈도의 순서에 근거하여 규칙 α가 무엇인지 추론할 수 있다. ㉣만일 규칙 α가 앞서 예로 든 철수가 사용한 규칙과 동일하다면, 암호문들에 가장 많이 사용된 알파벳은 E일 가능성이 높을 것이다. 그런데 조사 결과 암호문들에는 영어 알파벳 26자가 모두 사용되었는데 그중 W가 25,021자로 가장 많이 사용되었고, 이후의 빈도는 P, F, C, H, Q, T, N의 순서라는 것이 밝혀졌다. 따라서 우리는 철수가 정한 규칙은 규칙 α가 아니라고 추론할 수 있다. 또한 규칙 α에 대해 추론하면서 암호문들을 해독할 수 있다. 예를 들어, ㉤암호문 'H FPW HP'는 'I ATE IT'를 암호화한 것이라는 사실을 알 수 있게 될 것이다.

① ㉠을 "Q를 I로 변경한다', 'R을 L로 변경한다"로 수정한다.
② ㉡을 '우리가 그 암호문에 단일환자방식의 암호화 규칙이 적용되어 있지 않다고 생각한다 해도 문제는 쉽게 해결될 수 있다'로 수정한다.
③ ㉢을 '이러한 통계 자료를 확보하게 되면 자동적으로 암호화 규칙을 추론할 수 있게 될 것이다'로 수정한다.
④ ㉣을 '만일 규칙 α가 앞서 철수가 사용한 규칙과 동일하다면, 암호문들에 가장 많이 사용된 알파벳은 A일 가능성이 높을 것이다'로 수정한다.
⑤ ㉤을 '암호문 'I ATE IT'는 'H FPW HP'를 암호화한 것이라는 사실을 알 수 있게 될 것이다'로 수정한다.

06. 다음 밑줄 친 결론을 이끌어내기 위해 추가해야 할 전제는?

13 민경채

A국은 현실적으로 실행 가능한 대안만을 채택하는 합리적인 국가이다. A국의 외교는 B원칙의 실현을 목표로 하고 있으며 앞으로도 이 목표는 변하지 않는다. 그러나 문제는 B원칙을 실현하는 방안이다. B원칙을 실현하기 위해서는 적어도 하나의 전략이 실행되어야 한다. 최근 외교전문가들 간에 뜨거운 토론의 대상이 되었던 C전략은 B원칙을 실현하기에 충분한 방안으로 평가된다. 그러나 C전략의 실행을 위해서는 과다한 비용이 소요되기 때문에, A국이 C전략을 실행하는 것은 현실적으로 불가능하다. 한편 일부 전문가가 제시했던 D전략은 그 자체로는 B원칙을 실현하기에 충분하지 않다. 하지만 금년부터 A국 외교정책의 기조로서 일관성 있게 실행될 E정책과 더불어 D전략이 실행될 경우, B원칙은 실현될 것이다. 뿐만 아니라 E정책 하에서 D전략의 실행 가능성도 충분하다. 그러므로 <u>A국의 외교정책에서 D전략이 채택될 것은 확실하다.</u>

① D전략은 C전략과 목표가 같다.

② A국의 외교정책 상 C전략은 B원칙에 부합한다.

③ C전략과 D전략 이외에 B원칙을 실현할 다른 전략은 없다.

④ B원칙의 실현을 위해 C전략과 D전략은 함께 실행될 수 없다.

⑤ B원칙의 실현을 위해 C전략과 E정책은 함께 실행될 수 없다.

07. 다음 글에서 추론할 수 있는 것만을 <보기>에서 모두 고르면?

18 민경채

우리가 가진 믿음들은 때때로 여러 방식으로 표현된다. 예를 들어, 영희가 일으킨 교통사고 현장을 목격한 철수를 생각해보자. 영희는 철수가 아는 사람이므로, 현장을 목격한 철수는 영희가 사고를 일으켰다는 믿음을 가지게 되었다. 철수의 이런 믿음을 표현하는 한 가지 방법은 "철수는 영희가 교통사고를 일으켰다고 믿는다."라고 표현하는 것이다. 이것을 진술 A라고 하자. 진술 A의 의미를 분명히 생각해보기 위해서, "영희는 민호의 아내다."라고 가정해보자. 그럼 진술 A로부터 "철수는 민호의 아내가 교통사고를 일으켰다고 믿는다."가 참이라는 것이 반드시 도출되는가? 그렇지 않다. 왜냐하면 철수는 영희가 민호의 아내라는 것을 모를 수도 있고, 다른 사람의 아내로 잘못 알 수도 있기 때문이다.

한편 철수의 믿음은 "교통사고를 일으켰다고 철수가 믿고 있는 사람은 영희다."라고도 표현될 수 있다. 이것을 진술 B라고 하자. 다시 "영희는 민호의 아내다."라고 가정해보자. 그리고 진술 B로부터 "교통사고를 일으켰다고 철수가 믿고 있는 사람은 민호의 아내다."가 도출되는지 생각해보자. 진술 B는 '교통사고를 일으켰다고 철수가 믿고 있는 사람'이 가리키는 것과 '영희'가 가리키는 것이 동일하다는 것을 의미한다. 그리고 '영희'가 가리키는 것은 '민호의 아내'가 가리키는 것과 동일하다. 그러므로 '교통사고를 일으켰다고 철수가 믿고 있는 사람'이 가리키는 것은 '민호의 아내'가 가리키는 것과 동일하다. 따라서 진술 B로부터 "교통사고를 일으켰다고 철수가 믿고 있는 사람은 민호의 아내다."가 도출된다. 이처럼 철수의 믿음을 표현하는 두 방식 사이에는 차이가 있다.

〈보 기〉

ㄱ. "영희는 민호의 아내가 아니다."라고 가정한다면, 진술 A로부터 "철수는 민호의 아내가 교통사고를 일으켰다고 믿지 않는다."가 도출된다.

ㄴ. "영희가 초보운전자이고 철수가 이 사실을 알고 있다."라고 가정한다면, 진술 A로부터 "철수는 어떤 초보운전자가 교통사고를 일으켰다고 믿는다."가 도출된다.

ㄷ. "영희가 동철의 엄마이지만 철수는 이 사실을 모르고 있다."라고 가정한다면, 진술 B로부터 "교통사고를 일으켰다고 철수가 믿고 있는 사람은 동철의 엄마다."가 도출된다.

① ㄱ

② ㄴ

③ ㄱ, ㄷ

④ ㄴ, ㄷ

⑤ ㄱ, ㄴ, ㄷ

노랑초파리에 있는 Ir75a 유전자는 시큼한 냄새가 나는 아세트산을 감지하는 후각수용체 단백질을 만들 수 있다. 하지만 세이셸 군도의 토착종인 세셸리아초파리는 Ir75a 유전자를 가지고 있지만 아세트산 냄새를 못 맡는다. 따라서 이 세셸리아초파리의 Ir75a 유전자는 해당 단백질을 만들지 못하는 '위유전자(pseudogene)'라고 여겨졌다. 세셸리아초파리는 노니의 열매만 먹고 살기 때문에 아세트산의 시큼한 냄새를 못 맡아도 별 문제가 없다. 그런데 스위스 로잔대 연구진은 세셸리아초파리가 땀 냄새가 연상되는 프로피온산 냄새를 맡을 수 있다는 사실을 발견했다.

이 발견이 중요한 이유는 [   ] 그렇다면 세셸리아초파리의 Ir75a 유전자도 후각수용체 단백질을 만든다는 것인데, 왜 세셸리아초파리는 아세트산 냄새를 못 맡을까? 세셸리아초파리와 노랑초파리의 Ir75a 유전자가 만드는 후각수용체 단백질의 아미노산 서열을 비교한 결과, 냄새 분자가 달라붙는 걸로 추정되는 부위에서 세 군데가 달랐다. 단백질의 구조가 바뀌어 감지할 수 있는 냄새 분자의 목록이 달라진 것이다. 즉 노랑초파리의 Ir75a 유전자가 만드는 후각수용체는 아세트산과 프로피온산에 반응하고, 세셸리아초파리의 이것은 프로피온산과 들쩍지근한 다소 불쾌한 냄새가 나는 부티르산에 반응한다.

흥미롭게도 세셸리아초파리의 주식인 노니의 열매는 익으면서 부티르산이 연상되는 냄새가 강해진다. 연구자들은 세셸리아초파리의 Ir75a 유전자는 위유전자가 아니라 노랑초파리와는 다른 기능을 하는 후각수용체 단백질을 만드는 유전자로 진화한 것이라 주장하며, 세셸리아초파리의 Ir75a 유전자를 '위-위유전자(pseudo-pseudogene)'라고 불렀다.

① 세셸리아초파리가 주로 먹는 노니의 열매는 프로피온산 냄새가 나지 않기 때문이다.

② 프로피온산 냄새를 담당하는 후각수용체 단백질은 Ir75a 유전자와 상관이 없기 때문이다.

③ 노랑초파리에서 프로피온산 냄새를 담당하는 후각수용체 유전자는 위유전자가 되었기 때문이다.

④ 세셸리아초파리와 노랑초파리에서 Ir75a 유전자가 만드는 후각수용체 단백질이 똑같기 때문이다.

⑤ 노랑초파리에서 프로피온산 냄새를 담당하는 후각수용체 단백질을 만드는 것이 Ir75a 유전자이기 때문이다.

A부서에서는 올해부터 직원을 선정하여 국외 연수를 보내기로 하였다. 선정 결과 가영, 나준, 다석이 미국, 중국, 프랑스에 한 명씩 가기로 하였다. A부서에 근무하는 갑~정은 다음과 같이 예측하였다.

갑: 가영이는 미국에 가고 나준이는 프랑스에 갈 거야.
을: 나준이가 프랑스에 가지 않으면, 가영이는 미국에 가지 않을 거야.
병: 나준이가 프랑스에 가고 다석이가 중국에 가는 그런 경우는 없을 거야.
정: 다석이는 중국에 가지 않고 가영이는 미국에 가지 않을 거야.

하지만 을의 예측과 병의 예측 중 적어도 한 예측은 그르다는 것과 네 예측 중 두 예측은 옳고 나머지 두 예측은 그르다는 것이 밝혀졌다.

───────〈보 기〉───────

ㄱ. 가영이는 미국에 간다.

ㄴ. 나준이는 프랑스에 가지 않는다.

ㄷ. 다석이는 중국에 가지 않는다.

① ㄱ

② ㄴ

③ ㄱ, ㄷ

④ ㄴ, ㄷ

⑤ ㄱ, ㄴ, ㄷ

10. 다음 내용이 참일 때, 반드시 참이라고는 할 수 없는 것은?

12 민경채

어떤 국가에 7개 행정구역 A, B, C, D, E, F, G가 있다.

○ A는 C 이외의 모든 구역들과 인접해 있다.
○ B는 A, C, E, G와만 인접해 있다.
○ C는 B, E와만 인접해 있다.
○ D는 A, G와만 인접해 있다.
○ E는 A, B, C와만 인접해 있다.
○ F는 A와만 인접해 있다.
○ G는 A, B, D와만 인접해 있다.

각 구역은 4개 정책 a, b, c, d 중 하나만 추진할 수 있고, 각 정책은 적어도 한 번씩은 추진된다. 또한 다음 조건을 만족해야 한다.

○ 인접한 구역끼리는 같은 정책을 추진해서는 안 된다.
○ A, B, C는 각각 a, b, c 정책을 추진한다.

---

① E는 d 정책을 추진할 수 있다.

② F는 b나 c나 d 중 하나의 정책만 추진할 수 있다.

③ D가 d 정책을 추진하면, G는 c 정책만 추진할 수 있다.

④ E가 d 정책을 추진하면, G는 c 정책만 추진할 수 있다.

⑤ G가 d 정책을 추진하면, D는 b 혹은 c 정책만 추진할 수 있다.

---

11. 다음 ㉠을 지지하는 관찰 결과로 가장 적절한 것은?

18 5급공채

멜라토닌은 포유동물의 뇌의 일부분인 송과선이라는 내분비 기관에서 분비되는 호르몬이다. 멜라토닌은 밤에 많이 생성되고 낮에는 덜 생성된다. 이러한 특성을 이용하여 포유동물은 멜라토닌에 의해 광주기의 변화를 인지한다. 포유동물은 두부(頭部)의 피부나 망막에 들어오는 빛의 양을 감지하여 멜라토닌의 생성을 조절하는 방식으로 생체 리듬을 조절한다. 일몰과 함께 멜라토닌의 생성이 증가하면서 졸음이 오게 된다. 동이 트면 멜라토닌의 생성이 감소하면서 잠이 깨고 정신을 차리게 된다. 청소년기에는 멜라토닌이 많이 생성되기 때문에 청소년은 성인보다 더 오래 잠을 자려는 경향이 있다. 또한 ㉠멜라토닌은 생식 기관의 발달과 성장을 억제한다. 멜라토닌이 시상하부에 작용하여 생식선자극호르몬방출호르몬(LHRH)의 분비를 억제하면, 난자와 정자의 생성이나 생식 기관의 성숙을 일으키는 테스토스테론과 에스트로겐의 분비가 억제되어 생식 기관의 성숙이 억제된다.

---

① 송과선을 제거한 포유동물이 비정상적으로 성적 성숙이 더뎌졌다.

② 봄이 되면 포유동물의 혈액 속 멜라토닌의 평균 농도가 높아지고 번식과 짝짓기가 많아진다.

③ 성숙한 포유동물을 지속적으로 어둠 속에서 키웠더니 혈액 속 멜라토닌의 평균 농도가 낮아졌다.

④ 어린 포유동물을 밤마다 긴 시간 동안 빛에 노출하였더니 생식 기관이 비정상적으로 조기에 발달하였다.

⑤ 생식 기관의 발달이 비정상적으로 저조한 포유동물 개체들이 생식 기관의 발달이 정상적인 같은 종의 개체들보다 혈액 속 멜라토닌의 평균 농도가 낮았다.

12. 다음 글의 갑~병에 대한 판단으로 적절한 것만을 <보기>에서 모두 고르면?

21 7급공채

다음 두 삼단논법을 보자.

(1) 모든 춘천시민은 강원도민이다.
　　모든 강원도민은 한국인이다.
　　따라서 모든 춘천시민은 한국인이다.
(2) 모든 수학 고득점자는 우등생이다.
　　모든 과학 고득점자는 우등생이다.
　　따라서 모든 수학 고득점자는 과학 고득점자이다.

(1)은 타당한 삼단논법이지만 (2)는 부당한 삼단논법이다. 하지만 어떤 사람들은 (2)도 타당한 논증이라고 잘못 판단한다. 왜 이런 오류가 발생하는지 설명하기 위해 세 가지 입장이 제시되었다.

갑: 사람들은 '모든 A는 B이다'를 '모든 B는 A이다'로 잘못 바꾸는 경향이 있다. '어떤 A도 B가 아니다'나 '어떤 A는 B이다'라는 형태에서는 A와 B의 자리를 바꾸더라도 아무런 문제가 없다. 하지만 '모든 A는 B이다'라는 형태에서는 A와 B의 자리를 바꾸면 논리적 오류가 생겨난다.

을: 사람들은 '모든 A는 B이다'를 약한 의미로 이해해야 하는데도 강한 의미로 이해하는 잘못을 저지르는 경향이 있다. 여기서 약한 의미란 그것을 'A는 B에 포함된다'로 이해하는 것이고, 강한 의미란 그것을 'A는 B에 포함되고 또한 B는 A에 포함된다'는 뜻에서 'A와 B가 동일하다'로 이해하는 것이다.

병: 사람들은 전제가 모두 '모든 A는 B이다'라는 형태의 명제로 이루어진 것일 경우에는 결론도 그런 형태이기만 하면 타당하다고 생각하고, 전제 가운데 하나가 '어떤 A는 B이다'라는 형태의 명제로 이루어진 것일 경우에는 결론도 그런 형태이기만 하면 타당하다고 생각하는 경향이 있다.

─〈보 기〉─

ㄱ. 대다수의 사람이 "어떤 과학자는 운동선수이다. 어떤 철학자도 과학자가 아니다."라는 전제로부터 "어떤 철학자도 운동선수가 아니다."를 타당하게 도출할 수 있는 결론이라고 응답했다는 심리 실험 결과는 갑에 의해 설명된다.

ㄴ. 대다수의 사람이 "모든 적색 블록은 구멍이 난 블록이다. 모든 적색 블록은 삼각 블록이다."라는 전제로부터 "모든 구멍이 난 블록은 삼각 블록이다."를 타당하게 도출할 수 있는 결론이라고 응답했다는 심리 실험 결과는 을에 의해 설명된다.

ㄷ. 대다수의 사람이 "모든 물리학자는 과학자이다. 어떤 컴퓨터 프로그래머는 과학자이다."라는 전제로부터 "어떤 컴퓨터 프로그래머는 물리학자이다."를 타당하게 도출할 수 있는 결론이라고 응답했다는 심리 실험 결과는 병에 의해 설명된다.

① ㄱ
② ㄷ
③ ㄱ, ㄴ
④ ㄴ, ㄷ
⑤ ㄱ, ㄴ, ㄷ

13. 다음 글에 대한 분석으로 적절한 것만을 <보기>에서 모두 고르면?

21 5급공채

"삼각형은 세 변을 갖고 있다."는 필연적으로 참인 진술로, 필연적 진리의 한 사례이다. 그런데 다음 논증을 살펴보자.

(1) 필연적 진리는 참이다.
(2) 참인 진술은 참일 가능성이 있는 진술이다.
(3) 참일 가능성이 있는 진술은 거짓일 가능성이 있는 진술이다.
따라서 (4) 필연적 진리는 거짓일 가능성이 있는 진술이다.

이 논증은 전제가 모두 참이라면 결론도 반드시 참이 된다. 하지만 최종 결론 (4)는 명백히 거짓이다. "삼각형은 세 변을 갖고 있다."는 거짓일 가능성이 없는 진술이기 때문이다. 그러므로 전제 가운데 적어도 하나는 거짓일 수밖에 없다.

어떤 전제가 문제일까? (1)은 참이다. (2)도 그럴듯해 보인다. 어떤 진술이 실제로 참이라면 그것은 참일 가능성이 있다. (3)도 맞는 말처럼 보인다. 예컨대 "올해 백두산에 많은 눈이 내렸다."는 진술을 생각해보자. 이 진술은 참일 가능성이 있다. 그러나 거짓일 수도 있다. 만약 이 진술이 거짓일 수 없는 진술이라면, 그것은 필연적으로 참인 진술이어야 한다. 그러나 올해 백두산에 많은 눈이 내렸다는 것은 필연적 진리가 아니다.

어떤 전제가 문제인지를 알아보기 위해 '참인 진술'과 '거짓인 진술'을 다음과 같이 좀 더 세분해 보기로 하자.

NT	필연적으로 참인 진술	"삼각형은 세 변을 갖고 있다."
CT	우연적으로 참인 진술	"부산은 항구도시이다."
CF	우연적으로 거짓인 진술	"청주는 광역시이다."
NF	필연적으로 거짓인 진술	"삼각형은 네 변을 갖고 있다."

'참일 가능성이 있는 진술'은 위의 네 종류 가운데 어떤 것을 말할까? 그것은 '참일 가능성이 있다'는 말이 무엇을 의미하느냐에 달려 있다. 그것이 ⊙필연적으로 거짓인 것은 아니라는 것을 의미한다면, 참일 가능성이 있는 진술에는 NT, CT, CF가 모두 포함된다. 한편 그것이 ⓒ우연적으로 참이거나 우연적으로 거짓이라는 것을 의미한다면, 참일 가능성이 있는 진술에는 CT와 CF만 포함된다. 이처럼 위 논증에서 핵심 구절로 사용되는 '참일 가능성이 있다'가 서로 다른 두 가지로 해석될 수 있다는 것이 문제의 근원이다.

─〈보 기〉─

ㄱ. 참일 가능성이 있다는 말을 ⊙으로 이해하면 (2)는 참인 전제가 된다.

ㄴ. 참일 가능성이 있다는 말을 ⓒ으로 이해하면 (3)은 참인 전제가 된다.

ㄷ. 참일 가능성이 있다는 말을 ⊙으로 이해하면 (3)은 거짓인 전제가 된다.

① ㄱ
② ㄷ
③ ㄱ, ㄴ
④ ㄴ, ㄷ
⑤ ㄱ, ㄴ, ㄷ

14. 다음 글의 내용이 참일 때 반드시 참인 것은? `21 5급공채`

> A, B, C, D는 출산을 위해 산부인과에 입원하였다. 그리고 이 네 명은 이번 주 월, 화, 수, 목요일에 각각 한 명의 아이를 낳았다. 이 아이들의 이름은 각각 갑, 을, 병, 정이다. 이 아이들과 그 어머니, 출생일에 관한 정보는 다음과 같다.
>
> ○ 정은 C의 아이다.
> ○ 정은 갑보다 나중에 태어났다.
> ○ 목요일에 태어난 아이는 을이거나 C의 아이다.
> ○ B의 아이는 을보다 하루 먼저 태어났다.
> ○ 월요일에 태어난 아이는 A의 아이다.

① 을, 병 중 적어도 한 아이는 수요일에 태어났다.

② 병은 을보다 하루 일찍 태어났다.

③ 정은 을보다 먼저 태어났다.

④ A는 갑의 어머니이다.

⑤ B의 아이는 화요일에 태어났다.

15. 다음 글의 논지로 가장 적절한 것은? `20 7급모의`

> 사람들은 보통 질병이라고 하면 병균이나 바이러스를 떠올리고, 병에 걸리는 것은 개인적 요인 때문이라고 생각하곤 한다. 어떤 사람이 바이러스에 노출되었다면 그 사람이 평소에 위생 관리를 철저히 하지 않았기 때문이라고 여기는 것이다. 이는 발병 책임을 전적으로 질병에 걸린 사람에게 묻는 생각이다. 꾸준히 건강을 관리하지 않은 사람이나 비만, 허약 체질인 사람이 더 쉽게 병균에 노출된다고 생각하는 경향도 강하다. 그러나 발병한 사람들 전체를 고려하면, 성별, 계층, 직업 등의 사회적 요인에 따라 건강 상태나 질병 종류 및 그 심각성 등이 다르게 나타난다. 따라서 어떤 질병의 성격을 파악할 때 질병의 발생이 개인적 요인뿐만 아니라 계층이나 직업 등의 요인과도 관련될 수 있음을 고려해야 한다.
>
> 질병에 대처할 때도 사회적 요인을 고려해야 한다. 물론 어떤 사람들에게는 질병으로 인한 고통과 치료에 대한 부담이 가장 심각한 문제일 수 있다. 그러나 또 다른 사람들에게는 질병에 대한 사회적 편견과 낙인이 오히려 더 심각한 문제일 수 있다. 그들에게는 그러한 편견과 낙인이 더 큰 고통을 안겨 주기 때문이다. 질병이 나타나는 몸은 개인적 영역이면서 동시에 가족이나 직장과도 연결된 사회적인 것이다. 질병의 치료 역시 개인의 문제만으로 그치지 않고 가족과 사회의 문제로 확대되곤 한다. 나의 질병은 내 삶의 위기이자 가족의 근심거리가 되며 나아가 회사와 지역사회에도 긴장을 조성하기 때문이다. 요컨대 질병의 치료가 개인적 영역을 넘어서서 사회적 영역과 관련될 수밖에 없다는 것은 질병의 대처 과정에서 사회적 요인을 반드시 고려해야 한다는 점을 잘 보여준다.

① 병균이나 바이러스로 인한 신체적 이상 증상은 가정이나 지역사회에 위기를 야기할 수 있기에 중요한 사회적 문제이다.

② 한 사람의 몸은 개인적 영역인 동시에 사회적 영역이기에 발병의 책임을 질병에 걸린 사람에게만 묻는 것은 옳지 않다.

③ 질병으로 인한 신체적 고통보다 질병에 대한 사회적 편견으로 인한 고통이 더 크므로 이에 대한 사회적 대책이 필요하다.

④ 질병의 성격을 파악하고 질병에 대처하기 위해서는 사회적인 측면을 고려해야 한다.

⑤ 질병의 치료를 위해서는 개인적 차원보다 사회적 차원의 노력이 더 중요하다.

16. 다음 글의 (가)와 (나)에 대한 설명으로 옳은 것만을 <보기>에서 모두 고르면? 15 5급공채

(가) 오늘날 권력에서 소외된 대중은 자발적으로 자신의 영역에서 투쟁을 시작한다. 그러한 투쟁에서 지식인이 갖는 역할에 대해 재고해 보자. 과거 지식인들은 궁극적인 투쟁의 목표와 전반적인 가치기준을 제시하면서 대중의 현실 인식과 그들의 가치판단에 큰 영향을 미쳤다. 그러나 세계의 모든 기준을 독점하고 대중을 이끌던 지식인의 시대는 지나갔다. 나는 지식인의 역할이 과거처럼 자신의 현실 인식과 가치기준에 맞춰 대중의 의식을 일깨우고 투쟁의 방향을 제시하는 것을 목표로 삼아서는 안 된다고 본다. 오늘날의 대중은 과거와 달리 지식인이 정해준 기준과 예측, 방향성을 피동적으로 받아들이는 존재가 아니다. 그들은 자신들의 가치기준과 투쟁 목표를 스스로 설정한다. 그러므로 진정한 지식인은 대중과 함께 사회의 여러 영역에서 구체적인 변화를 위한 투쟁에 참여해야 하며, 그러한 투쟁이야말로 현실 사회의 문제점을 해결할 수 있는 것이다.

(나) 진정한 지식인의 역할은 무엇인가. 이를 알기 위해서 먼저 지난 2세기 동안 나타난 지식인의 병폐를 지적해 보자. 과거 지식인들은 현실을 올바로 인식하고 바람직한 가치기준을 제시하고 선도한다고 확신하면서 대중 앞에서 전혀 현실에 맞지 않는 기준을 쏟아내는 병폐를 보여 왔다. 과거 지식인들은 실제 현실에 대해 연구도 하지 않고 현실을 제대로 파악하지도 못하면서 언론에 장단을 맞추어 설익은 현실 인식과 가치기준의 틀을 제시하여 대중을 호도했다. 그 결과 대중은 현실을 제대로 파악하지 못했고 그로 인해 실제 삶에 맞는 올바른 가치판단을 내리지 못했다. 진정한 지식인은 과거 지식인의 병폐로부터 벗어나 무엇보다 실제 현실의 문제와 방향성, 가치기준에 대한 진지한 고민과 탐색을 게을리하지 않아야 한다. 또한 대중은 지금도 여전히 현실을 제대로 반영할 수 있는 올바른 인식과 가치기준을 스스로 찾지 못하기에, 진정한 지식인은 사회 전체를 올바르게 바라볼 수 있는 기준과 틀을 대중에게 제공하기 위해 노력해야 한다.

─────〈보 기〉─────
ㄱ. (가)는 오늘날의 대중을 과거의 대중에 비해 능동적인 존재라고 본다.
ㄴ. (나)는 과거 지식인이 현실을 올바르게 인식하였음에도 불구하고 대중을 잘못된 방식으로 인도하였다고 본다.
ㄷ. (가)와 (나)는 과거 지식인이 대중의 현실 인식과 가치판단에 영향을 미쳤다고 본다.

① ㄱ
② ㄴ
③ ㄷ
④ ㄱ, ㄷ
⑤ ㄱ, ㄴ, ㄷ

17. 다음 글의 ⓐ와 ⓑ에 들어가기에 적절한 것을 <보기>에서 골라 알맞게 짝지은 것은? 19 민경채

귀납주의란 과학적 탐구 방법의 핵심이 귀납이라는 입장이다. 즉, 과학적 이론은 귀납을 통해 만들어지고, 그 정당화 역시 귀납을 통해 이루어진다는 것이다. 그러나 실제 과학의 역사를 고려하면 귀납주의는 문제에 처하게 된다. 이러한 문제 상황은 다음과 같은 타당한 논증을 통해 제시될 수 있다.

만약 귀납이 과학의 역사에서 사용된 경우가 드물다면, 과학의 역사는 바람직한 방향으로 발전하지 않았거나 또는 귀납주의는 실제로 행해진 과학적 탐구 방법의 특징을 드러내는 데 실패했다고 보아야 한다. 과학의 역사가 바람직한 방향으로 발전하지 않았다면, 귀납주의에서는 수많은 과학적 지식을 정당화되지 않은 것으로 간주해야 한다. 그리고 귀납주의가 실제로 행해진 과학적 탐구 방법의 특징을 드러내는 데 실패했다면, 귀납주의는 과학적 탐구 방법에 대한 잘못된 이론이다. 그런데 우리는 과학의 역사가 바람직한 방향으로 발전하지 않았거나, 귀납주의가 실제로 행해진 과학적 탐구 방법의 특징을 드러내는 데 실패했다고 보아야 한다. 그 이유는 　ⓐ　 는 것이다. 그리고 이로부터 우리는 다음 결론을 도출하게 된다. 　ⓑ　.

─────〈보 기〉─────
ㄱ. 과학의 역사에서 귀납이 사용된 경우는 드물다
ㄴ. 과학의 역사에서 귀납 외에도 다양한 방법들이 사용되었다
ㄷ. 귀납주의는 과학적 탐구 방법에 대한 잘못된 이론이고, 귀납주의에서는 수많은 과학적 지식을 정당화되지 않은 것으로 간주해야 한다
ㄹ. 귀납주의가 과학적 탐구 방법에 대한 잘못된 이론이라면, 귀납주의에서는 수많은 과학적 지식을 정당화되지 않은 것으로 간주해야 한다
ㅁ. 귀납주의가 과학적 탐구 방법에 대한 잘못된 이론이 아니라면, 귀납주의에서는 수많은 과학적 지식을 정당화되지 않은 것으로 간주해야 한다

	ⓐ	ⓑ
①	ㄱ	ㄷ
②	ㄱ	ㄹ
③	ㄱ	ㅁ
④	ㄴ	ㄹ
⑤	ㄴ	ㅁ

18. 다음 글의 ㉠~㉢에 대한 평가로 적절한 것만을 <보기>에서 모두 고르면?

21 5급공채

개구리와 거북의 성(性)은 배아에 있는 성염색체에 따라 결정되는 것으로 알려져 있다. 여기서 중요한 작용을 하는 것이 아로마테이즈인데, 이는 개구리와 거북에서 성결정호르몬인 호르몬 A를 또 다른 성결정호르몬인 호르몬 B로 바꾸는 효소이다. 따라서 아로마테이즈 발현량이 많아지거나 활성이 커지면 호르몬 A에서 호르몬 B로의 전환이 더 많이 나타난다.

성 분화가 이루어지지 않은 배아의 초기 생식소(生殖巢)에서 아로마테이즈의 발현이 증가하면 생식소 내 호르몬 구성의 변화가 일어나 유전자 X의 발현이 억제되어, 초기 생식소가 난소로 분화된다. 또한 초기 생식소에서 만들어진 성결정호르몬이 혈액으로 분비되어 개구리와 거북의 배아는 암컷 성체로 발달한다. 이와 반대로 초기 생식소 내에서 아로마테이즈의 발현에 변화가 없으면 그 개구리와 거북의 배아는 수컷 성체로 발달한다. 성체의 생식소에서 만들어진 성결정호르몬은 혈액으로 분비되어 성적 특성을 유지하는 역할을 한다. 또한 성체 수컷과 성체 암컷 모두 아로마테이즈의 발현량이 많아질수록 혈중 호르몬 A의 양은 줄어들고 호르몬 B의 양은 늘어난다.

그런데 환경오염물질 α와 β가 성 결정에 영향을 줄 수 있다는 주장에 대한 연구가 진행되었다. 수컷이 될 성염색체를 가지고 있는 거북의 배아가 성체로 발달하는 동안, α에 노출되었을 때 난소와 암컷 생식기를 가지고 있는 암컷 거북이 되었다. 또한 거북 배아가 성체로 발달하는 동안 생식소 내에서 생성되는 호르몬 A의 양과 아로마테이즈의 발현량은 α에 노출되지 않은 거북 배아에 비해 별다른 차이가 없었다. α에 노출된 배아는 발달과정에서 성결정호르몬에 의한 효과인 암컷 생식기 발달의 정도가 매우 높았다. β에 노출된 염색체상 수컷 개구리 배아를 키우면 난소를 가지고 있는 암컷이 되었다. 심지어 성체 수컷 개구리를 β에 수십 일 동안 노출시키면, 이 개구리의 혈중 호르몬 A의 양은 노출되지 않은 암컷 개구리와 비슷했고 노출되지 않은 수컷 개구리보다 매우 적었다.

이 연구 결과로부터 다음 세 가지 가설을 얻었다. ㉠α가 수컷 거북의 배아를, β가 수컷 개구리의 배아를 여성화한다. ㉡β가 성체 수컷 개구리의 혈중 성결정호르몬에 변화를 준다. ㉢거북의 배아에서 성체로 발달하는 동안 α가 생성되는 호르몬 A의 양에 영향을 미치지 못한다.

─〈보 기〉─

ㄱ. α가 염색체상 수컷인 거북 배아의 미분화 생식소 내에서 유전자 X의 발현을 억제한 것을 보여주는 후속 연구 결과는 ㉠을 강화한다.

ㄴ. β가 성체 수컷 개구리에서 아로마테이즈의 발현량을 늘린 것을 보여주는 후속 연구 결과는 ㉡을 강화한다.

ㄷ. 염색체상 수컷인 거북 배아와 암컷인 거북 배아 모두 α에 노출되면, 노출되지 않은 거북 배아보다 호르몬 A가 만들어지는 양이 감소한다는 후속 연구 결과는 ㉢을 약화한다.

① ㄱ
② ㄷ
③ ㄱ, ㄴ
④ ㄴ, ㄷ
⑤ ㄱ, ㄴ, ㄷ

19. 다음 글에서 추론할 수 있는 것만을 <보기>에서 모두 고르면? 21 5급공채

모든 구조물은 두 가지 종류의 하중을 지탱해야 한다. 정적 하중은 구조물 자체에 작용하는 중력과 함께 구조물에 늘 작용하는 모든 추가적인 힘을 말한다. 동적 하중은 교통, 바람, 지진 등 구조물에 일시적으로 작용하거나 순간순간 변하는 다양한 힘을 일컫는다. 예를 들어 댐은 평상시 가두어진 물의 압력에 의한 정적 하중을 주로 지탱하지만, 홍수가 나면 급류에 의한 동적 하중을 추가로 지탱해야 한다.

일시적으로 가해진 하중은 진동의 원인이다. 스프링을 예로 들어보자. 추가 매달린 스프링을 살짝 당기면 진동하는데, 이때 스프링 내부에서 변형에 저항하기 위해 생기는 저항력인 응력이 작용한다. 만약 스프링이 감당할 수 없을 만큼 세게 당기면 스프링은 다시 진동하지만 원래 상태로 돌아올 수 없게 된다. 구조물의 경우도 마찬가지로, 일시적으로 가한 동적 하중이 예상하지 못한 정도로 크게 작용하면 구조물에 매우 큰 진동이 발생하여 구조물이 응력의 한계를 벗어나 약해진 상태로 변형된다. 이때 구조물이 변형에 저항하는 한계를 '응력한계'라 한다.

구조물의 안전성을 확보하기 위해서는 한 가지 문제가 더 있다. 구조물의 공명 현상을 고려해야 하는 것이다. 공명 현상은 진동주기가 같은 진동끼리 에너지를 주고받는 현상이다. 하나의 구조물은 여러 개의 진동주기를 지니는데, 이는 구조물의 기하학적 구조, 구성 재료의 특성 등에 의해 결정된다. 따라서 같은 크기의 동적 하중이 작용하는 경우에도 공명 현상 발생 여부에 따라 구조물이 진동하는 정도가 달라진다.

지진이 일어나면 지진파가 생겨나고 지진파가 지표면에 도착하면 땅의 흔들림을 유발해 구조물에 동적 하중을 가하여 건물에 진동을 일으킨다. 이때 이 진동 자체만으로는 구조물에 별다른 영향을 미치지 못할 수 있다. 그러나 구조물의 진동주기와 지진파의 진동주기가 일치하면 공명 현상이 발생하여 지진파의 진동에너지가 구조물에 주입되어 구조물에 더 큰 진동을 유발하고 결국 변형을 발생시킬 수 있다. 지진 이외에 강한 바람도 공명 현상을 일으킬 수 있다. 건물 내진 설계나 내풍 설계 같은 것은 바로 이런 공명 현상으로 인한 피해를 막기 위한 예방 조치이다.

〈보 기〉

ㄱ. 구조물에 작용하는 일시적으로 가해지는 힘과 상시적으로 가해지는 힘은 모두 진동을 유발한다.

ㄴ. 지진이 일어났을 때, 구조물에 동적 하중이 가해지고 있으면 지진파가 공명 현상을 만들 수 없다.

ㄷ. 약한 지진파가 발생해도 구조물과 그 진동주기가 서로 일치하면 응력한계를 초과하는 진동을 유발할 수 있다.

① ㄱ

② ㄷ

③ ㄱ, ㄴ

④ ㄴ, ㄷ

⑤ ㄱ, ㄴ, ㄷ

20. 다음 글의 ㉠~㉢에 들어갈 내용에 대한 설명으로 가장 적절한 것은? 21 7급공채

○○도는 2022년부터 '공공 기관 통합 채용' 시스템을 운영하여 공공 기관의 채용에 대한 체계적 관리와 비리 발생 예방을 도모할 계획이다. 기존에는 ○○도 산하 공공 기관들이 채용 전(全) 과정을 각기 주관하여 시행하였으나, 2022년부터는 ○○도가 채용 과정에 참여하기로 하였다. ○○도와 산하 공공 기관들이 '따로, 또 같이'하는 통합 채용을 통해 채용 과정의 투명성을 확보하고 기관별 특성에 맞는 인재 선발을 용이하게 하려는 것이다.

○○도는 채용 공고와 원서 접수를 하고 필기시험을 주관한다. 나머지 절차는 ○○도 산하 공공 기관이 주관하여 서류 심사 후 면접시험을 거쳐 합격자를 발표한다. 기존 채용 절차에서 서류 심사에 이어 필기시험을 치던 순서를 맞바꾸었는데, 이는 지원자에게 응시 기회를 확대 제공하기 위해서이다. 절차 변화에 대한 지원자의 혼란을 줄이기 위해 기존의 나머지 채용 절차는 그대로 유지하였다. 또 ○○도는 기존의 필기시험 과목인 영어 · 한국사 · 일반상식을 국가직무능력표준 기반 평가로 바꾸어 기존과 달리 실무 능력을 평가해서 인재를 선발할 수 있도록 제도를 보완하였다. ○○도는 이런 통합 채용 절차를 알기 쉽게 기존 채용 절차와 개선 채용 절차를 비교해서 도표로 나타내었다.

〈기 존〉

주관 기관	㉠				
채용 절차	채용 공고 ➡	원서 접수 ➡	㉡ ➡	㉢ ➡	㉣ ➡	합격자 발표

〈개 선〉

주관 기관	㉤	㉥
채용 절차	채용 공고 ➡ 원서 접수 ➡ ㉦ ➡	㉧ ➡ ㉨ ➡ 합격자 발표

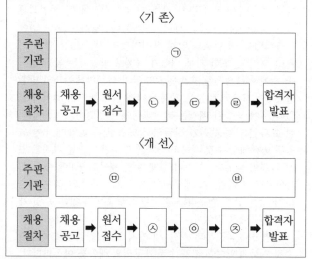

① 개선 이후 ㉠에 해당하는 기관이 주관하는 채용 업무의 양은 이전과 동일할 것이다.

② ㉠과 같은 주관 기관이 들어가는 것은 ㉥이 아니라 ㉤이다.

③ ㉡과 ㉧에는 같은 채용 절차가 들어간다.

④ ㉢과 ㉦에서 지원자들이 평가받는 능력은 같다.

⑤ ㉣을 주관하는 기관과 ㉨을 주관하는 기관은 다르다.

개정 근로기준법이 적용되면서 일명 '52시간 근무제'에 사람들이 큰 관심을 보였다. 하지만 개정 근로기준법에는 1주 최대 근로시간을 52시간으로 규정하는 조문이 명시적으로 추가된 것이 아니다. 다만, 기존 근로기준법에 "1주'란 휴일을 포함한 7일을 말한다'는 문장 하나가 추가되었을 뿐이다. 이 문장이 말하는 바는 상식처럼 보이는데, 이를 추가해서 어떻게 52시간 근무제를 확보할 수 있었을까?

월요일에서 금요일까지 1일 8시간씩 소정근로시간 동안 일하는 근로자를 생각해보자. 여기서 '소정근로시간'이란 근로자가 사용자와 합의하여 정한 근로시간을 말한다. 사실 기존 근로기준법에서도 최대 근로시간은 52시간으로 규정되어 있는 것처럼 보인다. 1일의 최대 소정근로시간이 8시간, 1주의 최대 소정근로시간이 40시간이고, 연장근로는 1주에 12시간까지만 허용되어 있으므로, 이를 단순 합산하면 총 52시간이 되기 때문이다. 그러나 기존 근로기준법에서는 최대 근로시간이 68시간이었다. 이는 휴일근로의 성격을 무엇으로 보느냐에 달려 있다. 기존 근로기준법에서 휴일근로는 소정근로도 아니고 연장근로도 아닌 것으로 간주되었다. 그래서 소정근로 40시간과 연장근로 12시간을 시키고 나서 추가로 휴일근로를 시키더라도 법 위반이 아니었다.

그런데 일요일은 휴일이지만, 토요일은 휴일이 아니라 근로의무가 없는 휴무일이기에 특별한 규정이 없는 한 근로를 시킬 수가 없다. 따라서 기존 근로기준법하에서 더 근로를 시키고 싶던 기업들은 단체협약 등으로 '토요일을 휴일로 한다'는 특별규정을 두는 일종의 꼼수를 쓰는 경우가 많았다. 이렇게 되면 토요일과 일요일, 2일간 휴일근로를 추가로 시킬 수 있기에 최대 근로시간이 늘어나게 된다. 이것이 기존 판례의 입장이었다.

개정 근로기준법과 달리 왜 기존 판례는 [   ] 그 이유는 연장근로를 소정근로의 연장으로 보았고, 1주의 최대 소정근로시간을 정할 때 기준이 되는 1주를 5일에 입각하여 보았기 때문이다. 즉, 1주 중 소정근로일을 월요일부터 금요일까지의 5일로 보았기에 이 기간에 하는 근로만이 근로기준법상 소정근로시간의 한도에 포함된다고 본 것이다. 다만 이 입장에 따르더라도, 연장근로가 아닌 한 1일의 근로시간은 8시간을 초과할 수 없고 기존 근로기준법에 규정되어 있기 때문에, 이미 52시간을 근로한 근로자에게 휴일에 1일 8시간을 넘는 근로를 시킬 수 없다. 그 결과 휴일근로로 가능한 시간은 16시간이 되어, 1주 68시간이 최대 근로시간이 된 것이다.

21. 위 글의 빈칸에 들어갈 내용으로 가장 적절한 것은?

① 휴일근로가 연장근로가 아니라고 보았을까?
② 토요일에 연장근로를 할 수 있다고 보았을까?
③ 1주의 최대 소정근로시간을 40시간으로 인정하였을까?
④ 1일의 최대 소정근로시간은 8시간을 초과할 수 없다고 보았을까?
⑤ 휴일에는 근로자의 합의가 없는 한 연장근로를 할 수 없다고 보았을까?

22. 위 글의 내용을 바르게 적용한 사람만을 <보기>에서 모두 고르면?

〈 보 기 〉

갑: 개정 근로기준법에 의하면, 1주 중 3일 동안 하루 15시간씩 일한 사람의 경우, 총 근로시간이 45시간으로 52시간보다 적으니 법에 어긋나지 않아.

을: 개정 근로기준법에 의하면, 월요일부터 목요일까지 매일 10시간씩 일한 사람의 경우, 금요일에 허용되는 최대 근로시간은 12시간이야.

병: 기존 근로기준법에 의하면, 일요일 12시간을 일했으면 12시간 전부가 휴일근로시간이지, 연장근로시간이 아니야.

① 갑
② 을
③ 갑, 병
④ 을, 병
⑤ 갑, 을, 병

23. 다음 글의 (가)~(마)에 대한 추론으로 옳은 것은?

21 입법고시

(가) 과학의 궁극적 목표는 진리를 추구하는 것이다. 과학이론은 관측된 사실을 기술하고 새로운 현상을 예측한다는 측면에서 경험적 유효성을 가져야 할 뿐 아니라, 관측 불가능한 부분까지도 옳게 설명하여야 한다. 실제로 현대과학은 자연의 진리를 어느 정도까지는 성공적으로 파악하고 있다. 일상과 자연, 우주에서 발생하는 현상들은 다양한 과학이론에 의해 적합하게 설명되고 있다. 과학이론이 진리에 접근하지 못했다면 과학의 성공도 없었을 것이다.

(나) 과학의 목표는 일상에서 유용하게 사용할 수 있는 지식을 얻는 것이다. 과학이론은 관측 가능한 현상을 조직화하고 예측하는 형식적인 도구에 불과하다. 과학은 우리가 사고하는 데 유용한 도구일 뿐이며, 관측 불가능한 대상에 대해서 이야기하는 것은 형이상학의 역할이지 과학의 역할은 아니다.

(다) 과학적 진리는 그 자체로 의미가 있으며 추구할 가치가 있다. 그러나 관측할 수 없는 내용에 과학이 접근할 수 있는 능력은 없다. 이는 과학이 어떠한 역할도 할 수 없다는 것이 아니라, 실현이 불가능한 목표를 세워서는 안 된다는 것이다. 어떤 이론은 경험적으로 적절하기 때문에 현상을 예측하는 데 유용하다고 평가될 수 있지만, 그 이론이 세계에 존재한다고 주장하는 관찰 불가능한 대상들은 실제로 존재한다고 믿지 않을 수 있다.

(라) 과학의 성공은 생물이 성공적으로 진화하는 것과 동일하다. 생태계는 특별한 기법을 가지고 잘 적응된 개체를 만들어내는 것이 아니라, 무작위로 일어나는 돌연변이 중에서 환경에 잘 적응한 것은 살아남고 그렇지 못한 것은 사라질 뿐이다. 과학자들은 다양한 이론을 계속해서 만들어내고 이를 경험적으로 시험하여 성공적인 것만 남기므로 살아남은 이론은 당연히 성공적일 수밖에 없다.

(마) 과학사를 되돌아보면 과거에 성공적이었던 이론의 대부분은 나중에 틀린 것으로 판명 난 경우가 많다. 과학적 현상들을 경험적으로 잘 설명할 수 있는 이론은 하나의 패러다임으로 자리 잡게 되는데, 여러 변칙 사례들이 나타남에 따라 패러다임은 더 정밀하게 발전하기도 하고, 더 설명력이 높다고 평가되는 이론에 의해 대체되기도 한다. 이처럼 과학은 정체되지 않기 때문에 특정한 이론의 성공은 잘 유지되지 않는다.

① (가)는 관측 가능한 현상의 예측을 과학의 목표로 인정하지만, (다)는 인정하지 않는다.

② (나)와 (다)는 모두 과학이 관측할 수 없는 대상을 탐구할 능력을 가지고 있지 않다고 본다.

③ (가)와 달리 (라)는 현대과학이 자연의 진리를 파악하는 성과를 거두지 못했다고 본다.

④ (다)와 (마)는 모두 과학이론을 평가하는 기준으로 현상의 경험적 설명 가능성을 고려한다.

⑤ (라)는 현재 설명력이 가장 높은 과학이론의 성공을 인정하는 반면, (마)는 인정하지 않는다.

24. 다음 글의 ㉠~㉤에 대하여 잘못 이해한 것은?   09 5급공채

모든 역사는 '현대의 역사'라고 크로체는 언명했다. 역사란 본질적으로 현재의 관점에서 과거를 본다는 데에서 성립되며, 역사가의 주임무는 기록에 있는 것이 아니라 가치의 재평가에 있다는 것이다. 역사가가 가치의 재평가를 하지 않는다면 기록될 만한 가치 있는 것이 무엇인지를 알 수 없기 때문이다. 1916년 미국의 역사가 칼 벡커도 "㉠역사적 사실이란 역사가가 이를 창조하기까지는 존재하지 않는다."라고 주장하면서 "모든 역사적 판단의 기초를 이루는 것은 ㉡실천적 요구이기 때문에 모든 역사에는 현대의 역사라는 성격이 부여된다. 서술되는 사건이 아무리 먼 시대의 것이라고 할지라도 역사가 실제로 반영하는 것은 현재의 요구 및 현재의 상황이며 사건은 다만 그 속에서 메아리칠 따름이다."라고 하였다.

크로체의 이런 생각은 옥스포드의 철학자이며 역사가인 콜링우드에게 큰 영향을 끼쳤다. 콜링우드는 역사 철학이 취급하는 것은 '㉢사실 그 자체'나 '사실 그 자체에 대한 역사가의 이상' 중 어느 하나가 아니고 '상호관계 하에 있는 양자(兩者)'라고 하였다. 역사가가 연구하는 과거는 죽어버린 과거가 아니라 어떤 의미에서는 아직도 ㉣현재 속에 살아 있는 과거이다. 현재의 상황 속에서 역사가의 이상에 따라 해석된 과거이기 때문이다. 따라서 과거는 그 배후에 놓인 사상을 역사가가 이해할 수 없는 한 그에게 있어서는 죽은 것, 즉 무의미한 것이다. 이와 같은 의미에서 '모든 역사는 사상의 역사'라는 것이며 또한 '역사는 역사가가 자신이 연구하고 있는 사람들의 이상을 자신의 마음속에 재현한 것'이라는 것이다. 역사가의 마음속에서 이루어지는 과거의 재구성은 경험적인 증거에 의거하여 행해지지만, 재구성 그 자체는 경험적 과정이 아니며 또한 사실의 단순한 암송만으로 될 수 있는 것도 아니다. 오히려 이와는 반대로 ㉤재구성의 과정은 사실의 선택 및 해석을 지배하는 것이며 바로 이것이야말로 사실을 역사적 사실로 만들어 놓는 과정이다.

① ㉠ - 역사가에 의해 재평가됨으로써 의미가 부여된 것

② ㉡ - 객관적 사실(事實)을 밝히려는 역사가의 적극적인 욕구

③ ㉢ - 역사가에 의해 해석되기 전의 객관적 사실(事實)

④ ㉣ - 역사가가 자신의 이상에 따라 해석한 과거

⑤ ㉤ - 역사가에 의해 사실(事實)이 사실(史實)로 되는 과정

25. 다음 글의 <논쟁>에 대한 분석으로 적절한 것만을 <보기>에서 모두 고르면?

20 7급모의

갑과 을은 M국의 손해사정을 업으로 하는 법인 A, B의 「보험업법」위반 여부에 대해 논쟁하고 있다. 이 논쟁은 「보험업법」의 일부 규정 속 손해사정사가 상근인지 여부, 그리고 각 법인의 손해사정사가 상근인지 여부가 불분명함에서 비롯되었다. 해당 법의 일부 조항은 다음과 같다.

「보험업법」

제00조(손해사정업의 영업기준) ① 손해사정을 업으로 하려는 법인은 2명 이상의 상근 손해사정사를 두어야 한다. 이 경우 총리령으로 정하는 손해사정사의 구분에 따라 수행할 업무의 종류별로 1명 이상의 상근 손해사정사를 두어야 한다.

② 제1항에 따른 법인이 지점 또는 사무소를 설치하려는 경우에는 각 지점 또는 사무소별로 총리령으로 정하는 손해사정사의 구분에 따라 수행할 업무의 종류별로 1명 이상의 손해사정사를 두어야 한다.

〈논 쟁〉

쟁점 1: 법인 A는 총리령으로 정하는 손해사정사의 구분에 따른 업무의 종류가 4개이고 각 종류마다 2명의 손해사정사를 두고 있는데, 갑은 법인 A가 「보험업법」 제00조 제1항을 어기고 있다고 주장하지만 을은 그렇지 않다고 주장한다.

쟁점 2: 법인 B의 지점 및 사무소 각각은 총리령으로 정하는 손해사정사의 구분에 따른 업무의 종류가 2개씩이고 각 종류마다 1명의 손해사정사를 두고 있는데, 갑은 법인 B가 「보험업법」 제00조 제2항을 어기고 있다고 주장하지만 을은 그렇지 않다고 주장한다.

〈보 기〉

ㄱ. 쟁점 1과 관련하여, 법인 A에는 비상근 손해사정사가 2명 근무하고 있지만 이들이 수행하는 업무의 종류가 다르다는 사실이 밝혀진다면 갑의 주장은 옳지만 을의 주장은 옳지 않다.

ㄴ. 쟁점 2와 관련하여, 법인 B의 지점에 근무하는 손해사정사가 비상근일 경우에, 갑은 제00조 제2항의 '손해사정사'가 반드시 상근이어야 한다고 생각하지만 을은 비상근이어도 무방하다고 생각한다는 사실은 법인 B에 대한 갑과 을 사이의 주장 불일치를 설명할 수 있다.

ㄷ. 법인 A 및 그 지점 또는 사무소에 근무하는 손해사정사와 법인 B 및 그 지점 또는 사무소에 근무하는 손해사정사가 모두 상근이라면, 을의 주장은 쟁점 1과 쟁점 2 모두에서 옳지 않다.

① ㄱ
② ㄴ
③ ㄱ, ㄷ
④ ㄴ, ㄷ
⑤ ㄱ, ㄴ, ㄷ

약점 보완 해설집 p.36

■ 해커스 단기합격 7급 PSAT 기출+적중 모의고사 언어논리

적중 예상 모의고사

01. 다음 글의 (가)~(다)에 들어가기에 적절한 것을 <보기>에서 골라 알맞게 짝지은 것은?

재즈란 자유로운 리듬과 즉흥적인 연주를 특징으로 하는 복합적 음악 예술을 말한다. 재즈를 단순히 흑인음악이라 부르지 않고 복합적 음악 예술로 소개하는 이유는 재즈음악이 성장하는 과정에서 ____(가)____ 초기 재즈는 뉴올리언스의 딕시랜드 밴드들을 중심으로 성장하였다. 이들은 전통 흑인음악의 선율과 리듬뿐만 아니라 유럽식 악기와 화성도 활용하여 하나의 독립적인 장르로서 재즈를 구현하였다. 전통 재즈주의자들은 딕시랜드 밴드 중심의 초기 재즈 스타일을 고수하였지만, 재즈는 더 많은 문화권의 음악적 특색을 받아들여 보다 유연한 형태의 복합적 음악 예술로 성장하였다.

복합적 음악 예술인 재즈를 전 세계적으로 대중화시킨 사람은 루이 암스트롱이었다. 암스트롱은 초기 재즈의 틀에서 벗어나 대중적 취향에 부합하는 재즈음악을 추구하여 세계적인 명성을 얻었다. 또한 폴 화이트먼과 제임스 존슨은 클래식과 재즈를 조화시켜 새로운 재즈 스타일을 창조하여 재즈의 대중화를 선도하였다. 그들이 완성한 심포닉 재즈는 대중들이 친숙하게 들을 수 있는 재즈 스타일로 사랑받았다. 그러나 이러한 재즈 아티스트들의 새로운 시도는 전통 재즈주의자들의 반감을 사기도 하였다. 그들이 보기엔 새로운 재즈가 ____(나)____

한편 오늘날 재즈는 과거의 음악이 되어 그 자체로는 잘 소비되지 않지만, 딕시랜드나 블루스 등 재즈 느낌의 사운드는 여러 장르에 걸쳐 활용되고 있다. 그 이유는 오늘날의 음악이 ____(다)____ 이처럼 장르의 특징을 복합적으로 활용하는 방식은 현대 음악시장에서 대세적 흐름이 되었고, 재즈도 이러한 흐름에 편승하였다.

───── 〈보 기〉 ─────

ㄱ. 딕시랜드 밴드 중심의 재즈를 벗어났기 때문이다.

ㄴ. 하나의 독립된 장르가 아닌 여러 장르를 융합한 예술이 되었기 때문이다.

ㄷ. 흑인 문화권 밖의 음악 문화를 받아들였기 때문이다.

	(가)	(나)	(다)
①	ㄱ	ㄴ	ㄷ
②	ㄴ	ㄱ	ㄷ
③	ㄴ	ㄷ	ㄱ
④	ㄷ	ㄱ	ㄴ
⑤	ㄷ	ㄴ	ㄱ

02. 다음 글의 내용과 부합하는 것은?

하늘의 본성과 사람의 이치[理]는 그 근본은 같으나, 하늘의 본성이 맑은 물이라면 사람의 이치는 그릇에 담긴 물이다. 그릇이 깨끗하면 맑은 물이 되겠지만, 그릇이 혼탁하면 물 역시 오염될 것이니 하늘의 본성과 사람의 이치를 구분하지 않을 수 있겠는가? 이치는 무색의 물이 그릇의 색깔을 따라가듯, 그것을 담고 있는 기질[氣]과 똑같은 색깔이 될 수밖에 없다.

하늘의 본성이 현실화되어 사람의 이치로 나타나고, 사람의 모습을 좌우하는 것은 본성을 담고 있는 그릇인 기질이다. 따라서 공자는 본성은 서로 가깝지만 습성 때문에 서로 멀어진다고 하였다. 기질을 어떻게 닦고 변화시켰는가에 따라 이치가 변화하기 때문이다. 이는 인간의 본성이 결국 기질지성(氣質之性)임을 뜻한다. 인간의 본성이 곧 이치요, 이치가 곧 기질이다. 그러나 이를 깨우치지 못한 정세가들은 본연지성(本然之性)을 들어 하늘의 본성이 발한 것을 선(善), 본성이 발하지 못해 기가 발한 것을 악(惡)이라고 생각하여 분리할 수 없는 것을 분리하는 오류를 범하고 있다. 인간의 본성이 곧 하늘의 본성이라면 요순과 같은 성인이나 길 가는 사람들도 하나의 본성을 공유하고 있는 셈인데, 어찌하여 기질을 닦는 학문이 존재하고, 성인과 범인이 구분되겠는가?

결국 인간의 타고난 본성은 선하지 않음이 없으나 기의 맑고 흐린 차이에서 선과 악이 비롯되며, 이치는 독립할 수 없고 반드시 기에 깃든다. 이런 까닭에 그 본연으로 말하면 본성은 선하지만, 이치와 기질을 겸한 것으로 말하면 본성에도 선함과 악함이 있는 것이다. 따라서 기질을 닦고 변화시키는 공부에 노력하지 않고 성인이 되고자 한다면 이것은 뿌리지 않고 거두려고 하는 것과 같으니, 어찌 어리석지 않다고 할 수 있겠는가? 비록 지극히 맑은 본성이 마음속에 갖춰져 있어도 기질은 외물에 얽매이기 마련이니 한쪽에 치우친 기질을 극복하고 변화하도록 노력하면 하늘의 본성을 회복할 수 있다.

① 사람의 모습을 좌우하는 것은 기질을 담고 있는 본성이다.

② 인간의 본성은 기질과 분리하여 생각할 수 없으므로 본성의 선악은 고정된 것이 아니다.

③ 인간의 타고난 본성과 기질은 선할 수도 있고 선하지 않을 수도 있다.

④ 성인과 범인은 타고난 본성의 차이로 이치가 다를 수밖에 없다.

⑤ 기질을 닦아 변화하도록 노력하더라도 인간의 본성을 바꿀 수는 없다.

03. 다음 글에서 알 수 있는 것은?

13세기경 화약이 중국에서 유럽으로 건너온 이후, 유럽에서 핸드캐넌이라는 총이 개발되었다. 핸드캐넌은 화약 구멍에 화약을 넣고 총알을 총포에 넣은 후 불을 화약에 직접 붙이는 구조로 장전하는 데 많은 시간이 걸리고 사거리와 명중률이 높지 않아 살상용으로는 사용하기 어려웠다. 이에 따라 유럽에서 핸드캐넌은 주로 전투 중에 적을 위협하는 용도로 사용되었다.

유럽에서 총이 무기로써 전투에 사용된 것은 아퀴버스가 제작된 이후였다. 아퀴버스는 핸드캐넌과 달리 방아쇠와 심지가 있었다. 화약에 불을 직접 붙이는 핸드캐넌에 비해 심지를 이용하는 아퀴버스는 위험이 적고, 방아쇠를 통해 발사 시간을 조절할 수 있었기 때문에 사용이 편리하였다. 이러한 장점을 활용하여 아퀴버스는 전투에서 효과적으로 사용되었다.

이후 아퀴버스의 총포를 길게 늘린 형태로 머스킷이라는 총이 등장하였다. 머스킷은 아퀴버스보다 총포가 더 길어 보다 많은 화약을 사용할 수 있었고, 이에 따라 사거리도 더 늘어났다. 머스킷은 아퀴버스와 달리 총을 쏜 후 반동이 컸기 때문에 지지대가 필요하였는데, 기술이 발전하면서 지지대가 필요하지 않게 되자 머스킷은 유럽에서 보편화되었다.

머스킷은 화약을 점화하는 방법에 따라 화승식과 바퀴식 그리고 부싯돌식으로 구분되었다. 아퀴버스처럼 심지를 이용하여 점화하는 화승식은 습한 날씨에는 심지에 불이 잘 붙지 않아 사용하기 어려웠다. 바퀴식은 금속 바퀴의 마찰을 이용하여 불꽃을 만드는 방식으로 제작이 어렵고 고장나기 쉬워 많이 사용되지는 않았다. 반면 부싯돌식은 머스킷 안에 장착된 강철과 부싯돌을 부딪쳐 화약을 점화하는 방식으로 머스킷 내부에서 화약을 점화하기 때문에 날씨에 덜 민감하였고, 고장이 잘 나지 않아 오랫동안 유럽에서 사용되었다.

① 유럽은 중국으로부터 화약과 함께 핸드캐넌을 수입하였다.
② 핸드캐넌은 화약을 넣는 양으로 총알의 발사 시간을 조절하였다.
③ 아퀴버스는 살상용보다는 적을 위협하는 용도로 사용되었다.
④ 초기 머스킷은 아퀴버스와 달리 반동이 작고 사거리가 길어 유럽에서 많이 사용되었다.
⑤ 부싯돌식 머스킷은 화승식과 바퀴식 머스킷의 단점을 극복하여 오랫동안 사용되었다.

04. 다음 글에서 알 수 없는 것은?

와인은 포도를 발효시켜 만드는 술로 색깔에 따라 크게 레드 와인과 화이트 와인으로 구분할 수 있다. 두 와인 모두 잘 익은 포도알을 사용하여 만들지만 총 다섯 단계로 이루어진 제조 공정에서 첨가되는 재료에 따라 레드 와인과 화이트 와인으로 구분된다.

와인 제조 공정의 다섯 단계 중 1단계와 2단계는 포도를 재배하고 수확하는 단계이고, 3단계는 포도즙을 만들기 위한 압착 과정으로 수확한 포도를 강하게 압착하여 즙을 짜내는 단계이다. 이렇게 만들어진 포도즙은 4단계에서 발효 과정을 거치게 되는데, 이 과정에서 첨가되는 재료에 따라 와인의 색깔이 구분된다. 붉고 탁한 색깔을 띠는 레드 와인은 포도 껍질을 넣고 알코올과 함께 발효하는 과정에서 포도 껍질의 색소가 알코올에 착색되어 레드 와인의 진한 색깔이 만들어진다. 이와 달리 화이트 와인은 껍질과 씨를 제거한 포도즙을 발효하기 때문에 밝고 연한 색깔이 만들어진다. 한편 레드 와인은 짙고 깊이 있는 색을 만들기 위해 화이트 와인보다 높은 온도에서 발효 과정을 거치는데, 발효 과정에서 온도가 높아질수록 미생물이 발생할 수 있으므로 레드 와인의 경우 발효 과정에서 아황산을 첨가한다. 마지막 5단계는 발효된 포도즙을 저장 및 숙성하는 단계로 이를 통해 와인이 완성된다.

레드 와인과 화이트 와인은 색깔뿐만 아니라 맛에서도 차이가 있다. 일반적으로 레드 와인은 떫은맛을 내고, 화이트 와인은 상큼하고 깔끔한 맛을 낸다. 포도의 씨와 줄기에는 타닌이라는 떫은맛을 내는 성분이 존재하는데, 화이트 와인은 발효 과정에서 씨를 분리하기 때문에 떫은맛이 나지 않는다. 반면 레드 와인은 화이트 와인과 달리 발효 과정에서 포도의 씨를 첨가하고, 두 번의 발효 과정을 거치기 때문에 포도의 씨가 계속 발효되어 도수가 높고 떫은맛을 낸다.

① 레드 와인은 제조 공정에서 포도 껍질을 첨가한다.
② 제조 공정에서 레드 와인과 화이트 와인이 구분되는 단계는 4단계이다.
③ 화이트 와인은 포도의 씨를 발효하지 않는다.
④ 레드 와인은 미생물 발생을 방지하기 위해 아황산을 첨가한다.
⑤ 와인의 색깔과 맛을 결정하는 것은 발효 과정에서의 포도의 씨 첨가 여부이다.

05. 다음 글의 내용이 참일 때, 반드시 참인 것만을 <보기>에서 모두 고르면?

○○부처에서는 내년도 홍보 계획을 수립하고 있다. 이를 위해 현재 고려되고 있는 홍보 방안은 다음과 같다. 최근 오디션 프로그램을 통해 높은 인기를 얻은 가수 A씨를 홍보대사로 위촉하거나 친근한 이미지를 가진 방송인 B씨를 홍보대사로 위촉할 것이다. 가수 A씨를 홍보대사로 위촉하거나 TV 광고를 위한 영상을 제작할 경우, 지하철 옥외광고도 진행할 예정이다. 만약 지하철 옥외광고를 진행한다면, 대학생 서포터즈를 운영하고 부처의 주요 정책을 소재로 한 웹툰 광고를 제작할 것이다. 그런데 부처의 주요 정책을 소재로 한 웹툰 광고를 제작하지 않을 경우에만, 방송인 B씨를 홍보대사로 위촉할 것이다. 한편 방송인 B씨를 홍보대사로 위촉하지 않는다면, 대학생 서포터즈 운영과 TV 광고를 위한 영상 제작 중 적어도 하나는 진행하지 않을 것이다.

───── 〈보 기〉 ─────

ㄱ. 부처의 주요 정책을 소재로 한 웹툰 광고를 제작하지 않는다면, 대학생 서포터즈를 운영한다.

ㄴ. 지하철 옥외광고를 진행한다면, 가수 A씨를 홍보대사로 위촉하고 방송인 B씨는 홍보대사로 위촉하지 않는다.

ㄷ. TV 광고를 위한 영상 제작과 부처의 주요 정책을 소재로 한 웹툰 광고 제작 모두 진행하지 않을 수 있다.

① ㄱ
② ㄴ
③ ㄱ, ㄴ
④ ㄴ, ㄷ
⑤ ㄱ, ㄴ, ㄷ

06. 다음 글의 내용이 참일 때, 반드시 참인 것만을 <보기>에서 모두 고르면?

A대학교에 있는 공용 컴퓨터 중 한 대에 누군가 악성 프로그램을 설치하였다는 사실이 드러났다. 얼마 전 공용 컴퓨터 점검을 실시했을 때는 모든 컴퓨터가 정상이었기 때문에, 악성 프로그램을 설치한 것은 점검이 끝난 후에 해당 컴퓨터를 이용한 갑, 을, 병, 정 4명의 학생 중 1명이다. 이들은 각자 한 번씩만 컴퓨터를 이용했고 동시에 이용한 사람은 없으나, 어떤 순서로 이용했는지는 확인되지 않았다. 교내 컴퓨터 관리 담당자가 이 4명의 학생을 불러 악성 프로그램 설치 사건에 관하여 물었더니 아래와 같이 두 가지씩 진술하였는데, 나중에 확인해보니 이들은 각각 참만 말하거나 거짓만을 말한 것으로 밝혀졌다.

○ 갑: 저는 정 바로 다음에 컴퓨터를 이용했어요. 병은 컴퓨터에 악성 프로그램을 설치한 범인이 아니에요.
○ 을: 제 바로 다음에 컴퓨터를 이용한 사람은 병이에요. 저는 컴퓨터에 악성 프로그램을 설치하지 않았어요.
○ 병: 을의 말은 참이에요. 컴퓨터에 악성 프로그램을 설치한 범인은 정이에요.
○ 정: 갑은 을보다 먼저 컴퓨터를 이용했어요. 병이 한 말은 거짓이에요.

───── 〈보 기〉 ─────

ㄱ. 갑은 참만을 말했으며, 범인이 아니다.

ㄴ. 범인이 한 진술은 거짓이다.

ㄷ. 을이 범인이라면, 정은 병보다 먼저 컴퓨터를 이용했다.

① ㄱ
② ㄴ
③ ㄷ
④ ㄱ, ㄴ
⑤ ㄴ, ㄷ

07. 다음 글의 (가)와 (나)에 들어갈 말로 가장 적절한 것은?

> 정육면체 주사위를 던져서 6이 나올 경우 600만 원의 상금을 받는 게임이 있다고 가정해보자. 다만 게임에 참가하려면 60만 원의 참가비를 내야 한다고 할 때, 참가하는 것이 유리할까 아니면 참가하지 않는 것이 유리할까? 주사위를 던져서 각 숫자가 나올 확률은 $\frac{1}{6}$로 동일하므로 6이 나올 확률도 $\frac{1}{6}$이다. 확률을 적용하여 이 게임에서 참가자가 받을 것으로 예상되는 금액, 즉 상금의 기댓값을 계산해보면 $600 \times \frac{1}{6} = 100$만 원이 나온다. 따라서 참가비를 내더라도 40만 원이 이득이므로 게임에 참가하는 것이 유리하다는 결론이 도출된다.
>
> 또 다른 게임을 생각해보자. 동전 한 개를 앞면이 나올 때까지 계속 던져서 n회차에 처음 앞면이 나오면 2^{n-1}만 원의 상금을 받는 게임이 있다. 예컨대 동전을 던져서 첫 번째에 바로 앞면이 나오면 $2^{1-1} = 1$만 원을 받고 게임이 끝나며, 첫 번째는 뒷면이 나오고 두 번째는 앞면이 나오면 $2^{2-1} = 2$만 원을 받고 게임이 끝난다. 이때 참가비가 얼마라면 공정한 게임이라고 할 수 있을까? 동전을 던져서 앞면 혹은 뒷면이 나올 확률은 각각 $\frac{1}{2}$이고, 동전 던지기는 거듭해도 각 시행 사이에 종속관계가 없어 매 회차에 앞면이 나올 확률은 $\frac{1}{2}$로 일정하다. 아래와 같이 계산해보면 이 게임에서 상금의 기댓값은 무한이라는 것을 알 수 있다. 그러므로 참가비가 100만 원이든, 1,000만 원이든 게임에 참가하는 것이 유리하다.
>
> $$\left(1 \times \frac{1}{2}\right) + \left(2 \times \frac{1}{2^2}\right) + \left(2^2 \times \frac{1}{2^3}\right) + \left(2^3 \times \frac{1}{2^4}\right) + \cdots$$
> $$= \frac{1}{2} + \frac{1}{2} + \frac{1}{2} + \frac{1}{2} + \cdots = \infty$$
>
> 하지만 사람들은 많은 액수의 참가비를 내면서까지 이 게임에 참가하지 않으려 할 것이다. 만약 100만 원의 참가비를 냈다면 동전을 던져서 최소 ▢(가)▢ 연속으로 뒷면이 나와야 이득이고, 마찬가지로 1,000만 원의 참가비를 냈을 때 적어도 손해는 보지 않으려면 ▢(나)▢에 처음으로 앞면이 나와야 하기 때문이다.

    (가)   (나)

① 여섯 번   아홉 번째

② 일곱 번   열 번째

③ 일곱 번   열한 번째

④ 여덟 번   열 번째

⑤ 여덟 번   열한 번째

08. 다음 글의 내용이 참일 때, 반드시 참인 것은?

> 4차 산업혁명위원회는 최근 임기가 만료된 위원들을 대신하여 A~D중 일부를 새로운 위원으로 위촉할 예정이다. 이때 A~D의 위촉 조건은 아래와 같다.
>
> ○ C가 위촉되면 B도 위촉된다.
> ○ A가 위촉되지 않으면 D는 위촉된다.
> ○ B가 위촉되면 D는 위촉되지 않는다.
> ○ C가 위촉되면 D는 위촉되지 않는다.
> ○ A는 위촉되지 않는다.

① B는 위촉된다.

② B와 C는 위촉된다.

③ C는 위촉되지 않는다.

④ C와 D는 위촉된다.

⑤ D는 위촉되지 않는다.

09. 다음 대화 내용이 참일 때, ㉠과 ㉡에 들어갈 말을 가장 적절하게 나열한 것은?

> A: 가영이가 출장을 가지 않거나 나영이가 출장을 가지 않으면 다영이 또는 라영이가 출장을 가야 해.
> B: 마영이가 출장을 가지 않으면 가영이가 출장을 가야하는 것도 사실이야.
> A: 그렇다면 ┃ ㉠ ┃ 것이 참이므로 가영이가 출장을 가겠군.
> B: 맞아. 또한 마영이가 출장을 가지 않으면 사랑이도 출장을 갈 수 없어.
> A: 그럼 사랑이와 아영이는 모두 출장을 가겠군.
> B: 그래. 그 까닭은 ┃ ㉡ ┃ 때문이지.

① ㉠: 마영이가 출장을 가지 않는
　 ㉡: 마영이가 출장을 가면 사랑이와 아영이 모두 출장을 가기

② ㉠: 마영이가 출장을 가지 않는
　 ㉡: 사랑이와 아영이 모두 출장을 가지 않으면 마영이가 출장을 가지 않기

③ ㉠: 다영이와 라영이 모두 출장을 가지 않는
　 ㉡: 마영이가 출장을 가면 사랑이와 아영이 모두 출장을 가기

④ ㉠: 다영이와 라영이 모두 출장을 가지 않는
　 ㉡: 사랑이와 아영이 모두 출장을 가면 다영이 또는 라영이 출장을 가기

⑤ ㉠: 다영이와 라영이 모두 출장을 가지 않는
　 ㉡: 사랑이와 아영이 모두 출장을 가지 않으면 마영이가 출장을 가지 않기

10. 다음 세 진술이 모두 거짓일 때, 행정직 공무원 면접시험 채용후보자로 선발될 수 있는 최대 인원은?

> 인사혁신처는 행정직 공무원 면접시험 대상자인 가훈, 나연, 다현, 라운 중에서 채용후보자를 선발하려고 한다. 채용후보자 선발과 관련된 진술은 아래와 같다.
>
> ○ 가훈과 나연이 모두 선발된다.
> ○ 나연과 다현 중 적어도 1명이 선발된다.
> ○ 다현과 라운 중 적어도 1명이 선발되지 않으면 가훈도 선발되지 않는다.

① 0명
② 1명
③ 2명
④ 3명
⑤ 4명

11. 다음 글의 내용과 부합하지 않는 것은?

'대한민국(大韓民國)'이라는 국호는 3·1운동 이후 대한민국 임시정부에 의해 조선을 이을 새로운 국호로 사용되었다. '대한'이라는 국호는 일제가 한반도를 침탈하기 전, 고종 황제에 의해 선포된 대한제국에서 처음 사용되었다. 고종은 조선이 삼한(三韓)의 땅을 통일해 세운 나라라고 보고, 나라의 이름을 '한(韓)'으로 정하였다. 그리고 제국의 지위를 나타내기 위해 앞에는 '대(大)', 뒤에는 '제국'을 붙여 '대한제국'이라는 국호를 정하였다. '대한'의 국호는 일제가 대한제국을 병합한 뒤 다시 조선이라는 이름을 사용하게 하면서 잠시 잊히는 듯했으나, 3·1운동으로 설립된 임시정부가 국호를 정하는 과정에서 유력한 후보로 다시 등장하였다. 일제의 침탈을 막지 못한 대한제국과 고종 황제에 관해 평가가 좋을 수만은 없었기에, 임시정부 회의에서도 '대한'을 사용하는 것에 반대하는 사람이 많았다. 그러나 '대한으로 망했으니 대한으로 흥하자'라는 신석우의 발언에 설득되어, 임시정부는 새 나라의 이름을 '대한민국'으로 채택하였다.

광복 이후, 우리나라의 정식 국호를 결정해야 하는 시기가 오면서 '대한'의 적절성에 대한 논쟁이 다시 시작되었다. 국호에 삼한(三韓) 계승 의식을 나타내는 것은 한민족의 역사를 두루 포괄하지 못하여 부적절하다는 견해와 민주공화국의 이름에 제국을 나타내는 '대'가 포함되는 것은 옳지 않다는 견해 등 '대한'이라는 국호에 대한 다양한 반대 의견들이 대두되었다. 반면에 '대한'이라는 이름이 일제강점기 전반에 걸쳐 대외적으로 꾸준히 사용되었다는 이유로 '대한' 사용을 지지하는 사람도 적지 않았다. 한편 '대한민국' 외에도 다양한 이름들이 거론되었는데, 대한제국 시기 이전부터 사용된 영문 국호인 'KOREA'와 상통하는 '고려', 헌법 초안에서 임시로 사용되었던 '한국' 등이 거론되었다. 헌법기초위원회는 '대한민국'과 '고려공화국', '조선공화국', '한국' 4개의 이름을 국호의 후보로 표결에 부쳤고, 투표 결과 '대한민국'이 소속 위원의 과반수 다수표를 획득하면서 국호로 최종 선택되었다.

① 헌법 초안에 사용될 국호로 총 4개의 후보가 투표에 부쳐졌다.

② '대한'이라는 국호에는 제국의 지위를 나타내는 요소가 들어 있다.

③ 고종 황제의 통치 시기에도 고려와 상통하는 영문 국호가 사용되었다.

④ '대한'이라는 국호 사용에 대한 반대 의견은 광복 전후에 걸쳐 여러 차례 대두되었다.

⑤ '대한'이라는 국호는 일제에 주권을 빼앗겼을 때에도 계속 사용되었다.

12. 다음 글에서 알 수 있는 것은?

지리지(地理志)란 국가 통치를 위해 지리·정치·경제·군사 등의 자료를 체계적이고 종합적으로 기록한 것이다. 지리지는 고려시대부터 편찬되었지만, 역사서의 부록으로 수록되어 지리지로서의 독자적인 지위를 확보하지는 못하였다. 역사서의 부록이 아니라 국가 통치를 위한 목적으로 독자적인 체계를 갖춘 지리지는 조선의 건국과 중앙집권화가 진전되면서 본격적으로 편찬되기 시작하였다.

조선시대에 독자적인 체계를 갖추어 편찬된 최초의 지리지는 『신찬팔도지리지』이다. 그러나 『신찬팔도지리지』는 현존하지 않기 때문에 『경상도지리지』와 『세종실록지리지』를 통해 내용을 추론하는 것만 가능하다. 『경상도지리지』는 국방과 관련된 기록이 많은데 이는 외적의 침입을 대비하기 위해 국가의 관심이 국방에 있었음을 의미한다. 『세종실록지리지』는 정치·경제·군사와 같이 국가적 현실을 파악하기 위해 편찬된 것으로 『경상도지리지』, 『신찬팔도지리지』를 수정 및 보완한 것이다. 원래는 1454년 『세종실록』을 편찬할 때 세종의 업적을 기리기 위한 목적에서 실록의 부록 형식으로 발간되었으나, 지리지로서의 체계성을 갖추었고 방대한 내용이 기록되어 있다. 이후 세조는 『세종실록지리지』의 오류를 수정하고 내용을 추가하기 위해 전국 8도를 재조사하여 지리지를 편찬하였는데 이 지리지가 『팔도지리지』이다. 그러나 『팔도지리지』는 현존하지 않으므로 해당 지리지를 편찬하는 데 사용된 지방 자료인 『경상도속찬지리지』를 통해 내용을 짐작할 수 있다.

세조 이후, 조선의 통치 기반이 확고해지자 지리지의 편찬 의도는 통치에 필요한 자료 수집에서 유교 문화 발전 과정 등 문화 의식을 강조하는 방향으로 바뀌었다. 특히 유교 문화를 널리 선양하기 위해 역사와 문화에 관한 내용이 지리지에 기록되었다. 대표적으로 『팔도지리지』에 효자나 열녀와 같이 유교적 윤리에 충실한 이들의 행실과 아름다운 시문을 함께 기록한 『동국여지승람』이 있다.

① 고려시대 지리지는 역사서의 보충적 성격을 가진 것으로 지리적 내용만이 기록되어 있다.

② 『신찬팔도지리지』는 독자적 체계를 갖춘 지리지로서 현존하는 지리지 중 가장 오래된 지리지이다.

③ 『세종실록지리지』에 수록된 자료가 『팔도지리지』에 수록된 자료보다 많다.

④ 『팔도지리지』는 현존하지 않으나 『경상도지리지』를 통해 그 내용을 짐작할 수 있다.

⑤ 『동국여지승람』은 『세종실록지리지』를 수정 및 보완한 지리지에 시문을 추가한 지리지이다.

13. 다음 글에서 알 수 있는 것은?

봉건제도는 국왕, 영주, 농노의 신분 위계화로 이뤄진 중세 유럽의 정치제도이다. 국왕이 영주들에게 토지를 나누어 주고 자치권을 부여하면, 영주들은 부여받은 토지 안에서 기사를 양성하고 농노에게 토지를 경작하게 했다. 농노들은 영주의 토지 안에서 보호를 받는 조건으로 토지를 경작하여 각종 세금을 영주에게 납부했고, 영주는 이 중 일부를 국왕에게 세금으로 바쳤다. 이와 같이 영주의 자치권이 미치는 토지 안에서 영주와 농노 간의 봉건적 토지소유 형태를 형성한 것을 장원이라고 하며, 이를 통해 하나의 경제 단위를 형성하는 경제체제를 장원제도라 한다. 봉건영주들은 장원제도를 활용하여 부여 받은 토지 안에서 자신들의 지배력을 키워나갔다.

중세 유럽에서 십자군 전쟁 이전의 봉건영주들은 실질적으로 지배력이 왕권만큼 강했다. 그 이유는 국왕은 형식적으로 봉건영주들보다 우월한 지위에 있었을 뿐, 장원 내에서는 행정·사법·정치·군사 등 통치의 실권이 봉건영주에 있었기 때문이다. 그러나 십자군 전쟁이 발발하면서 봉건영주들은 십자군 전쟁에 필요한 자금을 마련하기 위해 국왕에게 재산을 팔거나 저당을 잡혔다. 이로 인해 봉건영주의 지배력이 국왕의 지배력보다 약해지기 시작했다. 한편 십자군 전쟁으로 인한 물자 교환의 확대는 기존에 형식적으로만 존재했던 화폐 경제를 활성화했다. 이후 상인들은 장원에서 벗어나 상공업을 운영하였고, 이러한 상공업을 중심으로 도시가 출현하였다. 이때 국왕은 왕권을 강화하기 위해 도시에 자치권을 부여함으로써 도시로 하여금 장원제도를 기반으로 하는 봉건영주의 세력을 약하게 만들었다.

특히, 12세기경 중세 유럽 국가 중 프랑스는 국왕과 도시가 매우 긴밀하게 결탁하였다. 국왕은 도시 그 자체를 영주와 동격의 존재로 올려놓았고, 그 결과 국왕과 도시 사이에 봉건적 주종관계가 성립되었다. 이로 인해 봉건영주의 권력은 약화되었으며, 수많은 시민이 경제적·사회적 자유를 얻을 수 있었다. 이는 곧 국가의 단일성을 급속도로 발전시키는 계기가 되었다.

① 봉건영주는 장원 내에서 정치·행정의 실질적 지배자로 국왕에게 세금을 납부하지 않았다.

② 십자군 전쟁은 봉건영주 세력과 장원제도의 쇠퇴에 영향을 주었다.

③ 국왕은 상공업이 발달한 도시에 세금을 면제하여 봉건영주 세력을 약화시켰다.

④ 십자군 전쟁은 물자 교환을 확대하여 화폐의 출현을 가능하게 하였다.

⑤ 12세기경 프랑스는 봉건제도가 철폐되어 신분의 평등이 이루어졌다.

14. 다음 글의 ㉠에 해당하는 사례만을 <보기>에서 모두 고르면?

㉠자기결정권이란 개인이 자신의 삶에 관한 사항에 있어 스스로 자유롭게 결정하고 그 결정에 따라 행동할 수 있는 권리를 의미한다. 자기결정권에 따라 개인은 자신의 삶에 관한 사항을 결정할 절대적 자유가 있으며, 행위의 결과가 타인에게 침해를 일으킬 것이 분명할 때에만 비로소 개인의 행위에 대해 외부의 개입이 정당화될 수 있다. 즉, 개인의 행위에 대한 외부의 개입이 개인의 물질적·정신적 행복을 억압할 목적으로 이루어질 때는 정당화될 수 없다. 왜냐하면 모든 개인은 자신의 신체와 정신에 대한 주권자로서 자신의 행복을 증진하기 위해 행동을 결정하기 때문이다. 즉, 개인 스스로의 판단에 의한 행위가 그 행위자의 안전을 해친다고 하더라도, 그러한 행위를 개입하여 달성할 수 있는 보호 이익보다 그 자유를 억압하여 발생하는 해악이 더 클 수 있다. 따라서 개인의 행위가 스스로 동의에 의한 것이라고 보기에 의심스러울 때도 스스로 동의에 의한 행위를 한 것으로 인정해야 한다.

그러나 자기결정권이 무제한적인 보장을 받는 것은 아니다. 왜냐하면 자기결정권은 개인의 행위가 스스로에게만 영향을 미치는 경우를 전제하고 있기 때문이다. 따라서 개인의 행위가 타인에게 침해를 일으키는 경우에는 언제든 외부의 개입이 가능하다. 또한 타인에게 피해를 주지 않는 경우라도 자신의 의지로 개인의 자유를 포기하는 경우에는 자기결정권을 인정할 수 없다. 예컨대 자발적으로 노예가 되고자 하는 것과 같이 스스로 자유를 억압하고, 박탈하는 행위는 그 어떤 경우라도 개인의 행복을 증진할 수 없기 때문이다.

〈보 기〉

ㄱ. 자신의 신체에 고통이 가해지는 것을 알면서도 멋을 내기 위해 스스로 문신을 새기는 행위

ㄴ. 경제적 어려움 때문에 스스로 범죄를 저지르고 체포되어 자유를 포기하려는 행위

ㄷ. 술에 취하여 스스로 의사를 결정하기 어려워 보이는 상황에서 타인을 폭행하려는 행위

① ㄱ

② ㄷ

③ ㄱ, ㄴ

④ ㄴ, ㄷ

⑤ ㄱ, ㄴ, ㄷ

15. 다음 글에서 추론할 수 있는 것만을 <보기>에서 모두 고르면?

언론의 부당한 의혹 제기로 피해를 받은 국민이 취할 수 있는 피해구제수단으로는 크게 정정 보도와 반론보도가 있다. 피해자는 언론사가 사실과 다른 잘못된 내용을 기사로 보도할 경우에 정정 보도를 요구할 수 있고, 언론사가 보도한 의혹의 내용이 사실이지만 피해자의 반론권이 충분히 보장되지 못하여 피해를 입은 경우에 반론 보도를 요구할 수 있다. 두 피해구제수단 모두 언론사의 부당한 의혹 제기로 인해 피해를 받은 국민을 구제해준다는 점에서는 공통점이 있으나, 언론사가 보도한 내용의 허위성을 입증할 책임이 누구에게 있는지에 따라 피해자가 해당 내용의 허위성을 입증해야 하는지의 여부가 결정된다는 점에서는 차이점이 있다. 정정 보도를 요구할 때는 피해자가 언론사의 보도 내용이 허위임을 입증해야 하지만, 반론 보도를 요구할 때는 피해자가 보도 내용이 허위임을 입증하지 않아도 된다.

그러나 사실관계가 복잡하게 얽힌 언론사의 의혹 제기에서 정정 보도를 요구하는 피해자에게 모든 입증 책임을 부담하게 하는 것은 부당할 수 있다. 따라서 법원은 판례를 통해 피해자와 언론사에게 입증 책임을 분배하고 있으며, 판례에서 제시하는 입증 책임에 관한 분배 기준은 다음과 같다. 먼저 언론사가 제기한 의혹이 어떠한 사실이 존재한다든가 존재하지 않는다는 내용일 때, 그 내용이 특정 기간, 특정 장소에서 특정 행위에 관한 내용이라면 피해자가 그 의혹에 관한 충분한 증거를 제출할 수 있으므로 피해자가 의혹의 내용이 사실이 아님을 입증해야 한다. 그러나 언론사가 제기한 의혹이 어떠한 사실이 존재한다거나 존재하지 않는다는 내용일 때, 그 내용이 특정되지 않은 대상, 특정되지 않은 기간 또는 공간에서 발생한 구체화하지 않은 내용이라면 피해자가 이를 입증하기는 어려우므로 의혹을 제기한 언론사가 의혹의 내용이 사실임을 입증해야 한다.

─────── 〈보 기〉───────

ㄱ. 사업주 '갑'이 불특정 다수의 직원에게 모욕적인 발언을 하였다는 언론사 A의 보도 내용에 정정 보도를 신청하기 위해 사업주 '갑'이 해당 보도 내용이 허위임을 입증할 필요는 없다.

ㄴ. 연예인 '을'이 2018년 7월 3일에 후배 연예인 '병'을 연습실에서 주먹으로 폭행했다는 언론사 A의 보도 내용에 정정 보도를 신청하기 위해서는 연예인 '을'이 해당 보도 내용이 허위임을 입증해야 한다.

ㄷ. 공무원 '정'이 2019년 1월 1일 민원인 '무'로부터 3천만 원 상당의 금품을 수수하였다는 언론사 A의 보도 내용에 반론 보도를 신청하기 위해 공무원 '정'이 해당 보도 내용이 허위임을 입증할 필요는 없다.

① ㄱ
② ㄷ
③ ㄱ, ㄴ
④ ㄱ, ㄷ
⑤ ㄱ, ㄴ, ㄷ

16. 다음 글의 빈칸에 들어갈 내용으로 가장 적절한 것은?

미적 판단이란 우리가 사물을 보고 아름답거나 아름답지 않다고 판단하는 것으로, 외부 대상에 대한 미적 가치 판단을 말한다. 이러한 미적 판단이 무엇인지에 대해서는 전통주의와 경험주의의 견해가 다르다. 전통주의에 의하면 미적 판단은 외부 대상에 대한 이성 판단으로, 사물에 대한 사실 판단과 같다. 즉, 미적 판단을 개인의 감정과 무관한 객관적 판단으로 보는 것이다. 그러나 경험주의에 의하면 미적 판단은 외부 대상에 대한 호의적이거나 불쾌한 감정이다. 즉, 아름다움의 근원은 일차적으로 대상이 아닌 우리 마음속 감정에 있으며, 이로 인해 미적 판단은 다른 사람과 공유할 수 없는 순수한 감각적 만족인 것이다.

그러나 경험주의자인 흄은 미적 판단이 개인의 주관적 감정과 동일한 것이 아니라 단지 공통감각에 의존한다고 믿었다. 공통감각은 지성이나 진리에 우선하는 인간의 감각적 능력으로 인류 전체가 공유하는 보편적 감각이다. 따라서 흄은 이러한 보편적 감각에 기반한 미적 판단은 모든 인간이 공유할 수 있는 보편 타당한 감정으로 보았다. 그럼에도 불구하고 미적 판단이 개인의 주관적 감정으로 여겨지는 이유를 흄은 미적 판단이 개인마다 상이한 개념체계의 영향을 받아 편파성을 띠기 때문이라고 보았다. 즉, 인간은 개인마다 상이한 개념체계로 인해 자신과 관계가 있는 대상을 그렇지 않은 대상보다 더 아름답게 느낀다는 것이다.

하지만 흄은 인간이 상상력을 발휘하면 미적 판단의 편파성을 해소할 수 있다고 보았다. 상상력은 자신과의 관계성에 상관없이 지각하는 대상을 자신과 동일시하는 능력을 말한다. 흄은 인간이 자신과 타인을 동일시하는 상상력이 있기 때문에 타인의 감정에 공감할 수 있다고 본 것이다. 또한 흄은 상상력을 공통감각과 개념체계를 매개하는 역할이 아닌 인간으로 하여금 편파성을 배제하여 보편적인 미적 판단을 가능하게 하는 능력이라고 보았다. 즉, 상상력이 [   ] 결국 우리가 미적 가치를 객관적 판단으로 여길 수 있는 것은 개인의 서로 다른 개념체계가 미적 판단의 편파성을 가져오지 못하기 때문이다.

① 미적 판단에 있어 공통감각과 개념체계의 상호작용을 불러일으키는 것이다.
② 미적 판단에 있어 개인의 개념체계의 작용을 무력화시키는 것이다.
③ 미적 판단에 있어 개인과 타인의 감정을 분리하는 것이다.
④ 미적 판단을 개인의 주관적인 감정과 동일하게 만든다.
⑤ 미적 판단에 있어 공통감각의 작용을 무력화하는 것이다.

17. 다음 글의 전체 흐름과 맞지 않는 한 곳을 ㉠~㉤에서 찾아 수정하려고 할 때, 가장 적절한 것은?

최근 자동차 회사는 오래전부터 시작한 자율주행 연구에서 큰 성과를 얻고 있다. 그럼에도 자동차 광고는 여전히 해당 자동차의 성능이 얼마나 좋은지, 어떤 편의사항이 있는지만을 강조한다. 또한 현재 ㉠자동차의 성능은 실제 교통상황에 불필요할 정도로 높으며, 편의사항 역시 그다지 실용적이지 않다. 만약 자동차의 완전 자율주행이 가능해진다면, 기존 자동차들의 고성능과 편의사항은 운행에 필요 없게 될 수도 있다.

자율주행의 단계는 자율주행의 기능과 운전자의 제어 수준 정도에 따라 자율주행을 전혀 하지 않는 단계에서 ㉡운전자의 제어가 필요 없는 '완전 자율주행 단계'까지 구분된다. 현재의 자율주행 자동차는 운전자의 상시 감독이 필요한 '부분 자율주행 단계'이므로 사실상 운전 보조 기능에 가깝다. 그러나 앞으로 개발될 완전 자율주행 단계에서 운전자의 제어는 불필요한 요소가 된다. 이 시점에서 자동차에 중요한 것은 ㉢차량이 얼마나 고성능인가보다는 얼마나 교통 시스템에 잘 어우러지는가이다.

현재의 교통 시스템에 부합한 자율주행 자동차를 개발하기 위해서는 센서를 통한 데이터 처리 기술이 필요한데, 이에 대해 자동차 회사와 정보통신 업체 간의 입장이 다르다. ㉣아직까지는 자동차 회사가 정보통신 업체보다 더 많은 기술과 인력을 가지고 있기 때문에 자동차 회사는 정보통신 업체들과 협업하여 자율주행 자동차를 만드는 데 부족한 부분을 보완하려고 한다. 그러나 정보통신 업체들은 자동차 회사를 자신들의 시장으로 흡수하여 자율주행 자동차를 개발하려고 한다.

만약 완전 자율주행 단계의 자동차가 개발된다면, 자동차는 이전과는 다른 방식으로 소비될 것이다. 즉, 기존의 자동차처럼 개인이 소유하는 것이 아니라 공유의 방식으로 이용되는 것이 더 효율적인 상황이 올 수도 있다. 출퇴근 시간을 제외하고 대부분을 주차장에 멈춰 있어야만 하는 기존의 자동차는 ㉤사람이 운전해야 한다는 전제조건이 부정되는 순간 그럴 필요가 없어지는 것이다.

① ㉠을 '자동차의 성능은 아직 사용자가 만족하지 못할 정도로 낮으며'로 수정한다.

② ㉡을 '운전자의 제어가 필요한 '부분 자율주행 단계'까지 구분된다'로 수정한다.

③ ㉢을 '차량이 얼마나 교통 시스템에 잘 어우러지는가보다 얼마나 고성능인가이다'로 수정한다.

④ ㉣을 '자동차 회사보다 정보통신 업체가 더 많은 기술과 인력을 가지고 있기 때문에'로 수정한다.

⑤ ㉤을 '사람이 운전해야 한다는 전제조건이 성립되는 순간 그럴 필요가 없어지는 것이다'로 수정한다.

18. 다음 글의 ㉠과 ㉡에 대한 분석으로 적절한 것은?

근로기준법 제4조는 사용자와 근로자가 근로계약 관계에 있어 동등한 지위에 있음을 명시적으로 규정하고 있다. 이에 따라 기업의 취업규칙이나 노조와의 협의를 통해 체결된 단체협약에 근로기준법에 위배되는 부분이 있으면 그 부분은 무효로 된다. 그러나 근로기준법에 사용자에게 징계권이 있다는 내용이 없는데도 불구하고 회사에 손해를 끼친 근로자는 사용자에 의해 징계를 받게 되는 것이 일반적이며, 노동 현장에서 사용자가 작성하는 취업규칙 또는 단체협약에 징계권 행사 관련 규정을 두는 것도 일반적이다.

근로자와 계약상 동등한 지위에 있는 사용자가 무엇을 근거로 근로자에게 징계라는 불이익을 부과할 수 있는지에 대하여 견해가 대립한다. ㉠고유권한설을 따르는 학자들은 사용자가 징계권을 행사하는 것은 기업의 질서유지를 위해 필수적이라고 전제한다. 나아가 기업의 안정적인 운영은 사용자와 근로자 양쪽 모두에게 필요한 것이므로 사용자가 징계권을 행사하는 것이 근로기준법 제4조에 부합한다고 해석한다. 즉, 징계권은 근로계약의 본질에 내재되어 있는 것으로서 사용자에게 당연히 주어지는 고유한 권한이고, 이에 따라 취업규칙 혹은 단체협약 등에 징계권 행사에 관한 규정이 존재하는지 여부와 상관없이 징계권을 행사할 수 있다는 것이다. 반면, ㉡규범설을 따르는 학자들은 고유권한설의 전제를 부정하며, 위와 같은 해석은 사용자와 근로자가 대등한 계약당사자임을 규정한 근로기준법의 정신에 위배되어 부적절하다고 주장한다. 규범설은 근로기준법이 사용자의 징계권 행사가 가능함을 전제로 징계권 행사의 제한에 관한 규정을 두고 있고, 이러한 규정이 기업 내 징계에 관한 규정에 규범의 성질을 부여함으로써 사용자와 근로자 모두가 그 내용에 구속된다고 주장한다. 따라서 규범설의 입장에서는 취업규칙 혹은 단체협약에 징계에 관한 규정이 있어야 사용자에게 징계권이 부여되며, 해당 규정에 따라서만 징계권을 행사할 수 있다고 본다.

① ㉠은 근로계약의 본질 상 사용자와 근로자는 대등하지 않다고 해석하는 입장이다.

② ㉠과 ㉡은 취업규칙 규정에 따른 징계권 행사가 가능한지에 대해 서로 다른 견해를 보인다.

③ ㉠은 ㉡과 달리 취업규칙 혹은 단체협약에 명문으로 규정하지 않아도 징계권을 인정할 수 있다고 본다.

④ ㉠과 ㉡은 모두 징계권 행사가 기업의 운영에 필수적인지 여부에 대해 견해가 일치한다.

⑤ ㉡은 노조와의 협의를 통해 체결된 단체협약에 따라서만 징계권 행사를 인정한다.

19. 다음 글에 의해 반박될 수 있는 주장으로 가장 적절한 것은?

현재의 과학연구 방식은 과거와 비교할 수 없을 정도로 막대한 인적·물적 자본의 결합으로 이루어진다. 이른바 거대과학의 출현은 과학연구가 이제는 대학을 중심으로 하는 기초과학이나 순수과학 범주에서 이루어질 수 없음을 의미한다. 과학 활동이 거대해지자 과학연구는 과학자들과의 인적 자본뿐만 아니라 국가나 기업의 물적 자본이 결합하여 이루어졌다. 이에 따라 과학연구는 인류의 지식 확대와 함께 경제적 가치를 띠어야 한다는 과학의 상업화를 가져오게 되었다.

이러한 과학의 상업화에서 과학적 발견의 성과는 과학자 개인뿐만 아니라 국가나 기업에게도 그 성과의 공로를 인정해야 한다. 왜냐하면 과학적 발견은 국가와 기업의 자본이 투입된 연구소, 산업체, 대학, 과학자 모두의 공동 작업을 통해 이루어낸 성과이기 때문이다. 그러나 1951년 랭뮤어는 과학적 발견은 불확실성으로 인해 과학연구의 결과를 항상 정확하게 예측할 수는 없으므로 과학적 발견에 작용한 모든 변수를 통제하고 그에 따른 공로를 정확하게 평가하고 배분하는 것은 불가능하다고 주장한다. 따라서 랭뮤어는 과학연구는 연구를 직접 계획하고 조직하는 과학자들의 노력과 우연한 요소에 의한 결과물에 불과하므로 그에 따른 성취 역시 과학자 개인에게 돌아가야 한다고 보았다.

그러나 오늘날 과학적 발견은 과학자 개인의 노력뿐만 아니라 외부 지원에 따른 공동 산물의 성격을 띠고 있다. 특히 국가가 연구에 개입하여 과학적 발견을 위한 외부 여건을 만들어 주고, 이미 발견된 것을 과학자들이 더 잘 이용하도록 공학적 계획을 수립해주고 있다. 이러한 현실에 비추어 볼 때 과학적 발견의 성과를 과학자의 개인적 성취나 뜻밖의 발견에 기댄 결과라고만 볼 수는 없다.

① 과학적 발견은 과학자 개인이 이루어낸 성과이므로 자본의 논리에 의해 그 성과의 의미가 퇴색되어서는 안 된다.

② 과학적 발견은 과학자들이 활용할 수 있는 외부적 여건이 얼마나 효율적인지에 따라 성과가 달라진다.

③ 과학적 발견은 공동 작업을 통해 만들어 낸 결과물이므로 한 일방에게만 성과가 돌아가서는 안 된다.

④ 과학적 발견은 인적·물적 자본의 결합체이므로 그 성과를 우연적 요소로만 치부할 수 없다.

⑤ 과학연구의 조직화와 집권화는 과학적 발견의 불확실성을 증가시켜 외부적 요소의 중요성을 강화시킨다.

20. 다음 글의 주장을 약화하는 것만을 <보기>에서 모두 고르면?

지구온난화에 대해 주류 학계에서는 산업화에 따른 탄소 배출량의 증가가 지구 표면 온도의 비정상적 상승을 불러오는 주된 원인이라고 본다. 또한 지구온난화가 지속되면 기후변화에 이어 대재앙이 찾아올 수 있으므로 탄소 배출량을 줄여 지구온난화를 막아야 한다고 주장한다. 그러나 탄소 배출량을 줄이는 것이 과연 지구온난화를 막는 효과적인 방법인지는 다시 생각해 볼 필요가 있다. 지구의 온도와 해수면이 상승하고 있는 것은 사실이지만, 탄소 배출량의 증가가 비정상적으로 빠른 온도 상승에 절대적인 영향을 끼쳤는지의 연구 결과가 아직 나오지 않았기 때문이다. 따라서 지구 내 탄소량과 온도 간의 관계를 되짚어 볼 필요가 있다.

지구 내 탄소량과 온도는 비슷한 시기에 같이 증가 및 상승하거나 감소 및 하락하므로 상관관계가 있지만, 그 선후 관계는 불분명하다. 간혹 지구의 온도가 상승함으로써 지구 내 탄소량이 뒤따라 증가하는 경우도 발생하는데, 이는 인간의 탄소 배출이 지구온난화를 불러온다는 주류적 견해로는 설명할 수 없는 현상이다. 지구 온도의 상승과 태양의 활동이 상관관계에 있다는 점을 고려하면, 지구온난화는 오히려 자연적인 현상에 가깝다. 태양 활동이 활발해져 흑점이 많아지면 지구의 온도가 상승하게 된다는 것이 증명되었고, 최근 태양은 매우 활발한 활동을 보이기 때문이다.

만약 인간의 탄소 배출이 지구의 온도 상승에 절대적인 영향을 끼치는 것이 아니라면, 과연 산업에 큰 타격을 주면서까지 탄소 배출을 규제할 필요가 있을까? 오히려 발전 속도를 늦추어 지구의 온도 상승에 대한 방어기술을 개발할 시기를 놓치게 될지도 모른다. 자연이 발생시킨 지구온난화에 인간이 취해야 할 적절한 반응은 산업을 멈추는 것이 아니라, 빠른 기술 개발로 해수면 상승과 더위에 대응하는 것이다.

───〈보 기〉───

ㄱ. 지구 내 탄소량과 온도의 상관관계를 다시 측정한 결과, 항상 탄소량이 먼저 증가하고 온도가 뒤따라 상승하는 것으로 나타났다.

ㄴ. 지구의 전체 탄소 배출량에서 인간이 배출하는 탄소의 비중이 2% 정도로 매우 적다는 사실이 밝혀졌다.

ㄷ. 탄소 배출량을 감축시키는 기술을 개발하여도 지금의 온도 상승 속도가 유지될 것이라는 연구 결과가 발표되었다.

① ㄱ

② ㄴ

③ ㄷ

④ ㄱ, ㄴ

⑤ ㄱ, ㄷ

※ 다음 글을 읽고 물음에 답하시오. [21~22]

인지발달 측면에서 도덕적 사고의 변화를 설명한 ⊙ 학자 A는 아동의 인지능력이 발달함에 따라 도덕성이 함께 발달한다고 주장하였다. 그에 따르면 4세 이전의 아동은 규범을 이해하지도, 그것을 따라야 한다고 인식하지도 못하는 전도덕성 단계이다. 그러나 5~9세의 아동은 법과 권위에 대한 개념이 잡혀, 규칙을 절대적으로 따라야 하며 다른 사람들도 모두 자신과 같은 방식으로 규칙을 받아들인다고 사고한다. 이를 타율적 도덕성 단계라고 하는데, 도덕에 대한 이해가 미성숙한 상태여서 특정 행위의 옳고 그름을 판단할 때에 그 의도보다는 결과에 집중하는 경향이 나타난다. 그리고 10세 이상이 되면 인지능력이 발달하여 자기 중심성에서 벗어나며, 주변 사람들과의 상호작용을 통해 의견의 조율과 합의를 경험하면서 자율적 도덕성 단계에 이른다. 이 시기의 아동은 규칙이 사회적 합의를 통해 수정될 수 있음을 알게 되고, 행위의 동기와 상황을 고려하여 도덕적 판단을 할 수 있다. 예컨대 실수로 여러 개의 물건을 망가뜨린 갑과 부모님 몰래 어떤 행동을 하다 한 개의 물건을 망가뜨린 을 중에서 누구의 행동이 더 나쁜지 물었을 때, A의 이론에 따르면 발달 단계에 따른 답변은 다음과 같다. 타율적 도덕성 단계의 아동은 [(가)   ]이라고 답하고 자율적 도덕성 단계의 아동은 [(나)   ]이라고 답할 것이다.

A의 이론을 발전시킨 ⓒ 학자 B는 도덕성이 인습적 수준에 따라 단계적으로 발달해나간다고 했다. 그의 이론에 따르면 개인은 가치 갈등 상황을 해결함에 있어 상위 수준의 도덕적 가치를 내재화하려는 경향이 있다. 또한, 도덕의 발달 속도와 최종적으로 도달하는 수준은 개개인이 다를 수 있다. 그러나 도덕성의 발달을 촉진하는 사회적 상호 작용이나 사회 갈등은 보편적으로 존재하는 것이기에, 도덕의 발달이 순차적으로 이루어지며 그 방향과 순서는 문화권과 관계없이 동일한 양상을 보인다.

학자 B가 제시한 도덕성 발달 단계는 전인습, 인습, 후인습 수준으로 나뉘며, 각 수준 내에서 다시 두 단계로 구분된다. 전인습 수준은 사회 규범이 내재화되지 않은 상태로, B에 따르면 특정 발달 단계가 나타나는 연령대가 고정된 것은 아니나 전인습 수준의 도덕 판단은 아동에게서 많이 발견된다. 이는 처벌을 회피하거나 복종을 지향하는 1단계, 자신과 타인의 형평성 측면에서 도덕적 사고를 하는 2단계로 세분화할 수 있다. 인습 수준은 도덕적 규범뿐만 아니라 사회적 인습에 대해서도 고려하게 되는 시기로, 사회나 타인이 정한 규범을 어느 정도 내재화한 상태이다. 인습 수준을 세분화하면 타인의 감정에 관심을 갖고 대인관계에서의 조화를 위해 사회적으로 기대되는 행동을 해야 한다고 사고하는 3단계와 공동체의 질서 유지를 위해 사회의 의무와 법을 준수해야 한다고 여기는 4단계로 구분된다. 마지막으로 후인습 수준에 이르면 개인의 가치 기준이 다름을 이해하고

도덕적 기준은 상대적임을 인정한다. 후인습 수준에 속하는 5단계는 법을 준수하는 것이 개인의 기본 권리를 지키기 위한 것이며, 그 자체가 목적이 아니라고 보는 단계이다. 이에 따라 법규범을 초월하는 가치나 원칙이 존재한다고 사고한다. 마지막으로 6단계는 인류의 가장 보편적인 원리에 기초한 도덕적 사고가 이루어지는 보편 윤리적 원칙 단계이다.

B의 이론을 도덕적 딜레마 상황에 적용해보자. 병의 아내는 불치병에 걸렸다. 이를 치료할 수 있는 유일한 약을 정이 만들었으나, 정은 원가의 10배인 2,000달러에 약을 판매하고자 한다. 병은 1,000달러밖에 마련하지 못해 일단 약을 주면 약값의 나머지 절반은 나중에 갚겠다고 했다. 그러나 정은 이를 거절하였고, 병은 아내를 살리기 위해 정의 연구실에 침입해 약을 훔쳤다. 이때 병의 행동을 옳다고 판단한 사람 중 [(다)   ]에 이른 사람이라면 타인의 재산을 훔치는 것이 법적으로 금지되나 이 사례에서 개인의 재산보다 생명이 더 우선시되어야 할 가치이기 때문이라고 답할 것이고, [(라)   ]에 이른 사람이라면 남편으로서 아내를 살리기 위해 마땅히 해야 할 행동을 한 것이라고 답할 것이다.

21. 위 글의 (가)~(라)에 들어갈 말을 적절하게 나열한 것은?

	(가)	(나)	(다)	(라)
①	갑	을	4단계	3단계
②	갑	을	5단계	3단계
③	을	을	5단계	3단계
④	을	갑	4단계	1단계
⑤	을	갑	5단계	1단계

22. 위 글의 ㉠과 ㉡에 대한 평가로 적절한 것만을 <보기>에서 모두 고르면?

─── 〈보 기〉───

ㄱ. ㉠은 자기 중심적 사고에서 탈피하여 다양한 관점을 인정하고 수용하는 능력을 갖출 때 도덕성 발달 수준도 높다는 데에 동의할 것이다.

ㄴ. ㉡은 사람의 도덕성이 상위 단계에 이르는 방향으로 발달해나가며 퇴행하지는 않는다는 데에 동의할 것이다.

ㄷ. ㉠과 ㉡ 모두 인지능력에 문제가 없다면, 연령별로 기대되는 도덕성 발달 수준이 있고 최종적으로는 가장 높은 도덕적 인지 발달 단계에 이르게 된다는 데에 동의할 것이다.

① ㄴ
② ㄷ
③ ㄱ, ㄴ
④ ㄱ, ㄷ
⑤ ㄴ, ㄷ

23. 다음 글에서 알 수 없는 것은?

조선은 유가의 예치(禮治)를 통치 이상으로 삼았다. 예치는 교화의 방법으로 형벌과 같은 강제가 아닌 덕과 예를 강조하는 사상이다. 조선의 입법가들은 법가에서 채택한 법치(法治), 즉 과도한 엄벌주의와 가혹한 법으로는 백성을 교화할 수 없다고 믿었다. 백성을 형벌로 다스리면, 백성들은 형벌을 면하려 할 뿐 덕과 예를 갖추지 않는 것을 부끄러워하지는 않기 때문이다. 따라서 백성을 덕과 예로써 가르쳐 백성들이 스스로 바로 서게 해야 한다고 믿었다. 그러나 현실에서 법을 완전히 배제할 수는 없었으므로 예치와 덕치(德治)의 하위에 있는 보조적 수단으로 법을 두었는데 이러한 통치 방법을 '유가적 법치'라 한다.

조선의 법률체계를 구성하는 『경국대전』은 이러한 유가적 법치 사상을 반영하고 있다. 형벌로써 예와 덕을 가르치되 최종적으로는 형벌이 없어지기를 기대한 것이다. 그러나 예는 강제력이 없는 사회적 윤리일 뿐 형법이 아니었음에도 조선의 지식인들은 이를 법조문화하여 백성들에게 강제력을 가진 규범으로 인식되기를 원했다. 그래서 '충'과 '효'와 같은 유교적 윤리 사상까지 법전인 『경국대전』에 포함되었다. 이는 충과 효 사상을 습득하여 스스로 사회적 질서를 유지할 것을 기대하면서도 예에 벗어난 행동은 형벌로 다스리기 위함이었다.

따라서 조선의 예는 상당한 수준의 강제적 규범이었다. 이에 따라 중앙과 지방 관리들의 영접뿐만 아니라 일반 백성 및 노비의 관원 고발 금지 규정, 재가 금지 규정 등 관료와 일반 백성들의 일상생활까지 철저하게 규정하였다. 이러한 구체적인 규제와 세세한 규정은 유가의 예치 사상이 그토록 기피했던 법치의 성격을 강하게 내포하고 있었다. 결과적으로 『경국대전』의 유교적 예치는 백성들이 덕과 예를 본받아 스스로 행실을 조심하기보다는 형벌을 면하기 위해 예를 따르게 만들었다.

① 유가의 예치는 가혹한 형벌로는 백성을 교화하지 못한다는 믿음에서 비롯되었다.

② 『경국대전』은 형벌을 사용하지 않는 것을 궁극적인 목적으로 삼았다.

③ 조선시대의 '효'는 그 사상을 법조문화하고 이를 어기면 처벌했다는 점에서 강제적 규범이었다.

④ 조선의 유가적 법치는 '예'와 '덕'을 법조문화하였다는 점에서 유가의 성격을 띠고 있다.

⑤ 『경국대전』은 형벌로 백성들의 일상생활을 철저하게 규정하여 결과적으로 예치의 이상을 달성하지 못하였다.

24. 다음 글의 ⓐ~ⓓ에 해당하는 것을 <사례>에서 골라 알맞게 짝지은 것은?

대한민국 헌법 제31조 제1항은 모든 국민은 능력에 따라 균등하게 교육을 받을 권리를 규정하고 있다. 따라서 모든 국민은 능력에 따라 평등하게 교육을 받을 수 있는 교육의 평등이 있다. 이러한 교육의 평등과 관련하여 여러 종류의 평등관이 존재한다. ⓐ허용적 평등은 누구나 개인의 능력에 맞는 교육을 받을 수 있어야 한다는 평등관이다. 이는 신분, 성별, 종교, 인종 등을 이유로 능력에 맞는 교육 기회 제공을 방해하는 제도를 철폐하는 것에 강조점을 두고 있다. 다만, 허용적 평등은 모든 개인에게 동일한 기회를 제공하는 것보다 능력에 맞는 교육 기회를 제공하는 것에 초점을 두고 있다. ⓑ보장적 평등은 교육받을 기회를 방해하는 경제적·지리적·사회적 장애 등 환경적인 요소를 개선하여 누구나 교육을 받을 수 있도록 보장해야 한다는 평등관이다. ⓒ과정의 평등은 취학의 평등 혹은 교육받을 기회의 평등뿐만 아니라 교육 과정이 모두에게 평등해야 한다는 평등관이다. 즉, 교육 방법, 학교의 시설, 교사의 자질과 같은 교육의 과정에 있어서 학교 간의 차이가 없도록 보장해주어야 한다는 평등관이다. 마지막으로 ⓓ결과의 평등은 교육받을 기회와 교육 과정의 평등뿐만 아니라 교육의 결과 역시 평등해야 한다는 평등관이다. 이는 교육이 사회적·경제적·지역적 격차를 축소시키기 위해 존재하므로 교육의 결과는 이러한 차이를 축소시킬 수 있는 방향으로 이어져야 함을 의미한다.

─────〈사 례〉─────

ㄱ. 학업 성취능력이 떨어지는 학급에 교사가 더 많은 시간과 노력을 기울여 학급 간 학업 격차를 줄인다.

ㄴ. 일반 고등학교와 교육 과정이 다른 특수목적 고등학교 설립을 제한하는 규정을 신설하였다.

ㄷ. 학업 능력에 상관없이 여성의 입학이 제한되던 사관학교에 여성의 입학을 허용하였다.

ㄹ. 외딴 섬에 거주하는 학생들의 교육받을 기회를 보장하기 위해 방송통신학교를 설립하였다.

ㅁ. 과학분야의 지능이 매우 높은 학생들에게 과학 관련 조기교육 및 영재교육의 기회를 제공한다.

① ⓐ - ㄱ
② ⓑ - ㄴ
③ ⓒ - ㄷ
④ ⓓ - ㄹ
⑤ ⓐ - ㅁ

25. 다음 갑과 을의 주장에 대한 분석으로 적절하지 않은 것은?

갑: 정의는 사회 구성원 간에 합의된 규칙 혹은 도덕적 가치로 정의의 궁극적 목적은 사회의 존속과 유지에 있다. 법률과 도덕은 사회 존속을 위해 사회 구성원이 합의한 최소한의 규칙이므로 법률과 도덕만이 정의의 기준이 될 수 있다. 즉, 살인하지 말라는 법률이나 거짓말을 하지 말라는 도덕적 가치는 결과에 상관없이 의무적으로 지켜야 할 가치이자 정의이다. 이러한 점에서 행위의 실행 여부를 그 행위의 결과가 사회 전체의 행복 총량에 어떤 영향을 미치는지에 따라 판단하는 공리주의는 정의의 기준이 될 수 없다. 예를 들어 교통경찰관인 철수가 만취한 택시 기사를 단속에서 적발하였다고 하자. 법률에 의하면 택시 기사의 면허를 취소해야 하는 상황이지만, 택시 기사는 가족들의 생계를 책임져야 하는 가장이다. 철수가 법률에 따라 면허를 취소하면 택시 기사뿐만 아니라 택시 기사 가족 모두 굶어 죽을 수 있다. 반대로 철수가 법률을 무시하고 면허를 취소하지 않는다면 당장 피해를 보는 사람은 없을 것이다. 이때 공리주의자들은 사회 구성원 행복의 총량을 감소시키기 위해 법률을 무시할 것이다.

을: 공리주의라고 해서 법률을 어기는 것이 항상 옳다고 판단하지 않는다. 법률을 중시하는 사회와 그렇지 않은 사회를 가정했을 때 어느 사회가 결과적으로 더 많은 행복을 산출하는 사회인가를 검토해야 한다. 단기적으로 교통경찰관 철수가 만취한 택시 기사를 돌려보내는 것이 사회 행복의 총량을 증가시키는 것이라고 해도, 장기적으로 법률을 중시하지 않은 사회는 구성원 간 신뢰를 상실하여 더 많은 사회적 혼란을 가져올 것이다. 따라서 공리주의자들은 장기적인 관점에서 행복을 더 많이 산출하는 법률이나 도덕적 가치는 중시되어야 한다고 볼 것이다. 또한 정의가 필요한 이유는 사회 구성원의 행복 증진에 있다. 만약 어떠한 행동을 했을 때 얻는 행복의 총량이 그러한 행동을 하지 않았을 때 얻는 행복의 총량보다 떨어진다면 그것은 정의가 아니다. 이는 어떠한 행동을 권장하는 것이 법률 혹은 도덕적 가치로 합의되어 있다고 하더라도 다르지 않다. 따라서 정의는 절대적인 기준이 아니며, 사회 구성원의 행복의 총량을 더욱 증진시키는 가치만이 정의라 할 수 있다.

① 갑은 을과 달리 어떤 행위가 정의인지 여부를 의무론적 관점에서 접근하고 있다.
② 갑과 을은 교통경찰관 철수가 만취 택시 운전자의 면허를 취소하는 것이 정의라고 생각한다.
③ 을은 정의의 절대적인 기준에 따라 일부 법률 혹은 도덕적 가치는 반드시 지켜야 한다고 본다.
④ 을은 갑과 달리 택시 기사의 면허를 취소해야 하는 이유를 사회 구성원 행복의 총량에서 찾는다.
⑤ 을은 갑과 달리 구성원 행복의 총량이 정의의 가치를 결정한다고 본다.

약점 보완 해설집 p.46

01. 다음 글에서 알 수 있는 것은?

사람들은 일반적으로 타인으로부터 지시를 받는 것보다 자율적으로 행동하는 것이 목표 달성에 더 효과적이라고 믿는다. 지시받은 일을 하는 것은 통제된 상황 속에서 이루어지므로 개인의 역량을 제대로 발휘하기 어렵다고 생각하기 때문이다.

그러나 오히려 자율성이 목표 달성을 어렵게 만들 수 있다는 흥미로운 연구결과가 발표되었다. 연구는 다음과 같은 실험을 통해 이루어졌다. 실험 참가자들은 요구르트 가게에서 요구르트를 구입한 후 카드에 도장을 받는다. 도장은 요구르트 한 종류당 한 개를 받을 수 있고, 요구르트 가게 한 곳에서 총 6개의 도장을 받으면 공짜 요구르트를 받는다. 이때 실험 참가자에게 배부되는 카드는 두 종류이다. 하나는 정해진 순서대로 6개의 요구르트를 구입해야 도장을 받을 수 있는 비자율적 카드이고, 다른 하나는 요구르트의 종류와 순서가 정해지지 않은 자율적 카드이다. 두 종류 중 하나씩을 배부하고 실험 참가자들에게 해당 실험에 참가할 의향을 물었을 때, 즉 공짜 요구르트라는 목표를 설정할 기회를 주었을 때 자율적 카드를 받은 참가자가 비자율적 카드를 받은 참가자보다 실험에 참가하겠다고 대답하는 비율이 높았다. 하지만 공짜 요구르트는 자율적 카드를 받은 참가자보다 비자율적 카드를 받은 참가자가 더 많이 받았다.

이러한 현상은 우리 일상에서도 쉽게 관찰할 수 있다. 우리는 처음 목표를 설정할 때는 자율성이 부여되기를 원한다. 그러나 자율적으로 목표를 설정한 후에는 해당 목표를 달성할 적절한 수단 역시 자율적으로 선택해야 하는데, 이 과정에서 목표 달성의 동기가 약화된다. 목표 달성 수단의 선택 폭이 커지면서 고려해야 하는 요소가 더 많고 일이 어렵게 느껴지기 때문이다. 결국 자율성에도 대가가 있음을 알게 된다.

① 자율성이 목표 달성 단계와 목표 설정 단계에 미치는 영향은 상이하다.
② 자율성이 부여될 경우, 실험 참가 여부를 결정할 때 고려해야 할 요소가 증가한다.
③ 자율성이 부여될 경우, 자율성이 부여되지 않은 경우에 비해 오히려 목표 설정에 소극적이다.
④ 자율적 카드를 받은 참가자가 공짜 요구르트를 더 적게 받은 이유는 실험 참가율이 낮았기 때문이다.
⑤ 자율성은 목표 달성 과정에서 고려해야 할 수단이 복잡할수록 더욱 증가한다.

02. 다음 글에서 알 수 없는 것은?

AI(Artificial Intelligence)란 인간의 지능을 대신하여 작업을 수행할 수 있는 컴퓨터 시스템을 말한다. 이를 활용하면 데이터와 데이터 처리 규칙으로 다양한 문제를 해결할 수 있다. 예를 들어 현재 위치에서 목적지까지의 최적 경로를 찾기 위해서 고속도로 상황 등 도로 정보에 관한 데이터를 입력하면 AI가 데이터 저리 규칙을 이용하여 해낭 네이터가 차량의 운행속도에 미치는 영향을 계산하고, 최소 도착시간이라는 결괏값을 도출할 수 있다.

AI는 기존 컴퓨터와 달리 데이터 분석 규칙을 인간이 직접 설정하지 않아도 이를 자체적으로 구축하여 인간이 수행하던 작업을 스스로 해결한다. AI의 하위 집합 개념인 머신 러닝(Machine Learning)이 대표적인 예이다. 비가 오는 주말 도로 상황과 관련된 데이터를 입력한 뒤 결괏값인 최소 도착시간 또는 최적 경로를 입력하면, 머신 러닝은 입력된 데이터가 어떤 규칙을 통해 최적 경로를 도출했는지 스스로 학습한다. 즉, 해당 결괏값을 도출하는 규칙을 학습하는 것이다.

AI의 하위 집합 개념 중 최근 각광 받고 있는 딥 러닝(Deep Learning) 역시 데이터를 입력하면 스스로 학습할 수 있다. 다만 머신 러닝은 데이터와 해당 데이터의 결괏값을 모두 입력하여 컴퓨터가 학습할 수 있게 해주어야 하는 반면, 딥 러닝은 데이터만 입력하면 해당 데이터들 간의 연결을 통해 결괏값을 스스로 도출한다는 차이가 있다. 만약 개와 고양이 사진에서 고양이만 구분하게 할 경우, 딥 러닝은 개와 고양이가 함께 등장하는 사진 데이터에서 개와 구분되는 고양이의 형상, 색깔, 크기 등 다양한 분석 방법을 학습한다. 즉, 주어진 데이터를 학습하여 데이터를 처리하는 규칙을 발견하고 스스로 결괏값을 도출하는 것이다.

① AI는 기존 컴퓨터와 달리 데이터를 처리하는 규칙을 인간이 입력할 필요가 없다.
② 머신 러닝이 개와 고양이를 구분하기 위해서는 개와 고양이의 사진 데이터와 고양이의 추상적 데이터 처리 규칙을 입력해야 한다.
③ 딥 러닝은 머신 러닝과 달리 데이터만 인간이 입력하면 스스로 학습하여 결괏값을 도출한다.
④ 머신 러닝은 데이터와 결괏값을 인간이 입력하면 데이터 처리 규칙을 스스로 학습한다.
⑤ 딥 러닝은 머신 러닝과 달리 최적 경로를 탐색할 때 최소 도착시간에 관한 데이터를 필요로 하지 않는다.

03. 다음 글의 내용과 부합하는 것은?

태양계에는 태양에서부터 가까운 순서대로 수성, 금성, 지구, 화성, 목성, 토성, 천왕성, 해왕성 8개의 행성이 있다. 이 8개의 행성은 그 크기와 밀도에 따라 지구형 행성과 목성형 행성으로 구분된다. 지구형 행성은 태양에서 가까운 4개의 행성이며 암석으로 구성되어 있어 밀도가 높고 크기가 작다. 목성형 행성은 나머지 4개의 행성이며 수소, 헬륨, 얼음 등으로 구성되어 있어 밀도가 물과 비슷하고 크기가 크다. 또한 태양계의 행성은 지구의 궤도를 기준으로 내행성과 외행성으로 구분할 수도 있다. 지구의 궤도보다 안쪽 궤도를 도는 수성과 금성은 내행성, 지구의 궤도보다 바깥쪽 궤도를 도는 화성, 목성, 토성, 천왕성, 해왕성은 외행성으로 구분된다.

지구에서 행성을 관찰할 때는 행성의 이각(離角)을 측정하는 방법이 활용된다. 이각이란 지구에서 본 태양과 행성 사이의 거리를 각으로 나타낸 것을 말한다. 이각이 0도이면 태양과 행성, 지구의 위치가 나란히 있기 때문에 지구에서 행성의 모습을 볼 수 없다. 내행성이 태양으로부터 가장 멀리 떨어져 있을 때의 이각을 '최대 이각'이라고 하는데, 내행성의 최대 이각은 수성이 28도, 금성이 48도이다. 내행성이 최대 이각에 있을 때는 행성의 모양이 반달처럼 보인다.

한편 외행성은 지구의 궤도보다 바깥쪽 궤도를 돌기 때문에 최대 이각이 존재하지 않는다. 대신 외행성의 이각이 0도, 90도, 180도일 때를 각각 합, 구, 충으로 부르는데, 이 중 외행성의 위치가 충 부근이 되면 행성의 모양이 보름달처럼 보인다. 또한 이때는 외행성이 하늘에서 오른쪽으로 움직여 이 모습이 마치 역으로 공전하는 것처럼 보이기 때문에 이를 역행운동이라고 부른다.

① 지구형 행성은 목성형 행성보다 밀도가 낮고 크기도 작을 것이다.
② 지구에서 다른 지구형 행성을 보면 모두 반달처럼 보일 것이다.
③ 지구에서는 보름달과 같은 금성을 볼 수 있다.
④ 밤에 보름달처럼 보이는 목성은 역으로 공전하는 듯이 보일 것이다.
⑤ 천왕성이 합 위치에 있으면 지구에서 천왕성을 볼 수 있다.

04. 다음 대화의 빈칸에 들어갈 내용으로 가장 적절한 것은?

갑: 최근 정부기관 위탁 사업인 'AI 기반 고부가 신제품 개발 사업'의 사업비 지출 계획서를 작성하라는 요청이 왔습니다. 어떻게 작성해야 할까요?
을: 우선 정부기관 위탁 사업의 경우 총 사업비의 10%를 저희 연구소에서 부담해야 합니다. 연구소에서 부담해야 하는 사업비는 미리 준비해 주세요. 그리고 나머지 사업비는 정부출연금으로 부담합니다. 저희 연구 장비 도입은 어떻게 진행되고 있나요?
갑: 네, 저희는 총 사업비가 4억 원이므로 그 10%를 미리 준비하겠습니다. 연구 장비는 AI 기술 검증을 위한 클라우드 서비스를 도입할 예정입니다. 연간 5천만 원이 소요되는데, 'AI 기반 고부가 신제품 개발 사업'의 전체 기간이 2년이므로 연구 장비 역시 2년 기간으로 도입 계획을 세우고 있습니다.
을: 연구 장비 도입의 총 비용이 1억 원 이상인 경우 연구 장비 도입 심의요청서를 제출해야 하니 이 점 유의해 주세요. 연구 장비 이외의 사업비는 모두 인건비로 처리할 수 있겠네요. 인건비 항목은 무엇이 있을까요?
갑: 신규채용인건비, 외부인건비, 연구활동비 중 전문가활동비, 연구수당 등입니다. 신규채용인건비의 경우 정부출연금이 4억 원 이상이면 신규채용인력 1명을 의무적으로 고용해서 인건비에 반영해야 합니다.
을: 좋습니다. 신규채용인건비를 산정해야 하면 신규채용계획서를 제출해야 하니 해당 서류가 필요하면 준비해 주세요. 그리고 인건비 총비용 중 10% 이상은 간접비로 반영해야 합니다. 간접비는 인건비의 10%가 되도록 산정하고, 연구지원비 항목으로 제출해 주세요.
갑: 알겠습니다. 'AI 기반 고부가 신제품 개발 사업'의 사업비 지출 계획서 제출 시 ⬚⬚⬚⬚⬚.

① 연구 장비 도입 심의요청서를 제출하고 연구지원비는 3천만 원으로 제출하겠습니다
② 연구 장비 도입 심의요청서를 제출하고 연구지원비는 1천 80만 원으로 제출하겠습니다
③ 신규채용계획서를 제출하고 연구지원비는 3천만 원으로 제출하겠습니다
④ 신규채용계획서를 제출하고 연구지원비는 1천 80만 원으로 제출하겠습니다
⑤ 별도의 서류 제출 없이 연구지원비를 3천만 원으로 제출하겠습니다

05. 다음 글에서 추론할 수 없는 것은?

2008년 미국에서 발생한 금융위기의 원인을 두고 경제학계에서는 다양한 견해가 제시되었다. 경제학자 A는 금융위기의 원인이 경제 시장에 대한 예측 실패라고 주장하였다. 경제 변동을 일으키는 경제 변수는 투자자들의 변덕스러운 심리에 영향을 받기 때문에 이를 정확하게 예측하는 것은 불가능에 가깝다는 것이다. 그러나 당시 금융공학자들은 수학 모델에 근거하여 경제 변수를 정확히 예측할 수 있다고 생각하였다. 이에 그들은 경제 변수 예측 모델을 개발하였고, 투자자들에게는 경제 변수를 통제할 수 있다는 믿음을 심어 주었다. 이 믿음을 바탕으로 금융기관은 주택을 담보로 하는 위험성 높은 투자상품들을 개발하였으나 실제 주택시장의 위험은 경제 변수 예측 모델의 예측과 다르게 움직였다. 예측이 어긋나자 결국 얽히고 얽힌 투자상품들이 줄줄이 도산하였다. 이에 대해 A는 경제 변수 예측 모델이 시장의 위험 요소를 반영하지 못했음을 지적하며, 이를 과소평가한 채 복잡한 투자상품을 만든 것이 시장의 위험을 증가시켜 금융위기가 발생한 것이라고 평가하였다.

한편 경제학자 B는 금융위기는 통화팽창으로 자본이 특정 시장에 집중되었기 때문에 발생한 것이라고 주장하였다. 2008년 금융위기가 발생하기 전에 미국은 원자재와 소비재에 대한 수요가 꾸준히 증가하여 경제 호황을 누렸다. 그러나 늘어나는 통화량에 비해 투자처가 마땅하지 않자 자본은 주택시장에 집중되었다. 이렇게 주택시장의 투자가치가 과대평가되고 위험은 과소평가되면서 제조업의 원자재 생산 등에 쓰일 자본이 부족해졌고, 이에 따라 산출량이 감소하며 시장의 공급도 감소하였다. 이로 인해 결국 경제 호황이 끝나고 금융위기가 발생했다는 것이다. 따라서 B는 2008년 금융위기는 경제변동에 따라 구조적으로 발생하는 자본의 집중 현상을 해소하지 못해 발생한 현상이며, 경제 변수 예측 모델은 수학 이론에 근거하여 그러한 자본의 집중을 부추겼던 것이라고 평가하였다.

① A에 의하면 경제 변동은 심리적 요소에 영향을 받으므로 정확하게 예측할 수 없다.

② B에 의하면 금융위기의 원인은 주택시장으로의 자본 집중이 심화된 데에 있다.

③ A와 B 모두 경제 변수 예측 모델이 금융위기에 부정적 영향을 미쳤다고 본다.

④ A와 달리 B는 시장의 공급 감소가 금융위기 발생과 관련이 있다고 본다.

⑤ B와 달리 A는 주택시장 위험에 대한 과소평가가 금융위기와 연관되어 있다고 본다.

06. 다음 글의 내용이 참일 때, 반드시 시행되는 정책안을 모두 고르면?

대한 시에서는 주거 환경 개선에 관한 문제를 해결하기 위해, 정책안 A, B, C에 대해 도시 재생 전문가 갑, 을, 병, 정의 자문에 따라 시행안을 선정하려고 한다.

○ 세 가지 정책안 중 적어도 하나는 무조건 시행된다.
○ 갑은 정책안 A가 시행되면 정책안 C가 시행된다고 말했다.
○ 을은 정책안 C가 시행되면 정책안 B의 효과는 기대할 수 없기에 시행되지 않는다고 말했다.
○ 병은 정책안 B가 시행되면 예산이 제한되어 정책안 A와 C 중 반드시 하나만 시행되어야 한다고 말했다.
○ 정은 어떤 정책안은 시행해서는 안 된다고 말했다.

① 정책안 A
② 정책안 C
③ 정책안 A, B
④ 정책안 A, C
⑤ 정책안 B, C

07. 다음 글의 내용이 참일 때, 반드시 참인 것만을 <보기>에서 모두 고르면?

천체물리학 박사인 甲은 블랙홀 속에 특이점(singularity)이 존재한다고 주장했다. 그가 주장한 내용은 다음과 같다. 만약 양자역학이 참이고 A 원리가 존재하면, 블랙홀 주변의 진공 상태에서는 블랙홀이 입자를 소멸시킬 수 있다. 블랙홀이 입자를 소멸시키면, 질량과 에너지를 상실하여 블랙홀이 소멸된다. 다만 양자역학이 참이라면, 입자는 소멸하지 않고 에너지 역시 상실되지 않는다. 또한 특이점이 존재하면 블랙홀도 존재하며, 특이점은 일반 상대성 이론이 참일 경우에만 존재한다. 블랙홀은 현재까지 지속적으로 관찰되고 있으므로 그 존재는 참이고, 양자역학도 참이다.

─── 〈보 기〉───

ㄱ. A 원리는 존재하지 않는다.

ㄴ. 특이점이 존재한다.

ㄷ. 블랙홀이 소멸하거나 일반 상대성 이론이 참이다.

① ㄱ
② ㄷ
③ ㄱ, ㄴ
④ ㄴ, ㄷ
⑤ ㄱ, ㄴ, ㄷ

08. 다음 글의 내용이 참일 때, 반드시 참인 것만을 <보기>에서 모두 고르면?

K도의 A시, B시, C시에서는 도민체육대회를 맞이하여 각 시의 특산물을 홍보하기 위해 각각 10개의 홍보부스를 설치하였다. 체육대회가 열리는 경기장은 5곳이므로 홍보부스를 어디에 몇 개를 설치할 것인지에 대해 세 도시 간의 견해 차이가 있었다. A시는 홍보부스를 모든 경기장에 고르게 설치한다는 지침에 따라 설치하였다. B시는 홍보부스를 경기가 많은 경기장 순으로 4개, 3개, 2개, 1개로 설치한다는 지침에 따라 설치하였다. C시는 홍보부스를 수용인원이 많은 순으로 4개, 3개, 2개, 1개로 설치한다는 지침에 따라 설치하였다. K도는 도민체육대회를 진행하면서 각 경기장에 설치된 홍보부스를 살펴보기 위해서 각 경기장을 조사하였다. 그 결과 각 경기장에는 10개, 7개, 6개, 5개, 2개의 홍보부스가 설치되었는데, 각 시에서 홍보부스를 10개씩 모두 설치하였고 홍보부스를 옮기지 않았다는 것이 확인되었다.

─── 〈보 기〉───

ㄱ. 경기가 가장 많은 경기장과 수용인원이 가장 많은 경기장은 같다.

ㄴ. 경기가 두 번째로 많은 경기장과 수용인원이 네 번째로 많은 경기장이 같다.

ㄷ. A시, B시, C시 모두 2개의 홍보부스를 설치한 경기장이 있다.

① ㄱ
② ㄴ
③ ㄱ, ㄷ
④ ㄴ, ㄷ
⑤ ㄱ, ㄴ, ㄷ

09. 다음 글의 ㉠을 지지하는 진술만을 <보기>에서 모두 고르면?

철새들은 해마다 먼 거리에 있는 고향의 방향을 어떻게 알고 날아갈까? 과학자들은 일찍부터 크립토크롬으로 불리는 세 종류의 단백질 중 하나가 지구 자기장을 인지하여 방향을 알려준다고 추측하였다. 크립토크롬은 철새뿐만 아니라 여우를 포함한 일부 포유류에게도 존재하는 물질로 가시광선을 인지하는 광감지 단백질이다. 크립토크롬은 시간대별로 생물의 생체리듬을 변화시키는데, 바로 이 생체리듬의 변화가 자기장의 방향성에 의존하는 동물들에게 방향을 인지할 수 있게 하는 것으로 추측되어 왔다.

과학자들은 크립토크롬 중 구체적으로 어떤 종류의 단백질이 자기장을 인지할 수 있게 하는지 알기 위해 다음과 같은 가설을 세웠다. 우선 철새는 다른 지역으로 이동하려는 시기에 지구의 자기장을 더 많이 감지해야 하므로 이 시기에는 방향을 인지하는 크립토크롬의 생성량이 평소보다 많아질 것이다. 또한 철새가 아닌 텃새나 여우 같은 동물들은 시간대나 계절에 상관없이 늘 방향을 인지해야 하므로 지구 자기장을 감지하는 크립토크롬은 항상 일정한 양이 생성될 것이다.

과학자들은 텃새에 존재하는 세 종류의 크립토크롬이 시간대별로 어느 정도 존재하는지 확인해보았다. 그 결과 크립토크롬1과 크립토크롬2는 그 양이 하루 중 시간대에 따라 변동이 컸으나 크립토크롬4는 시간대에 상관없이 일정한 수준을 유지하였다. 이를 통해 과학자들은 크립토크롬4가 철새나 일부 포유류들로 하여금 지구 자기장을 감지하게 해주는 나침반 단백질이라는 ㉠결론을 내렸다. 즉, 동물의 방향 인지의 필요성과 크립토크롬4의 생산량 사이에 일정한 상관관계가 있음을 확인하였다.

───〈보 기〉───

ㄱ. 계절마다 이동하지 않는 텃새는 계절별 크립토크롬4의 양이 거의 변하지 않았다.

ㄴ. 계절마다 이동하는 철새의 경우 다른 지역으로 이동할 시기가 왔을 때, 크립토크롬1과 2에 비해 크립토크롬4가 훨씬 많이 만들어졌다.

ㄷ. 여우나 텃새는 하루 중 사냥시간인 오후보다 저녁에 활동량이 훨씬 적어 방향을 확인할 필요성도 줄어들었다.

① ㄱ
② ㄷ
③ ㄱ, ㄴ
④ ㄴ, ㄷ
⑤ ㄱ, ㄴ, ㄷ

10. 다음 글에 대한 분석으로 적절한 것만을 <보기>에서 모두 고르면?

갑: 한국은 한국인과 한민족 구성원의 범위가 일치하는 단일민족 국가이다. '민족'이란 유전적 특질을 공유하는 인간집단이다. 유전적 특질은 외모, 신체능력, 면역력 등 사람의 기본 특성을 결정하는 요소들의 집합으로 오랜 시간 같은 지역, 같은 환경 속에서 살아남은 후손들은 유사한 유전적 특질을 가질 수밖에 없다. 따라서 역사를 공유하며 사회를 공동 운영해 온 후손들의 집단이 바로 민족이다. 결국 민족 구성원의 지위는 태어나면서 부여되는 것이고, 귀화한 사람에게 국적이 부여될 수는 있어도 민족성은 부여되지 않는다. 한민족의 유전적 특질을 가진 사람만이 한국인이 될 수 있기 때문이다.

을: 민족은 자연적으로 발생한 개념이 아니다. 대부분의 민족은 19세기에 들어서야 그 정체성이 형성되기 시작하였으며, 민족주의를 이용해 애국심을 고취시키려던 당대 지도자들의 필요에 의해 만들어졌다. 즉, 민족은 정치적 필요에 의해 국가가 만들어낸 개념이므로 민족을 결정하는 것은 정부의 선언이다. 정부가 선언한 민족은 국가 구성원에게 자동적으로 적용된다. 따라서 한국 정부는 한민족의 국가임을 선언하고 있으므로 한국 국적을 취득하면 한국인이며, 한민족 구성원이다.

병: 일제강점기에 조선총독부가 한민족과 일본 민족이 같은 민족이라고 선포하였음에도 한국인들은 독자적인 민족 정체성을 유지하였다. 정부의 일방적인 선언으로 민족이 결정된다는 주장은 이러한 배타적 정체성을 제대로 설명하지 못한다. 민족은 국경을 초월하는 개념으로 언어, 예절, 종교, 사고방식 등의 문화를 공유하며 정체성을 형성하는 집단이다. 따라서 한민족의 정체성을 가지고 있다면 외국 국적자라고 하더라도 한민족 구성원이라 할 수 있고, 한국 국적을 취득함으로써 한국인이 될 수 있다.

───〈보 기〉───

ㄱ. 갑은 병의 주장을 지지한다.

ㄴ. 을의 입장은 병의 입장과 양립할 수 있다.

ㄷ. 한국인이 아닌 한민족 구성원이 있을 가능성에 대해 병은 인정하지만 갑은 그렇지 않다.

① ㄱ
② ㄴ
③ ㄷ
④ ㄴ, ㄷ
⑤ ㄱ, ㄴ, ㄷ

11. 다음 논증 중 전제에서 결론이 도출되지 않는 것은?

① 오직 법학전문대학원의 이수과정을 수료한 사람만이 변호사 시험에 응시할 수 있다. 따라서 갑이 변호사시험에 응시했다면 갑은 법학전문대학원의 이수과정을 수료한 사람이다.

② 폐질환 중 폐경색은 흉통을 유발한다. 흉통이 있는 환자는 비명을 지를 수 없다. 따라서 어떤 폐질환자가 비명을 지를 수 없다면 그는 폐경색이 있는 상태라고 할 수 있다.

③ 을은 A공기업 입사시험 최종 면접 대상자이다. A공기업은 전기기능사 자격이 있는 사람만 1차 시험에 합격시키며, 오직 1차 시험에 합격한 사람만 최종 면접 대상자가 될 수 있다. 따라서 을은 전기기능사 자격이 있다.

④ 채소류를 육류보다 선호하는 사람은 미각이 뛰어나다. 병은 미각이 뛰어나지 않다. 따라서 병은 채소류를 육류보다 선호하지 않는다.

⑤ 대법원의 판결은 오류가능성이 있으나 불복할 수 없는 선언이다. 오류가능성이 있다면 비판의 여지가 있다. 오직 오류가능성이 없고 비판의 여지가 없는 선언만이 진리이다. 따라서 대법원의 판결은 진리가 아니고 비판의 여지가 있다.

12. 다음 글의 내용이 참일 때, 반드시 참인 것만을 <보기>에서 모두 고르면?

○○시에서는 A부서의 갑, 을, 병 주무관과 B부서의 정, 무, 기 주무관 중에서 3명의 승진 대상자를 선발할 예정이다. 승진 대상자의 선발 기준은 다음과 같다.

○ 부서별로 최소 1명을 선발한다.
○ 을 주무관이 선발되면, 병 주무관도 선발된다.
○ 무 주무관이 선발되면, 을 주무관은 선발되지 않는다.
○ 을과 기 주무관 중 한 명이라도 선발되지 않으면, 갑 주무관도 선발되지 않는다.
○ 갑 주무관이 선발되지 않으면, 정 주무관도 선발되지 않는다.

〈보 기〉

ㄱ. B부서에서 2명이 선발되는 것은 가능하지 않다.
ㄴ. 병과 기 주무관이 선발된다.
ㄷ. 갑과 정 주무관 모두 선발되지 않는다.

① ㄱ
② ㄷ
③ ㄱ, ㄴ
④ ㄱ, ㄷ
⑤ ㄴ, ㄷ

13. 다음 글의 내용이 참일 때, 반드시 참인 것만을 <보기>에서 모두 고르면?

사내 체육대회에서 탁구 복식 경기를 진행하여 A, B, C, D 4개 팀이 4강에 진출하였다. 이후 경기는 토너먼트 방식으로 총 네 번의 경기가 진행된다. 이에 따라 두 팀씩 나눠 준결승전을 진행하여, 여기서 이긴 두 팀은 결승전을 치르고 진 두 팀은 3 · 4위전을 치르게 된다. 경기 결과에 따라 동 순위 없이 1위부터 4위까지 순위를 정하고, 1위 팀에게는 40만 원, 2위 팀에게는 30만 원, 3위 팀에게는 20만 원, 4위 팀에게는 10만 원의 상금을 수여한다. 이 경기를 관람하던 기철, 윤지, 보람, 석준, 경미는 경기에 대해 다음과 같이 예측하였다.

기철: A팀과 C팀이 결승전을 치르고, B팀은 4위를 할 거야.
윤지: B팀은 결승전에 진출하지는 못하지만, C팀보다는 많은 상금을 받을 거야.
보람: A팀은 준결승전에서 B팀과 승부를 겨룰 거야.
석준: C팀은 3위를 하여 20만 원을 받게 될 거야.
경미: D팀은 1위를 하지 못할 거야.

경기가 모두 종료되어 순위가 발표되자, 이들 중 3명의 예측은 옳고 나머지 2명의 예측은 틀린 것으로 밝혀졌다.

─── <보 기> ───
ㄱ. B팀이 A팀보다 많은 상금을 받을 수 있다.
ㄴ. D팀이 3 · 4위전을 치렀다면, 1위를 하는 것은 A팀이다.
ㄷ. A팀이 D팀과 결승전을 치렀다면, C팀이 3위를 한다.

① ㄱ
② ㄴ
③ ㄷ
④ ㄱ, ㄴ
⑤ ㄴ, ㄷ

14. 다음 글에서 알 수 있는 것은?

빛이 무엇인지에 대한 논제는 오래 전부터 이어져 왔다. 만유인력으로 유명한 뉴턴 역시 빛의 간섭 현상, 반사, 굴절 분산 등 빛에 대한 연구를 오래 진행했고, 그 결과 흰색 빛이 여러 가지 다른 색깔의 빛들의 합이라는 사실을 증명하기도 했다. 재미있는 것은 뉴턴이 연구한 현상들은 빛이 파동이라는 것을 입증하는 것이었지만 정작 뉴턴은 빛이 파동이라고 주장하지 않았다는 것이다. 호이겐스와 같은 동시대 다른 물리학자들이 뉴턴이 주장한 것과 같은 현상을 근거로 빛이 파동임을 주장했지만 물리학 분야에서 뉴턴의 업적이 대단하였기에 빛은 입자라고 받아들여졌다.

이후 19세기 물리학자 토마스 영은 회절 현상과 간섭 현상을 이용한 이중 슬릿(double slit) 실험을 통해 빛이 파동임을 다시 주장했다. 회절 현상이란 파동이 장애물 뒤로 돌아들어가는 현상으로 입자에서는 나타날 수 없는 파동만의 특성이다. 회절 현상은 이중 슬릿을 통과한 파동에 서로 간섭을 일으키는데, 빛의 경우 이 간섭 현상으로 인해 벽에 밝고 어두운 무늬가 반복적으로 일어났다. 이는 빛이 입자가 아닌 파동임을 증명한 것이다.

토마스 영 이후에도 맥스웰 등이 빛이 전자기파의 일종임을 증명하면서 빛이 입자라는 주장은 사라지는 듯했으나, 20세기에 아인슈타인에 의해 이 논제는 다시 부상했다. 아인슈타인은 어떤 물질에 빛을 비췄을 때 전자가 방출되는 광전효과를 연구했다. 광전효과는 특정 주파수 이상의 파동에서 발생하는데, 주파수가 낮은 빛에서는 아무리 빛이 강해도 반응이 없고 주파수가 높은 빛에서는 아무리 빛이 약해도 물질 속에서 전자가 튀어나오는 현상이다. 광전효과는 이전부터 알려져 있었지만, 이것이 왜 발생하는지는 알 수 없었다.

아인슈타인은 빛이 연속적인 파동과 달리 불연속적인 에너지를 가진 입자라고 가정하고 이 현상을 증명했다. 에너지가 작은 입자가 아무리 부딪혀도 움직이지 않던 전자가 에너지가 큰 입자가 부딪히니 방출된 것이다. 즉 아인슈타인의 광전효과 연구가 빛이 입자임을 증명한 것이 되었다. 많은 과학자들이 이를 반박하고자 여러 실험을 했지만 오히려 아인슈타인의 주장이 옳음을 증명하였다. 현대에는 빛이 입자성과 파동성을 모두 지녔다고 결론을 내리고, 이를 빛의 이중성이라고 정의하고 있다.

① 맥스웰은 빛은 입자이지만 파동의 특성도 가지고 있음을 주장하였다.
② 아인슈타인 이후 과학자들의 광전효과에 대한 실험은 모두 그 목적과는 다른 결론을 도출하였다.
③ 뉴턴은 빛이 입자라고 주장하였지만 당시에는 호이겐스 등에 의해 그 주장이 묵살되었다.
④ 광전효과를 처음으로 발견한 아인슈타인은 빛은 파동이 아닌 입자라고 주장하였다.
⑤ 토마스 영은 이중 슬릿 실험을 통해 파동의 회절과 간섭 현상을 발견하였다.

15. 다음 글에서 알 수 없는 것은?

산업혁명은 산업에서뿐만 아니라 사회, 문화, 제도 등 다양한 부분에서 변화를 일으켰다. 건축 또한 그 예외는 아니었다. 19세기 건축가들은 중세의 전통적인 건축 양식을 비판하며 새로운 건축 양식으로 건축물을 만드는 모더니즘 건축 운동을 하였다. 이는 새로운 재료와 기술을 활용하지 않고 옛 방식을 그대로 답습하는 것에 대한 저항이었다.

모더니즘 건축 운동은 20세기에 들어와 세계대전을 겪게 되면서 그 결실을 맺게 되었다. 전쟁을 위한 새로운 용도의 건물이 생기고 전쟁으로 인해 파괴된 도시를 재건하면서 근대와는 다른 생활 공간이 요구되었기 때문이다. 이러한 새로운 건축물에 대한 수요는 건축가들이 다양한 실험을 할 수 있는 바탕이 되었다.

독일의 미스 반 데어 로에는 새로운 건축에서 중요한 것은 재료라고 생각하였다. 그는 전통적인 건축 재료인 나무, 흙, 돌이 새로운 시대를 대변하지 못한다고 보고, 강철과 유리를 새로운 시대의 건축 재료로 선택하였다. 강철로 기둥을 만들어 건축물의 하중을 지탱하고 유리 벽으로 밖에서 안이 보이도록 하여 이전의 육중한 건축물과 대비되는 가벼워 보이는 건축물을 제안한 것이었다. 이러한 그의 제안은 당시 사람들에게 엄청난 충격을 주기도 하였지만, 현대에 이르러서는 마천루와 같은 고층 건물의 기본적인 형태가 되었다.

프랑스의 르 코르뷔지에는 당시 떠오르던 공법인 철근 콘크리트를 현대적으로 이용하였다. 그는 철근 콘크리트를 이용하여 건축물의 하중을 지지하는 기둥을 최소한으로 사용하고 벽을 제거하였다. 르 코르뷔지에의 건축 양식은 막대한 하중을 분산시키기 위해 두꺼운 벽을 사용하고 적은 수의 작은 창문을 사용해야 했던 전통적인 건축 양식에서 벗어나 있었다. 이 건축 양식을 이용한 건축 구조 하에서는 벽을 원하는 곳 어디에나 배치할 수 있었으며, 창문 또한 다양한 크기로 사용할 수 있었다. 이를 필로티 공법이라고 하는데, 오늘날 대부분의 아파트가 이 공법을 이용하여 지어진다. 즉, 르 코르뷔지에의 건축 양식은 현대 주거 공간을 제시한 것이었다.

① 모더니즘 건축 운동은 세계대전 이후 생활 방식 변화의 결과이다.

② 미스 반 데어 로에와 르 코르뷔지에의 건축 양식에서는 건축 재료로 철을 사용하였다.

③ 미스 반 데어 로에는 재료를 통해 시각적으로 가벼운 건축물을 만들고자 하였다.

④ 미스 반 데어 로에와 르 코르뷔지에는 전통적인 건축 양식의 한계를 벗어나고자 하였다.

⑤ 르 코르뷔지에의 건축 양식을 이용한 건축물은 전통적인 건축물보다 채광이 용이하였다.

16. 다음 글에서 추론할 수 있는 것만을 <보기>에서 모두 고르면?

대부분의 물질은 온도가 상승하면 물질을 구성하는 분자들의 운동이 활발해져 부피가 증가하고 밀도는 낮아진다. 이러한 현상을 물질의 열팽창이라고 한다. 그런데 물은 0℃에서 4℃로 온도가 상승할 때 오히려 부피가 감소하고 밀도가 높아지는 음(−)의 열팽창이 발생한다.

음의 열팽창 현상이 발생하는 이유는 물 분자의 특수한 구조에 있다. 물 분자는 온도가 상승하면 움직임이 증가하여 부피가 증가하지만, 물의 온도가 일정 수준 이하로 낮아지면 얼음이 되기 위해서 얼음 결정을 형성한다. 이러한 얼음 결정은 어는점에 가까워질수록 부피가 커지기 때문에 물의 부피도 증가한다. 이때 어는점에서 물의 온도가 상승할 경우, 얼음 결정이 줄어들어 부피가 감소하고 밀도가 높아지는 효과와 열팽창으로 인하여 부피가 증가하고 밀도가 낮아지는 두 가지 상반된 효과가 동시에 일어나게 된다. 물은 0℃에서 4℃가 될 때까지 얼음 결정이 줄어들어 나타나는 효과가 물의 열팽창 효과보다 크다. 따라서 물은 0℃에서 4℃까지 온도가 상승할 때 물의 부피가 감소하고 밀도가 높아지는 음의 열팽창이 발생하게 된다.

이렇게 물에서 발생하는 음의 열팽창 현상은 자연 생태계 유지에 큰 영향을 미친다. 보통의 물질은 열팽창으로 인해 온도가 낮을수록, 즉 어는점에 가까워질수록 부피가 작아진다. 부피가 작으면 밀도가 커서 물질은 가라앉으므로 만약 물이 보통의 물질과 같다면 호수는 온도가 낮은 바닥부터 얼기 시작하여 호수의 생태계는 완전히 파괴될 것이다. 그러나 물은 수온이 일정 수준 이하로 떨어지면 부피가 오히려 상승하고, 부피가 상승한 물은 수면으로 올라온다. 즉, 호수의 수면에 있는 물은 4℃가 되면 밀도가 가장 커져서 가라앉고, 수심이 깊고 수온이 낮은 물은 부피가 커지고 밀도가 작아져서 수면으로 떠오르는 대류현상이 발생하는 것이다. 이렇게 위치가 바뀐 물이 수면에서 4℃가 되면 그 물은 다시 가라앉게 되는데, 이 과정을 반복하다가 호수의 물이 모두 4℃ 이하가 되면 더 이상 대류현상이 발생하지 않고 호수의 표면부터 얼기 시작한다. 그러나 일반적으로 호수는 매우 깊고 호수 전체를 얼리는 데에 많은 시간이 걸려 쉽게 얼지 않기 때문에 생태계가 유지된다.

〈보 기〉

ㄱ. 물의 온도가 어는 점에서 4℃까지 상승하면 물의 부피는 오히려 줄어들 것이다.

ㄴ. 물은 적어도 10℃ 구간 이후부터 온도 상승에 따른 물의 부피 증가가 이루어질 것이다.

ㄷ. 호수의 모든 수온이 4℃ 이하로 떨어지지 않는 한 호수의 대류현상은 멈추지 않을 것이다.

① ㄱ

② ㄴ

③ ㄷ

④ ㄱ, ㄷ

⑤ ㄴ, ㄷ

17. 다음 글에서 추론할 수 있는 것만을 <보기>에서 모두 고르면?

저작권 침해란 저작권자의 허락이나 정당한 권한 없이 저작권의 보호대상인 저작물을 이용하거나 허락이 있더라도 그 이용 허락 범위를 넘어서 이용하는 경우를 말한다. 판례는 저작권 침해 여부를 판단함에 있어 우선 해당 저작물이 보호범위 내에 있는지를 검토한 후, 저작권 침해 작품이 의거(依據)성과 유사성을 갖추고 있는지를 판단한다.

저작권 침해가 성립되기 위해서는 저작권 침해 작품이 저작물에 의거하여야 한다. 의거라 함은 침해 작품이 저작물의 표현형식을 이용하여 만들어졌음을 의미한다. 이때 의거의 판단 여부는 침해자가 보호대상인 저작물에 접근할 가능성, 즉 저작물을 볼 상당한 기회가 입증되는지로 결정한다. 따라서 침해자의 저작물에 대한 접근 가능성이 입증되면 의거성이 존재한다고 판단한다. 또한 저작권 침해는 침해 작품이 보호대상인 저작물을 얼마나 차용했는지가 중요하다. 즉, 두 작품 사이의 실질적인 유사성이 인정되어야 하는 것이다. 이때 저작물을 차용한 부분이 핵심적인 부분일수록 저작권 침해가 인정될 가능성이 커진다.

의거성과 유사성이라는 조건을 충족한다고 하더라도 해당 저작물이 저작권법의 보호대상이 아닌 경우에는 저작권 침해가 성립하지 않는다. 현행 저작권법은 저작물의 아이디어 혹은 저작권자의 사상이나 감정 그 자체를 보호하고 있지는 않다. 저작권법은 그러한 아이디어나 사상을 표현한 작품만을 보호하고 있을 뿐이다. 예를 들어, 특정 소재를 중심으로 한 문학 작품이라고 하더라도 그 소재 자체는 저작권의 보호대상이 되지 않는다. 작가가 해당 소재를 문학적으로 표현한 내용 혹은 표현 방식만이 저작권의 보호대상이 되는 것이다. 또한 저작권 보호대상은 창작성을 갖추어야 하므로 단순히 사실을 나열한 것에 지나지 않는 식당의 메뉴판, 요금판 등은 저작물이 될 수 없다.

───────〈보 기〉───────

ㄱ. 예술가 A가 저작권자가 허락한 범위 내에서 저작권자 저작물의 핵심 표현 방식을 그대로 차용하였다면 저작권 침해가 인정된다.

ㄴ. 만화가 B가 저작권자와 동일한 작업실에서 근무하며, 보호대상인 저작권자의 작품과 캐릭터의 이름, 대사, 줄거리 등이 상당히 유사한 작품을 제작하였다면 저작권 침해가 인정된다.

ㄷ. 소설가 C가 함께 생활하는 시인 D의 사상을 참고하여 작품을 제작하였다면 저작권 침해가 인정되지 않는다.

① ㄱ
② ㄴ
③ ㄱ, ㄴ
④ ㄱ, ㄷ
⑤ ㄴ, ㄷ

18. 다음 글의 ㉠~㉤에서 전체 흐름과 맞지 않는 한 곳을 찾아 수정할 때, 적절하지 않은 것은?

윤리학에서는 인간의 행위를 본능과 충동에 의한 비윤리적 행위인 '인간의 행위'와 의도·결정·동기로 이루어진 윤리적 행위인 '인간적 행위'로 구분한다. 이에 따르면 자살은 행위자가 행위의 결과를 인식하고 동기를 갖고 있으며, 스스로 자살의 시간, 방식, 도구 등의 방법을 선택하므로 ㉠인간의 행위라 할 수 있다. 즉, 자살은 선과 악의 문제를 제기할 수 있는 윤리적 행위이다.

그렇다면 윤리적으로 소위 선이라고 말할 수 있는 자살이 존재할까? 공리주의자들은 소방관이 위험에 처한 인명을 구조하기 위해 불에 몸을 던지는 경우와 같은 이타적 자살일 경우에만 선이라고 부를 수 있다고 주장한다. 스스로 죽음을 선택했으므로 자살이지만, 그 결과 많은 생명을 구하였으므로 윤리적으로 선이라는 것이다. 그러나 이런 경우는 ㉡'인간의 행위'로써 윤리적 선악의 판단 대상이 아니다. 불에 몸을 던진 것은 위험에 처한 생명을 살리기 위한 행위이지 자신의 생명을 끊기 위함은 아니기 때문이다. 즉, 해당 행위에는 ㉢윤리적으로 선한 의도가 없다. 행위의 선악을 판단할 때, 처음부터 의도했는지, 혹은 의도하지는 않았지만 결과론적으로 선 또는 악이 된 것인지는 매우 중요하다. 자신의 죽음으로 위험에 처한 생명을 살리는 행위는 그 의도에 의해 선하다고 볼 수 있다.

또한 ㉣행위자의 행위가 선한 결과를 낳지 못하였을지라도 그 행위가 악하다고 볼 수는 없다. 소방관이 환자를 구하기 위해 불에 자신의 몸을 스스로 던졌으나 소방관과 환자 모두 죽음에 이른 경우에는 그것이 결과적으로 악한 행위라고 볼 수 없고, 선한 의도로 비롯된 죽음이더라도 이타적인 자살이라고 볼 수도 없다. 따라서 ㉤공리주의가 주장하는 윤리적으로 선한 자살은 그 행위의 의도에 의해 결정된다.

① ㉠을 '인간적 행위'로 수정한다.

② ㉡을 '자살이 아닌 윤리적으로 선한 행위라고 해석하는 것이 옳다'로 수정한다.

③ ㉢을 '자살의 의도가 없다'로 수정한다.

④ ㉣을 '행위자의 행위는 의도가 아닌 결과에 따라 선악을 구분한다'로 수정한다.

⑤ ㉤을 '공리주의가 주장하는 윤리적으로 선한 자살은 존재하지 않는다'로 수정한다.

19. 다음 글의 논지를 약화하는 것만을 <보기>에서 모두 고르면?

꿀벌은 암컷 성충인 여왕벌과 일벌로 나누어지고, 여왕벌과 일벌 모두 꿀벌 유충에서 성장한다. 여왕벌은 하루에 2,000개씩 끊임없이 알을 낳으며 일벌보다 수명이 30배 이상 길다. 반대로 일벌은 알을 낳을 수 없으며 채집한 꿀로 알에서 부화한 유충을 키우고 벌집을 유지 및 보수하는 등의 일을 담당한다. 그렇다면 꿀벌 유충들 간의 신분을 결정짓는 것은 무엇일까?

로열젤리는 성충이 된 일벌이 꽃가루와 꿀을 소화 및 흡수하여 몸 속에서 순환시킨 후 머리에 있는 인두선으로 분비하는 물질이다. A 연구진은 일반적으로 6일의 성장 시간을 갖는 꿀벌 유충이 부화 후 3일 동안 로열젤리를 먹고 3일 동안 꽃가루와 꿀을 먹으면 꿀벌이 되지만, 꿀벌 유충에게 지속적으로 로열젤리를 먹이면 이 꿀벌 유충이 여왕벌이 되는 사실을 발견하였다. 이를 통해 A 연구진은 꿀벌 유충이 먹는 음식과 섭취 기간에 따라 신분이 결정된다고 주장했다.

또한 A 연구진은 로열젤리에 들어 있는 로열락틴(royalactin)이라는 단백질이 섭씨 40도 이상에서 한 달 이상 노출되면 파괴되는 것과 로열락틴이 파괴된 로열젤리는 여왕벌을 만드는 데 효과가 없다는 것을 발견하였다. 이를 바탕으로 A 연구진은 일벌을 여왕벌로 만드는 것은 로열락틴이라는 로열젤리 속 단백질 성분이라고 결론을 내렸다.

〈보 기〉

ㄱ. 일벌이 될 꿀벌 유충과 여왕벌이 될 꿀벌 유충은 유전적으로 큰 차이가 존재한다.

ㄴ. 섭씨 50도 이상에서 두 달 이상 방치한 로열젤리를 부화한 꿀벌 유충에게 지속적으로 섭취시켰으나 여왕벌이 되지 않았다.

ㄷ. 다른 곤충과 달리 꿀벌 유충의 장은 단백질을 흡수하지 못하고 배설한다.

① ㄱ
② ㄷ
③ ㄱ, ㄴ
④ ㄱ, ㄷ
⑤ ㄱ, ㄴ, ㄷ

20. 다음 글의 주장을 약화하는 것만을 <보기>에서 모두 고르면?

주권최우선주의는 국제 관계에서 주권을 최우선의 가치로 평가하는 이념이다. 주권이란 국가가 그 영역 내에서 다른 국가의 간섭 없이 통치행위를 할 수 있게 하는 배타적인 권위를 의미한다. 이러한 주권의 개념은 1648년 체결된 베스트팔렌 조약에서 성립되었다. 당시 유럽을 휩쓸었던 종교 전쟁이 종식되면서 참전국들이 다른 국가의 국내 문제에 간섭하지 않을 것을 약속했던 것이 주권 개념의 출발점이었다. 이에 따르면 전쟁 없는 평화상태를 유지하기 위해 주권은 국제법상 최고의 가치로 여겨져야 하며, 어떠한 방법으로도 침해되어서는 안 된다. 유엔 헌장 제2조 제7항은 회원국들의 국내 문제에 간섭하지 않을 것을 원칙으로 삼고 있는데 이는 주권의 절대적 우위를 조건 없이 규정한 것이라고 해석해야 할 것이다.

그러나 현대 국제 사회에서는 독재 정부, 인권 탄압 등의 문제가 자주 발생함에 따라 주권을 제한하려는 논의가 제기되기도 한다. 보호책임주의를 주장하는 학자들은 어떤 국가가 국민을 보호할 책임을 다하지 못하여 인도적 위기 상황을 발생시키고 있다면, 그러한 상황을 해결할 능력이 있는 다른 국가가 인도적인 목적으로 개입할 수 있다고 주장한다. 그러나 인도적 위기 상황을 해결할 수 있는 나라는 강한 군사력을 지닌 패권국가들뿐이므로 이들이 인도적 개입이라는 명목을 내세워 자국의 군대를 주둔시킨다면, 사실상 인도적 위기 상황이 발생한 국가를 식민지화하여 자국의 이익을 도모하는 '침략'이 발생할 수도 있다.

한편에서는 주권최우선주의가 독재 정부를 옹호하는 장치가 되어 반(反)인권 범죄를 조장한다는 주장이 제기되기도 한다. 그러나 인도적 개입이라는 명목으로 다른 국가에 대한 내정 간섭과 침략 전쟁이 활성화될 경우에 반인권 범죄로 인한 피해가 더 많은 사람에게 발생할 수 있다. 또한 역사적으로도 인도적 위기 상황에 처한 국민들은 반인권 범죄를 스스로 타개해 나갔을 뿐 외세의 개입을 통해 이를 해결한 사례는 없었다.

〈보 기〉

ㄱ. 방치된 인도적 위기 상황의 영향이 인접국으로 퍼져나가면 전쟁보다 더 많은 사람들이 죽거나 다치는 일이 발생한다.

ㄴ. 독재 정부에 의한 반인권 범죄 피해를 입은 사람이 인도적 개입이라는 명목의 침략 전쟁으로 반인권 범죄 피해를 입은 사람보다 많다.

ㄷ. 패권국가가 독재 정부인 국가에 인도적 개입을 하여 평화적으로 독재 정부를 몰아낸 사례가 있다.

① ㄱ
② ㄴ
③ ㄱ, ㄷ
④ ㄴ, ㄷ
⑤ ㄱ, ㄴ, ㄷ

※ 다음 글을 읽고 물음에 답하시오. [21~22]

1962년에 출간된 레이첼 카슨의 저서 『침묵의 봄』은 환경 문제에 대한 인식의 전환을 가져왔다는 평가를 받는다. 이 책은 자연과 조화를 이루며 살아가던 마을이 점차 황폐화되어 어느 순간 봄이 와도 새들이 지저귀는 소리가 들리지 않아 조용한, 죽음의 공간이 되었다는 우화로 시작한다. 카슨은 침묵의 봄을 야기한 것이 화학 살충제나 제초제라고 하며, 이러한 화학물질이 생태계에 미치는 악영향을 분석하여 제시하였다. 이로써 DDT의 유해성이 사회적 문제로 떠오르게 되었다.

DDT는 1874년에 오스트리아의 화학자 자이들러가 처음 합성하였으나, 이 물질의 효과가 밝혀진 것은 1939년 스위스의 화학자 파울 뮐러에 의해서였다. 뮐러는 제1차 세계대전에서 수많은 인명피해를 낳은 전염병의 확산을 막기 위해 살충제를 연구하기 시작하였다. 이때 그는 이상적인 살충제의 조건을 몇 가지로 정리했다. 그중 첫 번째는 해충 구제(驅除) 역할을 하면서도 사람을 비롯한 포유류와 어류, 식물 등에는 무해해야 한다는 것이었다. 둘째는 즉각적인 효과가 나타나야 한다는 것, 셋째는 독한 냄새가 없어야 한다는 것, 넷째는 저렴한 비용으로 대량생산이 가능해야 한다는 것이었다. 그리고 여기에 가능한 많은 종류의 곤충에게 효과가 있어야 하고, 화학적으로 안정되어 효과가 오래 지속되어야 한다는 조건을 덧붙였는데, 이는 훗날 DDT의 치명적인 문제점과 결부되는 특성이었다.

뮐러는 수많은 물질을 시험한 끝에 자신이 생각했던 조건들을 충족하는 물질로서 DDT를 발견하여 살충제를 개발하였다. 그가 확인한 대로 DDT는 기존 살충제보다 효과가 뛰어나고 값이 저렴했으며 인체에도 무해한 것으로 알려져 급속도로 보급되었다. 또한 해충이 먹은 뒤에야 효과가 나타나는 기존 살충제와 달리, DDT는 곤충의 표면을 이루는 지방층에 흡수되어 뿌리는 즉시 살충 효과를 내는 접촉성 살충제였다. 제2차 세계대전 발발 당시에는 전쟁터에 DDT를 대량 살포하여, DDT에 의해 발진티푸스를 옮기는 이와 말라리아를 옮기는 모기가 퇴치되어 발진티푸스와 말라리아의 발병률이 크게 낮아졌다. 전후에는 관련 규제가 완화되어 DDT의 생산과 사용이 더욱 활성화되었다. 특히 말라리아 퇴치에서 중요한 역할을 하여 세계보건기구는 DDT가 약 1억 명을 말라리아로부터 구했다고 평가했다. 이렇듯 인류를 구원한 DDT의 효과를 발견한 공로로 뮐러는 1948년 노벨 생리의학상을 받았다.

그러나 1950년대 말 DDT의 폐해가 하나둘씩 드러나기 시작했다. ⓐ 뮐러의 기준에 부합했던 DDT는 해충은 물론 그 천적까지 퇴치하여, 살충제 살포를 중단하면 해충이 더욱 창궐하게 되었다. 또한, ⓑ 특성은 해충 이외의 동식물도 영향을 받는 결과를 초래하였다. 동식물에의 악영향은 DDT의 독성 강도가 아닌 잔류성에 있다.

살충제의 독성은 맹독성, 고독성, 보통독성, 저독성으로 나뉘는데 그중 DDT는 보통독성에 해당한다. 그러나 DDT는 잘 분해되지 않아 토양에 잔존하기 때문에, 먹이사슬을 통해 동식물 체내에 축적되고 오랜 기간 잔존한다. 이런 사

실이 밝혀지는 와중에 『침묵의 봄』의 문제 제기로 DDT가 도마 위에 올랐고, 1970년대에 들어 대부분의 국가에서 DDT의 제조와 판매, 사용이 금지되기에 이르렀다. 그러나 DDT 퇴출 직후 말라리아 환자 수가 급상승하여, 현재는 일부 국가에서만 DDT 사용을 합법화하여 모기 살충제로 사용하도록 하고 있다.

21. 위 글의 ⓐ과 ⓑ에 들어갈 말로 가장 적절한 것은?

① ⓐ: 약효가 오랫동안 작용해야 한다는
　 ⓑ: 많은 곤충에게 효과가 있어야 한다는

② ⓐ: 해충에게만 유해해야 한다는
　 ⓑ: 약효가 오랫동안 작용해야 한다는

③ ⓐ: 많은 곤충에게 효과가 있어야 한다는
　 ⓑ: 약효가 오랫동안 작용해야 한다는

④ ⓐ: 많은 곤충에게 효과가 있어야 한다는
　 ⓑ: 해충에게만 유해해야 한다는

⑤ ⓐ: 즉각적인 살충 효과가 나타나야 한다는
　 ⓑ: 많은 곤충에게 효과가 있어야 한다는

22. 위 글에서 알 수 있는 것은?

① 자이들러가 강력한 살충 효과를 갖는 물질을 개발하는 과정에서 DDT가 만들어졌다.

② 『침묵의 봄』을 통해 공론화되기 전에는 화학 살충제 사용에 따른 부작용이 발견되지 않았다.

③ DDT를 살충제로 사용하기 시작할 시기에는 해충 퇴치가 우선시되어 인체 유해성은 감수하였다.

④ 독성 강도 자체는 높지 않더라도 잔류성이 큰 살충제의 경우 사용을 금지하는 국가들이 있다.

⑤ DDT는 제1차 세계대전 당시 사용되던 살충제에 비해 살충 효과는 느리게 나타났지만 가격경쟁력이 있었다.

23. 다음 글의 빈칸에 들어갈 가장 적절한 내용을 올바르게 나열한 것은?

국제 정치에서 국가 간 협상을 진행할 때는 협상 당사국의 이해 관계뿐만 아니라 국내 집단의 이해 관계도 고려해야 한다. 이에 국제 정치와 국내 정치의 두 과정을 연결하기 위하여 퍼트남은 윈셋(win-set)이라는 개념을 동원하였다.

윈셋이란 주어진 조건하에서 국내적 동의를 받을 수 있는 모든 선택들의 집합으로 정의된다. 즉, 협상 타결로 협상 당사국이 얻을 수 있는 국익의 범위 내에서, 국내 이해관계를 고려했을 때 실제로 협상이 타결될 수 있는 국익의 범위를 의미한다. 만약 A국과 B국이 농산물 수입 관련 관세를 협상할 때 허용할 수 있는 관세 범위가 A국이 10~30%, B국이 25% 이상이라면, 양국의 윈셋이 겹치는 범위인 25~30% 내에 관세가 결정되면 협상이 타결될 가능성이 높아지고, 각국의 이익을 대변하여 윈셋이 겹치지 않는 범위에서 관세가 결정되면 협상이 타결될 가능성이 낮아진다.

윈셋이 중요한 이유는 협상 양국이 합의에 이르기 위해서는 각국이 타협할 수 있는 윈셋의 교차점이 있어야 하며, 양국의 윈셋의 범위가 넓을수록 교차점이 존재할 가능성이 높기 때문이다. 일반적으로 국내 이익집단의 여론이 우호적일수록 윈셋의 크기가 커져 협상 타결 가능성은 증가하지만 협상 당사국이 얻을 수 있는 국익은 줄어든다. 반대로 국내 이익집단의 반대가 격렬할수록 윈셋의 크기가 줄어들어 협상이 타결될 가능성이 줄어들지만 협상이 타결될 경우 얻을 수 있는 국익은 커진다. 따라서 각국은 윈셋의 크기를 전략적으로 조절하여 협상으로 인한 국익을 최대화하고자 한다.

국제적으로 윈셋의 크기를 전략적으로 조절하는 방식으로 '발목 잡히기 전략'이 있다. 협정에 반대하는 국내 이익집단에게 고의적으로 협정 내용을 알려 국내에 부정적인 여론을 형성하는 것이다. 즉, '발목 잡히기 전략'은   ⊙   반대로 '메아리 전략'도 존재한다. 이는 협상 상대국에게 자국과의 협상이 긍정적 효과를 가져올 것임을 강조하여 상대국 이익집단에 우호적인 분위기를 형성하여 협상 타결 가능성을 높이는 방법이다. 즉, '메아리 전략'은   ⓛ

① ⊙: 자국 윈셋의 범위를 넓혀 협상의 타결 가능성을 높이는 전략이다.
　 ⓛ: 상대국의 윈셋 범위를 넓혀 협상 타결 가능성을 높이는 전략이다.

② ⊙: 자국 윈셋의 범위를 넓혀 협상의 타결 가능성을 높이는 전략이다.
　 ⓛ: 상대국의 윈셋 범위를 좁혀 협상 타결로 얻을 수 있는 자국의 국익을 높이는 전략이다.

③ ⊙: 자국 윈셋의 범위를 좁혀 협상의 타결로 얻을 수 있는 국익을 높이는 전략이다.
　 ⓛ: 자국 윈셋 범위를 넓혀 협상 타결 가능성을 높이는 전략이다.

④ ⊙: 자국 윈셋의 범위를 좁혀 협상의 타결로 얻을 수 있는 국익을 높이는 전략이다.
　 ⓛ: 상대국의 윈셋 범위를 좁혀 협상 타결로 얻을 수 있는 자국의 국익을 높이는 전략이다.

⑤ ⊙: 자국 윈셋의 범위를 좁혀 협상의 타결로 얻을 수 있는 국익을 높이는 전략이다.
　 ⓛ: 상대국의 윈셋 범위를 넓혀 협상 타결 가능성을 높이는 전략이다.

다음 글의 ㉠의 내용으로 가장 적절한 것은?

갑은 사회복지시설 등과 같은 후생기관에 지급된 국가 보조금의 적법성을 검토하는 공무원이다. 갑은 A시에 지급된 보조금 내역을 확인하던 중 1회당 45명의 시설이용자와 6명의 급식소 종사자에게 급식을 제공하는 A시 사회복지시설의 급식소(이하 'A시 급식소')에 영양사 채용 인건비 명목으로 보조금이 지출된 것을 확인하였다. 보조금 지급 이유를 살펴본 결과, A시 식당소는 의무적으로 영양사를 채용해야 하는 급식소이고, 운영자도 영양사가 아니므로 영양사 인건비를 보조한다는 것이었다. 그런데 갑은 집단급식소에 관해 규정하고 있는 「○○법률」(이하 '법률')과 「A시 사회복지시설 운영규정」(이하 '운영규정')을 검토한 결과 조항 간 충돌이 발생하고 있음을 확인하였다.

> **「○○법률」**
>
> 제2조(집단급식소의 범위) ① 영리를 목적으로 하지 아니하면서 특정 다수인에게 음식물을 공급하는 집단급식소는 1회 50명 이상에게 식사를 제공하는 기숙사, 학교, 병원, 산업체, 그 밖의 후생기관 등을 말한다.
> 제52조(영양사) ① 집단급식소 운영자는 영양사(營養士)를 두어야 한다. 다만, 다음 각 호의 어느 하나에 해당하는 경우에는 영양사를 두지 아니하여도 된다.
> 1. 집단급식소 운영자 자신이 영양사로서 직접 영양 지도를 하는 경우
> 2. 1회 100명 미만의 인원에게 급식을 제공하는 산업체인 경우

> **「A시 사회복지시설 운영규정」**
>
> 제13조(영양사)
> ① 시설이용자가 50명 이상인 집단급식소에는 영양사를 두어야 한다.
> ② 시설이용자는 집단급식소에서 급식을 받는 인원으로 급식소 종사자는 제외한다.

이에 대해 갑은 법률이 운영규정보다 상위법령이므로, 조항 간 충돌이 발생할 경우 상위법령을 따른다는 원칙에 근거하여 ㉠보조금 지급 내역의 적법성에 대한 결론을 내렸다.

① A시 급식소는 집단급식소가 아니므로 보조금 지급이 적법하지 않다.

② A시 급식소는 영양사를 의무적으로 두어야 하는 집단급식소이므로 보조금 지급이 적법하다.

③ A시 급식소는 영양사를 의무적으로 두어야 하는 집단급식소가 아니므로 보조금 지급이 적법하지 않다.

④ A시 급식소는 집단급식소라고 할 수 없으나 의무적으로 영양사를 두어야 하므로 보조금 지급이 적법하다.

⑤ A시 급식소는 영양사를 의무적으로 두어야 하는 집단급식소이나 예외적으로 영양사를 두지 않을 수 있으므로 보조금 지급이 적법하지 않다.

25. 다음 글의 <논쟁>에 대한 분석으로 적절한 것만을 <보기>에서 모두 고르면?

갑과 을은 「공동주택관리법 시행령」 제4조 제3항 및 제14조 제1항에 대한 해석을 놓고 논쟁하고 있다. 그 조문은 다음과 같다.

「공동주택관리법 시행령」

제4조(자치관리기구의 구성) ③자치관리기구 관리사무소장은 입주자대표회의가 입주자대표회의 구성원(관리규약으로 정한 정원을 말하며, 해당 입주자대표회의 구성원의 3분의 2 이상이 선출되었을 때에는 그 선출된 인원을 말한다. 이하 같다) 과반수의 찬성으로 선임한다.

제14조(입주자대표회의의 의결방법) ①입주자대표회의는 입주자대표회의 구성원 과반수의 찬성으로 의결한다.

<논쟁>

쟁점1: 관리규약상 입주자대표회의 정원이 12명인 A아파트는 8명의 동별 대표자로 입주자대표회의가 구성되었고, 그중 일부 동별 대표자의 사퇴로 현재 6명이 입주자대표회의를 운영하고 있다. 이에 대해 갑은 의결정족수를 만족하지 못해 현재 인원으로 입주자대표회의 의결이 불가능하다고 주장하지만, 을은 동별 대표자 4명의 찬성으로 입주자대표회의 의결이 가능하다고 주장한다.

쟁점2: 관리규약상 입주자대표회의 정원이 18명인 B아파트는 13명의 동별 대표자로 입주자대표회의가 구성된 후 1명이 사퇴한 상태이며, 입주자대표회의 의결을 위한 회의에 7명이 참석하였다. 이에 대해 갑은 참석자 전원이 만장일치해야 입주자대표회의 의결이 가능하다고 주장하지만, 을은 참석자 중 4명의 찬성으로 입주자대표회의 의결이 가능하다고 주장한다.

※ 의결정족수: 합의체 기관의 의결이 성립하는 데 필요한 구성원의 찬성표 수

<보기>

ㄱ. 쟁점1과 관련하여, 입주자대표회의 의결정족수에 대해 갑은 관리규약으로 정한 정원의 과반수여야 한다고 생각하지만, 을은 의결 당시 선출되어 있는 인원의 과반수여야 한다고 생각하기 때문이라고 하면, 갑과 을 사이의 주장 불일치를 설명할 수 있다.

ㄴ. 쟁점2와 관련하여, 입주자대표회의 의결정족수는 회의 참석 인원에 따라 변경되는 것이 아니라고 확정된다면, 갑의 주장은 옳고, 을의 주장은 그르다.

ㄷ. 제4조 제3항의 '선출된 인원의 과반수'라는 완화된 의결정족수는 최초 선출된 인원이 아닌 의결 당시 선출되어 있는 현재 인원이 입주자대표회의 구성원의 3분의 2 이상일 경우에 적용한다는 사실이 밝혀지면, 쟁점1에서 갑의 주장은 옳고, 쟁점2에서 갑의 주장은 그르다.

① ㄱ

② ㄷ

③ ㄱ, ㄴ

④ ㄴ, ㄷ

⑤ ㄱ, ㄴ, ㄷ

약점 보완 해설집 p.54

부록

기출 출처 인덱스
회독용 답안지

기출 출처 인덱스

교재에 수록된 문제의 출처를 쉽게 확인할 수 있도록 출제 연도, 시험 유형, 책형, 문제 번호, 교재 수록 페이지 순으로 정리하였습니다. 기출 문제 풀이 후 해당 유형을 찾아 학습할 때 활용할 수 있습니다.

입법고시

_____ 모의고사 _____ 회

01	①	②	③	④	⑤
02	①	②	③	④	⑤
03	①	②	③	④	⑤
04	①	②	③	④	⑤
05	①	②	③	④	⑤
06	①	②	③	④	⑤
07	①	②	③	④	⑤
08	①	②	③	④	⑤
09	①	②	③	④	⑤
10	①	②	③	④	⑤
11	①	②	③	④	⑤
12	①	②	③	④	⑤
13	①	②	③	④	⑤
14	①	②	③	④	⑤
15	①	②	③	④	⑤
16	①	②	③	④	⑤
17	①	②	③	④	⑤
18	①	②	③	④	⑤
19	①	②	③	④	⑤
20	①	②	③	④	⑤
21	①	②	③	④	⑤
22	①	②	③	④	⑤
23	①	②	③	④	⑤
24	①	②	③	④	⑤
25	①	②	③	④	⑤
○: 개	△: 개	X: 개			

_____ 모의고사 _____ 회

01	①	②	③	④	⑤
02	①	②	③	④	⑤
03	①	②	③	④	⑤
04	①	②	③	④	⑤
05	①	②	③	④	⑤
06	①	②	③	④	⑤
07	①	②	③	④	⑤
08	①	②	③	④	⑤
09	①	②	③	④	⑤
10	①	②	③	④	⑤
11	①	②	③	④	⑤
12	①	②	③	④	⑤
13	①	②	③	④	⑤
14	①	②	③	④	⑤
15	①	②	③	④	⑤
16	①	②	③	④	⑤
17	①	②	③	④	⑤
18	①	②	③	④	⑤
19	①	②	③	④	⑤
20	①	②	③	④	⑤
21	①	②	③	④	⑤
22	①	②	③	④	⑤
23	①	②	③	④	⑤
24	①	②	③	④	⑤
25	①	②	③	④	⑤
○: 개	△: 개	X: 개			

_____ 모의고사 _____ 회

01	①	②	③	④	⑤
02	①	②	③	④	⑤
03	①	②	③	④	⑤
04	①	②	③	④	⑤
05	①	②	③	④	⑤
06	①	②	③	④	⑤
07	①	②	③	④	⑤
08	①	②	③	④	⑤
09	①	②	③	④	⑤
10	①	②	③	④	⑤
11	①	②	③	④	⑤
12	①	②	③	④	⑤
13	①	②	③	④	⑤
14	①	②	③	④	⑤
15	①	②	③	④	⑤
16	①	②	③	④	⑤
17	①	②	③	④	⑤
18	①	②	③	④	⑤
19	①	②	③	④	⑤
20	①	②	③	④	⑤
21	①	②	③	④	⑤
22	①	②	③	④	⑤
23	①	②	③	④	⑤
24	①	②	③	④	⑤
25	①	②	③	④	⑤
○: 개	△: 개	X: 개			

_____ 모의고사 _____ 회

01	①	②	③	④	⑤
02	①	②	③	④	⑤
03	①	②	③	④	⑤
04	①	②	③	④	⑤
05	①	②	③	④	⑤
06	①	②	③	④	⑤
07	①	②	③	④	⑤
08	①	②	③	④	⑤
09	①	②	③	④	⑤
10	①	②	③	④	⑤
11	①	②	③	④	⑤
12	①	②	③	④	⑤
13	①	②	③	④	⑤
14	①	②	③	④	⑤
15	①	②	③	④	⑤
16	①	②	③	④	⑤
17	①	②	③	④	⑤
18	①	②	③	④	⑤
19	①	②	③	④	⑤
20	①	②	③	④	⑤
21	①	②	③	④	⑤
22	①	②	③	④	⑤
23	①	②	③	④	⑤
24	①	②	③	④	⑤
25	①	②	③	④	⑤
○: 개	△: 개	X: 개			

_____ 모의고사 _____ 회

01	①	②	③	④	⑤
02	①	②	③	④	⑤
03	①	②	③	④	⑤
04	①	②	③	④	⑤
05	①	②	③	④	⑤
06	①	②	③	④	⑤
07	①	②	③	④	⑤
08	①	②	③	④	⑤
09	①	②	③	④	⑤
10	①	②	③	④	⑤
11	①	②	③	④	⑤
12	①	②	③	④	⑤
13	①	②	③	④	⑤
14	①	②	③	④	⑤
15	①	②	③	④	⑤
16	①	②	③	④	⑤
17	①	②	③	④	⑤
18	①	②	③	④	⑤
19	①	②	③	④	⑤
20	①	②	③	④	⑤
21	①	②	③	④	⑤
22	①	②	③	④	⑤
23	①	②	③	④	⑤
24	①	②	③	④	⑤
25	①	②	③	④	⑤
○: 개	△: 개	X: 개			

_____ 모의고사 _____ 회

01	①	②	③	④	⑤
02	①	②	③	④	⑤
03	①	②	③	④	⑤
04	①	②	③	④	⑤
05	①	②	③	④	⑤
06	①	②	③	④	⑤
07	①	②	③	④	⑤
08	①	②	③	④	⑤
09	①	②	③	④	⑤
10	①	②	③	④	⑤
11	①	②	③	④	⑤
12	①	②	③	④	⑤
13	①	②	③	④	⑤
14	①	②	③	④	⑤
15	①	②	③	④	⑤
16	①	②	③	④	⑤
17	①	②	③	④	⑤
18	①	②	③	④	⑤
19	①	②	③	④	⑤
20	①	②	③	④	⑤
21	①	②	③	④	⑤
22	①	②	③	④	⑤
23	①	②	③	④	⑤
24	①	②	③	④	⑤
25	①	②	③	④	⑤
○: 개	△: 개	X: 개			

_____ 모의고사 _____ 회

01	①	②	③	④	⑤
02	①	②	③	④	⑤
03	①	②	③	④	⑤
04	①	②	③	④	⑤
05	①	②	③	④	⑤
06	①	②	③	④	⑤
07	①	②	③	④	⑤
08	①	②	③	④	⑤
09	①	②	③	④	⑤
10	①	②	③	④	⑤
11	①	②	③	④	⑤
12	①	②	③	④	⑤
13	①	②	③	④	⑤
14	①	②	③	④	⑤
15	①	②	③	④	⑤
16	①	②	③	④	⑤
17	①	②	③	④	⑤
18	①	②	③	④	⑤
19	①	②	③	④	⑤
20	①	②	③	④	⑤
21	①	②	③	④	⑤
22	①	②	③	④	⑤
23	①	②	③	④	⑤
24	①	②	③	④	⑤
25	①	②	③	④	⑤
○: 개 △: 개 X: 개

_____ 모의고사 _____ 회

01	①	②	③	④	⑤
02	①	②	③	④	⑤
03	①	②	③	④	⑤
04	①	②	③	④	⑤
05	①	②	③	④	⑤
06	①	②	③	④	⑤
07	①	②	③	④	⑤
08	①	②	③	④	⑤
09	①	②	③	④	⑤
10	①	②	③	④	⑤
11	①	②	③	④	⑤
12	①	②	③	④	⑤
13	①	②	③	④	⑤
14	①	②	③	④	⑤
15	①	②	③	④	⑤
16	①	②	③	④	⑤
17	①	②	③	④	⑤
18	①	②	③	④	⑤
19	①	②	③	④	⑤
20	①	②	③	④	⑤
21	①	②	③	④	⑤
22	①	②	③	④	⑤
23	①	②	③	④	⑤
24	①	②	③	④	⑤
25	①	②	③	④	⑤
○: 개 △: 개 X: 개

_____ 모의고사 _____ 회

01	①	②	③	④	⑤
02	①	②	③	④	⑤
03	①	②	③	④	⑤
04	①	②	③	④	⑤
05	①	②	③	④	⑤
06	①	②	③	④	⑤
07	①	②	③	④	⑤
08	①	②	③	④	⑤
09	①	②	③	④	⑤
10	①	②	③	④	⑤
11	①	②	③	④	⑤
12	①	②	③	④	⑤
13	①	②	③	④	⑤
14	①	②	③	④	⑤
15	①	②	③	④	⑤
16	①	②	③	④	⑤
17	①	②	③	④	⑤
18	①	②	③	④	⑤
19	①	②	③	④	⑤
20	①	②	③	④	⑤
21	①	②	③	④	⑤
22	①	②	③	④	⑤
23	①	②	③	④	⑤
24	①	②	③	④	⑤
25	①	②	③	④	⑤
○: 개 △: 개 X: 개

_____ 모의고사 _____ 회

01	①	②	③	④	⑤
02	①	②	③	④	⑤
03	①	②	③	④	⑤
04	①	②	③	④	⑤
05	①	②	③	④	⑤
06	①	②	③	④	⑤
07	①	②	③	④	⑤
08	①	②	③	④	⑤
09	①	②	③	④	⑤
10	①	②	③	④	⑤
11	①	②	③	④	⑤
12	①	②	③	④	⑤
13	①	②	③	④	⑤
14	①	②	③	④	⑤
15	①	②	③	④	⑤
16	①	②	③	④	⑤
17	①	②	③	④	⑤
18	①	②	③	④	⑤
19	①	②	③	④	⑤
20	①	②	③	④	⑤
21	①	②	③	④	⑤
22	①	②	③	④	⑤
23	①	②	③	④	⑤
24	①	②	③	④	⑤
25	①	②	③	④	⑤
○: 개 △: 개 X: 개

_____ 모의고사 _____ 회

01	①	②	③	④	⑤
02	①	②	③	④	⑤
03	①	②	③	④	⑤
04	①	②	③	④	⑤
05	①	②	③	④	⑤
06	①	②	③	④	⑤
07	①	②	③	④	⑤
08	①	②	③	④	⑤
09	①	②	③	④	⑤
10	①	②	③	④	⑤
11	①	②	③	④	⑤
12	①	②	③	④	⑤
13	①	②	③	④	⑤
14	①	②	③	④	⑤
15	①	②	③	④	⑤
16	①	②	③	④	⑤
17	①	②	③	④	⑤
18	①	②	③	④	⑤
19	①	②	③	④	⑤
20	①	②	③	④	⑤
21	①	②	③	④	⑤
22	①	②	③	④	⑤
23	①	②	③	④	⑤
24	①	②	③	④	⑤
25	①	②	③	④	⑤
○: 개 △: 개 X: 개

_____ 모의고사 _____ 회

01	①	②	③	④	⑤
02	①	②	③	④	⑤
03	①	②	③	④	⑤
04	①	②	③	④	⑤
05	①	②	③	④	⑤
06	①	②	③	④	⑤
07	①	②	③	④	⑤
08	①	②	③	④	⑤
09	①	②	③	④	⑤
10	①	②	③	④	⑤
11	①	②	③	④	⑤
12	①	②	③	④	⑤
13	①	②	③	④	⑤
14	①	②	③	④	⑤
15	①	②	③	④	⑤
16	①	②	③	④	⑤
17	①	②	③	④	⑤
18	①	②	③	④	⑤
19	①	②	③	④	⑤
20	①	②	③	④	⑤
21	①	②	③	④	⑤
22	①	②	③	④	⑤
23	①	②	③	④	⑤
24	①	②	③	④	⑤
25	①	②	③	④	⑤
○: 개 △: 개 X: 개

_____ 모의고사 _____ 회

01	①	②	③	④	⑤
02	①	②	③	④	⑤
03	①	②	③	④	⑤
04	①	②	③	④	⑤
05	①	②	③	④	⑤
06	①	②	③	④	⑤
07	①	②	③	④	⑤
08	①	②	③	④	⑤
09	①	②	③	④	⑤
10	①	②	③	④	⑤
11	①	②	③	④	⑤
12	①	②	③	④	⑤
13	①	②	③	④	⑤
14	①	②	③	④	⑤
15	①	②	③	④	⑤
16	①	②	③	④	⑤
17	①	②	③	④	⑤
18	①	②	③	④	⑤
19	①	②	③	④	⑤
20	①	②	③	④	⑤
21	①	②	③	④	⑤
22	①	②	③	④	⑤
23	①	②	③	④	⑤
24	①	②	③	④	⑤
25	①	②	③	④	⑤
○: 개 △: 개 X: 개

_____ 모의고사 _____ 회

01	①	②	③	④	⑤
02	①	②	③	④	⑤
03	①	②	③	④	⑤
04	①	②	③	④	⑤
05	①	②	③	④	⑤
06	①	②	③	④	⑤
07	①	②	③	④	⑤
08	①	②	③	④	⑤
09	①	②	③	④	⑤
10	①	②	③	④	⑤
11	①	②	③	④	⑤
12	①	②	③	④	⑤
13	①	②	③	④	⑤
14	①	②	③	④	⑤
15	①	②	③	④	⑤
16	①	②	③	④	⑤
17	①	②	③	④	⑤
18	①	②	③	④	⑤
19	①	②	③	④	⑤
20	①	②	③	④	⑤
21	①	②	③	④	⑤
22	①	②	③	④	⑤
23	①	②	③	④	⑤
24	①	②	③	④	⑤
25	①	②	③	④	⑤
○: 개 △: 개 X: 개

_____ 모의고사 _____ 회

01	①	②	③	④	⑤
02	①	②	③	④	⑤
03	①	②	③	④	⑤
04	①	②	③	④	⑤
05	①	②	③	④	⑤
06	①	②	③	④	⑤
07	①	②	③	④	⑤
08	①	②	③	④	⑤
09	①	②	③	④	⑤
10	①	②	③	④	⑤
11	①	②	③	④	⑤
12	①	②	③	④	⑤
13	①	②	③	④	⑤
14	①	②	③	④	⑤
15	①	②	③	④	⑤
16	①	②	③	④	⑤
17	①	②	③	④	⑤
18	①	②	③	④	⑤
19	①	②	③	④	⑤
20	①	②	③	④	⑤
21	①	②	③	④	⑤
22	①	②	③	④	⑤
23	①	②	③	④	⑤
24	①	②	③	④	⑤
25	①	②	③	④	⑤
○: 개 △: 개 X: 개

_____ 모의고사 _____ 회

01	①	②	③	④	⑤
02	①	②	③	④	⑤
03	①	②	③	④	⑤
04	①	②	③	④	⑤
05	①	②	③	④	⑤
06	①	②	③	④	⑤
07	①	②	③	④	⑤
08	①	②	③	④	⑤
09	①	②	③	④	⑤
10	①	②	③	④	⑤
11	①	②	③	④	⑤
12	①	②	③	④	⑤
13	①	②	③	④	⑤
14	①	②	③	④	⑤
15	①	②	③	④	⑤
16	①	②	③	④	⑤
17	①	②	③	④	⑤
18	①	②	③	④	⑤
19	①	②	③	④	⑤
20	①	②	③	④	⑤
21	①	②	③	④	⑤
22	①	②	③	④	⑤
23	①	②	③	④	⑤
24	①	②	③	④	⑤
25	①	②	③	④	⑤
○: 개 △: 개 X: 개

_____ 모의고사 _____ 회

01	①	②	③	④	⑤
02	①	②	③	④	⑤
03	①	②	③	④	⑤
04	①	②	③	④	⑤
05	①	②	③	④	⑤
06	①	②	③	④	⑤
07	①	②	③	④	⑤
08	①	②	③	④	⑤
09	①	②	③	④	⑤
10	①	②	③	④	⑤
11	①	②	③	④	⑤
12	①	②	③	④	⑤
13	①	②	③	④	⑤
14	①	②	③	④	⑤
15	①	②	③	④	⑤
16	①	②	③	④	⑤
17	①	②	③	④	⑤
18	①	②	③	④	⑤
19	①	②	③	④	⑤
20	①	②	③	④	⑤
21	①	②	③	④	⑤
22	①	②	③	④	⑤
23	①	②	③	④	⑤
24	①	②	③	④	⑤
25	①	②	③	④	⑤
○: 개 △: 개 X: 개

_____ 모의고사 _____ 회

01	①	②	③	④	⑤
02	①	②	③	④	⑤
03	①	②	③	④	⑤
04	①	②	③	④	⑤
05	①	②	③	④	⑤
06	①	②	③	④	⑤
07	①	②	③	④	⑤
08	①	②	③	④	⑤
09	①	②	③	④	⑤
10	①	②	③	④	⑤
11	①	②	③	④	⑤
12	①	②	③	④	⑤
13	①	②	③	④	⑤
14	①	②	③	④	⑤
15	①	②	③	④	⑤
16	①	②	③	④	⑤
17	①	②	③	④	⑤
18	①	②	③	④	⑤
19	①	②	③	④	⑤
20	①	②	③	④	⑤
21	①	②	③	④	⑤
22	①	②	③	④	⑤
23	①	②	③	④	⑤
24	①	②	③	④	⑤
25	①	②	③	④	⑤
○: 개 △: 개 X: 개

_____ 모의고사 _____ 회

01	①	②	③	④	⑤
02	①	②	③	④	⑤
03	①	②	③	④	⑤
04	①	②	③	④	⑤
05	①	②	③	④	⑤
06	①	②	③	④	⑤
07	①	②	③	④	⑤
08	①	②	③	④	⑤
09	①	②	③	④	⑤
10	①	②	③	④	⑤
11	①	②	③	④	⑤
12	①	②	③	④	⑤
13	①	②	③	④	⑤
14	①	②	③	④	⑤
15	①	②	③	④	⑤
16	①	②	③	④	⑤
17	①	②	③	④	⑤
18	①	②	③	④	⑤
19	①	②	③	④	⑤
20	①	②	③	④	⑤
21	①	②	③	④	⑤
22	①	②	③	④	⑤
23	①	②	③	④	⑤
24	①	②	③	④	⑤
25	①	②	③	④	⑤

○: 개   △: 개   X: 개

_____ 모의고사 _____ 회

01	①	②	③	④	⑤
02	①	②	③	④	⑤
03	①	②	③	④	⑤
04	①	②	③	④	⑤
05	①	②	③	④	⑤
06	①	②	③	④	⑤
07	①	②	③	④	⑤
08	①	②	③	④	⑤
09	①	②	③	④	⑤
10	①	②	③	④	⑤
11	①	②	③	④	⑤
12	①	②	③	④	⑤
13	①	②	③	④	⑤
14	①	②	③	④	⑤
15	①	②	③	④	⑤
16	①	②	③	④	⑤
17	①	②	③	④	⑤
18	①	②	③	④	⑤
19	①	②	③	④	⑤
20	①	②	③	④	⑤
21	①	②	③	④	⑤
22	①	②	③	④	⑤
23	①	②	③	④	⑤
24	①	②	③	④	⑤
25	①	②	③	④	⑤

○: 개   △: 개   X: 개

_____ 모의고사 _____ 회

01	①	②	③	④	⑤
02	①	②	③	④	⑤
03	①	②	③	④	⑤
04	①	②	③	④	⑤
05	①	②	③	④	⑤
06	①	②	③	④	⑤
07	①	②	③	④	⑤
08	①	②	③	④	⑤
09	①	②	③	④	⑤
10	①	②	③	④	⑤
11	①	②	③	④	⑤
12	①	②	③	④	⑤
13	①	②	③	④	⑤
14	①	②	③	④	⑤
15	①	②	③	④	⑤
16	①	②	③	④	⑤
17	①	②	③	④	⑤
18	①	②	③	④	⑤
19	①	②	③	④	⑤
20	①	②	③	④	⑤
21	①	②	③	④	⑤
22	①	②	③	④	⑤
23	①	②	③	④	⑤
24	①	②	③	④	⑤
25	①	②	③	④	⑤

○: 개   △: 개   X: 개

_____ 모의고사 _____ 회

01	①	②	③	④	⑤
02	①	②	③	④	⑤
03	①	②	③	④	⑤
04	①	②	③	④	⑤
05	①	②	③	④	⑤
06	①	②	③	④	⑤
07	①	②	③	④	⑤
08	①	②	③	④	⑤
09	①	②	③	④	⑤
10	①	②	③	④	⑤
11	①	②	③	④	⑤
12	①	②	③	④	⑤
13	①	②	③	④	⑤
14	①	②	③	④	⑤
15	①	②	③	④	⑤
16	①	②	③	④	⑤
17	①	②	③	④	⑤
18	①	②	③	④	⑤
19	①	②	③	④	⑤
20	①	②	③	④	⑤
21	①	②	③	④	⑤
22	①	②	③	④	⑤
23	①	②	③	④	⑤
24	①	②	③	④	⑤
25	①	②	③	④	⑤

○: 개   △: 개   X: 개

_____ 모의고사 _____ 회

01	①	②	③	④	⑤
02	①	②	③	④	⑤
03	①	②	③	④	⑤
04	①	②	③	④	⑤
05	①	②	③	④	⑤
06	①	②	③	④	⑤
07	①	②	③	④	⑤
08	①	②	③	④	⑤
09	①	②	③	④	⑤
10	①	②	③	④	⑤
11	①	②	③	④	⑤
12	①	②	③	④	⑤
13	①	②	③	④	⑤
14	①	②	③	④	⑤
15	①	②	③	④	⑤
16	①	②	③	④	⑤
17	①	②	③	④	⑤
18	①	②	③	④	⑤
19	①	②	③	④	⑤
20	①	②	③	④	⑤
21	①	②	③	④	⑤
22	①	②	③	④	⑤
23	①	②	③	④	⑤
24	①	②	③	④	⑤
25	①	②	③	④	⑤

○: 개   △: 개   X: 개

_____ 모의고사 _____ 회

01	①	②	③	④	⑤
02	①	②	③	④	⑤
03	①	②	③	④	⑤
04	①	②	③	④	⑤
05	①	②	③	④	⑤
06	①	②	③	④	⑤
07	①	②	③	④	⑤
08	①	②	③	④	⑤
09	①	②	③	④	⑤
10	①	②	③	④	⑤
11	①	②	③	④	⑤
12	①	②	③	④	⑤
13	①	②	③	④	⑤
14	①	②	③	④	⑤
15	①	②	③	④	⑤
16	①	②	③	④	⑤
17	①	②	③	④	⑤
18	①	②	③	④	⑤
19	①	②	③	④	⑤
20	①	②	③	④	⑤
21	①	②	③	④	⑤
22	①	②	③	④	⑤
23	①	②	③	④	⑤
24	①	②	③	④	⑤
25	①	②	③	④	⑤

○: 개   △: 개   X: 개

2022 최신개정판

해커스
단/기/합/격

7급 PSAT
기출+적중
모의고사   언어논리

개정 2판 1쇄 발행 2022년 4월 4일

지은이	해커스 PSAT연구소
펴낸곳	해커스패스
펴낸이	해커스공무원 출판팀

주소	서울특별시 강남구 강남대로 428 해커스공무원
고객센터	1588-4055
교재 관련 문의	gosi@hackerspass.com
	해커스공무원 사이트(gosi.Hackers.com) 교재 Q&A 게시판
	카카오톡 플러스 친구 [해커스공무원강남역], [해커스공무원노량진]
학원 강의 및 동영상강의	gosi.Hackers.com

ISBN	979 11-6880-151-6 (13320)
Serial Number	02-01-01

최단기 합격 공무원학원 1위,
해커스공무원 gosi.Hackers.com

해커스공무원

- 해커스공무원 학원 및 인강(교재 내 인강 할인쿠폰 수록)
- 공무원 특강, 1:1 맞춤 컨설팅, 합격수기 등 공무원 시험 합격을 위한 다양한 무료 콘텐츠

2022 최신개정판

해커스
단/기/합/격

7급PSAT
기출+적중
모의고사 언어논리

TH 해커스공무원

약점 보완 해설집

해커스
단/기/합/격

7급 PSAT
기출+적중
모의고사

약점 보완 해설집

해커스 공무원

PART 1 기출 엄선 모의고사

제1회 기출 엄선 모의고사

정답

p.30

01	①	세부 내용 파악	06	①	논리 추론	11	③	논지·견해 분석	16	⑤	문맥 추론	21	⑤	문맥 추론
02	②	문맥 추론	07	③	논리 추론	12	①	논리 추론	17	④	논지·견해 분석	22	③	논지·견해 분석
03	②	세부 내용 파익	08	⑤	논리 추론	13	④	논리 추론	18	③	문맥 추론	23	①	문맥 추론
04	①	세부 내용 파악	09	③	논리 추론	14	③	논지·견해 분석	19	⑤	문맥 추론	24	④	문맥 추론
05	①	세부 내용 파악	10	⑤	세부 내용 파악	15	⑤	논지·견해 분석	20	③	세부 내용 파악	25	③	논지·견해 분석

취약 유형 분석표

유형별로 맞힌 문제 개수와 정답률, 틀린 문제 번호와 풀지 못한 문제 번호를 적고 나서 취약한 유형이 무엇인지 파악해 보세요.

유형	맞힌 개수	정답률	틀린 문제 번호	풀지 못한 문제 번호
세부 내용 파악	/6	%		
문맥 추론	/7	%		
논지·견해 분석	/6	%		
논리 추론	/6	%		
TOTAL	/25	%		

해설

01 세부 내용 파악 난이도 중   정답 ①

정답 체크

두 번째 단락에서 실록의 간행 과정은 먼저 사관이 국왕의 공식적 언행과 주요 사건을 매일 기록하여 사초를 만들고, 그 국왕의 뒤를 이어 즉위한 새 왕이 전왕의 실록을 만들기 위해 실록청을 세웠음을 알 수 있다. 또한 마지막 단락에서 인조의 뒤를 이어 효종, 현종, 숙종이 연이어 왕위에 올랐다고 했으므로 『효종실록』은 현종 때 설치된 실록청이 간행했을 것임을 추론할 수 있다.

오답 체크

② 세 번째 단락에서 단종은 계유정난으로 왕위에서 쫓겨난 후에 노산군으로 불렸고, 그런 이유로 세조 때 『노산군일기』가 간행되었다고 했으므로 『노산군일기』는 숙종이 아닌 세조 때 설치된 일기청이 간행했을 것임을 추론할 수 있다.

③ 마지막 단락에서 효종 때부터는 집권 붕당이 다른 붕당을 폄훼하기 위해 이미 만들어져 있는 실록을 수정해 간행하는 일이 벌어졌다고 했고, 수정된 실록에는 원래의 실록과 구분해 '○○수정실록'이라는 명칭을 따로 붙였음을 알 수 있다. 따라서 『선조수정실록』은 광해군 때가 아닌 효종 이후에 간행된 것임을 추론할 수 있다.

④ 첫 번째 단락에서 조선왕조실록은 태조부터 철종까지의 시기에 있었던 사건들이 담겼다고 했으므로 『고종실록』은 세계 기록 유산으로 등재된 조선왕조실록에 포함되어 있지 않았을 것임을 추론할 수 있다.

⑤ 세 번째 단락에서 '일기'는 명칭만 '실록'이라고 부르지 않을 뿐 간행 과정은 그와 동일했고, '일기'도 세계 기록 유산으로 등재된 조선왕조실록에 포함되었음을 알 수 있다. 따라서 『광해군일기』는 세계 기록 유산으로 등재된 조선왕조실록에 포함되어 있을 것임을 추론할 수 있다.

02 문맥 추론 난이도 하   정답 ②

정답 체크

갑의 첫 번째 말에 따르면 민원 내용은 학술연구자정보망에서 학술연구자 A의 연구 업적 정보가 조회되지 않는다는 것이다. 이때 을의 첫 번째 말에 따르면 학술연구자가 학술연구자정보망에 연구 업적 정보 공개에 추가로 동의하지 않았을 경우, 또는 해당 학술연구자의 업적 정보의 집적이 완료되지 않았을 경우에 학술연구자의 연구 업적 정보를 조회할 수 없다. 따라서 빈칸에 들어갈 내용은 '학술연구자 A가 연구 업적 정보 공개에 동의하지 않았거나 그의 업적 정보가 현재 집적 중이기 때문에 그렇다'가 가장 적절하다.

03 세부 내용 파악 난이도 중   정답 ②

정답 체크

마지막 단락에서 미래의 어느 시점에 그 진술을 입증 또는 반증하는 증거가 나타날 여지가 있다면 그 진술은 유의미하다고 했으므로 반증할 수 있는 인과 진술은 입증할 수 있는 인과 진술과 마찬가지로 유의미한 진술임을 알 수 있다.

오답 체크

① 네 번째 단락에서 우리가 관련 법칙과 자료를 모르거나 틀린 법칙을 썼다고 해서 우리의 인과 진술이 무의미하다고 주장해서는 안 된다고 했으므로 관련 법칙을 명시할 수 없더라도 인과 진술이 무의미해지는 않을 수 있음을 알 수 있다.

③ 첫 번째 단락에서 인과 진술은 '사건 X는 사건 Y보다 먼저 일어났고, X로부터 Y를 예측할 수 있다'를 뜻한다고 했으므로 나중에 일어난 사건은 먼저 일어난 사건의 원인이 될 수 없음을 알 수 있다.

④ 마지막 단락에서 미래의 어느 시점에 그 진술을 입증 또는 반증하는 증거가 나타날 여지가 있다면 그 진술은 유의미하다고 했으므로 '지구와 가장 가까운 항성계에도 지적 생명체가 산다'는 진술이 가까운 미래에는 입증될 수 없더라도 미래의 어느 시점에 입증 또는 반증하는 증거가 나타날 여지가 있다면 무의미하지 않을 수 있음을 알 수 있다.

⑤ 네 번째 단락에서 우리가 관련 법칙과 자료를 모르거나 틀린 법칙을 썼다고 해서 우리의 인과 진술이 무의미하다고 주장해서는 안 되고, 마지막 단락에서 미래의 어느 시점에 그 진술을 입증 또는 반증하는 증거가 나타날 여지가 있다면 그 진술은 유의미함을 알 수 있다. 따라서 관련된 자료들이 현재 알려지지 않아서 앞선 사건으로부터 나중 사건을 논리적으로 도출할 수 없더라도 미래에 관련 법칙과 자료를 통해 앞선 사건으로부터 나중 사건을 논리적으로 도출할 수 있으므로 두 사건 사이에 인과 관계가 있을 수 있음을 알 수 있다.

04 세부 내용 파악 난이도 상   정답 ①

정답 체크

첫 번째 단락에서 주주총회는 1주 1의결권 원칙이 적용된다고 했고, 두 번째 단락에서 단순투표제로 3인의 후보 중 2인의 이사를 선출하는 경우 후보자별 세 건의 안건을 각각 의결한다고 했으므로 단순투표제에서 한 안건에 대해 1주당 의결권의 수와 그 의결로 선임할 이사의 수는 모두 1임을 알 수 있다. 세 번째 단락에서 복수의 이사를 한 건으로 의결하는 집중투표제로 8인의 후보 중 5인의 이사를 선출하는 경우 25주를 가진 주주는 125개의 의결권, 즉 1주당 5개의 의결권을 가진다고 했으므로 집중투표제에서 한 안건에 대해 1주당 의결권의 수는 그 의결로 선임할 이사의 수와 동일함을 알 수 있다.

오답 체크

② 세 번째 단락에 따르면 집중투표제로 이사를 선임할 경우 주주는 그 의결로 선임될 이사의 수만큼 의결권을 가진다. 이때 1인의 이사를 선출한다면 많은 의결권을 가진 대주주가 원하는 사람이 선임될 가능성이 높지만, 선임될 이사의 수가 많아지면 다른 주주들이 특정 후보에게 집중 투표하여 선임될 가능성을 높임으로써 대주주가 원하지 않는 사람이 이사로 선임될 수도 있다. 따라서 집중투표제에서 대주주는 한 건의 의결로 선임될 이사의 수가 많아지지 않기를 원할 것임을 알 수 있다.

③ 세 번째 단락에서 집중투표제를 시행한다면 각 주주는 자신의 의결권을 자신이 원하는 후보에게 집중 투표하여 이사 선임 가능성을 높일 수 있다고 했다. 따라서 집중투표제로 이사를 선임하는 경우 소액주주가 본인이 원하는 최소 1인의 이사를 선임할 수 있는 것이 아닌, 그 가능성을 높일 수 있는 것임을 알 수 있다.

④ 마지막 단락에서 집중투표제는 옵트아웃 방식으로, 주식회사의 정관에 집중투표를 배제하는 규정이 없어야 그 제도를 시행할 수 있다고 했다. 따라서 정관에 집중투표제에 관한 규정이 없다면 이를 배제하는 규정도 없다는 것이므로 주주는 이사를 선임할 때 집중투표를 청구할 수 있음을 알 수 있다.

⑤ 두 번째 단락에서 단순투표제에 따르면 각 의결에서 찬성 수를 가장 많이 받은 후보를 이사로 선임한다고 했으므로 전체 의결권의 과반수를 얻어야만 이사로 선임되는 것은 아님을 알 수 있다.

05 세부 내용 파악 [난이도 상] 정답 ①

정답 체크

첫 번째 단락에서 공기의 수증기가 포화상태에 이르는 온도인 이슬점 온도보다 더 낮은 온도에서는 수증기가 응결하여 구름이 생성되거나 비가 내린다고 했고, 두 번째 단락에서 공기가 일정 높이까지 상승하여 이슬점 온도에 도달한 후에는 공기 내 수증기가 포화하면 온도가 내려가며 공기의 상승 과정에서 공기 속 수증기는 구름을 형성하거나 비를 내리며 소모된다고 했다. 따라서 공기의 온도가 이슬점 온도에 도달한 이후부터는 공기가 상승할수록 공기 속 수증기가 구름이나 비를 통해 소모되어 공기 내 수증기량은 줄어든다는 것을 추론할 수 있다.

오답 체크

② 첫 번째 단락에서 공기가 상승하면 온도가 내려가며 온도가 내려갈수록 공기가 최대로 가질 수 있는 수증기량은 줄어든다고 했고, 이슬점 온도는 공기의 수증기가 포화상태에 이르는 온도라고 했다. 따라서 공기가 상승하여 이슬점 온도에 도달하는 고도는 공기 내 수증기량과 상관이 있을 것임을 추론할 수 있다.

③ 세 번째 단락에서 한랭 다습한 오호츠크해 고기압에서 불어오는 북동풍이 태백산맥을 넘을 때 푄 현상이 일어나 영서지방에 고온 건조한 높새바람이 분다고 했으므로 높새바람을 따라 이동한 공기 덩어리가 지닌 수증기량은 이동하기 전보다 감소한다는 것을 추론할 수 있다.

④ 첫 번째 단락에서 습윤 기온감률은 공기의 수증기가 포화상태일 경우에 적용된다고 했으므로 공기 내 수증기량이 증가하면 습윤 기온감률이 적용되기 시작하는 고도는 낮아질 것임을 추론할 수 있다.

⑤ 첫 번째 단락에서 건조 기온감률은 습윤 기온감률에 비해 고도 차이에 따른 온도 변화가 더 크다고 했고, 두 번째 단락에서 공기의 온도는 공기가 산을 넘을 때 건조 기온감률에 따라 내려가다가 이슬점 온도에 도달한 후에는 습윤 기온감률에 따라 내려가며 이 공기가 산을 넘어 하강할 때는 건조 기온감률에 따라 올라간다고 했다. 따라서 동일 고도라도 상승하는 공기는 건조 기온감률이 적용되어 온도가 천천히 내려가고 하강하는 공기는 습윤 기온감률이 적용되어 상대적으로 온도가 빠르게 올라간다면, 공기의 온도는 공기가 상승할 때가 하강할 때보다 낮을 수 있음을 추론할 수 있다.

06 논리 추론 [난이도 중] 정답 ①

정답 체크

제시된 글에서 기호화가 필요한 문장을 정리하면 다음과 같다.

· 전제 1: 민간 문화 교류 증진
· 전제 2: 민간 문화 교류 증진 → ~정부 관료
· 전제 3: 민간 문화 교류 증진 ∧ ~정부 관료 → 고전음악 지휘자 ∨ 대중음악 제작자
· 전제 4: 정부 관료 → ~고전음악 지휘자 ∧ ~대중음악 제작자
· 전제 5: 전체 세대
· 전제 6: 갑 ∨ 을 → A 참가
· 결론: A 참가

결론이 도출되기 위해서는 전제 6의 전건이 참이어야 하므로 '갑 ∨ 을'을 노출할 수 있는 내용이 추가되어야 한다. 진제 1, 2에 따라 '~정부 관료'가 도출되고, 전제 3에서 '고전음악 지휘자 ∨ 대중음악 제작자'가 도출된다. 전제 4의 대우는 '고전음악 지휘자 ∨ 대중음악 제작자 → ~정부 관료'이므로 고전음악 지휘자나 대중음악 제작자라는 조건을 충족하면 정부 관료가 아니어야 한다는 조건도 충족된다. 이에 따라 갑이나 을이 고전음악 지휘자나 대중음악 제작자라는 조건, 전제 5의 전체 세대를 아우를 수 있어야 한다는 조건 모두를 충족한다는 내용이 추가되어야 함을 알 수 있다. 따라서 빈칸에 들어갈 내용은 '갑은 고전음악 지휘자이면서 전체 세대를 아우를 수 있기'가 가장 적절하다.

오답 체크

② 갑이나 을이 전체 세대를 아우를 수 있어야 한다는 조건이 충족되지 않으므로 적절하지 않다.

③ 갑과 을이 고전음악 지휘자나 대중음악 제작자라는 조건이 충족되지 않으므로 적절하지 않다.

④, ⑤ 갑이나 을이 공연 예술단의 수석대표가 되기 위한 두 조건 모두 충족되지 않으므로 적절하지 않다.

07 논리 추론 [난이도 중] 정답 ③

정답 체크

제시된 조건을 기호화하면 다음과 같다.

· 조건 1: A → B
· 조건 2: ~(B ∧ C)
· 조건 3: B ∨ D
· 조건 4: ~C → ~B

조건 2에 따라 가능한 경우는 'B ∧ ~C', '~B ∧ C', '~B ∧ ~C' 세 가지이다. 이때 조건 4에 따르면 'B ∧ ~C'는 가능하지 않은 경우이므로 B는 항상 선정되지 않음을 알 수 있다. 조건 1의 대우 '~B → ~A'에 따라 '~A'가 참이고, 조건 3에서 선언지 제거법에 따라 'D'를 도출할 수 있다. 이에 따라 가능한 경우를 정리하면 다음과 같다.

구분	A	B	C	D
경우 1	X	X	O	O
경우 2	X	X	X	O

ㄱ. 어떤 경우에도 A와 B는 선정되지 않으므로 반드시 참이다.
ㄷ. 어떤 경우에도 D는 선정되므로 반드시 참이다.

오답 체크

ㄴ. <경우 1>에 따라 B는 선정되지 않고 C는 선정될 수도 있으므로 반드시 참은 아니다.

08 논리 추론 난이도 중 정답 ⑤

정답 체크

네 번째, 다섯 번째 조건에 따라 갑은 C 영역에서만 보통 평가, D 영역에서는 을만 보통 평가를 받았고, 여섯 번째 조건에 따라 병, 정만 A, B 두 영역에서 최우수 평가를 받았음을 알 수 있다. 또한 두 번째 조건에서 모든 직원이 보통 평가를 받은 영역이 있다고 했고, D 영역은 을만 보통 평가를 받았으므로 모든 직원이 보통 평가를 받은 영역은 C 영역임을 알 수 있다. 이때 첫 번째, 일곱 번째 조건에 따라 모든 영역에서 보통 평가를 받은 직원은 을임을 알 수 있으므로 이를 정리하면 다음과 같다.

구분	갑	을	병	정	무
A		보통	최우수	최우수	
B		보통	최우수	최우수	
C	보통	보통	보통	보통	보통
D		보통			

여섯 번째 조건에 따라 A, B 영역은 병, 정을 제외하고 최우수 평가를 받은 사람이 없으므로 갑은 A, B 영역에서 우수, D 영역에서 우수 또는 최우수 평가를 받았음을 알 수 있다. 또한 일곱 번째 조건에 따라 무는 D 영역에서 최우수 평가를 받았으므로 이를 정리하면 다음과 같다.

구분	갑	을	병	정	무
A	우수	보통	최우수	최우수	
B	우수	보통	최우수	최우수	
C	보통	보통	보통	보통	보통
D	우수 or 최우수	보통			최우수

이때 다섯 번째 조건에 따라 을만 D 영역에서 보통 평가를 받았고, 세 번째 조건의 대우는 'A 영역에서 우수 평가를 받지 않은 직원은 D 영역에서 우수 평가를 받지 않았다.'이므로 병과 정은 D 영역에서 최우수 평가를 받았음을 알 수 있다.

구분	갑	을	병	정	무
A	우수	보통	최우수	최우수	보통 or 우수
B	우수	보통	최우수	최우수	보통 or 우수
C	보통	보통	보통	보통	보통
D	우수 or 최우수	보통	최우수	최우수	최우수

따라서 무는 A 영역에서 보통 또는 우수 평가를 받았으므로 반드시 참은 아니다.

오답 체크

① 갑은 A 영역에서 우수 평가를 받았으므로 반드시 참이다.
② 을은 B 영역에서 보통 평가를 받았으므로 반드시 참이다.
③ 병은 C 영역에서 보통 평가를 받았으므로 반드시 참이다.
④ 정은 D 영역에서 최우수 평가를 받았으므로 반드시 참이다.

09 논리 추론 난이도 중 정답 ③

정답 체크

제시된 조건을 기호화하여 정리하면 다음과 같다.

- 조건 1: 수지 ∨ 양미 ∨ 가은
- 조건 2: ~수지 ∨ ~양미
- 조건 3: ~미영 ∨ 수지
- 조건 4: 양미 → 우진
- 조건 5: 가은 → 미영

조건 2에 따르면 수지와 양미 둘 중 1명 혹은 2명 모두 대상이 아니다. 그런데 2명 모두 대상이 아니라면 조건 1에 따라 '가은'이 참이고, 조건 5에 따라 '미영'이 도출된다. 이때 '~수지'이므로 조건 3에서 '~미영'이 도출되어 모순이 발생한다. 따라서 수지와 양미 둘 중 1명만 대상이 아님을 알 수 있다.

ㄱ. '~수지'라면 조건 3에서 '~미영'을 도출할 수 있고, 조건 5의 대우 '~미영 → ~가은'에 따라 '~가은'이 참이다. 한편 '양미'이므로 조건 4에 따라 '우진'이 참이다. 따라서 수지가 대상이 아니라면, 우진은 대상이므로 반드시 참이다.

ㄷ. '양미'라면 조건 4에 따라 '우진'이 참이고, '~수지'이므로 조건 3과 조건 5의 대우에 따라 '~미영'과 '~가은'을 도출할 수 있다. 따라서 양미가 대상인 경우, 5명 중 우진과 양미 2명만이 대상이므로 반드시 참이다.

오답 체크

ㄴ. '가은'이라면 조건 5에 따라 '미영'이 참이고, 조건 3에서 '수지'를 도출할 수 있다. 이때 우진의 대상 여부는 확정되지 않는다. 따라서 가은이 대상이면, 수지와 미영은 대상이나 우진은 대상이 아닐 수도 있으므로 반드시 참은 아니다.

10 세부 내용 파악 난이도 하 정답 ⑤

정답 체크

^{220}Rn은 발생원으로부터 50cm 이상 떨어지면 그 영향이 나타나지 않으므로 <실험>에서 석재로부터의 거리가 0cm, 20cm일 때보다 60cm일 때 측정된 방사선량이 줄어든 A는 ^{220}Rn을 포함하고, 거리에 관계없이 측정된 방사선량이 일정한 B는 ^{220}Rn을 포함하지 않음을 알 수 있다. 또한, ^{222}Rn에서 발생한 방사선은 밀폐된 공간에서는 거의 균일하게 분포하므로 <실험>에서 60cm 떨어진 지점에서 방사선이 측정된 A와 B의 방사선에는 ^{222}Rn이 포함되었음을 추론할 수 있다.

^{220}Rn에서 나온 방사선은 석재로부터 60cm 떨어진 지점에서 측정되지 않을 것이기 때문에, 60cm 떨어진 지점에서 측정된 A의 방사선과 B의 방사선은 모두 ^{222}Rn에서 나온 것이므로 적절한 분석이다.

오답 체크

① A는 ^{220}Rn을 포함하고 있으므로 적절하지 않은 분석이다.
② B는 ^{220}Rn을 포함하지 않고, ^{222}Rn만 포함하고 있으므로 적절하지 않은 분석이다.
③ A는 ^{220}Rn과 ^{222}Rn 모두를 포함하고 있기 때문에, 0cm 떨어진 지점에서 측정된 A의 방사선은 ^{220}Rn과 ^{222}Rn 모두에서 나온 것이므로 적절하지 않은 분석이다.
④ ^{220}Rn은 발생원으로부터 50cm 이상 떨어지면 그 영향이 나타나지 않으므로 60cm 떨어진 지점에서 측정된 방사선량은 ^{222}Rn에서 나

온 방사선이다. 또한, 60cm 떨어진 지점을 기준으로 A와 B 모두 +의 개수가 한 개로 동일하고, ^{222}Rn은 밀폐된 공간에서는 거의 균일하게 분포하므로 ^{222}Rn에서 나온 방사선량은 거리에 관계없이 A와 B가 동일함을 알 수 있다. 따라서 20cm 떨어진 지점에서 측정된 방사선 중 ^{222}Rn에서 나온 방사선량은 A와 B가 같을 것이므로 적절하지 않은 분석이다.

11 논지·견해 분석   난이도 중   정답 ③

정답 체크

A는 울음소리를 내고 울음주머니를 가지고 있으므로 음탐지와 초음파탐지 방법 모두로 위치를 찾을 수 있으며, B는 울음소리만 내고 울음주머니가 없으므로 음탐지 방법으로만 위치를 찾을 수 있다. 따라서 <실험 결과>에서 A를 넣은 경우와 B를 넣은 경우 사이에 유의미한 차이가 없었던 방 1과 3에서는 음탐지 방법이 사용되었고, A를 넣은 경우는 공격하였으나 B를 넣은 경우는 공격하지 않았던 방 2에서는 초음파탐지 방법이 사용되었음을 추론할 수 있다.

ㄱ. 로봇개구리 소리만 들리는 방 1에서는 음탐지 방법이 사용된 반면, 다른 위치에서 로봇개구리 소리와 같은 소리가 추가로 들리는 방 2에서는 음탐지 방법이 아닌 초음파탐지 방법이 사용되었다. 따라서 방 2와 같이 음탐지 방법이 방해를 받는 환경에서는 X가 초음파탐지 방법을 사용한다는 가설이 강화되므로 적절한 판단이다.

ㄴ. 방 2와 3 모두 로봇개구리가 있는 곳과 다른 위치에서 소리가 추가로 들리는 환경이지만, 로봇개구리 소리와 같은 소리가 추가로 들리는 방 2에서는 초음파탐지 방법이, 로봇개구리 소리와 전혀 다른 소리가 추가로 들리는 방 3에서는 음탐지 방법이 사용되었다. 따라서 X가 소리의 종류를 구별할 수 있다는 가설이 강화되므로 적절한 판단이다.

오답 체크

ㄷ. 로봇개구리 소리와 전혀 다른 소리가 추가로 들리는 방 3에서 X가 초음파탐지 방법을 사용했다면 B는 공격하지 않았어야 하지만, 방 1과 마찬가지로 A와 B 사이에 유의미한 차이가 없었으므로 음탐지 방법으로 로봇개구리의 위치를 알아냈음을 추론할 수 있다. 따라서 수컷 개구리의 울음소리와 전혀 다른 소리가 들리는 환경에서는 X가 초음파탐지 방법을 사용한다는 가설이 강화되지 않으므로 적절하지 않은 판단이다.

⏱ 빠른 문제 풀이 Tip

실험 조건 중 결과에 영향을 끼치는 것과 그렇지 않은 것을 구별한다. 방 1, 3과 달리 방 2의 실험 결과는 차이가 있었으므로 방 2에만 있는 조건인 '다른 위치의 로봇 개구리 소리'는 결과에 영향을 끼치는 것이고, 방 3에만 있는 조건인 '로봇개구리 소리와 전혀 다른 소리 추가'는 결과에 영향을 끼치지 않는다.

12 논리 추론   난이도 상   정답 ①

정답 체크

제시된 논증을 간단히 정리하면 다음과 같다.
ⓐ 신비적 경험이 살아갈 힘 → 다른 방식으로 살아야 한다고 주장할 수 없다.
ⓑ 합리적인 신념은 신비주의자가 제시하는 증거와 유사한 증거에 기초한다.
ⓒ 우리 감각이 신념에 증거가 되듯, 신비적 경험도 그 사람 신념에 증거가 된다.
ⓓ 합리적 신념의 증거와 유사한 증거에 해당하는 경험 → 그 경험을 한 사람에게 살아갈 힘을 제공
ⓔ 신비적 경험이 신비주의자들에게 살아갈 힘
ⓕ 신비수의사들의 삶의 방식을 수정해야 한다고 주장할 수는 없다.

· ⓐ와 ⓔ를 연결하면 ⓕ가 도출되고, ⓑ와 ⓓ를 연결하면 ⓔ가 도출된다.
· 이에 따라 ⓑ와 ⓓ는 ⓔ를 지지하는 문장이 되고, ⓐ와 ⓔ는 ⓕ를 지지하는 문장이 된다. 이때 ⓑ에서 '우리 자신의 더 합리적인 신념은 신비주의자가 자신의 신념을 위해서 제시하는 증거와 그 본성에 있어서 유사한 증거에 기초해 있다'고 했고, ⓒ에서 '우리의 감각이 우리의 신념에 강력한 증거가 되는 것과 마찬가지로, 신비적 경험도 그것을 겪은 사람의 신념에 강력한 증거가 된다'고 했으므로 ⓒ에서 ⓑ가 도출된다.

13 논리 추론   난이도 중   정답 ④

정답 체크

제시된 <논증>을 기호화하여 정리하면 다음과 같다.
(1) 첫째 목표 ∧ 둘째 목표
(2) ~첫째 목표 달성 ∧ ~둘째 목표 달성
(3) ~첫째 목표 달성 ∨ ~둘째 목표 달성 → 인식론 폐기
(4) 인식론 폐기
(5) 인식론 폐기 → 심리학 연구
(6) 심리학 연구

ㄴ. (2)를 '~첫째 목표 달성 ∨ ~둘째 목표 달성'으로 바꾸어도 (3)의 전건이 '~첫째 목표 달성 ∨ ~둘째 목표 달성'이기 때문에 위 논증에서 (6)이 도출되므로 적절한 분석이다.

ㄷ. (4)는 (2)와 (3)으로부터 나오는 결론이고, (5)와 함께 (6)을 도출하는 전제이므로 적절한 분석이다.

오답 체크

ㄱ. 전통적 인식론의 목표에 (1)의 '두 가지 목표' 외에 "세계에 관한 믿음이 형성되는 과정을 규명하는 것"이 추가되어도 (2)와 (3)으로부터 (4)가 도출되고, (4)와 (5)로부터 (6)이 도출되므로 적절하지 않은 분석이다.

14 논지·견해 분석 난이도 하 정답 ③

정답 체크

ㄱ. 제시된 사례는 로또 복권 1장을 사서 1등에 당첨될 확률은 낮지만, 가능한 모든 숫자 조합을 산다면 그중 하나는 당첨된다는 것이다. 따라서 이 사례는 가능한 모든 결과 중 하나는 확실히 일어난다는 (가)로 설명할 수 있으므로 적절한 판단이다.

ㄴ. 제시된 사례는 어떤 사람이 교통사고를 당할 확률은 낮지만, 대한민국 전체로 보면 교통사고가 빈번히 발생한다는 것이다. 따라서 이 사례는 한 사람을 기준으로 할 때보다 충분히 많은 사람을 기준으로 할 때 어떤 사건이 발생할 확률이 매우 높을 수 있다는 (나)로 설명할 수 있으므로 적절한 분석이다.

오답 체크

ㄷ. 제시된 사례는 주사위를 수십 번 던질 때는 희박한 확률의 사건이라도 수십만 번 던졌을 때는 종종 일어날 수 있다는 것이다. 따라서 이 사례는 하나의 대상을 기준으로 할 때보다 충분히 많은 대상을 기준으로 할 때 어떤 사건이 발생할 확률이 매우 높을 수 있다는 (나)로 설명할 수 있으나, (가)로는 설명할 수는 없으므로 적절하지 않은 분석이다.

15 논지·견해 분석 난이도 상 정답 ⑤

정답 체크

F는 작은 수에 관한 수식은 증명이 불가능하고, 큰 수에 관한 수식은 증명이 가능하다고 주장한다. 이에 대해 G는 큰 수로 이루어진 수식이 증명될 수 있다면, 작은 수로 이루어진 수식은 왜 증명이 되지 않는지 반문하며 작은 수로 이루어진 수식도 증명이 될 수 있다고 주장한다. 따라서 G는 만약 큰 수로 이루어진 수식이 증명될 수 있다면 작은 수로 이루어진 수식도 증명될 수 있다는 점에 근거하여 F의 주장을 반박함을 알 수 있다.

오답 체크

① A는 특정한 수를 다루는 수식은 증명 불가능하며 그 자체로 명백하다는 공리의 특성을 가지고 있다고 주장한다. 이에 대해 B는 그러한 수식은 공리와는 달리 일반적이지 않고 개수도 무한하다고 주장한다. 따라서 B는 특정한 수를 다루는 수식이 공리의 특성을 갖는다고 해서 모두 공리가 아니라고 주장하는 것이 아니며, A의 주장을 반박하는 것도 아님을 알 수 있다.

② C는 증명 불가능한 진리가 무한히 많다는 것은 틀린 생각이며, 특정한 수를 다루는 무한히 많은 수식들이 공리일 수는 없다고 주장하고 있으므로 특정한 수를 다루는 수식이 무한히 많다는 것을 부정하지는 않음을 알 수 있다. 또한 B는 증명 불가능하며 그 자체로 명백한 수식들은 공리와는 달리 일반적이지 않고 개수도 무한하다고 주장할 뿐 그러한 수식이 증명 불가능하다고 주장하는 것은 아님을 알 수 있다.

③ E는 큰 수로 이루어진 수식은 증명될 수 있다고 주장하나, D는 직관을 통해 모든 수식의 참과 거짓을 알 수 있다고 주장하고 있으므로 D는 큰 수로 이루어진 수식의 참과 거짓도 그 자체로 명백히 알 수 있다는 데 반대하지 않음을 알 수 있다.

④ D는 모든 수식은 증명하지 않고도 직관을 통해 참과 거짓을 알 수 있다고 주장한다. 이에 대해 E는 직관을 통해 참과 거짓을 알 수 있는 수식은 없으며 모든 수식은 증명될 수 있다고 주장한다. F는 작은 수로 이루어진 수식은 직관을 통해 참임을 알 수 있으나 증명은 불가능하고, 큰 수로 이루어진 수식은 직관을 통해 참을 알 수는 없지만 증명은 가능하다고 주장한다. 따라서 큰 수에 대해서는 D의 주장을 반박하고 E의 주장을 옹호하나, 작은 수에 대해서는 D의 주장을 옹호하고 E의 주장을 반박함을 알 수 있다.

⏱ 빠른 문제 풀이 Tip

선택지를 먼저 확인하여, 선택지별로 비교해야 하는 견해를 지문에서 확인하며 정오를 판단한다. ①은 A와 B, ②는 B와 C, ③은 D와 E, ④는 D와 E와 F, ⑤는 F와 G 등 각각 관련된 견해를 대조하면 문제 풀이 시간을 단축할 수 있다.

16 문맥 추론 난이도 상 정답 ⑤

정답 체크

세 번째 단락에서 미분화된 표피세포가 그 안쪽의 피층세포층에 있는 두 개의 피층세포와 접촉하는 경우엔 뿌리털세포로 분화되어 발달하지만, 한 개의 피층세포와 접촉하는 경우엔 분화된 표피세포로 발달하고, 미분화된 표피세포가 서로 다른 형태의 세포로 분화되기 위해서는 유전자 A의 발현에 차이가 있어야 함을 알 수 있다. 따라서 ⊙을 설명하는 가설로 '미분화 표피세포가 어떤 세포로 분화될 것인지는 접촉하는 피층세포의 수에 따라 조절되는 유전자 A의 발현에 의해 결정된다.'가 가장 적절하다.

오답 체크

① 세 번째 단락에서 미분화된 표피세포에서 유전자 A가 발현되지 않으면 그 세포는 뿌리털세포로 분화되며 유전자 A가 발현되면 분화된 표피세포로 분화된다고 했으므로 분화될 세포에 뿌리털이 있는지에 따라 유전자 A의 발현 조절이 이루어진다는 것은 적절하지 않다.

② 세 번째 단락에서 미분화된 표피세포가 그 안쪽의 피층세포층에 있는 두 개의 피층세포와 접촉하는 경우엔 뿌리털세포로 분화되고, 한 개의 피층세포와 접촉하는 경우엔 분화된 표피세포로 분화된다고 했으므로 뿌리털세포와 분화된 표피세포는 동일한 세포임을 알 수 있다. 따라서 미분화된 세포가 어느 세포로부터 유래하였는지에 따라 분화가 결정된다는 것은 적절하지 않다.

③ 첫 번째 단락에서 한 개체를 구성하는 모든 세포는 동일한 유전자를 가지고 있으나 발생 과정에서 발현되는 유전자의 차이 때문에 다른 형태의 세포로 분화된다고 했으므로 미분화 표피세포가 유전자 A를 가지고 있는지에 따라 분화가 결정된다는 것은 적절하지 않다.

④ 세 번째 단락에서 미분화된 표피세포가 그 안쪽의 피층세포층에 있는 두 개의 피층세포와 접촉하는 경우엔 뿌리털세포, 한 개의 피층세포와 접촉하는 경우엔 분화된 표피세포로 분화된다고 했으므로 미분화된 표피세포가 뿌리털세포 또는 분화된 표피세포로 분화가 되는 것은 몇 개의 피층세포와 접촉하는지에 따라 결정되는 것임을 알 수 있다. 따라서 미분화 표피세포층과 피층세포층의 위치에 의해 분화가 결정된다는 것은 적절하지 않다.

17 논지·견해 분석 [난이도 중] 정답 ④

정답 체크
글의 입장은 실제로 많은 고대사회에서 연간 필요 소비량에 맞먹는 잉여 식량을 생산했음을 근거로 고대사회가 생계경제 사회가 아니었으며, 생계 경제라는 개념은 서구의 근대적 이데올로기라는 것이다. 따라서 고대사회에서 존재하였던 축제는 경제적인 잉여를 해소하는 기제로 작용했다는 것은 고대사회는 잉여 식량을 생산하지 못하는 생계경제가 아니었다는 글의 입장을 강화하므로 가장 적절하다.

오답 체크
①, ②, ③, ⑤ 고대사회가 기술적·문화적인 결함으로 인해 잉여 식량을 생산할 수 없는 생계경제였다는 것으로 제시된 글의 입장과 반대되는 내용이므로 적절하지 않다.

> ⏱ **빠른 문제 풀이 Tip**
> 글의 입장을 강화하는 내용을 고르는 문제는 논점에 대한 견해가 일치하는 선택지를 찾는다. 첫 번째 단락에서는 고대사회를 생계경제 사회로 보는 입장을 제시하고, 두 번째 단락에서 이를 반박하고 있다. 따라서 고대사회가 생계경제의 성격을 지녔다는 내용의 선택지를 소거하면 빠르게 정답을 찾을 수 있다.

18 문맥 추론 [난이도 중] 정답 ③

정답 체크
조례안의 입법 예고 완료 여부와 과거에 입안을 지원하였던 조례안 중 유사 사례의 유무를 기준으로 조례안 (가)~(다)를 정리하면 다음과 같다.

기준 \ 조례안	(가)	(나)	(다)
입법 예고 완료 여부	미완료	완료	미완료
유사 사례의 유무	있음	있음	없음

ㄱ. A에 유사 사례의 유무를 따지는 기준이 들어가면, B에는 입법 예고 완료 여부에 관한 기준이 들어간다. 따라서 (가)에 해당하는 ㉣과 (다)에 해당하는 ㉦은 '미완료'로 같으므로 적절한 판단이다.

ㄴ. 첫 번째 단락에서 갑은 유사 사례가 존재하지 않는 경우에만 을에게 그 조례안의 주요 내용을 보고해야 한다고 했으므로 B에 따라 을에 대한 갑의 보고 여부가 결정된다면 B에는 유사 사례의 유무를 따지는 기준이 들어가고, A에는 입법 예고 완료 여부에 관한 기준이 들어간다. 따라서 (가)에 해당하는 ㉠과 (다)에 해당하는 ㉢은 '미완료'로 같으므로 적절한 판단이다.

오답 체크
ㄷ. (가)에 해당하는 ㉣과 (나)에 해당하는 ㉤이 같으면 B에는 유사 사례의 유무를 따지는 기준이 들어가고, A에는 입법 예고 완료 여부에 관한 기준이 들어간다. 따라서 (가)에 해당하는 ㉠은 '미완료', (나)에 해당하는 ㉡은 '완료'로 다르므로 적절하지 않은 판단이다.

19 문맥 추론 [난이도 상] 정답 ⑤

정답 체크
병의 두 번째 말에서 시 홈페이지에서 신청 게시판을 찾아가는 방법을 안내할 필요는 있지만, 이는 부족하므로 A시 공식 어플리케이션에서 바로 신청서를 작성하고 제출할 수 있도록 하자고 했다. 따라서 '신청 방법'을 시 홈페이지에서 신청 게시판을 찾아가는 방법을 삭제하고 A시 공식 어플리케이션을 통한 신청 방법으로 바꾸는 것은 적절하지 않은 수정이다.

오답 체크
①은 을의 두 번째 말에서 나온 의견, ②, ③은 을의 첫 번째 말에서 나온 의견, ④는 을과 병의 의견이 반영된 적절한 수정이다.

> ⏱ **빠른 문제 풀이 Tip**
> 제시된 의견에서 정확한 수정 방안을 확인하여 함정에 빠지지 않도록 한다. 병은 신청 방법이 예전 방식이라고 지적하며 이를 수정해야 한다는 의견을 제시했지만, 이는 새로운 내용으로 바꾸자는 것이 아니라 기존 내용에 추가하자는 것이다.

20 세부 내용 파악 [난이도 중] 정답 ③

정답 체크
ㄱ. 두 번째 단락에서 사적 한계순생산가치란 한 기업이 생산과정에서 투입물 1단위를 추가할 때 그 기업에 직접 발생하는 순생산가치의 증가분이라고 했으므로 사적 한계순생산가치의 크기는 사회에 부가적인 편익을 발생시키는지의 여부와 무관하게 결정됨을 추론할 수 있다.

ㄴ. 두 번째 단락에서 사회적 한계순생산가치란 한 기업이 투입물 1단위를 추가할 때 발생하는 사적 한계순생산가치에 그 생산에 의해 부가적으로 발생하는 사회적 비용을 빼고 편익을 더한 것이라고 했으므로 어떤 기업이 투입물 1단위를 추가할 때 사회에 발생하는 부가적인 편익이나 비용이 없으면 사적 한계순생산가치와 사회적 한계순생산가치의 크기는 같음을 추론할 수 있다.

오답 체크
ㄷ. 두 번째 단락에서 사회적 한계순생산가치란 한 기업이 투입물 1단위를 추가할 때 발생하는 사적 한계순생산가치에 그 생산에 의해 부가적으로 발생하는 사회적 비용을 빼고 편익을 더한 것이라고 했으므로 기업 A와 기업 B가 동일한 투입물 1단위를 추가했을 때 각 기업에 의해 사회에 부가적으로 발생하는 비용이 같더라도 편익의 차이에 따라 두 기업이 야기하는 사회적 한계순생산가치의 크기는 다를 수 있음을 추론할 수 있다.

21 문맥 추론 [난이도 중] 정답 ⑤

정답 체크
두 번째 단락에서 A2의 경우 행복의 양은 A1보다 적고 고통의 양은 A3보다 많아 X의 입장을 충족시켜 주는 행위가 아니며, X의 입장에 따르면 행복의 양이 가장 많은 A1과 고통의 양이 가장 적은 A3 역시 도덕적으로 올바른 행위가 아니게 된다고 했다. 즉, X는 행위 선택지 중 행복의 양은 가장 많고, 또한 고통의 양은 가장 적은 것이 도덕적으로 올바른 행위라고 판단하는 입장임을 알 수 있다. 따라서 ㉠에 들어갈 내용은 '어떤 행위자가 행한 행위가 도덕적으로 올바른 것일 필요충분조건은 그 행위가 그 행위자가 선택할 수 있는 다른 모든 행위에 비해 많은 행복을 산출하고 동시에 적은 고통을 산출한다는 것이다.'가 가장 적절하다.

오답 체크

① A1, A2, A3 모두 행복의 양이 고통의 양보다 많으나 X의 입장에 따르면 세 선택지 모두 도덕적으로 올바른 행위가 아니라고 했으므로 적절하지 않다.

② A1은 A2보다, A2는 A3보다 더 많은 행복을 산출하고, A3은 A2보다, A2는 A1보다 더 적은 고통을 산출하나 X의 입장에 따르면 세 선택지 모두 도덕적으로 올바른 행위가 아니라고 했으므로 적절하지 않다.

③ A1, A2, A3 모두 행복의 양이 고통의 양보다 많으나 X의 입장에 따르면 세 선택지 모두 도덕적으로 올바른 행위가 아니라고 했으므로 적절하지 않다.

④ X의 입장에 따르면 행복의 양이 가장 많은 A1, 고통의 양이 가장 적은 A3도 도덕적으로 올바른 행위가 아니라고 했으므로 적절하지 않다.

22 논지·견해 분석 난이도 상 정답 ③

정답 체크

Y의 입장은 어떤 행위자가 행한 행위가 도덕적으로 올바른 것일 필요충분조건은 그 행위가 그 행위자가 선택할 수 있는 다른 모든 행위보다 큰 유용성을 갖는 것, 즉 행복의 양에서 고통의 양을 뺀 결과값이 가장 큰 행위를 선택하는 것이 올바르다는 것이다.

갑: 가능한 행위 선택지의 유용성이 A1은 90-50=40, A2는 50-10=40, A3은 70-30=40일 경우, 도덕적으로 올바른 행위가 무엇인지 판단할 수 없는 상황이 되어 X의 입장과 비슷한 문제에 부딪힐 수 있다는 것이므로 Y의 입장에 대한 반박으로 적절하다.

을: 선택 가능한 행위 중 가장 큰 유용성을 갖는 것을 선택할 경우, 당시에는 미처 생각지 못했으나 더 큰 유용성을 갖는 선택지를 뒤늦게 깨닫게 되어 결과적으로는 도덕적으로 올바른 행위를 한 번도 하지 못하게 되는 불합리한 결론에 도달하게 된다는 것이므로 Y의 입장에 대한 반박으로 적절하다.

오답 체크

병: 고통의 양이 행복의 양보다 커서 유용성의 크기가 음수로 나오는 경우라도, 가능한 선택지 중 유용성의 크기가 가장 큰 것을 도덕적으로 올바른 행위라고 판단할 수 있으므로 Y의 입장에 대한 반박으로 적절하지 않다.

23 문맥 추론 난이도 상 정답 ①

정답 체크

첫 번째 단락에서 물리학적 언어와는 달리 매우 불명료하고 엄밀하게 정의될 수 없는 용어들을 발룽엔이라고 하고, 두 번째 단락에서 발룽엔이 개입될 경우 증거와 가설 사이의 논리적 관계에 대한 다양한 해석이 나오게 되므로 증거와 가설 사이의 논리적 관계가 무엇인지 결정할 수 없음을 알 수 있다. 따라서 ㉠에 들어갈 진술은 '과학적 가설과 증거의 논리적 관계를 정확하게 판단할 수 있다는 생각은 잘못된 것이다.'가 가장 적절하다.

오답 체크

②, ③, ④, ⑤ 발룽엔의 불명료한 정의로 인해 논리적 관계의 판단이 어렵다는 글의 내용과 무관하므로 적절하지 않다.

24 문맥 추론 난이도 중 정답 ④

정답 체크

조례 제9조 제1항 및 제2항에 따르면 전기자동차 충전시설의 설치비용 지원대상은 주차단위구획 100개 이상을 갖추어야 하지만, B카페는 50여 구획의 주차장을 갖추고 있어 전기자동차 충전시설의 의무 설치대상 및 설치비용 지원대상에 해당하지 않는다. 한편 제3항은 제1항의 설치대상에 해당하지 않는 사업장에 관한 규정이므로 B카페에 적용되는 조항임을 알 수 있다. 따라서 B카페가 전기차 충전시설 설치비용에 대한 지원금을 받을 수 있게 된 조례 개정 내용은 '제4항으로 "시장은 제3항의 권고를 받아들이는 사업장에 대하여는 설치비용의 60퍼센트를 지원하여야 한다."를 신설'이 가장 적절하다.

오답 체크

①, ②, ③ B카페는 주차단위구획 100개 이상을 갖추지 않아 전기자동차 충전시설의 의무 설치대상 및 설치비용 지원대상에 해당하지 않으며, 이에 따라 제1항 및 제2항이 적용되지 않으므로 적절하지 않다.

⑤ B카페는 주차단위구획 100개 이상을 갖추지 않아 전기자동차 충전시설의 의무 설치대상에 해당하지 않으므로 적절하지 않다.

25 논지·견해 분석 난이도 중 정답 ③

정답 체크

근거 d는 일상품인 세발토기가 발견되었다는 것으로 의관에 관련된 부장품 발견에 관한 가설이 아니므로 영희의 가설과는 무관하다. 따라서 근거 d는 가설 C를 강화하지 않는다.

오답 체크

① (가)에서 성토를 높게 하여 뚜렷하게 구분되는 대형 분구를 총이라고 한다고 했고, 가설 B는 성토가 높은 것은 신분의 높음을 상징한다고 했으므로 묘-분-총 중 성토가 가장 높은 총이 신분의 높음을 의미함을 알 수 있다. 따라서 신라의 황남대총이 왕릉이라는 근거 a는 가설 B를 강화한다.

② 가설 A는 목관, 옹관만이 시신을 넣어두는 용기라고 했으므로 석관이 있는 유적이 발견되었다는 근거 c는 가설 A를 약화한다.

④ 가설 B는 삼국 모두 묘-분-총의 발전단계를 보인다고 했으나 근거 b는 백제에는 총에 해당하는 분이 없다는 것이므로 근거 b에 비추어 가설 B는 수용될 수 없다. 또한 가설 A는 목관, 옹관만이 시신을 넣어두는 용기라고 했으나 근거 c는 부여 가증리에서 석관이 있는 초기 백제 유적이 발견되었다는 것이므로 근거 c에 비추어 가설 A는 수용될 수 없다. 이때 (나)에서 가설들을 약화하는 근거가 발견되지 않으면 해당 가설을 수용할 생각이라고 했으므로 b와 c에 비추어 수용될 수 있는 가설은 C 한 개이다.

⑤ 근거 a는 가설 B를 강화하고 근거 b는 가설 B를 약화하며, 근거 c는 가설 A를 약화한다. 근거 d는 가설 A~C와 무관하다. 이때 (나)에서 가설들을 약화하는 근거가 발견되지 않으면 해당 가설을 수용할 생각이라고 했으므로 가설 A, B는 수용될 수 없으나 약화하는 근거가 없는 C는 수용될 수 있다. 따라서 근거 a~d에 비추어 수용될 수 있는 가설은 C 한 개이다.

정답

p.44

01	②	세부 내용 파악	06	⑤	논리 추론	11	④	세부 내용 파악	16	③	논지·견해 분석	21	①	문맥 추론
02	④	세부 내용 파악	07	①	문맥 추론	12	④	논리 추론	17	③	문맥 추론	22	②	논지·견해 분석
03	⑤	세부 내용 파악	08	①	세부 내용 파악	13	⑤	논리 추론	18	①	세부 내용 파악	23	③	문맥 추론
04	⑤	세부 내용 파악	09	④	논리 추론	14	④	논리 추론	19	③	논지·견해 분석	24	③	문맥 추론
05	②	세부 내용 파악	10	⑤	논리 추론	15	①	논지·견해 분석	20	②	문맥 추론	25	③	논지·견해 분석

취약 유형 분석표

유형별로 맞힌 문제 개수와 정답률, 틀린 문제 번호와 풀지 못한 문제 번호를 적고 나서 취약한 유형이 무엇인지 파악해 보세요.

유형	맞힌 개수	정답률	틀린 문제 번호	풀지 못한 문제 번호
세부 내용 파악	/8	%		
문맥 추론	/6	%		
논지·견해 분석	/5	%		
논리 추론	/6	%		
TOTAL	/25	%		

해설

01 세부 내용 파악   난이도 중   정답 ②

정답 체크
두 번째 단락에서 정상에 위반되는 것에 대해 기운만 홀로 작용하고 이치가 존재하지 않는다고 하는 것은 옳지 않다고 했으므로 형세가 바뀐 기운에는 그 기운을 타고 작용하는 이치가 반드시 있다는 것은 글의 내용과 부합한다.

오답 체크
① 세 번째 단락에서 오직 물리적인 대소와 강약만을 승부로 삼는 것은 천의 본연이 아니라고 했으므로 약한 것이 강한 것의 부림을 받는 것이 천의 본연이라는 것은 글의 내용과 부합하지 않는다.
③ 두 번째 단락에서 기운을 타고 있는 이치 밖에서 본연의 이치를 따로 구하는 것은 옳지 않다고 했으므로 기운을 타고 있는 이치 이외에 그 기준이 되는 본연의 이치가 독립적으로 실재한다는 것은 글의 내용과 부합하지 않는다.
④ 세 번째 단락에서 어떤 악인이 편안히 늙어 죽는 것은 정상에 위반된다고 했고, 두 번째 단락에서 정상에 위반되는 것에 대해 기운만 홀로 작용하고 이치가 존재하지 않는다고 하는 것은 옳지 않다고 했으므로 악인이 편안히 늙어 죽는 것은 이치가 아니며 다만 기운이 그렇게 작용할 뿐이라는 것은 글의 내용과 부합하지 않는다.
⑤ 마지막 문단에서 이치는 본래 하나일 뿐이라고 했으므로 이치를 본연의 것과 정상을 벗어난 것으로 구분하는 것은 옳지 않음을 알 수 있다. 또한 제시된 글에서 이 중 본연의 이치만 참된 이치인지도 알 수 없으므로 글의 내용과 부합하지 않는다.

02 세부 내용 파악   난이도 중   정답 ④

정답 체크
세 번째 단락에서 1973년 전체 제조업 종사자 중 39%였던 노동조합원의 비율이 2005년에는 13%로 줄어들었고, 새롭게 부상한 서비스업 분야에서도 조합원들을 확보하지 못했음을 알 수 있으나 제조업 분야 내에서의 노동조합 가입률 하락이 산업구조의 변화로 인한 서비스업의 성장 때문이었는지는 알 수 없다. 따라서 미국 제조업 분야 내에서의 노동조합 가입률 하락이 산업구조의 변화로 인한 서비스업의 성장 때문이라는 것은 글의 내용과 부합하지 않는다.

오답 체크
① 세 번째 단락에서 1973년 전체 제조업 종사자 중 39%였던 노동조합원의 비율이 2005년에는 13%로 줄어들었다고 했으므로 1973년부터 2005년 사이에 미국 제조업에서는 노동조합원의 비율이 감소하였다는 것은 글의 내용과 부합한다.
② 마지막 단락에서 1970년대 중반 이후 기업들은 보수적 성향의 정치적 영향력에 힘입어서 노동조합을 압도할 수 있게 되었고, 이러한 노동조합의 몰락은 정치와 기업이 결속한 결과라고 했으므로 1970년대 중반 이후 노동조합의 몰락에는 기업뿐 아니라 보수주의적 정치도 일조하였다는 것은 글의 내용과 부합한다.

③ 두 번째 단락에서 지금 미국경제를 주도하는 것은 서비스업이고, 이러한 산업구조로의 변화는 기술의 발전이 주된 요인이지만 많은 제조업 제품을 주로 수입에 의존하게 된 것이 또 다른 요인이라고 했으므로 미국에서 제조업 상품의 수입의존도 상승이 서비스업이 경제를 주도하는 산업 분야가 되는 요인 중 하나였다는 것은 글의 내용과 부합한다.
⑤ 마지막 단락에서 1970년대 말과 1980년대 초에는 노동조합을 지지하는 노동자 20명 중 적어도 한 명이 불법적으로 해고되었다고 했으므로 당시 미국 기업이 노동조합을 지지하는 노동자들에게 행한 조치 중에는 합법적이지 못한 경우도 있었다는 것은 글의 내용과 부합한다.

> ⏱ **빠른 문제 풀이 Tip**
> 화제에 대한 변화 과정을 통시적으로 설명하는 지문이 제시되는 경우, 각 시기별 특징이 선택지로 구성되는 경우가 많다. 이 문제의 경우 선택지에 '1973년부터 2005년 사이', '1970년대 중반', '1970년대 말' 등의 연도가 제시되어 있으므로 이를 중심으로 내용을 파악한다.

03 세부 내용 파악   난이도 상   정답 ⑤

정답 체크
제시된 내용에 따라 각 지역과 4군의 위치를 그림으로 나타내면 다음과 같다.

마지막 단락에서 이천의 부대는 만포에서 압록강을 건너 건주위 여진족을 토벌했다고 했고, 두 번째 단락에서 만포는 여연군에서 서남쪽으로 수백 리 떨어진 지점이라고 했으므로 여연군으로부터 압록강 물줄기를 따라 하류로 이동하면 만포에 이를 수 있음을 알 수 있다.

오답 체크
① 두 번째 단락에서 최윤덕의 부대는 여연군에서 서남쪽으로 수백 리 떨어진 지점에 있는 만포에서 압록강을 건넌 후 아목하까지 북진했다고 했으므로 아목하는 여연군이 설치되어 있던 곳에서 서북쪽으로 나아가야 도착할 수 있음을 알 수 있다.
② 두 번째 단락에서 최윤덕의 부대는 여연군에서 서남쪽으로 수백 리 떨어진 지점에 있는 만포에서 압록강을 건넌 후 여진족을 정벌했음을 알 수 있다.
③ 두 번째 단락에서 최윤덕이 여진족을 토벌한 후에 만포의 동북쪽에 자성군을 두었고, 마지막 단락에서 이천이 여진족을 토벌한 후에는 여연군과 자성군 사이의 중간 지점에 우예군, 여연군에서 동남쪽으로 멀리 떨어진 곳에 무창군을 설치했음을 알 수 있다.
④ 첫 번째 단락에서 여진족은 함경도 경원부의 두만강 건너편 북쪽에 살던 여진족이 태종 때 서쪽으로 이동했다가 다시 동쪽의 아목하로 이동했다고 했고, 세종은 여진족의 침입에 대비하고자 압록강변 중에서 방어에 유리한 곳에 여연군을 설치했다고 했으므로 세종이 경원부를 여연군으로 바꾼 것은 아님을 알 수 있다. 또한 제시된 글에서 여연군 인근에 설치한 자성군, 우예군, 무창군이 최윤덕을 파견해 설치한 것인지는 알 수 없다.

⏱️ **빠른 문제 풀이 Tip**

선택지에서 각 군사 시설의 위치와 이동 경로 등을 묻고 있으므로 지문을 읽을 때 관련 내용을 도식화하면서 접근한다. 이 문제의 경우 대략적인 지도를 그림으로 그려보는 것이 유용하다.

04 세부 내용 파악 난이도 **상**　　정답 ⑤

정답 체크

세 번째 단락에서 오늘날의 종묘제례 행사는 1960년대에 복원된 것을 그대로 따르고 있으며, 1960년대에 복원된 종묘제례의 경우 문무를 출 때 손에 드는 무구는 조선시대의 것과 동일했다고 했다. 또한, 두 번째 단락에서 소선시내의 일무에서 문무를 추는 사람은 왼손에 '약'이라는 피리, 오른손에 '적'이라는 꿩 깃털 장식물을 들었다고 했다. 따라서 오늘날 시행되고 있는 종묘제례 행사에서 문무를 추는 사람들은 한 사람당 2종의 무구를 손에 들고 춤을 춘다는 것을 알 수 있다.

오답 체크

① 두 번째 단락에서 조선에서는 무무를 거행할 때 궁시를 무구로 쓰지 않고 창, 검을 들고 춤을 추었다고 했으므로 궁시를 들지 않고 검과 창만 들었던 것은 대한제국 선포 전까지 조선 왕조의 종묘제례에서 무무를 출 때임을 알 수 있다. 한편 세 번째 단락에서 대한제국 선포 이후에는 64명이 일무를 추는 것으로 바뀌었다고 했으나, 대한제국 시기에 종묘제례에서 문무를 출 때 어떤 무구를 들었는지는 제시된 글을 통해 알 수 없다.

② 첫 번째 단락에서 팔일무는 64명이 추는 춤이고, 육일무는 36명이 추는 춤이라고 했다. 또한, 세 번째 단락에서 일제 강점기에는 36명이 일무를 추었다고 했다. 따라서 일제 강점기 때 거행된 종묘제례에서는 문무와 무무 모두 육일무로 추었음을 알 수 있다.

③ 두 번째 단락에서 조선에서는 무무를 출 때 앞쪽의 세 줄에 선 사람들은 한 사람당 검 하나씩만 잡고, 뒤쪽의 세 줄에 선 사람들은 한 사람당 창 하나씩만 잡은 채 춤을 추게 하였다고 했다. 따라서 조선시대에는 종묘제례에서 무무를 출 때 한 사람당 1종의 무구를 손에 들고 춤을 추게 했음을 알 수 있다.

④ 두 번째 단락에서 일무는 문무를 먼저 춘 다음에 같은 사람들이 무무를 뒤이어 추는 것이 정해진 규칙이라고 했으며, 세 번째 단락에서 복원된 종묘제례의 일무에서 문무를 출 때 손에 드는 무구는 조선시대의 것과 동일했다고 했다. 따라서 조선시대에 종묘제례를 거행할 때에 문무와 무무 모두를 추었음을 알 수 있다.

05 세부 내용 파악 난이도 **중**　　정답 ②

정답 체크

두 번째 단락에서 "아이를 엄격한 방식보다는 너그러운 방식으로 키우는 것이 더 좋다."라는 문장은 상대적인 가치판단이 아니라 절대적인 가치판단을 표현함을 추론할 수 있다.

오답 체크

①, ③ 두 번째 단락에 따르면 상대적인 가치판단은 경험적 진술이므로 관찰을 통해 객관적인 과학적 테스트가 가능하나, "아이를 엄격한 방식보다는 너그러운 방식으로 키우는 것이 더 좋다."라는 문장은 절대적인 가치판단을 표현하므로 과학적 테스트를 통한 입증의 대상이 될 수 없다. 따라서 아이를 엄격한 방식보다는 너그러운 방식으로 키우는 것이 더 좋다는 것은 상대적인 가치판단을 나타내는 경험적 진술도 아니고, 과학적 연구에 의해 객관적으로 입증될 수 있는 주장도 아님을 추론할 수 있다.

④, ⑤ 두 번째 단락에서 "아이를 행복하고 정서적으로 안정된 창조적인 개인으로 키우고자 한다면 아이를 엄격한 방식보다는 너그러운 방식으로 키우는 것이 더 좋다."라는 문장은 상대적인 가치판단을 나타내며, 상대적 가치판단은 경험적 진술이므로 과학적 테스트가 가능함을 추론할 수 있다.

06 논리 추론 난이도 **상**　　정답 ⑤

정답 체크

제시된 ㉠~㉤과 A의 논증을 참으로 가정하고, 기호화하여 정리하면 다음과 같다.
㉠: 강 과장 ∨ 남 박사
㉡: ~도 부장 ∧ ~박 과장
㉢: 강 과장 ∧ RE-201 → S ∧ ~T ∧ ~U
㉣: S ∧ T ∧ U
㉤: 강 과장 → 남 박사
A: ~RE-201
㉢의 대우 '~S ∨ T ∨ U → ~강 과장 ∨ ~RE-201'와 ㉣을 연결하면 '~강 과장 ∨ ~RE-201'이 도출된다. 이때, 선언지 제거법에 따라 '강 과장'이라면 A인 '~RE-201'이 참이고, ㉠에서 '~남 박사'라면 '강 과장'이 도출된다. 따라서 A가 반드시 참이 되도록 하기 위해서는 ㉤을 '남 박사에게는 이 사고와 관련된 책임이 없다'로 수정하는 것이 가장 적절하다.

07 문맥 추론 난이도 **하**　　정답 ①

정답 체크

말벌이 둥지를 떠난 사이 원형으로 배치했던 솔방울들을 치우고 그 자리에 돌멩이들을 원형으로 배치하였더니 돌아온 말벌이 원형으로 배치된 돌멩이들의 중심으로 날아갔다고 했다. 이는 말벌이 방향을 찾을 때 솔방울이라는 물체의 재질이 아닌, 솔방울들로 만든 모양에 의존한 것임을 추론할 수 있다. 따라서 빈칸에 들어갈 내용은 '물체의 재질보다 물체로 만든 모양에 의존하여 방향을 찾는다'가 가장 적절하다.

08 세부 내용 파악 난이도 상　　　정답 ①

정답 체크

ㄱ. 첫 번째 단락에서 종전 모형인 공간 모형은 암세포들 간 유전 변이를 잘 설명하지 못한다고 했고, 두 번째 단락에서 새로 개발된 컴퓨터 설명 모형은 왜 암세포들이 그토록 많은 유전 변이를 갖고 있는지 잘 설명해준다고 했으므로 컴퓨터 설명 모형이 종전의 공간 모형보다 암세포의 유전 변이를 더 잘 설명함을 알 수 있다.

오답 체크

ㄴ. 첫 번째 단락에서 종전의 공간 모형은 종양의 3차원 공간 구조를 잘 설명한다고 했고, 두 번째 단락에서 컴퓨터 설명 모형은 암세포의 유전 변이를 잘 설명해준다고 했으나 공간 모형이 컴퓨터 설명 모형보다 3차원 공간 구조를 더 잘 설명하는지는 알 수 없다.

ㄷ. 두 번째 단락에서 종전의 공간 모형에 따르면 암세포는 빈 곳이 있을 때만 분열할 수 있고 다른 세포를 올라 타고서만 다른 곳으로 옮겨갈 수 있다고 했으므로 공간 모형은 암세포의 자체 이동 능력을 인정하지 않음을 알 수 있다. 또한 제시된 글에서 비공간 모형이 암세포의 자체 이동 능력을 인정하는지 알 수 없다.

09 논리 추론 난이도 중　　　정답 ④

정답 체크

제시된 글에서 기호화가 필요한 문장을 정리하면 다음과 같다.
· 명제 1: 국어 성적 60점 미만 20명
· 명제 2: 영어 성적 60점 미만 20명
· 명제 3: 스마트폰 등교 ∧ ~사용 → ~영어 성적 60점 미만
· 명제 4: 방과 후 보충 수업 → 영어 성적 60점 미만

명제 3과 명제 4의 대우 '~영어 성적 60점 미만 → ~방과 후 보충 수업'을 연결하면 '스마트폰 등교 ∧ ~사용 → ~방과 후 보충 수업'이 도출된다. 따라서 '스마트폰을 가지고 등교하더라도 학교에 있는 동안은 사용하지 않는 B중학교 학생 가운데 방과 후 보충 수업을 받아야 하는 학생은 없다.'는 반드시 참이다.

오답 체크

① 국어 성적 60점 미만인 학생 중 영어 성적 60점 미만인 학생이 존재할 수 있으므로 B중학교 학생이 적어도 40명 이상이라는 것은 반드시 참은 아니다.

② 'B중학교 학생인 성열이의 영어 성적이 60점 미만이라면, 성열이는 방과 후 보충 수업을 받아야 할 것이다.'는 명제 4의 '역'에 해당하는 '후건 긍정의 오류'이므로 반드시 참은 아니다.

③ 명제 1에서 '국어 성적 60점 미만 20명'만 알 수 있을 뿐 '국어 성적 60점 미만 → 사용'은 알 수 없다. 따라서 'B중학교 학생인 대석이의 국어 성적이 60점 미만이라면, 대석이는 학교에 있는 동안에 스마트폰을 사용할 것이다.'는 반드시 참은 아니다.

⑤ 명제 2에서 '영어 성적 60점 미만 20명'만 알 수 있을 뿐 영어 성적 60점 미만이 아닌 학생의 수는 알 수 없다. 따라서 'B중학교에서 스마트폰을 가지고 등교하는 학생들 가운데 학교에 있는 동안은 스마트폰을 사용하지 않는 학생은 적어도 20명 이상이다.'는 반드시 참은 아니다.

10 논리 추론 난이도 중　　　정답 ⑤

정답 체크

제시된 조건을 기호화하여 정리하면 다음과 같다.
· 조건 1: (가위 ∨ 칼) ∧ ~(가위 ∧ 칼)
· 조건 2: (색연필 ∨ 크레파스) ∧ ~(색연필 ∧ 크레파스)
· 조건 3: ~칼 → 볼펜
· 조건 4: ~색연필 → 가위 ∧ ~칼

조건 1과 조건 4의 대우 '가위 ∨ 칼 → 색연필'에 따라 '색연필'이 참이고, 조건 2에서 '~크레파스'를 도출할 수 있다. 이에 따라 가지고 있는 학용품으로 가능한 경우를 나타내면 다음과 같다.

구분	가위	칼	색연필	크레파스	볼펜
경우 1	O	X	O	X	O
경우 2	X	O	O	X	O
경우 3	X	O	O	X	X

ㄱ. <경우 3>에 따라 甲이 2종류의 준비물만을 가지고 있다면, 칼을 가지고 있으므로 반드시 참이다.

ㄴ. <경우 3>에 따라 甲이 볼펜을 가지고 있지 않다면, 가위도 가지고 있지 않으므로 반드시 참이다.

ㄷ. <경우 1>과 <경우 2>에 따라 甲이 3종류의 준비물만을 가지고 있다면, 볼펜을 가지고 있으므로 반드시 참이다.

11 세부 내용 파악 난이도 중　　　정답 ④

정답 체크

첫 번째 단락에서 애더는 쥐의 면역계에서 학습이 가능하다는 주장을 발표하였고, 당시까지는 학습이란 뇌와 같은 중추신경계에서만 일어날 수 있을 뿐 면역계에서는 일어날 수 없다고 생각했다고 했으므로 에더의 실험 이전에도 중추신경계에서 학습이 가능하다는 것은 알려져 있었음을 알 수 있다.

오답 체크

① 두 번째 단락에서 시클로포스파미드가 면역세포인 T세포의 수를 감소시켜 쥐의 면역계 기능을 억제한다고 했으므로 쥐에게 시클로포스파미드를 투여하면 T세포 수가 감소함을 알 수 있다.

② 두 번째 단락에서 쥐는 조건형성 때문에 사카린 용액만 먹여도 시클로포스파미드를 투여 받았을 때처럼 T세포 수의 감소 반응을 일으킨다고 했으므로 애더의 실험에서 사카린 용액은 새로운 조건자극의 역할을 함을 알 수 있다.

③ 마지막 단락에서 면역계에서도 학습이 이루어진다는 것은 중추신경계와 면역계가 독립적이지 않으며 어떤 방식으로든 상호작용한다는 것을 말해줌을 알 수 있다.

⑤ 두 번째 단락에서 시클로포스파미드가 면역세포인 T세포의 수를 감소시켜 쥐의 면역계 기능을 억제한다고 했고, 에더의 실험에서 사카린 용액만 먹여도 시클로포스파미드를 투여 받았을 때처럼 T세포 수의 감소 반응을 일으킨다고 했으므로 애더의 실험에서 사카린 용액을 먹은 쥐의 T세포 수가 감소하는 것은 면역계의 반응임을 알 수 있다.

정답 체크

제시된 조건을 정리하면 다음과 같다.
· 남자 6명, 여자 4명을 A, B, C에 배치
· 각 부서에 적어도 1명 이상 배치
· 각 부서에 배치 인원은 모두 다름
· 각 부서 배치 인원은 C > B > A 순임
· 각 부서에 여자만 배치할 수는 없음
· B의 배치 인원 여자 > 남자

조건에 따라 A에는 남자 1명 또는 남자 1명과 여자 1명 또는 남자 2명을 배치할 수 있다. 이를 기준으로 가능한 경우를 정리하면 다음과 같다.

<경우 1-1> A에 남자 1명을 배치할 경우

구분	남자	여자	합계
A	1	0	1
B	1	2	3
C	4	2	6

<경우 1-2> A에 남자 1명을 배치할 경우

구분	남자	여자	합계
A	1	0	1
B	1	3	4
C	4	1	5

<경우 2> A에 남자 1명과 여자 1명을 배치할 경우

구분	남자	여자	합계
A	1	1	2
B	1	2	3
C	4	1	5

<경우 3> A에 남자 2명을 배치할 경우

구분	남자	여자	합계
A	2	0	3
B	1	2	3
C	3	2	5

따라서 어떠한 경우에도 B에는 1명의 남자 신임 외교관이 배치되므로 반드시 참이다.

오답 체크

① <경우 2>, <경우 3>에 따라 A에 2명의 신임 외교관이 배치될 수 있으므로 반드시 참은 아니다.
② <경우 1-2>에 따라 B에 4명의 신임 외교관이 배치될 수 있으므로 반드시 참은 아니다.
③ <경우 1-1>에 따라 C에 6명의 신임 외교관이 배치될 수 있으므로 반드시 참은 아니다.
⑤ <경우 1-2>, <경우 2>에 따라 C에 1명의 여자 신임 외교관이 배치될 수 있으므로 반드시 참은 아니다.

정답 체크

제시된 조건을 정리하면 다음과 같다.
· 회의는 세 사람이 말한 월, 일, 요일 중에서 열리고, 세 사람의 기억 내용인 월, 일, 요일을 하나도 맞히지 못한 사람, 1개 맞힌 사람, 2개 맞힌 사람이 존재한다.
· 회의가 열릴 수 있는 날짜는 5월 8일, 5월 10일, 6월 8일, 6월 10일 총 네 가지가 있다.

회의가 열릴 수 있는 날짜를 기준으로 월, 일, 요일의 세 가지 사항을 맞힌 사람을 정리하면 다음과 같다.

구분	가영	나영	다영
5월 8일	2개	1개	1개
5월 10일	1개	2개	0개
6월 8일	1개	0개	2개
6월 10일	0개	1개	1개

5월 8일은 하나도 맞히지 못한 사람이 없으므로 조건에 위배된다. 또한 5월 10일은 가영이나 나영 둘 중 한 사람이 요일을 맞히면 조건에 위배되고, 6월 8일은 가영이나 다영이 요일을 맞히면 조건에 위배된다. 따라서 회의가 열리는 날짜는 6월 10일이고, 요일은 화요일 또는 금요일이다.
ㄱ. 회의는 6월 10일에 열렸으므로 반드시 참이다.
ㄴ. 가영이는 하나도 맞히지 못한 사람이므로 반드시 참이다.
ㄷ. 다영이 하나만 맞힌 사람이라면, 요일을 맞힌 사람은 나영이다. 따라서 회의는 화요일에 열렸으므로 반드시 참이다.

정답 체크

제시된 대화에서 기호화가 필요한 문장을 정리하면 다음과 같다.
· 전제 1: A → B
· 전제 2: ~D → C
· 전제 3: C ∧ ~B
· 전제 4-1: ㉠
· 결론 1: C ∧ ~A ∧ ~B ∧ ~D
· 전제 4-2: ㉡
· 결론 2: D

㉠ 전제 2에 따라 '~D → C'이고, 전제 1의 대우 '~B → ~A'와 전제 3에 따라 'C ∧ ~B ∧ ~A'가 참이므로 '~A → ~D' 또는 '~B → ~D'라는 전제가 추가되면 결론 1을 도출할 수 있다. 따라서 ㉠에 들어갈 내용은 '~A → ~D' 또는 'D → A', 즉 'D그룹에서 항체를 생성한 후보 물질은 모두 A그룹에서 항체를 생성했다.'가 적절하다.
㉡ 결론 2를 도출하기 위해서는 전제 2의 대우 '~C → D'에서 '~C'를 확정할 수 있는 전제가 추가되어야 한다. 따라서 ㉡에 들어갈 내용은 'C그룹에서 항체를 생성하지 않은 후보 물질이 있다.'가 적절하다.

🕐 **빠른 문제 풀이 Tip**

갑의 두 번째 말에서 추가 임상실험의 결과가 둘 중 하나로 나온다고 했으므로 '결론 1'은 전제 1~3과 ㉠, '결론 2'는 전제 1~3과 ㉡의 연결로 각각 도출된다는 점에 유의한다.

15 논지·견해 분석 [난이도 중]   정답 ①

정답 체크

ㄱ. 두 번째 단락에서 도덕적인 사람은 행복할 것이며, 행복한 것은 그에게 이익을 준다고 했으나 도덕적으로 살고 있음에도 불행한 사람이 존재한다면 이는 글의 논증을 약화한다.

오답 체크

ㄴ. 두 번째 단락에서 도덕적인 것은 이익이 된다고 했으나 도덕적으로 살지 않는 것은 이익이 되지 않는다는 주장은 지문에서 설명하는 결론의 '이'에 해당되므로 글의 논증으로부터 추론되지 않는다.

ㄷ. 첫 번째 단락에서 눈과 귀, 혼이나 정신 모두 훌륭한 상태에서 각각 고유의 기능을 잘 수행한다고 했고, 두 번째 단락에서 올바름 혹은 도덕적임은 혼이나 정신의 훌륭한 상태라고 했으나 눈이나 귀가 도덕적인지는 알 수 없으므로 글의 논증을 강화하지 않는다.

16 논지·견해 분석 [난이도 중]   정답 ③

정답 체크

D는 수정체부터 인간으로 간주하고, E는 배아에 해당하는 때부터 인간으로 간주한다. 따라서 D가 인간으로 간주하는 대상 중 수정 이후부터 배아 직전까지의 대상은 E가 인간으로 간주하는 대상이 아니므로 D가 인간으로 간주하는 대상 E는 인간으로 간주하지 않을 수도 있음을 알 수 있다.

오답 체크

① A는 태아의 신체가 전부 노출이 될 때부터 인간으로 간주하고, B는 출산의 진통 때부터 인간으로 간주한다. 따라서 A가 인간으로 간주하는 대상은 B도 인간으로 간주함을 알 수 있다.

② C는 4개월 이후부터 인간으로 간주하고, E는 배아에 해당하는 때부터 인간으로 간주한다. 따라서 C가 인간으로 간주하는 대상은 E도 인간으로 간주함을 알 수 있다.

④ D와 F 모두 수정체부터 인간으로 간주한다. 그러나 그렇게 간주하는 이유는 D가 수정체는 생물학적으로 인간으로 태어날 가능성을 갖고 있기 때문이고, F가 수정될 때 영혼이 생기기 때문이다. 따라서 D가 인간으로 간주하는 대상을 F도 인간으로 간주하지만 그렇게 간주하는 이유는 다름을 알 수 있다.

⑤ F는 수정될 때 영혼이 생기기 때문에 수정체부터 인간에 해당한다고 본다. 첫 번째 단락에 따르면 접합체는 수정체 이후의 단계이므로 접합체에도 영혼이 존재할 수 있다는 연구결과를 얻더라도 F의 견해는 설득력이 떨어지지 않음을 알 수 있다.

17 문맥 추론 [난이도 중]   정답 ③

정답 체크

ⓒ 앞의 내용은 내가 참이라고 생각한 것을 말했으나 이것이 사실과 달라 거짓이 되었다는 것이므로 ⓒ의 '사실과 일치하는 내용을 참이라고 믿고 말했지만'은 '사실과 일치하지 않는 내용을 참이라고 믿고 말했지만'으로 수정하는 것이 가장 적절하다.

18 세부 내용 파악 [난이도 중]   정답 ①

정답 체크

첫 번째 단락에서 현장과 증거물을 중심으로 엮은 역사적인 이야기는 전설이라고 했고, 마지막 단락에서 상주지방에 전하는 공갈못에 관한 이야기도 공갈못 생성의 증거가 될 수 있는 역사성을 가진 귀중한 자료라고 했으므로 공갈못설화는 전설임을 추론할 수 있다.

오답 체크

② 첫 번째 단락에서 설화 속에는 원도 있고 한도 있음을 알 수 있으나 설화가 기록되기 위해서 원이나 한이 배제되어야 하는지는 추론할 수 없다.

③ 두 번째 단락에서 공갈못설화가 삼국의 문헌 기록으로 전해지지 않았음을 알 수 있으나 삼국의 사서에 농경생활에 관한 사건이 전혀 기록되지 않았는지는 추론할 수 없다.

④ 세 번째 단락에서 공갈못이 우리나라 3대 저수지의 하나이고, 관련 기록이 조선시대에 와서야 발견되었음을 알 수 있으나 3대 저수지 사건이 조선시대에 처음 기록되었는지는 추론할 수 없다.

⑤ 세 번째 단락에서 『일본서기』를 고려할 때 역사성과 현장성이 있는 전설을 가볍게 취급해서는 결코 안 된다고 했으나 조선과 일본의 역사기술 방식의 차이가 전설에 대한 기록 여부에 있는지는 추론할 수 없다.

19 논지·견해 분석 [난이도 상]   정답 ③

정답 체크

글의 논지는 개념의 사례를 식별할 수 있다 하더라도 반드시 개념을 이해하는 능력이 있는 것은 아니고, 반대로 개념을 이해하는 능력이 있다 하더라도 반드시 개념의 사례를 식별할 수 있는 것은 아니라는 것이다. 이때 '자율주행 자동차에 탑재된 인공지능이 인간 개념을 이해하고 있지 않다면 동물 복장을 하고 횡단보도를 건너는 인간 보행자를 인간으로 식별하지 못한다.'는 개념을 이해해야만 식별이 가능하다는 의미이고, 이는 개념을 이해하는 능력이 개념의 사례를 식별하는 능력을 함축한다는 것이므로 글의 논지를 약화한다.

오답 체크

① 인간 개념과 관련된 모든 지식을 가진 사람은 아무도 없겠지만 우리는 대개 인간과 인간 아닌 존재를 어렵지 않게 구별할 줄 안다는 것은 개념의 사례를 식별할 수 있다 하더라도 반드시 개념을 이해하는 능력이 있는 것은 아니라는 것이므로 글의 논지를 강화한다.

② 어느 정도의 훈련을 받은 사람은 병아리의 암수를 정확히 감별하지만 그렇다고 알컷과 수컷 개념을 이해하고 있다고 볼 이유는 없다는 것은 개념의 사례를 식별할 수 있다 하더라도 반드시 개념을 이해하는 능력이 있는 것은 아니라는 것이므로 글의 논지를 강화한다.

④ 정육면체 개념을 이해할 리가 없는 침팬지도 다양한 형태의 크고 작은 상자들 가운데 정육면체 모양의 상자에만 숨겨둔 과자를 족집게같이 찾아낸다는 것은 개념의 사례를 식별할 수 있다 하더라도 반드시 개념을 이해하는 능력이 있는 것은 아니라는 것이므로 글의 논지를 강화한다.

⑤ 10월 어느 날 남반구에서 북반구로 여행을 간 사람이 그곳의 계절을 봄으로 오인한다고 해서 그가 봄과 가을의 개념을 잘못 이해하고 있다고 할 수는 없다는 것은 개념을 이해하는 능력이 있다 하더라도 반드시 개념의 사례를 식별할 수 있는 것은 아니라는 것이므로 글의 논지를 강화한다.

20 문맥 추론 난이도 중　　　　정답 ②

정답 체크

㉠ 식물이 산소를 생성한다는 결론을 얻기 위해서는 산소를 생산하는 식물의 유무에 따라 촛불의 연소와 동물의 호흡 지속 여부가 달라진다는 실험이 들어가야 한다. 따라서 ㉠에 들어갈 내용은 밀폐된 용기 안의 촛불은 일정 시간 후에 꺼지지만, 식물과 함께 밀폐된 용기 안에 촛불을 넣으면 꺼지지 않는다는 'ㄴ'이 적절하다.

㉡ 식물의 산소 생산에 빛이 필요하다는 결론을 얻기 위해서는 빛의 유무에 따라 식물의 산소 발생 여부가 달라진다는 실험이 들어가야 한다. 따라서 ㉡에 들어갈 내용은 밀폐된 용기에 쥐와 식물을 넣었을 때 빛이 있으면 식물이 산소를 생산하여 쥐가 죽지 않지만, 빛이 없으면 식물이 산소를 생산하지 않아 쥐가 죽는다는 'ㄱ'이 적절하다.

㉢ 식물의 광합성에 빛과 이산화탄소가 모두 필요하다는 결론을 얻기 위해서는 빛과 이산화탄소 둘 다 있는지에 따라 식물의 광합성 여부가 달라진다는 실험이 들어가야 한다. 따라서 ㉢에 들어갈 내용은 빛과 이산화탄소 중 하나라도 없으면 식물의 광합성이 일어나지 않는다는 'ㄷ'이 적절하다.

21 문맥 추론 난이도 중　　　　정답 ①

정답 체크

두 번째 단락에서 X의 예측 결과와 석방 후 2년간의 실제 재범 여부를 비교한 결과 재범을 저지른 사람이든 그렇지 않은 사람이든, 흑인은 편파적으로 고위험군으로 분류된 반면 백인은 편파적으로 저위험군으로 분류되는 오류가 나타났다고 했다. 이때 고위험군으로 잘못 분류된 것은 재범을 저지를 것으로 예측되었으나 실제로는 저지르지 않은 사람, 저위험군으로 잘못 분류된 것은 재범을 저지르지 않을 것으로 예측되었으나 실제로는 저지른 사람을 의미함을 알 수 있다.

(가), (나) 잘못 분류되었던 사람의 비율이 백인보다 흑인이 컸던 것은 흑인이 편파적으로 고위험군으로 분류된 경우이다. 따라서 (가)와 (나)에 들어갈 말은 "2년 이내 재범을 '저지르지 않은' 사람 중에서 '고위험군'으로 잘못 분류되었던 사람의 비율이 흑인의 경우 45%인 반면 백인은 23%에 불과했고"가 적절하다.

(다), (라) 잘못 분류되었던 사람의 비율이 흑인보다 백인이 컸던 것은 백인이 편파적으로 저위험군으로 분류된 경우이다. 따라서 (다)와 (라)에 들어갈 말은 "2년 이내 재범을 '저지른' 사람 중에서 '저위험군'으로 잘못 분류되었던 사람의 비율은 흑인의 경우 28%인 반면 백인은 48%로 훨씬 컸다"가 적절하다.

22 논지·견해 분석 난이도 중　　　　정답 ②

정답 체크

ㄷ. ㉢은 다른 흑인들이 만들어낸 기저재범률이 이와 전혀 상관없는 흑인 범죄자의 형량이나 가석방 여부에 영향을 주는 문제가 반복될 것이기 때문에 X의 지속적인 사용이 미국 사회의 인종차별을 고착화한다는 내용이다. 따라서 X가 특정 범죄자의 재범률을 평가할 때 사용하는 기저재범률이 동종 범죄를 저지른 사람들로부터 얻은 것이라면, 인종이 아닌 해당 범죄자와 관련성 있는 데이터를 토대로 위험지수를 판정한다는 것으로 ㉢은 강화되지 않으므로 적절한 평가이다.

오답 체크

ㄱ. ㉠은 백인의 경우 위험지수 1로 평가된 사람이 가장 많고 10까지 그 비율이 차츰 감소한 데 비하여 흑인의 위험지수는 1부터 10까지 고르게 분포되었으므로 X가 흑인과 백인을 차별한다는 내용이다. 따라서 강력 범죄자 중 위험지수가 10으로 평가된 사람의 비율이 흑인과 백인 사이에 차이가 없다 해도 ㉠은 강화되지 않으므로 적절하지 않은 평가이다.

ㄴ. ㉡은 X가 흑인과 백인 간에 차이가 있는 기저재범률을 근거로 재범 가능성을 예측하기 때문에 인종 간 재범 가능성 예측의 오류 차이가 발생한다는 내용이다. 따라서 흑인의 기저재범률이 높을수록 흑인에 대한 X의 재범 가능성 예측이 더 정확해진다 해도 ㉡은 약화되지 않으므로 적절하지 않은 평가이다.

23 문맥 추론 난이도 중　　　　정답 ③

정답 체크

㉠ (가)에 따르면 ㉠의 입장에서는 민주주의 국가의 시민이 법을 위반할 수 있는 도덕적 권리를 가질 수 있는지에 대해 그렇지 않다고 답변할 것이다. 즉, ㉠은 법은 반드시 지켜야 한다는 입장이다. 따라서 빈칸에는 민주주의 국가의 시민은 법에 복종할 의무가 다른 어떤 권리보다 우선한다는 내용이 들어가야 하므로 ㉠에 들어갈 진술은 '법에 대한 복종은 절대적인 도덕적 의무이다'가 가장 적절하다.

㉡ (나)에 따르면 권리₁의 의미는 '그 무엇도 막을 수 없는 것', 권리₂의 의미는 '특별한 이유가 있다면 막을 수 있는 것'이므로 민주주의 국가가 양심에 따를 권리를 인정하면서도 그것에 따른 행위를 처벌하는 것이 잘못이 아니라면 그 권리는 그 무엇도 막을 수 없는 것이 아니라 특별한 이유가 있다면 막을 수 있는 것이다. 따라서 ㉡에 들어갈 진술은 '양심에 따를 권리는 권리₂에 해당하는 것이기 때문이다.'가 가장 적절하다.

24 문맥 추론   난이도 **중**   정답 ③

정답 체크

ㄱ. 을은 장애인의 수에 비해 장애인 대상 가맹 시설의 수가 비장애인의 경우보다 적기 때문일 것이라는 의견을 제시했으므로 장애인의 수 대비 장애인 대상 가맹 시설의 수가 비장애인의 경우보다 적다면 장애인 스포츠강좌 지원사업의 실적 저조 원인으로 볼 수 있다. 따라서 장애인 및 비장애인 각각의 인구 대비 '스포츠강좌 지원사업' 가맹 시설 수를 확인하는 것은 적절하다.

ㄴ. 병은 장애인 대상 강좌의 수강료가 높을 수 있어 바우처를 사용해도 자기 부담금이 크다면 장애인들은 스포츠강좌를 이용하기 어려울 것이라는 의견을 제시했으므로 장애인이 스포츠강좌를 이용할 때 자기가 부담해야 하는 비용이 비장애인의 경우보다 크다면 장애인 스포츠강좌 지원사업의 실적 저조 원인으로 볼 수 있다. 따라서 장애인과 비장애인 각각 '스포츠강좌 지원사업'에 참여하기 위해 본인이 부담해야 하는 금액을 확인하는 것은 적절하다.

오답 체크

ㄷ. 정은 장애인 인구의 고령자 인구 비율이 비장애인 인구에 비해 높아 사업의 대상 연령 상한을 만 49세에서 만 64세로 높여야 한다는 의견을 제시했다. 따라서 만 50세에서 만 64세까지의 장애인 중 스포츠강좌 수강을 희망하는 인구와 만 50세에서 만 64세까지의 비장애인 중 스포츠강좌 수강을 희망하는 인구를 확인하는 것은 적절하지 않다.

25 논지·견해 분석   난이도 **상**   정답 ③

정답 체크

ㄱ. 쟁점 1은 A가 위원으로서 연임한 후에 위원장으로 활동하는 경우를 두 차례 연임한 것으로 봐야 하는지에서 비롯된 논쟁으로, 갑은 이를 두 차례 연임한 것으로 보지만 을은 그렇지 않다고 보는 입장이다. 따라서 갑은 위원으로서의 임기가 종료되면 위원장으로서의 자격도 없는 것으로 생각하지만, 을은 위원장이 되는 경우에는 그 임기나 연임 제한이 새롭게 산정된다고 생각하기 때문이라고 하면, 갑과 을 사이의 주장 불일치를 설명할 수 있으므로 적절한 분석이다.

ㄴ. 쟁점 2는 적법하지 않은 절차로 선출되어 직위가 해제된 경우를 연임한 것으로 봐야 하는지에서 비롯된 논쟁으로, 갑은 이를 연임한 것으로 보지만 을은 그렇지 않다고 보는 입장이다. 따라서 갑은 위원장이 부적법한 절차로 당선되었더라도 그것이 연임 횟수에 포함된다고 생각하지만, 을은 그렇지 않다고 생각하기 때문이라고 하면, 갑과 을 사이의 주장 불일치를 설명할 수 있으므로 적절한 분석이다.

오답 체크

ㄷ. 위원장 연임 제한의 의미가 '단절되는 일 없이 세 차례 연속하여 위원장이 되는 것만을 막는다'는 것으로 확정된다면, 쟁점 3에서 C는 세 차례 연속하여 위원장이 되는 것이 아니므로 보선에서 C가 선출되어도 규정을 어기지 않게 된다. 따라서 갑의 수장은 그르고, 을의 주장은 옳게 되므로 적절하지 않은 분석이다.

정답

p.58

01	②	세부 내용 파악	06	②	논지·견해 분석	11	①	세부 내용 파악	16	④	논리 추론	21	②	세부 내용 파악
02	①	세부 내용 파악	07	④	세부 내용 파악	12	④	논지·견해 분석	17	①	논지·견해 분석	22	①	문맥 추론
03	⑤	문맥 추론	08	⑤	세부 내용 파악	13	②	논지·견해 분석	18	⑤	문맥 추론	23	①	논지·견해 분석
04	⑤	세부 내용 파악	09	⑤	문맥 추론	14	②	문맥 추론	19	③	세부 내용 파악	24	②	논지·견해 분석
05	③	논리 추론	10	④	문맥 추론	15	④	논리 추론	20	④	논지·견해 분석	25	①	논리 추론

취약 유형 분석표

유형별로 맞힌 문제 개수와 정답률, 틀린 문제 번호와 풀지 못한 문제 번호를 적고 나서 취약한 유형이 무엇인지 파악해 보세요.

유형	맞힌 개수	정답률	틀린 문제 번호	풀지 못한 문제 번호
세부 내용 파악	/8	%		
문맥 추론	/6	%		
논지·견해 분석	/7	%		
논리 추론	/4	%		
TOTAL	/25	%		

해설

01 세부 내용 파악 | 난이도 중 | 정답 ②

정답 체크

첫 번째 단락에서 조선은 국가 조직이 여섯 분야로 나뉘어 이, 호, 예, 병, 형, 공의 육조가 이를 담당하고, 승정원도 육조에 맞춰 육방으로 구성되었다고 했다. 또한, 중앙과 지방의 모든 국정 업무는 육조를 통해 수합되어, 육조가 이를 다시 승정원의 해당 방의 승지에게 보고하였다고 했다. 따라서 형조에서 수집한 지방의 공문서는 승정원의 해당 방인 형방 승지를 통해 왕에게 보고되었다는 것은 글의 내용과 부합한다.

오답 체크

① 두 번째 단락에서 승정원에 보고된 육조의 모든 공문서는 주서가 받아서 기록했으며, 주서는 매일 사초를 정리하여 승정원에서 처리한 공문서나 상소문과 함께 모아 『승정원일기』를 작성하고 한 달 치를 책으로 엮어 왕에게 보고하였다고 했다. 따라서 주서가 육조의 국정 업무 자료를 선별해 수정하였다는 것은 글의 내용과 부합하지 않는다.

③ 첫 번째 단락에서 중앙과 지방의 모든 국정 업무가 육조를 통해 승지에게 보고되면 승지가 이를 다시 왕에게 보고하고, 왕의 명령이 내려지면 담당 승지가 받아 해당 부서에 전달하였다고 했으므로 왕이 사간원에 내린 공문서가 사간원에 배치된 승지를 통해 전달되었다는 것은 글의 내용과 부합하지 않는다.

④ 두 번째 단락에서 주서는 하루 일과가 끝나면 사관으로서 자신이 기록한 사초를 정리하여 승정원에서 처리한 공문서나 상소문과 함께 모두 모아 매일 『승정원일기』를 작성하였다고 했으므로 승지가 함께 『승정원일기』를 작성하였다는 것은 글의 내용과 부합하지 않는다.

⑤ 세 번째 단락에서 임진왜란으로 경복궁이 불타면서 『승정원일기』가 소실되었고, 영조 대에는 창덕궁에 불이 나 『승정원일기』가 거의 타버렸다고 했으므로 경복궁에 보관되어 있던 『승정원일기』가 영조 대의 화재로 소실되었다는 것은 글의 내용과 부합하지 않는다.

02 세부 내용 파악 | 난이도 중 | 정답 ①

정답 체크

ㄱ. 마지막 단락에서 갑오개혁에 부정적이었던 황현조차 갑오정권의 조세 금납화 정책에 대해 긍정적인 평가를 한 것은 새로 개정된 신법이 반포되자 백성들이 모두 기뻐하여 그들이 다시 태어난 듯 희색을 감추지 못하였기 때문이라고 했으므로 백성들이 조세금납 전면화를 환영하였다는 것은 글의 내용과 부합한다.

오답 체크

ㄴ. 두 번째 단락에서 대동법의 시행으로 방납의 폐단이 줄어들었다고 했으나 마지막 단락에서 여러 잡세들이 없어지게 된 것은 동전으로 조세를 납부하는 것이 전면화된 이후라고 했으므로 대동법 시행에 따라 방납과 잡세가 사라졌다는 것은 글의 내용과 부합하지 않는다.

ㄷ. 세 번째 단락에서 대동법과 함께 동전으로 세금을 납부하는 대전납이 확대되었다고 했으므로 일본법과 서양법에 따라 조세금납화가 처음 시행되었다는 것은 글의 내용과 부합하지 않는다.

ㄹ. 두 번째 단락에서 대동법의 시행으로 토지가 많은 양반의 부담이 늘어난 반면 농민들의 부담은 감소되었다고 했으므로 대동법 시행에 따라 양반과 농민의 부담이 모두 감소되었다는 것은 글의 내용과 부합하지 않는다.

03 문맥 추론 | 난이도 하 | 정답 ⑤

정답 체크

<작성 원칙> 세 번째 항목에 따르면 제목과 부제에서 드러내고 있는 핵심 정보를 본문에서 빠짐없이 제시해야 한다. 따라서 보도자료의 부제에 '시민 행동 요령 안내'에 대한 언급이 있으나 본문에는 이에 대한 언급이 없으므로 시민들이 황사 피해를 최소화할 수 있는 행동 요령과 안내 계획을 추가하는 것이 적절하다.

오답 체크

① 보도자료의 제목은 전체 내용을 압축적으로 제시해야 하고, 보도자료의 전체 내용은 A시의 황사 대처 방안이므로 '불청객 황사, 봄철 국민 건강을 위협하는 주범입니다'로 수정하는 것은 적절하지 않다.

② '누가, 무엇을, 왜'의 핵심정보를 제시하는 '리드'이므로 삭제하는 것은 적절하지 않다.

③ A시의 최근 10년간 연평균 황사 관측일수가 제시되었으므로 최근 30년 간 한국의 황사 발생 관측일수를 도표로 제공하는 것은 적절하지 않다.

④ A시의 황사 대처 방안에 대한 보도자료에서 중국 북부지역 가뭄 원인과 중국 정부의 대처 방안은 불필요한 정보이므로 이를 추가하는 것은 적절하지 않다.

04 세부 내용 파악 | 난이도 중 | 정답 ⑤

정답 체크

세 번째 단락에서 총격 사건에서 총기를 발사한 경찰관이 겪는 심리증상의 정도는 총격 사건이 발생한 상황에서 경찰관 자신의 총기 사용이 얼마나 정당했는가와 반비례하고, 수적으로 열세인 것, 권총으로 강력한 자동화기를 상대하는 것 등이 총기 사용의 정당성을 높여줌을 알 수 있다. 따라서 범죄자가 경찰관보다 강력한 무기로 무장했을 경우 경찰관의 총기 사용 정당성을 높여주는 것이므로 경찰관이 총격 사건 후 경험하는 심리증상은 경찰관이 범죄자보다 강력한 무기로 무장했을 경우보다 약할 것임을 알 수 있다.

오답 체크

① 두 번째 단락에서 총격 사건이 일어나는 동안 발생하는 지각왜곡 중 83%가 시간왜곡, 56%가 시각왜곡, 63%가 청각왜곡을 경험했다고 했으므로 총격 사건 중에 경험하는 지각왜곡 중에서는 시간왜곡이 가장 빈번하게 나타남을 알 수 있다.

② 첫 번째 단락에서 대부분의 미국 경찰관은 총격 사건을 경험하지 않고 은퇴한다고 했으므로 전체 미국 경찰관 중 총격 사건을 경험하는 사람은 경험하지 않는 사람보다 많지 않음을 알 수 있다.

③ 세 번째 단락에서 총격 사건에서 총기를 발사한 경찰관이 사건 후 경험하는 심리증상 중 위험 지각, 분노, 불면, 고립감 등은 특히 총격 피해자 사망 시에 잘 나타남을 알 수 있으나 총격 피해자가 사망했을 경우 청각왜곡이 더 심각한지는 알 수 없다.

④ 제시된 글에서 총격 사건 후 경찰관이 느끼는 심리증상이 지각왜곡의 정도에 의해 영향을 받는지는 알 수 없다.

05 논리 추론   난이도 중   정답 ③

정답 체크

제시된 글을 간단히 정리하면 다음과 같다.

· 전제 1: A 운영체제를 C 전산 시스템에 설치하면 C 보안 시스템 오류
· 전제 2: B 선원 공급 장치 5% 결함률
· 전제 3: C 전산 시스템에는 B 전원 공급 장치 장착
· 전제 4: C 보안 시스템 오류 있거나 전원 공급 장치 결함 있으면 C 전산 시스템 오류
· 결론: C 전산 시스템 오류

결론을 도출하기 위해서는 전제 4에서 C 보안 시스템에 오류가 있거나 전원 공급 장치에 결함이 있다는 내용의 전제가 추가되어야 한다. 따라서 결론을 이끌어내기 위해 추가해야 할 전제는 'B팀이 제작하여 C팀에 제공하는 전원 공급 장치에 결함이 있다.'가 적절하다.

06 논지·견해 분석   난이도 상   정답 ②

정답 체크

ㄷ. 을은 의식이 있어야만 자의식이 있고, 기억을 하기 위해서는 자의식이 필요하다고 했으므로 을에게 기억은 의식의 충분조건임을 알 수 있다. 또한 병은 동물이 아무것도 기억할 수 없다면 동물이 무언가를 학습할 수 있다는 주장은 아예 성립할 수 없다고 했으므로 병에게 기억은 학습의 필요조건임을 알 수 있다.

오답 체크

ㄱ. 갑은 인간과 달리 여타의 동물에게는 어떤 형태의 의식도 없다고 했으므로 동물에게 자의식이 없다고 여김을 알 수 있으나 병은 동물이 자의식 없이 무언가를 기억하고 행동할 수 있다고 했을 뿐이므로 동물에게 자의식이 없다고 여기는지 알 수 없다.

ㄴ. 갑은 인간과 달리 여타의 동물에게는 어떤 형태의 의식도 없다고 했으므로 동물이 의식 없이 행동할 수 있다고 여김을 알 수 있으나 을은 동물이 통증 행동을 보일 때는 실제로 통증을 의식한다고 보아야 한다고 했을 뿐이므로 동물이 의식 없이 행동할 수 있다고 여기는지 알 수 없다.

07 세부 내용 파악   난이도 중   정답 ④

정답 체크

ㄴ. 마지막 단락에 따르면 FD 방식에서는 두 입자가 구별되지 않고, 하나의 양자 상태에 하나의 입자만 있을 수 있다. 따라서 두 개의 입자에 대해, 양자 상태의 가짓수가 많아지면 FD 방식에서 두 입자가 서로 다른 양자 상태에 각각 있는 경우의 수는 커진다는 것을 추론할 수 있다.

ㄷ. 두 번째와 세 번째 단락에 따르면 MB 방식과 BE 방식 모두 하나의 양자 상태에 여러 개의 입자가 있을 수 있으나, MB 방식에서는 두 입자가 구별 가능하고 BE 방식에서는 두 입자가 구별되지 않는다. 따라서 두 개의 입자에 대해, 양자 상태가 두 가지 이상이면 경우의 수는 BE 방식에서보다 MB 방식에서 언제나 크다는 것을 추론할 수 있다.

오답 체크

ㄱ. 세 번째 단락에 따르면 BE 방식에서는 두 입자가 구별되지 않고, 하나의 양자 상태에 여러 개의 입자가 있을 수 있다. 따라서 두 개의 입자에 대해, 양자 상태가 두 가지이면 BE 방식에서 | a | a |, | aa | |, | | aa | 가 가능하므로 경우의 수는 2가 아니라 3임을 추론할 수 있다.

08 세부 내용 파악   난이도 중   정답 ⑤

정답 체크

두 번째 단락에서 일본의 정책들은 함경도를 만주와 같은 경제권으로 묶음으로써 조선의 다른 지역과 경제적으로 분리시켰다고 했으므로 일본은 한반도 전체가 아닌 함경도만을 만주와 같은 경제권으로 묶는 정책을 폈음을 추론할 수 있다.

오답 체크

① 세 번째 단락에서 1935년 회령의 유선탄광에서 폭약이 터져 800여 명의 광부가 매몰돼 사망했던 사건이 있었다고 했고, 영화 <아리랑>의 감독 겸 주연이었던 나운규의 고향이 회령이었다고 했으므로 영화 <아리랑> 감독의 고향에서 탄광 폭발사고가 발생하였음을 추론할 수 있다.

② 두 번째 단락에서 일본은 조선의 최북단 지역이던 무산·회령·종성·온성을 중시하였고, 오지의 작은 읍이었던 무산·회령·종성·온성의 개발이 촉진되어 근대적 도시로 발전하였음을 추론할 수 있다.

③ 두 번째 단락에서 청진·나진·웅기 등은 대륙 종단의 시발점이 되는 항구였으며 회령·종성·온성은 양을 목축하는 축산 거점으로 부상하였다고 했고, 세 번째 단락에서 나운규의 고향 회령에서 청진까지 철도가 부설되었다고 했으므로 축산 거점에서 대륙 종단의 시발점이 되는 항구까지 부설된 철도가 있었음을 추론할 수 있다.

④ 두 번째 단락에서 두만강변 원시림의 목재를 일본으로 수송하기 위해 함경선, 백무선 등의 철도를 잇따라 부설하였다고 했고, 첫 번째 단락에서 일본은 식민지 조선의 북부 지역에서 군수산업 원료를 약탈하는 데 주력하게 되었다고 했으므로 군수산업 원료를 일본으로 수송하는 것이 함경선 부설의 목적 중 하나였음을 추론할 수 있다.

09 문맥 추론 | 난이도 중 | 정답 ⑤

정답 체크

누군가 기적이 일어났다고 증언했을 때, 그 증언에 대해 판단하는 흄과 프라이스의 이론을 정리하면 다음과 같다.

구분	기준	판단
흄	증언이 거짓일 확률 $\vee$ 기적이 실제로 일어날 확률	기적 사건이 일어나지 않음
흄	증언이 거짓일 확률 $\wedge$ 기적이 실제로 일어날 확률	증언이 거짓이 아님
프라이스	증언이 참일 확률 $\vee$ 기적이 실제로 일어날 확률	기적 사건이 일어남

이에 따라 가람의 증언이 거짓일 확률이 0.1%, 나래의 증언이 거짓일 확률이 0.001%, 기적이 실제로 일어날 확률이 0.01%일 때 흄과 프라이스의 이론에 따라 판단하면 다음과 같다.

구분		기준	판단
가람	흄	증언이 거짓일 확률 $\vee$ 기적이 실제로 일어날 확률	기적 사건이 일어나지 않음
가람	프라이스	증언이 참일 확률 $\vee$ 기적이 실제로 일어날 확률	기적 사건이 일어남
나래	흄	증언이 거짓일 확률 $\wedge$ 기적이 실제로 일어날 확률	증언이 거짓이 아님 (＝기적 사건이 일어남)
나래	프라이스	증언이 참일 확률 $\vee$ 기적이 실제로 일어날 확률	기적 사건이 일어남

따라서 흄의 이론에 따르든 프라이스의 이론에 따르든 나래의 증언으로부터 ㉠이 실제로 일어났으리라고 추론할 수 있다.

오답 체크

① 흄의 이론에 따르면, 나래의 증언은 거짓이 아니라고 생각해야 한다.

② 흄의 이론에 따르면, 가람의 증언으로부터 기적 사건이 실제로 일어나지 않았다고 추론할 수 있으므로 가람의 증언은 받아들일 만하지 않다고 생각해야 한다.

③ 프라이스의 이론에 따르면, 가람의 증언으로부터 기적 사건이 실제로 일어났으리라고 추론할 수 있으므로 가람은 거짓말하지 않았다고 생각해야 한다.

④ 프라이스의 이론에 따르면 가람의 증언으로부터 기적 사건이 실제로 일어났다고 추론할 수 있지만, 흄의 이론에 따르면 가람의 증언으로부터 기적 사건이 실제로 일어나지 않았다고 추론할 수 있다.

10 문맥 추론 | 난이도 중 | 정답 ④

정답 체크

(가) 첫 번째 단락에서 원치 않는 결과를 제거하고자 할 때 그 결과의 원인이 필요조건으로서 원인이라면, 그 원인을 제거하여 결과가 일어나지 않게 할 수 있다고 했다. 따라서 (가)에 들어갈 예시는 원인에 해당하는 뇌염모기를 박멸한다면 결과에 해당하는 뇌염 발생을 막을 수 있다는 'ㄴ'이 적절하다.

(나) 두 번째 단락에서 특정한 결과를 원할 때 그것의 원인이 충분조건으로서 원인이라면, 우리는 그 원인을 발생시켜 그것의 결과가 일어나게 할 수 있다고 했다. 따라서 (나)에 들어갈 예시는 콜라병이 총알에 맞는다면 그것이 깨지는 것은 분명하다는 'ㄷ'이 적절하다.

(다) 세 번째 단락에서 필요충분조건으로서 원인의 경우, 원인을 일으켜서 그 결과를 일으키고 원인을 제거해서 그 결과를 제거할 수 있다고 했다. 따라서 (다)에 들어갈 예시는 물체에 힘이 가해지면 물체의 속도가 변하고, 물체에 힘이 가해지지 않는다면 물체의 속도는 변하지 않는다는 'ㄱ'이 적절하다.

⏱ 빠른 문제 풀이 Tip

<보기>의 예시를 원인과 결과로 나누어 지문에 대입하면 문제를 빠르게 풀이할 수 있다.

11 세부 내용 파악 | 난이도 상 | 정답 ①

정답 체크

A식물이 만들어 내는 종자의 수는 광합성 산물의 양에 비례하고, 광합성 산물은 끈적한 식물의 당액 분비에 일정량이 소모되거나 B곤충이 잎을 갉아먹으면 그 생산량이 줄어든다고 했다. 이에 따라 제시된 <실험>의 내용을 정리하면 다음과 같다.

구분	B곤충 유무	결과
환경1	O	– 매끄러운 개체가 끈적한 개체보다 잎이 더 많이 갉아먹힘 – 두 개체가 생산한 종자 수 사이에 유의미한 차이 없음 (두 개체가 생산한 광합성 산물의 양이 비슷함)
환경2	X	– 끈적한 개체가 매끄러운 개체보다 종자를 45% 더 적게 생산 (매끄러운 개체가 생산한 광합성 산물의 양이 더 많음)

ㄱ. '환경2'에서 끈적한 개체가 매끄러운 개체보다 종자를 45% 더 적게 생산했다는 것은 그만큼 광합성 산물이 당액 분비에 소모되었다는 것이다. 또한, '환경1'에서 두 개체가 생산한 종자 수 사이에 유의미한 차이가 없었다는 것은 끈적한 개체가 당액 분비에 소모하는 만큼 매끄러운 개체가 B곤충에 의해 잎을 갉아 먹혀 광합성 산물의 양이 감소했다는 것이다. 따라서 B곤충이 없는 환경에 비해 B곤충이 있는 환경에서, 매끄러운 식물의 종자 수가 감소한 정도는 끈적한 식물의 종자 수가 감소한 정도보다 컸음을 추론할 수 있다.

ㄴ. 매끄러운 개체가 생산한 광합성 산물의 양이 '환경1'에서는 끈적한 개체와 비슷하고, '환경2'에서는 끈적한 개체보다 더 많았다. 따라서 B곤충이 있는 환경에서 매끄러운 식물이 생산하는 광합성 산물은, B곤충이 없는 환경에서 매끄러운 식물이 생산하는 광합성 산물보다 양이 더 적었을 것임을 추론할 수 있으므로 적절하지 않다.

ㄷ. '환경1'에서 끈적한 개체와 매끄러운 개체가 생산한 종자 수 사이에 유의미한 차이가 없었다. 따라서 곤충이 있는 환경에서, 끈적한 식물과 매끄러운 식물이 종자 생산에 소모한 광합성 산물의 양은 차이가 없었을 것임을 추론할 수 있으므로 적절하지 않다.

12 논지·견해 분석 정답 ④

제시된 논증은 새로운 생물종은 평균적으로 100년 단위마다 약 20종이 출현하는데 지난 100년 간 지구상에서 새롭게 출현한 종을 찾아내지 못했다는 점을 근거로 한 종에서 분화를 통해 다른 종이 발생한다는 진화론이 거짓이라고 주장하고 있다. 따라서 사라지는 종의 수가 크게 늘고 있어 대멸종의 시대를 맞이하고 있다는 것은 제시된 논증과는 무관한 내용이므로 글의 논증에 대한 비판으로 적절하지 않다.

① 제시된 논증은 새로운 생물종은 평균적으로 100년 단위마다 약 20종이 출현하는데 지난 100년 간 생물학자들은 지구상에서 새롭게 출현한 종을 찾아내지 못했다는 점을 근거로 들고 있다. 따라서 100년 단위마다 약 20종이 출현한다는 것은 평균일 뿐이므로 언젠가 신생 종이 훨씬 많이 발생하는 시기가 올 수 있다는 것은 제시된 논증의 전제를 비판하는 내용이므로 글의 논증에 대한 비판으로 적절하다.

② 제시된 논증은 5억 년 전 이후 지구상에 출현한 생물종은 1억 종에 이른다는 점을 근거로 평균적으로 100년 단위마다 약 20종이 출현한다고 주장한다. 따라서 5억 년 전 이후부터 지구상에 출현한 생물종이 1,000만 종 이하일 수 있다는 것은 제시된 논증의 전제를 비판하는 내용이므로 글의 논증에 대한 비판으로 적절하다.

③ 제시된 논증은 지난 100년 간 생물학자들이 지구상에서 새롭게 출현한 종을 찾아내지 못했다는 점을 근거로 진화론은 거짓이라고 주장하고 있다. 따라서 생물학자가 새로 발견한 종이 신생 종인지 오래 전부터 존재했던 종인지 판단하기 어렵다면 제시된 논증의 전제가 성립하지 않으므로 글의 논증에 대한 비판으로 적절하다.

⑤ 제시된 논증은 지난 100년 간 생물학자들이 지구상에서 새롭게 출현한 종을 찾아내지 못했다는 점을 근거로 들고 있다. 따라서 생물학자들이 발견한 몇몇 종은 지난 100년 내에 출현한 종이라고 판단할 이유가 있다면 제시된 논증의 근거를 비판하는 내용이므로 글의 논증에 대한 비판으로 적절하다.

⏱ 빠른 문제 풀이 Tip
논증에 대한 비판을 찾아야 하므로 우선 논증의 전제와 결론을 파악한다. 이후 논증의 전제 또는 결론과 반대 방향인 진술을 찾는다. 이때 논증과 무관한 내용이거나 같은 방향의 진술은 비판하는 진술이 될 수 없음에 유의한다.

13 논지·견해 분석 정답 ②

ㄴ. 을은 기술이란 용어의 적용을 근대 과학혁명 이후에 등장한 과학이 개입한 것들로 한정하는 것이 합당하다고 주장하고, 병은 근대 과학혁명 이전에 인간이 곡식을 재배하고 가축을 기르기 위해 고안한 여러 가지 방법들도 기술이라고 불러야 마땅하다고 주장하고 있으므로 을은 '모든 기술에는 과학이 개입해 있다.'라는 주장에 동의하지만, 병은 그렇지 않음을 알 수 있다.

ㄱ. 갑은 물질로 구현되는 것, 을은 근대 과학혁명 이후에 등장한 과학이 개입한 것, 병은 과학이 개입한 것뿐만 아니라 과학이 개입하지 않으면서 시행착오를 통해 발전된 것을 기술의 범위로 적용하고 있다. 이때 갑이 제시하는 기술의 범위에 을과 병이 제시하는 기술의 범위인 '과학이 개입한 것'을 포함하는지 알 수 없으므로 기술을 적용하는 범위가 갑이 가장 넓고 을이 가장 좁은지는 알 수 없다.

ㄷ. 병은 기술이 과학과 별개로 수많은 시행착오를 통해 발전해 나가기도 하므로 인간이 곡식을 재배하고 가축을 기르기 위해 고안한 여러 가지 방법들도 기술이라고 불러야 마땅하다고 주장한다. 이때 갑은 기술이라고 부를 수 있는 것은 모두 물질로 구현되는 것이라고 주장하고 있으므로 시행착오를 통해 고안된 여러 가지 방법으로 물질이 구현된다면 이를 기술로 인정할 것이다. 따라서 병은 시행착오를 거쳐 발전해온 옷감 제작법을 기술로 인정하고, 갑은 물질 구현의 여부에 따라 기술로 인정할 수 있음을 알 수 있다.

14 문맥 추론 정답 ②

시험관에서 배양액의 산소 농도는 위쪽으로 갈수록 높고 아래쪽으로 갈수록 낮으므로 위쪽은 산소에 대한 요구성과 내성이 있는 세균이 생장하기에 적합한 환경이고, 아래쪽은 산소에 대한 요구성과 내성이 없는 세균이 생장하기에 적합한 환경이다.

· 산소 호흡이 필수적인 호기성 세균은 위쪽에서만 생장할 수 있으며, 미세 호기성 세균은 절대 호기성 세균보다 낮은 농도의 산소에서만 살 수 있으므로 ㉠이 '절대 호기성 세균'이고 ㉣이 '미세 호기성 세균'이다.

· 산소에 대한 내성이 없는 절대 혐기성 세균은 산소가 거의 없는 맨 아래쪽에서만 생장할 수 있으므로 ㉡은 '절대 혐기성 세균'이다.

· 통성 세균과 미세 호기성 세균 모두 산소에 대한 내성이 있고 발효 과정으로 에너지를 만들 수 있어 위쪽과 아래쪽 모두에서 생장할 수 있지만, 통성 세균은 산소 농도가 높은 환경에서 더 잘 자라므로 ㉢이 '통성 세균'이고 내기 혐기성 세균의 생장은 산소 농도와 무관하므로 ㉤이 '내기 혐기성 세균'이다.

이에 따라 각 시험관에 배양한 세균을 정리하면 다음과 같다.

시험관	㉠	㉡	㉢	㉣	㉤
배양 세균	절대 호기성 세균	절대 혐기성 세균	통성 세균	미세 호기성 세균	내기 혐기성 세균

㉡에서 자란 '절대 혐기성 세균'은 발효 과정만을 통해 에너지를 만들어 내므로 가장 적절한 설명이다.

오답 체크

① ㉠에서 자란 세균은 '절대 호기성 세균'이며, '통성 세균'이 자란 시험관은 ㉢이므로 적절하지 않은 설명이다.

③ ㉢에서 자란 '통성 세균'은 산소에 대한 내성이 있으므로 적절하지 않은 설명이다.

④ ㉣에서 자란 '미세 호기성 세균'은 산소 호흡을 하므로 적절하지 않은 설명이다.

⑤ ㉣은 호기성 세균, ㉤은 혐기성 세균이 자란 시험관이므로 적절하지 않은 설명이다.

---

15 논리 추론 　난이도 中 　　　정답 ④

정답 체크

제시된 정보를 정리하면 다음과 같다.

· 포럼은 개회사, 발표, 토론, 휴식으로 구성됨, 휴식은 생략 가능함
· 포럼은 오전 9시에 시작, 정오까지 최대 180분
· 개회사는 맨 처음 순서, 1회, 10분 또는 20분
· 발표는 3회까지 가능, 각 발표시간은 동일하게 40분 또는 50분
· 발표마다 토론은 10분
· 1회 휴식은 20분, 최대 2회

발표마다 토론을 하므로 발표+토론은 40+10=50분 또는 50+10=60분이다. 이때 50분씩 3회 발표를 하면 발표+토론이 (50+10)×3=180분이므로 개회사를 할 수 없다. 따라서 각 발표를 50분으로 하더라도 발표를 3회 가질 수 있는 방법은 없다.

오답 체크

① 개회사를 10분으로 하고 개회사 1회, 발표 2회, 토론 2회를 하면 10+(40+10)×2=110분 또는 10+(50+10)×2=130분이므로 180−110=70분 또는 180−130=50분이 남는다. 또한 1회 휴식은 20분이므로 휴식을 2회 갖는다면 20×2=40분이다. 따라서 발표를 2회 계획한다면, 휴식을 2회 가질 수 있는 방법이 있다.

② 개회사를 10분, 발표시간을 40분으로 하고 개회사 1회, 발표 2회, 토론 2회를 하면 10+(40+10)×2=110분이므로 휴식을 생략하면 오전 9시에 포럼을 시작해서 오전 10시 50분에 포럼을 마칠 수 있다. 따라서 발표를 2회 계획한다면, 오전 11시 이전에 포럼을 마칠 방법이 있다.

③ 개회사를 10분, 발표시간을 40부으로 하고 개회사 1회, 발표 3회, 토론 3회를 하면 10+(40+10)×3=160분이다. 1회 휴식은 20분이므로 발표를 3회 계획하더라도 휴식을 1회 가질 수 있는 방법이 있다.

⑤ 개회사를 20분, 발표시간을 40분으로 하고, 개회사 1회, 발표 1회, 토론 1회를 하면 20+40+10=70분이므로 110분이 남는다. 또한 1회 휴식은 20분이므로 휴식을 2회 갖는다면 20×2=40분이다. 따라서 각 발표를 40분으로 하고 개회사를 20분으로 하더라도 휴식을 2회 가질 수 있는 방법이 있다.

---

16 논리 추론 　난이도 上 　　　정답 ④

정답 체크

제시된 글에서 기호화가 필요한 문장을 정리하면 다음과 같다.

· 명제 1: 미국 양적완화 → 달러화 가치 하락 ∧ 우리나라 달러 환율 하락
· 명제 2: 우리나라 달러 환율 하락 → 우리나라 수출 감소
· 명제 3: 경제 주요지표 개선 → ~우리나라 수출 감소
· 명제 4: ~미국 양적완화 → 미국 금리 상승
· 명제 5: 미국 금리 상승 → 우리나라 금리 상승
· 명제 6: 우리나라 금리 상승 → 외국인 투자 증가
· 명제 7: 우리나라 금리 상승 → 가계부채 문제 심화
· 명제 8: 가계부채 문제 심화 → 국내소비 감소
· 명제 9: 국내소비 감소 → 경제의 전망 어두워짐

우리나라 경제의 주요지표들이 개선되었다면 명제 3에 따라 '~우리나라 수출 감소'가 도출된다. 이때 명제 2의 대우인 '~우리나라 수출 감소 → ~우리나라 달러 환율 하락'에 따라 '~우리나라 달러 환율 하락'이 도출된다. 따라서 '우리나라 경제의 주요지표들이 개선되었다면 우리나라의 달러 환율이 하락하지 않았을 것이다.'는 반드시 참이다.

오답 체크

① 명제 2의 대우인 '~우리나라 수출 감소 → ~우리나라 달러 환율 하락'과 명제 1의 대우인 '~달러화 가치 하락 ∨ ~우리나라 달러 환율 하락 → ~미국 양적완화'에 따라 '~미국 양적완화'는 도출되나 '~달러화 가치 하락'은 도출되지 않으므로 반드시 참은 아니다.

② 명제 4, 명제 5, 명제 7에 따라 '~미국 양적완화 → 가계부채 문제 심화'를 도출할 수 있으나 '가계부채 문제 심화 → ~미국 양적완화'는 '~미국 양적완화 → 가계부채 문제 심화'의 역에 해당하는 '후건 긍정의 오류'이므로 반드시 참은 아니다.

③ 명제 6의 대우인 '~외국인 투자 증가 → ~우리나라 금리 상승'에 따라 '~우리나라 금리 상승'을 도출할 수 있으나 '경제의 전망 어두워짐'은 도출할 수 없으므로 반드시 참은 아니다.

⑤ 명제 8의 대우 '~국내소비 감소 → ~가계부채 문제 심화'와 명제 7의 대우 '~가계부채 문제 심화 → ~우리나라 금리 상승'에 따라 '~우리나라 금리 상승'을 도출할 수 있으나 '외국인 투자 증가'는 도출할 수 없으므로 반드시 참은 아니다.

---

17 논지·견해 분석 　난이도 中 　　　정답 ①

정답 체크

㉠은 사카린과 암 사이의 인과관계를 밝히려 한 실험에서 쥐에게 투여된 사카린의 양이 지나치게 많다는 이유로 실험 결과의 타당성을 지적한 것은 합당한 비판이 아니며, 발암물질의 투여량을 늘려 유의미한 실험 결과를 확보할 수 있다는 내용이다.

ㄱ. 인간이든 쥐든 암이 발생하는 사례의 수는 발암물질의 섭취량에 비례한다면 발암물질의 투여량을 늘렸을 때 암이 발생하는 사례의 수도 늘어나 유의미한 실험 결과를 확보할 수 있다는 것이므로 ㉠을 강화한다.

ㄴ. 쥐에게 다량 투입하였을 때 암을 일으킨 물질 중에 인간에게 발암물질
이 아닌 것이 있다면 쥐에게 많은 양의 발암물질을 투여함으로써 얻은
실험 결과를 인간에게 적용하기 어렵다는 의미이므로 ㉠을 약화한다.

ㄷ. 두 번째 단락에서 발암물질의 유효성이 매우 낮은 경우 모집단을 늘려
유의미한 결과를 얻을 수 있다고 했으므로 발암물질의 유효성이 클수
록 더 많은 수의 실험 대상을 확보해야 유의미한 실험 결과를 얻을 수
있다는 것은 ㉠을 강화하지 않는다.

18 문맥 추론 난이도 중 정답 ⑤

을의 첫 번째 말에 따르면 공직자가 부정 청탁을 받았을 때는 명확히 거
절 의사를 표현해야 하고, 그랬는데도 상대방이 이후에 다시 동일한 부정
청탁을 해 온다면 소속 기관의 장에게 신고해야 한다. 이때 갑의 네 번째
말을 통해 X회사 공장 부지의 용도 변경에 힘써 달라며 200만 원을 주려
고 한 C의 청탁에 대해 갑이 명확히 거절 의사를 표현했음을 알 수 있다.
따라서 빈칸에 들어갈 내용은 '현재는 청탁금지법상 C의 청탁을 신고할
의무가 생기지 않지만, C가 같은 청탁을 다시 한다면 신고해야 합니다.'가
가장 적절하다.

① 갑의 네 번째 말에 따르면 A가 제공하려 한 접대는 대가성과 직무 관
련성이 없는 것이고, 을의 두 번째 말에 따르면 공직자는 명목에 상관
없이 1회 100만 원을 초과하는 금품이나 접대를 받을 수 없다. 따라서
X회사의 A가 제공하려 한 접대는 1인당 1만 2천 원으로 청탁금지법을
위반한 것으로 볼 수 없으므로 적절하지 않다.

② 갑의 네 번째 말에 따르면 Y회사의 임원인 B는 관급 공사 입찰을 청탁
하며 100만 원을 건네려 했다. 따라서 Y회사로부터 받은 제안의 내용
은 청탁금지법상의 금품에 해당하므로 적절하지 않다.

③ 을의 세 번째 말에 따르면 한 공직자에게 여러 사람이 동일한 부정 청
탁을 하며 금품을 제공하려 하였을 때에도 이들의 출처가 같다고 볼 수
있다면 '동일인'으로 해석된다. 따라서 A와 C는 모두 X회사 관계자이
지만, 동일한 부정 청탁을 하며 금품을 제공하려 한 것이 아니기 때문
에 동일인으로 볼 수 없으므로 적절하지 않다.

④ 을의 두 번째 말에 따르면 공직자는 명목에 상관없이 1회 100만 원
을 초과하는 금품이나 접대를 받을 수 없으며, 갑의 네 번째 말에 따르
면 B는 100만 원, C는 200만 원을 건네려 했다. 따라서 직무 관련성
이 없더라도 C가 제시한 금액은 청탁금지법상의 허용 한도를 벗어나
므로 적절하지 않다.

19 세부 내용 파악 난이도 상 정답 ③

첫 번째 단락에서 신탁 원리 하의 수익자는 재산에 대한 운용 권리를 모두
수탁자인 제3자에게 맡기도록 되어 있었기 때문에 수익자의 지위는 불안
정했음을 알 수 있다. 따라서 연금 수익자의 지위가 불안정하기 때문에 연
기금 재산에 대한 적극적인 권리 행사가 제한된 것이 아니라 연기금 재산
에 대한 적극적인 권리 행사가 제한되었기 때문에 연금 수익자의 지위가
불안정하였음을 알 수 있다.

① 세 번째 단락에서 연금 가입자는 자본 시장의 최고 원리인 유동성을 마
음껏 누릴 수 없었음을 알 수 있다.

② 첫 번째 단락에서 귀족들이 자신의 재산을 미성년 유족이 아닌 친구
나 지인 등 제3자에게 맡기기 시작하면서 신탁 제도가 형성되기 시작
했다고 했고, 미성년 유족을 대신해 그 재산을 관리·운용하는 위탁자,
수익자, 수탁자로 구성되는 관계가 등장했음을 알 수 있다. 따라서 위
탁자 또는 수익자와 직접적인 혈연 관계에 있지 않아도 수탁자로 지정
될 수 있었음을 알 수 있다.

④ 첫 번째 단락에서 12세기의 영국에서는 미성년 유족에게 토지에 대한
권리를 합법적으로 이전할 수 없었다고 했고, 같은 단락에서 영국인들
은 자식에게 토지 재산을 물려주고자 자신의 재산을 제3자에게 맡기
면서 신탁 제도가 형성되기 시작했다고 했으므로 신탁 제도는 미성년
유족에게 토지 재산권이 합법적으로 이전될 수 없었던 중세 영국의 상
황 속에서 생겨났음을 알 수 있다.

⑤ 첫 번째 단락에서 신탁 원리 하의 수익자는 재산에 대한 운용 권리를
모두 수탁자인 제3자에게 맡기도록 되어 있었고, 두 번째 단락에서 연
금 제도는 신탁 원리에 기초해 있음을 알 수 있다. 따라서 연금 제도는
신탁 원리에 기반을 두었기 때문에 수탁자가 수익자보다 재산 운용에
대해 더 많은 재량권을 갖게 되었음을 알 수 있다.

20 논지·견해 분석 난이도 상 정답 ④

ㄱ. A는 남자가 힘이 더 세기 때문에 힘든 노동이 필요한 업무를 독점하여
식량 생산을 통제할 수 있었고, 이것이 정치적 영향력으로 나타났다고
주장한다. 따라서 대부분의 사회에서 밭 갈기나 추수와 같은 힘든 노
동을 남녀가 균등하게 배분하였다는 사실이 발견되면 A의 주장은 약
화되므로 적절한 평가이다.

ㄷ. C는 여자가 아이를 양육하는 동안 식량을 구할 기회가 줄어들어 자신
과 자녀의 생존을 위해 남자가 내세운 조건을 무조건 받아들일 수밖
에 없어 순종적인 여자의 여성적 유전자가 후대에 전해졌다고 주장한
다. 따라서 아이의 양육 기간에 여자들끼리 자신과 자녀의 생존을 성
공적으로 보장한 사례가 상당수 발견되면 C의 주장은 강화되지 않으
므로 적절한 평가이다.

ㄴ. B는 공격성이 강한 남자들이 군대를 조직하고 그 가운데서 뽑힌 군 지
휘자가 민간 사회에서도 주인이 되어 남자의 통제력이 강해졌다고 주
장한다. 따라서 여자가 사제, 법률가, 정치인 같은 고위직에서도 대체
로 배제되어 왔다는 사실은 B의 주장을 약화하지 않으므로 적절하지
않은 평가이다.

21 세부 내용 파악 난이도 중   정답 ②

정답 체크
두 번째 단락에서 혈중 TSH나 T4, T3의 수치 중 어느 것이든 낮으면 갑상선기능저하증으로 진단한다고 했으며, 갑상선에서 분비되는 시점에 갑상선호르몬의 93%는 T4, 나머지는 T3이고 이후 T4의 일부가 T3 또는 rT3으로 변환된다고 했다. 그러나 갑상선기능저하증으로 진단하는 T3 양의 기준에 대해서는 제시된 글을 통해 알 수 없다. 따라서 갑상선기능저하증 환자는 체내 T3 양이 전체 갑상선 호르몬의 7% 미만인 것은 아님을 알 수 있다.

오답 체크
① 두 번째 단락에서 혈중 TSH, T4, T3 중 어느 것이든 수치가 낮으면 갑상선기능저하증으로 진단한다고 했으므로 TSH 수치를 측정하면 갑상선에서 분비되는 호르몬 양의 수준을 추정할 수 있음을 알 수 있다.
③ 세 번째 단락에서 유해한 화학물질의 유입이나 과도한 스트레스 때문에 T3 수치가 낮아져 갑상선기능저하증이 나타나는 경우 셀레늄 섭취를 늘림으로써 rT3의 수치를 낮춰 T3의 생산과 기능을 진작할 수 있다고 했다. 따라서 셀레늄 섭취를 늘리면 T3 수치가 저하됨으로 인해 발생하는 증상을 완화할 수 있음을 알 수 있다.
④ 두 번째 단락에서 T3의 작용을 방해하여 조직이나 세포 안에서 제 역할을 하지 못하게 하는 rT3이 많아지면 T3의 작용이 저하되기 때문에 TSH 수치가 정상이더라도 갑상선기능저하증의 증상이 나타날 수 있다고 했다. 따라서 뇌하수체의 TSH 분비가 적정 수준으로 유지되더라도 갑상선기능저하증이 나타날 수 있음을 알 수 있다.
⑤ 세 번째 단락에서 갑상선기능저하증 환자들이 복용하는 LT4는 체내에서 만들어지는 T4와 같은 작용을 하도록 투입되는 호르몬 공급제라고 했으므로 T4의 기능을 하는 약물을 복용함으로써 T4 호르몬 이상으로 인한 갑상선기능저하증으로 인한 증상을 완화할 수 있음을 알 수 있다.

22 문맥 추론 난이도 하   정답 ①

정답 체크
일반적으로 혈중 TSH나 T4, T3의 수치 중 어느 것이든 낮으면 갑상선기능저하증으로 진단하는데, T4의 일부가 변환된 rT3이 체내에 많아지면 T3의 작용이 저하되어 TSH 수치가 정상이너나노 갑상선기능저하증에 해당하는 증상이 나타날 수 있다고 했다. 따라서 ⊙에 들어갈 말은 'TSH 수치만으로는 rT3의 양이나 효과를 가늠할 수 없기'가 가장 적절하다.

오답 체크
② rT3의 작용으로 T3의 생성이 억제되면서 T4의 상대적 비중이 왜곡된다는 것은 TSH 수치와 rT3의 관계에 대한 내용이 아니므로 적절하지 않다.
③ TSH 수치가 정상이 아니어도 rT3의 작용으로 T3과 T4의 농도가 정상 범위일 수 있다는 것은 rT3이 체내에 많아지면 T3의 작용이 저하된다는 글의 내용에 부합하지 않으며, TSH 수치가 정상이면서도 갑상선기능저하증에 해당하는 증상이 나타나는 이유가 아니므로 적절하지 않다.

④ TSH 수치를 토대로 음성 되먹임 원리를 응용하여 갑상선 호르몬의 분비량을 알 수 있는지 제시된 내용만으로는 알 수 없으며, TSH 수치와 rT3의 관계에 대한 내용이 아니므로 적절하지 않다.
⑤ 외부에서 유입되는 유해물질의 농도 등 갑상선 기능에 영향을 미치는 요소를 TSH 측정만으로는 파악할 수 없다는 것은 TSH 수치와 rT3의 관계에 대한 내용이 아니므로 적절하지 않다.

> ⏱ **빠른 문제 풀이 Tip**
> ⊙의 뒤에 '때문이다'가 있으므로 TSH 수치의 측정만으로 갑상선기능저하증을 진단하기 어려운 이유, 즉 '왜 TSH 수치가 정상이면서도 갑상선기능저하증이 나타나는지'에 관한 내용이 들어가야 함을 알 수 있다.

23 논지·견해 분석 난이도 중   정답 ①

정답 체크
ㄱ. 글의 주장은 현실 과학자들은 과학적 공동체에서 공유하고 있는 배경지식으로 사전확률을 결정하므로 베이즈주의 과학 방법론이 객관성을 확보할 수 없다는 주장은 성급하다는 것이다. 따라서 동일한 배경지식을 가졌다는 것보다 느낌과 같은 요소가 사전확률 결정에 더 중요한 영향을 미친다는 것은 베이즈주의 과학 방법론이 객관성을 확보할 수 없다는 주장이므로 글의 주장을 약화한다.

오답 체크
ㄴ. 두 번째 단락에 따르면 개개의 과학자들이 동일한 가설에 다른 사전확률을 부여할 때 가설에 대한 느낌에 의존할 수 있으나, 그보다는 과학적 공동체에서 공유하고 있는 배경지식이 사전확률을 결정하는 데 결정적인 역할을 한다. 따라서 특정 가설에 대해 동일한 사전확률을 부여한 사람들이 다른 느낌을 가지는 경우가 있을 수 있으므로 글의 주장을 약화하지 않는다.
ㄷ. 세 번째 단락에 따르면 동시대 과학자들이 완전히 다른 배경지식을 가지고 있는 경우는 거의 없기 때문에 과학자들은 동일한 가설에 대해서 비슷한 사전확률을 부여하여 사전확률의 주관성 문제는 크게 완화된다. 이때 동일한 배경지식을 가지고 있는 개개의 과학자들이 베이즈주의의 확률 변화 메커니즘을 따라 확률을 수정한다면, 그들 각각이 동일한 가설에 부여하는 확률들이 점차 일치할 것이라는 주장은 베이즈주의 과학 방법론이 객관성을 확보할 수 있다는 글의 주장을 강화한다.

24 논지·견해 분석 난이도 하   정답 ②

정답 체크
ㄴ. 우리나라 고대사의 기록은 근거를 댈 수 없는 경우가 많은데도 A는 그 기록을 자료로 역사서를 저술하였고, 사실 여부를 따져 보지도 않고 중국의 책들을 그대로 끌어다 인용하였다고 비판하고 있으므로 '역사서를 저술할 때에는 지역의 위치, 종족과 지명의 변천 등 사실을 확인해야 한다.'가 글의 주장으로 적절하다.

ㄱ. A의 역사서가 사실 여부를 따져 보지도 않고 중국의 책들을 그대로 끌어다 인용하였음을 비판하고 있으므로 역사서를 서술할 때 중국의 기록을 참조하더라도 우리 역사서를 기준으로 해야 한다는 것은 글의 주장으로 적절하지 않다.

ㄷ. 역사서를 서술할 때에는 중국의 역사서에서 우리나라와 관계된 것들을 찾아내어 반영해야 한다는 것은 글의 내용과 무관하므로 글의 주장으로 적절하지 않다.

> ⏱ **빠른 문제 풀이 Tip**
>
> 글의 주장은 논지와 동일하게 지문에서 말하고자 하는 중심 내용이다. 이 문제의 경우 지문에 A의 역사서를 비판하는 내용이 제시되어 있으므로 A의 역사서를 비판하는 이유나 근거를 찾는다.

25 논리 추론 　난이도 **상**　　　　정답 ①

정답 체크

제시된 논증을 간단히 정리하면 다음과 같다.

㉠ 직접적으로 영향을 받을 사람 모두 선호하는 행위 → 도덕적으로 정당
㉡ 체세포 제공자는 복제기술의 사용을 선호함
㉢ 복제기술을 통해 태어날 인간은 복제기술의 사용을 선호함
㉣ 복제기술에 의해 직접적으로 영향을 받을 사람은 체세포 제공자와 복제기술을 통해 태어날 인간뿐임
㉤ 체세포 제공자와 복제기술로 태어날 인간 모두 복제기술의 사용을 선호할 것임
㉥ 복제기술은 도덕적으로 정당함

· ㉡과 ㉢을 연결하면 ㉤이 도출된다.
· 제시된 논증의 결론은 ㉥이고, ㉠은 ㉥의 근거가 된다. 이때 ㉠에서 ㉥이 도출되기 위해서는 복제기술에 의해 직접적으로 영향을 받을 사람 모두가 복제기술을 선호한다는 전제가 필요하다. 따라서 복제기술에 의해 직접적으로 영향을 받을 사람을 제시한 ㉣과 그들이 모두 복제기술의 사용을 선호한다는 ㉤을 연결한 ㉠, ㉣, ㉤에서 ㉥이 도출된다.

정답

p.72

01	①	세부 내용 파악	06	③	논리 추론	11	④	논지·견해 분석	16	④	논리 추론	21	④	세부 내용 파악
02	①	세부 내용 파악	07	①	논리 추론	12	④	문맥 추론	17	②	논리 추론	22	④	세부 내용 파악
03	⑤	문맥 추론	08	③	논리 추론	13	④	논지·견해 분석	18	①	논지·견해 분석	23	④	세부 내용 파악
04	⑤	논지·견해 분석	09	③	논지·견해 분석	14	①	문맥 추론	19	③	문맥 추론	24	②	문맥 추론
05	④	문맥 추론	10	②	논지·견해 분석	15	①	문맥 추론	20	②	논지·견해 분석	25	③	논리 추론

취약 유형 분석표

유형별로 맞힌 문제 개수와 정답률, 틀린 문제 번호와 풀지 못한 문제 번호를 적고 나서 취약한 유형이 무엇인지 파악해 보세요.

유형	맞힌 개수	정답률	틀린 문제 번호	풀지 못한 문제 번호
세부 내용 파악	/5	%		
문맥 추론	/7	%		
논지·견해 분석	/8	%		
논리 추론	/5	%		
TOTAL	/25	%		

해설

01 세부 내용 파악 [난이도 🔴]　　정답 ①

정답 체크
제시된 내용에 따라 궁궐의 문, 다리, 상점의 위치를 그림으로 나타내면 다음과 같다.

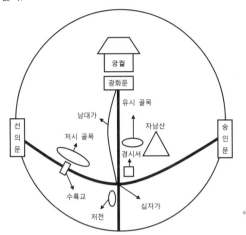

첫 번째 단락에서 선의문과 숭인문을 잇는 큰 도로가 궁궐의 출입문인 광화문으로부터 도성 남쪽 출입문 방향으로 나 있는 다른 도로와 만나는데 이 교차점이 십자가이고, 두 번째 단락에서 십자가로부터 광화문까지 난 거리가 남대가임을 알 수 있다. 따라서 남대가의 북쪽 끝에는 궁궐의 출입문인 광화문이 자리잡고 있었음을 알 수 있다.

오답 체크
② 첫 번째 단락에서 선의문은 궁궐의 서쪽, 숭인문은 궁궐의 동쪽, 세 번째 단락에서 수륙교는 십자가와 선의문 사이를 잇는 길의 중간 지점에 있었음을 알 수 있고 세 번째 단락에서 자남산은 숭인문 방향으로 난 도로 북쪽 편에 있었음을 알 수 있다. 따라서 자남산은 수륙교가 있던 것으로부터 동북쪽 방향에 있었음을 알 수 있다.
③ 세 번째 단락에서 수륙교의 옆에 저시 골목이 있었고, 두 번째 단락에서 경시서는 남대가의 남쪽 끝 지점에 있었음을 알 수 있다. 따라서 저시 골목은 선의문과 경시서의 중간 지점에 위치해 있었음을 알 수 있다.
④ 세 번째 단락에서 선의문과 십자가를 연결하는 길의 중간 지점에는 저시 골목이 있었음을 알 수 있다.
⑤ 세 번째 단락에서 수륙교는 십자가와 선의문 사이를 잇는 중간 지점에 있었다고 했고, 유시 골목은 십자가에서 숭인문 방향으로 가는 도로 북쪽편에 자리한 자남산과 남대가 사이에 있었다고 했으므로 십자가에서 유시 골목으로 가는 길의 중간에 수륙교가 위치하지 않았음을 알 수 있다.

02 세부 내용 파악 [난이도 🔴]　　정답 ①

정답 체크
두 번째 단락에서 A는 산업 민주주의를 옹호했는데 그 까닭은 그것이 노동자들의 소득을 증진시키기 때문이 아니라 자치에 적합한 시민의 역량을 증진시키기 때문이었다고 했으므로 A가 시민의 소득 증진을 위하여 경제 권력을 분산시키는 방식을 택하였다는 것은 글의 내용과 부합하지 않는다.

오답 체크
② 두 번째 단락에서 B는 민주주의가 성공하기 위해서는 거대 기업에 대응할 만한 전국 단위의 정치권력과 시민 정신이 필요하다고 했으므로 B가 거대 기업을 규제할 수 있는 전국 단위의 정치권력이 필요하다는 입장이라는 것은 글의 내용과 부합한다.
③ 두 번째 단락에서 A와 B 모두 경제 정책이 자치에 적합한 시민 도덕을 장려하는 경향을 지녀야 한다고 보았다는 점에서는 일치함을 알 수 있으므로 A와 B가 시민 자치 증진에 적합한 경제 정책이 필요하다는 입장이라는 것은 글의 내용과 부합한다.
④ 세 번째 단락에서 대공황 이후 미국의 경제 회복은 시민의 자치 역량과 시민 도덕을 육성하는 경제 구조 개혁보다는 케인즈 경제학에 입각한 중앙정부의 지출 증가에서 시작되었다고 했으므로 A와 B의 정치경제학이 1930년대 미국의 경제 위기 해결에 주도적 역할을 하지 못하였다는 것은 글의 내용과 부합한다.
⑤ 세 번째 단락에서 케인즈 경제학에 입각한 중앙정부의 지출 증가로 미국은 자치에 적합한 시민 도덕을 강조할 필요가 없는 경제 정책을 펼쳐나갔다고 했으므로 케인즈 경제학에 기초한 정책은 시민의 자치 역량을 육성하기 위한 경제 구조 개혁 정책이 아니었다는 것은 글의 내용과 부합한다.

03 문맥 추론 [난이도 🔴]　　정답 ⑤

정답 체크
외부 자문위원의 자료를 전달받는 방법과 내부용 PC에 저장하는 방법을 나누어 정리하면 다음과 같다.
· 갑의 첫 번째 말에서 외부 인터넷 접속은 외부용 PC를 이용해야 한다고 했고, 갑의 다섯 번째 말에서 원칙적으로 외부용 PC에서 자료를 보내거나 받을 때 사용 가능한 이메일 계정은 ○○메일뿐이라고 했으므로 외부 자문위원의 자료를 전달받을 때는 ○○메일 계정으로 받아 외부용 PC에서 내려받아야 함을 알 수 있다.
· 갑의 세 번째 말에서 자료 공유 프로그램을 이용해야 내부용 PC와 외부용 PC 간 자료의 상호 공유가 가능하다고 했으므로 외부용 PC로 전달받은 자료를 내부용 PC에 저장하기 위해서는 자료 공유 프로그램을 이용해야 함을 알 수 있다.
따라서 빈칸에 들어갈 말은 '외부 자문위원의 PC에서 ○○메일 계정으로 자료를 보낸 뒤, 외부용 PC로 ○○메일 계정에 접속해 자료를 내려받아 자료 공유 프로그램을 이용하여 내부용 PC로 보내면 되겠네요.'가 가장 적절하다.

오답 체크
① 갑의 네 번째 말에서 내부용 PC와 외부용 PC에 설치된 자료 공유 프로그램을 사용할 때는 프로젝트 팀장의 비밀번호 입력이 필요하다고 했으므로 적절하지 않다.
② 갑의 다섯 번째 말에서 예외적으로 필요한 경우에 한해 보안 부서 승인을 통해 일반 이메일 계정 접속 권한을 부여받을 수 있다고 했으나, 이 방법밖에 없는 것은 아니므로 적절하지 않다.

③ 갑의 두 번째 말에서 프로젝트 팀장의 승인을 받아 내부용 PC에서 ○○메일 계정에 접속할 수 있다고 했으나, 이 방법으로는 자신의 ○○메일 계정으로 자료를 보내는 것만 허용되며 자료를 내려받는 것은 불가능하므로 적절하지 않다.

④ 갑의 네 번째 말에서 보안 부서 승인을 통해 일반 이메일 계정 접속 권한을 부여받을 수 있다고 했으나, 이때 일반 이메일 계정에 접속하여 자료를 보내거나 받을 수 있는 것은 내부용 PC가 아니라 외부용 PC이므로 적절하지 않다.

04 논지·견해 분석 난이도 중 정답 ⑤

정답 체크

ㄱ. A는 오른쪽 눈과 왼쪽 눈으로 본 사물이 상대적 위치가 미묘하게 다르다는 점과 별은 늘 같은 위치에서 관측된다는 점을 들어 지구 공전 가설이 틀렸음을 주장한다. B는 달리는 마차의 운동 방향에 따라 빗방울이 비스듬하게 떨어지는 정도가 다르다는 점과 별은 늘 같은 위치에서 관측된다는 점을 들어 공전 가설이 틀렸음을 주장한다. 따라서 A와 B 모두 일상적 경험에 착안하여 얻은 예측과 별을 관측한 결과를 근거로 지구 공전 가설을 평가했음을 알 수 있다.

ㄴ. A와 B 모두 현재까지 별은 늘 같은 위치에 있는 것으로 관측된다는 점을 들어 지구 공전 가설이 틀렸음을 주장한다. 따라서 A와 B 모두 당시 관측 기술의 한계로 별의 위치 변화가 관측되지 않았을 가능성을 고려하지 않았음을 알 수 있다.

ㄷ. A는 지구의 공전 궤도 상에서 서로 가장 멀리 떨어진 두 위치에서 별을 관측한다면 별의 위치가 다르게 보일 것이라고 했고, B는 지구의 운동 방향에 따라 별빛이 기울어지는 정도와 별의 가시적 위치가 달라질 것이라고 했으므로 지구가 공전하면 별의 위치가 달라져 보일 이유를 A는 관측자의 관측 위치에서, B는 관측자의 관측 대상에 대한 운동 방향이 뒤바뀐 것에서 찾았음을 알 수 있다.

05 문맥 추론 난이도 중 정답 ④

정답 체크

근육의 움직임을 의식적으로 통제하여 사용할 수 있는지와 근섬유에 줄무늬가 있는지를 기준으로 근육의 종류와 특징을 정리하면 다음과 같다.

기준 \ 종류	뼈대근육	내장근육	심장근육
의식적 통제 가능 여부	수의근	불수의근	불수의근
근섬유 줄무늬 여부	줄무늬근	민무늬근	줄무늬근

ㄴ. 뼈대근육에 해당하는 ㉣과 심장근육에 해당하는 ㉤이 다른 특징이라면 이는 ㉣에 수의근, ㉤에 불수의근이 들어가는 경우이다. 따라서 B에는 근육의 움직임을 의식적으로 통제할 수 있는지를 따지는 기준이 들어가므로 옳은 판단이다.

ㄷ. 뼈대근육에 해당하는 ㉠에 수의근이 들어간다면 A에는 근육의 움직임을 의식적으로 통제하여 사용할 수 있는지를 따지는 기준이 들어가고, B에는 근섬유에 줄무늬가 있는지를 따지는 기준이 들어간다. 따라서 내장근육에 해당하는 ㉢에는 민무늬근이 들어가므로 옳은 판단이다.

오답 체크

ㄱ. 내장근육에 해당하는 ㉡과 심장근육에 해당하는 ㉢이 같은 특징이라면 이는 ㉡과 ㉢에 불수의근이 들어가는 경우이다. 따라서 A에는 근섬유에 줄무늬가 있는지를 따지는 기준이 아닌 근육의 움직임을 의식적으로 통제하여 사용할 수 있는지를 따지는 기준이 들어가므로 옳지 않은 판단이다.

06 논리 추론 난이도 중 정답 ③

정답 체크

제시된 글에서 기호화가 필요한 문장을 정리하면 다음과 같다.
· 명제 1: 샤펠식 과정 → 의사결정트리 방식
· 명제 2: (지도학습 ∨ 비지도학습) ∧ ~(지도학습 ∧ 비지도학습)
· 명제 3: 샤펠식 과정 → 지도학습
· 명제 4: 강화학습 → 비지도학습
· 명제 5: 어떤 의사결정트리 방식 ∧ 강화학습

ㄱ. 명제 4와 명제 5에 따라 '어떤 의사결정트리 방식 ∧ 비지도학습'을 도출할 수 있으므로 의사결정트리 방식을 적용한 모든 사례가 지도학습의 사례라는 것은 거짓임을 알 수 있다.

ㄴ. 명제 3에 따라 샤펠식 과정은 모두 지도학습이고, 명제 4와 명제 5에 따라 '어떤 의사결정트리 방식 ∧ 비지도학습'이 도출되므로 샤펠식 과정의 적용 사례가 아니면서 의사결정트리 방식을 적용한 경우가 존재한다는 것은 참임을 알 수 있다.

오답 체크

ㄷ. 명제 5에 따라 의사결정트리 방식을 적용한 사례들 가운데 강화학습을 활용하는 머신러닝의 사례가 있음을 알 수 있으나, 강화학습을 활용하는 머신러닝 사례들 가운데 의사결정트리 방식이 적용되지 않은 경우가 없는지는 알 수 없다.

07 논리 추론 난이도 상 정답 ①

정답 체크

제시된 글에서 기호화가 필요한 문장을 정리하면 다음과 같다.
· 명제 1: 10월 지원투자 ∨ 10월 입주지원 → 10월 간담회
· 명제 2: ~10월 창업지원센터 → 10월 입주지원
· 명제 3: 10월 창업지원센터 → 11월 입주지원
· 명제 4: 10월 기존 중소기업 → 11월 간담회
· 명제 5: 10월 간담회 → 10월 창업지원센터
· 명제 6: 창업지원센터 → 간담회
· 명제 7: (10월 지원투자 ∧ ~10월 기존 중소기업) ∨ (~10월 지원투자 ∧ 10월 기존 중소기업)

명제 7에 따라 10월에 신생벤처기업 지원투자 사업을 진행하는 경우와 기존 중소기업 지원 사업을 진행하는 경우로 나누어 보면 다음과 같다.

<경우 1> 10월 지원투자 ∧ ~10월 기존 중소기업 지원
명제 1과 명제 5에 따라 '10월 창업지원센터'가 도출되고, 명제 3에서 '11월 입주지원'이 도출된다. 따라서 신생벤처기업 지원투자 사업과 벤처기업 대표자 간담회는 10월에 진행되고, 기존 중소기업 지원 사업과 벤처기업 입주지원 사업은 10월에 진행되지 않음을 알 수 있다.

\<경우 2\> ~10월 신생벤처기업 지원 ∧ 10월 기존 중소기업 지원

명제 4와 명제 1의 대우에 따라 '~10월 지원투자 ∧ ~10월 입주지원'이 도출되고, 명제 2의 대우 '~10월 입주지원 → 10월 창업지원센터'에 따라 '10월 창업지원센터'가 도출된다. 이때 명제 4에 따르면 '~10월 간담회'이고, 명제 6의 대우는 '~간담회 → ~창업지원센터'이므로 '~10월 창업지원센터'가 도출되어 모순이 발생한다. 따라서 가능하지 않은 경우이다.

ㄱ. 벤처기업 입주지원 사업은 10월에 진행되지 않으므로 반드시 참이다.

오답 체크

ㄴ. 벤처기업 대표자 간담회는 10월에 진행되므로 반드시 참이 아니다.

ㄷ. 신생벤처기업 지원투자 사업은 10월에 진행되므로 반드시 참이 아니다.

08 논리 추론 난이도 중 정답 ③

정답 체크

제시된 글에서 기호화가 필요한 문장을 정리하면 다음과 같다.

· 조건 1: 갑수 > 정희
· 조건 2: (정희 ≥ 을수) ∧ (철희 ≥ 을수)
· 조건 3: 병수 ≥ 갑수
· 조건 4: (철희 > 병수) ∨ (병수 > 철희)

조건 1과 조건 3을 연결하면 '병수 ≥ 갑수 > 정희'를 도출할 수 있고, 조건 2에 따라 '병수 ≥ 갑수 > 정희 ≥ 을수'임을 알 수 있다. 이때 조건 4에 따르면 철희는 병수보다 나이가 많을 수도 있고 적을 수도 있으므로 갑수보다 나이가 많은지 적은지 알 수 없다. 따라서 갑수보다 반드시 나이가 적은 사람은 정희, 을수이다.

09 논지·견해 분석 난이도 상 정답 ③

정답 체크

ㄱ. 세 번째 단락에서 이론 A는 선호의 형성을 설명하려 한다고 해서 개인의 심리를 분석하려는 것은 아니라고 했고, 첫 번째 단락에서 이론 B는 선호는 '주어진 것'이며 제도나 개인의 심리에 의해 설명해야 할 대상이 아니라고 봄을 알 수 있다. 따라서 선호 형성과 관련해 이론 A와 이론 B 모두 개인의 심리에 대한 분석에 주목하지 않음을 알 수 있다.

ㄴ. 세 번째 단락에서 이론 A는 구체적 상황에서 행위자들의 행위를 이해하게 해주는 단서는 제도적 맥락으로부터 찾아야 한다고 했고, 첫 번째 단락에서 이론 B는 선호의 형성 과정에 주목하지 않음을 알 수 있다. 따라서 이론 A는 맥락적 요소를 이용해 선호 형성 과정을 설명하려고 하지만 이론 B는 선호 형성 과정을 설명하려 하지 않음을 알 수 있다.

오답 체크

ㄷ. 첫 번째 단락에서 이론 B에서 상정된 개인은 자기 자신의 이익을 최대화하는 전략을 선택하는 존재, 즉 합리적 존재라 가정된다고 했으므로 이론 B는 행위자가 자기 자신의 이익을 최대화하는 전략에 따른다는 것을 부정하지 않음을 알 수 있다.

10 논지·견해 분석 난이도 중 정답 ②

정답 체크

ㄷ. 글의 논지는 토론의 자유가 보장되어야만 틀린 의견과 옳은 의견을 대비시킴으로써 잘못된 생각과 관행을 고치고 진리를 드러낼 수 있다는 것이다. 갈릴레오의 저서가 금서가 된 것은 저서를 읽고 토론할 수 있는 자유가 박탈된 것이므로 이에 따라 천문학의 과오를 드러내고 진리를 찾을 기회가 한동안 박탈되었다는 것은 글의 논지를 강화한다.

오답 체크

ㄱ. 글의 논지는 토론의 자유가 보장되어야만 잘못된 관행을 고칠 수 있다는 것이다. 따라서 축적된 화재 사고 기록들에 대해 어떠한 토론도 이루어지지 않았음에도 불구하고 화재 사고를 잘 예방하였다는 것은 토론을 하지 않아도 잘못된 관행을 고칠 수 있다는 것이므로 글의 논지를 약화한다.

ㄴ. 글의 논지는 토론을 통해 틀린 의견과 옳은 의견을 대비시킴으로써 진리를 드러낼 수 있다는 것이다. 따라서 사람들의 의견 표출을 억누르지 않는 사회에서 사람들이 가짜 뉴스를 더 많이 믿었다는 것은 토론이 오히려 진리를 찾는 것을 방해했다는 것이므로 글의 논지를 약화한다.

11 논지·견해 분석 난이도 하 정답 ④

정답 체크

제시된 글에 따르면 선택 요인은 비교 집단을 설정했지만 비교 집단을 잘못 설정함으로써 잘못된 결론을 도출하게 하는 요인이다. 이때 병은 비교 집단을 설정했으나 독립 변수 조건 이외에 다른 조건들이 현저하게 차이가 나는 집단을 비교 집단으로 잘못 설정하지 않았는지 검토해야 한다고 주장하고 있으므로 병은 연구의 내적 타당성을 확보하기 위해 선택 요인과 관련한 타당성을 검토하자는 것임을 알 수 있다.

오답 체크

① 제시된 글에서 표본 집단을 잘못 설정하면 연구 대상의 대표성을 확보할 수 없어 연구 결과의 일반화에 실패하므로 연구의 외적 타당성이 저해된다고 했고, 갑은 연구 대상을 잘못 지정하는 오류가 있는지 검토해야 한다고 주장하고 있으므로 갑은 연구의 외적 타당성을 확보하기 위해 연구 대상의 대표성 확보에 대한 타당성을 검토하자는 것임을 알 수 있다.

②, ③ 제시된 글에 따르면 역사 요인은 외부적 사건이 원인이 되어 연구에 영향을 미쳤지만 이를 고려하지 못하고 연구 결과가 합당한 것처럼 결론을 내리게 하는 요인이며 오류를 제거하기 위해서는 반드시 비교 집단을 설정해야 한다. 이때 을은 연구 시기에 월드컵이 개최되어 연구 결과에 영향을 미쳤을 수 있어 비교 집단을 설정하여 연구를 실시했는지 검토해야 한다고 했으므로 을은 내적 타당성을 확보하기 위해 역사 요인과 관련한 타당성을 검토하자는 것임을 알 수 있다.

⑤ 제시된 글에 따르면 연구의 외적 타당성은 표본 집단을 잘못 설정하면 연구 대상의 대표성을 확보할 수 없어 연구 결과의 일반화에 실패하므로 타당성이 저해된다. 이때 병은 비교 집단을 잘못 설정하지 않았는지 검토해야 한다고 주장하고 있으므로 연구의 외적 타당성이 아니라 내적 타당성을 확보하기 위해 표본 집단 선정에 관한 타당성을 검토하자는 것임을 알 수 있다.

12 문맥 추론 난이도 중 정답 ④

정답 체크

술탄 메흐메드 2세는 성소피아 대성당을 파괴하지 않고 이슬람 사원으로 개조하거나 그리스 정교회 수사에게 총대주교직을 수여하는 등 이슬람 문화의 발전을 위해 기존 기독교의 잔재를 재활용하려 했음을 알 수 있다. 또한 역대 비잔틴 황제들이 제정한 법을 그가 주도하고 있던 법제화의 모델로 이용하였던 것이라고 했으므로 '단절을 추구'한다는 것은 내용과 연결되지 않는다. 따라서 '연속성을 추구하는 정복왕 메흐메드 2세의 의도에서 비롯된 것'으로 수정하는 것이 적절하다.

오답 체크

① '지금까지 이보다 더 끔찍했던 사건은 없었으며'라는 내용은 비잔틴 제국의 수도 콘스탄티노플이 오스만인들에 의해 함락되었다는 소식이 전해졌다는 내용과 연결된다.

② '1,100년 이상 존재했던 소아시아 지역의 기독교도 황제가 사라졌다'는 내용은 비잔틴 제국의 황제가 전사하였다는 내용과 연결된다.

③ '기독교의 제단뿐만 아니라 그 이상의 것들도 활용했다'는 내용은 비잔틴 황제들이 제정한 법을 이용했다는 내용과 연결된다.

⑤ '오스만 제국이 유럽으로 확대될 것이라는 자신의 확신을 보여주었다'는 내용은 로마 제국의 진정한 계승자임을 선언하고 싶었다는 내용과 연결된다.

13 논지·견해 분석 난이도 중 정답 ④

정답 체크

B학설에 따르면 근로자가 사업장에 편입되어 사용자의 지휘 명령하에서 노동력을 처분 가능한 상태로 두면, 노무에 종사하지 않더라도 그것이 근로자의 귀책 사유에 기인하지 않는 한 임금청구권을 상실하지 않는다. 따라서 B학설에 따르더라도 출근한 근로자가 자신의 잘못으로 부상을 당하여 근로를 제공하지 못한 경우에는 임금청구권을 상실하게 되어 사용자는 그 부분에 대해 임금을 지급할 의무가 없으므로 옳지 않은 추론이다.

오답 체크

① A학설에 따르면 임금은 근로제공의 대가이기 때문에 A학설은 휴일에 근로를 제공하지 않은 근로자에게 지급되는 유급주휴수당은 임금으로 보지 않을 것이므로 옳은 추론이다.

② B학설에 따르면 근로자가 근로계약에 따라 사업장에 출근하여 자신의 노동력을 처분 가능한 상태로 두었으면 사용자는 임금을 지급해야 한다. 따라서 사업장에 출근하는 것이 아닌, 재택근무와 같이 출퇴근이 불분명한 근무형태의 경우 근로자가 자신의 노동력을 처분 가능한 상태로 두었는지 확인할 수 없어 B학설에 따른 임금 산정이 어려울 수 있으므로 옳은 추론이다.

③ C학설에 따르면 임금을 구성하는 두 부분 중 하나는 근로제공 여부에 상관없이 지급되는 생활보장적 임금이다. 따라서 C학설에 대하여 사용자 입장에서는 근로제공과 직접적인 관련성이 없는 근로자의 생활보장에 대한 책임을 사용자에게 부담시킨다는 불만을 제기할 수 있으므로 옳은 추론이다.

⑤ C학설에 따르면 임금은 정근수당이나 직무수당 등의 교환적 임금과 가족수당이나 교육수당 등의 생활보장적 임금으로 구성된다. 따라서 C학설에 따르면 두 근로자가 같은 양과 질의 노동을 제공하더라도 생활보장적 임금이 다를 수 있어 근로자가 지급받는 임금은 동일하지 않을 수 있으므로 옳은 추론이다.

14 문맥 추론 난이도 중 정답 ①

정답 체크

(가) 명제 P가 "비가 오고 구름이 끼어 있다."이고, 명제 Q가 "비가 온다."라고 가정하면, Q는 P로부터 도출된다. 이때 P와 Q를 결합한 "비가 오고 구름이 끼어 있지만, 비가 오지 않는다.", 즉 "P이지만 Q는 아니다."라는 명제는 자기모순적이다. 따라서 (가)에 들어갈 진술은 'Q가 P로부터 도출될 수 있다면, "P이지만 Q는 아니다."라는 명제는 자기모순인 명제이다.'가 적절하다.

(나) 명제 A가 "타인을 돕는 행동은 행복을 최대화한다."이고, 명제 B가 "우리는 타인을 도와야 한다."라고 가정하면, A와 B를 결합한 "A이지만 B는 아니다.", 즉 "타인을 돕는 행동은 행복을 최대화하지만, 우리는 타인을 돕지 않아도 된다."라는 명제는 자기모순적인 명제가 아니다. 이때 (가)의 논증구조와 비교하면 B는 A로부터 도출되지 않으므로 (나)에 들어갈 진술은 '어떤 행동이 행복을 최대화한다는 것으로부터 그 행동을 행하여야만 한다는 것을 도출할 수 없다.'가 적절하다.

⏱ 빠른 문제 풀이 Tip

선택지에서 (가)로 가능한 것은 ㄱ과 ㄴ뿐이므로 해당 <보기>를 직접 (가)에 대입하여 옳은 설명인지 파악한다. 또한 (나)는 (가)를 이용하여 유추한 것이므로 (가)와 논증의 구성이 유사할 것임에 유의하여 내용을 파악한다.

15 문맥 추론 난이도 중 정답 ①

정답 체크

㉠ 두 번째 단락에 따르면 "C시에 건설될 도시철도는 무인운전 방식으로 운행된다."라는 문장이 ㉠으로 해석되고, C시에 도시철도를 건설하지 않기로 한 사실로 인해 원래의 문장은 거짓이 된다. 또한 C시에 도시철도를 건설하지 않기로 한 사실로 인해 "C시에 건설될 도시철도는 무인운전 방식으로 운행되지 않는다."라는 문장도 거짓이 된다고 했으므로 'C시에 건설될 도시철도'가 거짓임을 알 수 있다. 따라서 ㉠에 들어갈 문장은 'C시에 도시철도가 건설되고, 그 도시철도는 무인운전 방식으로 운행된다.'가 적절하다.

㉡ 세 번째 단락에 따르면 "C시에 건설될 도시철도는 무인운전 방식으로 운행된다."라는 문장이 ㉡으로 해석되고, 이는 C시에 도시철도를 건설해 그것을 무인운전이 아닌 방식으로 운행하는 일은 없다는 주장과 같은 의미를 가진다. 이때 C시에 도시철도를 건설하지 않기로 한 사실로 인해 원래의 문장이 참이 된다고 했으므로 'C시에 도시철도를 건설한다면 반드시 무인운전 방식으로 운행'하는 것이 참임을 알 수 있다. 따라서 ㉡에 들어갈 문장은 'C시에 도시철도가 건설되면, 그 도시철도는 무인운전 방식으로 운행된다.'가 적절하다.

⏱ 빠른 문제 풀이 Tip

선택지에서 ㉡으로 가능한 것은 (다)와 (라)뿐이므로 (나)를 제외하여 파악하면 문제 풀이 시간을 단축할 수 있다.

16 논리 추론 [난이도 중] 정답 ④

정답 체크

제시된 진술을 기호화하여 정리하면 다음과 같다.
· 진술 1: A → ~B
· 진술 2: A ∨ C ∨ D
· 진술 3: ~B ∨ ~C
· 진술 4: B ∨ C → D

네 진술 중 하나만 참이라고 했으므로 각 진술을 거짓으로 바꾸었을 때 나머지 세 진술과 모순이 발생하는 것이 참인 진술이다. 이에 따라 위 진술을 거짓으로 나타내면 아래와 같다.
· 진술 1: A ∧ B
· 진술 2: ~A ∧ ~C ∧ ~D
· 진술 3: B ∧ C
· 진술 4: (B ∨ C) ∧ ~D

이때 A와 C는 진술 1과 진술 3에 따르면 뇌물을 받았고, 진술 2에 따르면 뇌물을 받지 않았으므로 진술 2가 참인 진술임을 알 수 있다. 거짓인 진술 1과 진술 3에 따르면 A, B, C는 뇌물을 받았고, 진술 4에 따르면 D는 뇌물을 받지 않았다. 따라서 뇌물을 받은 사람의 수는 3명이다.

17 논리 추론 [난이도 상] 정답 ②

정답 체크

(가)~(다)의 논증을 기호화하면 다음과 같다.
· (가): 감정 → 존재 믿음
· (나): ~소설 속 인물 존재 믿음
· (다): 소설 속 인물 감정

(가)의 대우는 '~존재 믿음 → ~감정'이다. 이때 신의 존재를 믿지 않는 사람도 신을 두려워한다고 말할 수 있다는 것을 기호화하면 '~존재 믿음 → 감정'이고, 이는 (가)의 논증과 모순이므로 신의 존재를 믿지 않는 사람도 신을 두려워한다고 말할 수 있다면 그것은 (가)를 지지하는 근거가 되지 않는다.

오답 체크

① (가)~(다)가 모두 참일 때 (가)의 대우와 (나)를 연결하면 '~소설 속 인물 존재 믿음 → ~소설 속 인물 감정'이나 (다)는 '소설 속 인물 감정'이라고 했으므로 모순이다. 또한 (가)와 (다)를 연결하면 '소설 속 인물 감정 → 소설 속 인물 존재 믿음'이나 (나)는 '~소설 속 인물 존재 믿음'이라고 했으므로 역시 모순이다. 따라서 위의 세 명제가 모두 함께 참일 수 없다.

③ (가)와 (나)가 동시에 참이 되려면 (가)의 대우와 (나)를 연결한 '~소설 속 인물 존재 믿음 → ~소설 속 인물 감정'이 도출되어야 하므로 '~소설 속 인물 감정'이라는 전제가 필요하다. 따라서 (가)와 (나)를 동시에 참이라고 받아들일 수 있는 하나의 방식은 소설에 나오는 인물에 대해 우리가 느끼는 것은 진짜 감정이 아니라고 보는 것이다.

④ (가)와 (다)가 동시에 참이 되려면 (가)와 (다)를 연결한 '소설 속 인물 감정 → 소설 속 인물 존재 믿음'이 도출되어야 하므로 '소설 속 인물 존재 믿음'이라는 전제가 필요하다. 따라서 (가)와 (다)를 동시에 참이라고 받아들일 수 있는 하나의 방식은 소설을 읽는 동안에는 그 소설 속의 인물이 존재한다고 보는 것이다.

⑤ (가)와 (나)가 동시에 참이 되려면 (가)의 '감정 → 존재 믿음'이 도출되어야 하므로 '감정 → ~소설 속 인물 존재 믿음 ∧ 실제 인물 존재 믿음'이라는 전제가 필요하다. 따라서 (가)와 (나)를 동시에 참이라고 받아들일 수 있는 하나의 방식은 소설을 읽으면서 가지는 감정의 대상은 소설 속의 인물이 아니라 그 인물과 비슷한 상황에 있는 실제 인물이라고 보는 것이다.

18 논지·견해 분석 [난이도 상] 정답 ①

정답 체크

ㄱ. 세 번째 단락에서 포유동물의 단위 몸무게당 기초대사율은 몸무게에 반비례하는 경향을 나타낸다고 했으므로 내온동물의 몸이 작을수록 안정적인 체온을 유지하는 에너지 비용은 커짐을 알 수 있다. 그러나 순록의 몸무게 1kg당 기초대사율이 토끼의 몸무게 1kg당 기초대사율보다 크다면 포유동물의 단위 몸무게당 기초대사율이 몸무게에 비례하는 것이므로 ㉠을 약화한다.

오답 체크

ㄴ. 두 번째 단락에서 외온동물의 최소대사율은 내온동물과 달리 주변 온도에 따라 달라진다고 했으므로 양서류에 속하는 어떤 동물의 최소대사율이 주변 온도에 따라 뚜렷이 달라졌다는 것은 ㉠을 강화한다.

ㄷ. 두 번째 단락에서 기본적인 신체 기능을 유지하는 데 필요한 에너지의 양은 외온동물보다 내온동물에서 더 크다고 했으므로 몸 크기가 서로 비슷한 악어(외온동물)와 성인 남성(내온동물)을 비교하였을 때, 전자의 표준대사율의 최댓값이 후자의 기초대사율의 1/20 미만이었다는 것은 ㉠을 강화한다.

19 문맥 추론 [난이도 상] 정답 ③

정답 체크

폭군은 욕심 때문에 마음이 흔들리고 백성들의 힘을 모두 박탈하여 자기 일신만을 받드는 자이고, 혼군은 간사한 이를 분별하지 못하여 나라를 망치는 자이다. 당의 덕종은 인자와 현자들을 알아보지 못하고, 간사한 소인배들의 아첨에 쉽게 빠져들었으므로 폭군이 아니라 혼군의 예임을 알 수 있다.

오답 체크

① 왕도정치는 군주의 재능과 지혜가 모자라더라도 현자를 임용하여 백성을 교화한다고 했고, 상의 태갑은 이윤, 주의 성왕은 주공에게 정사를 맡김으로써 백성을 교화하고 인의의 도를 닦았으므로 왕도정치의 예임을 알 수 있다.

② 패도정치는 인의의 이름만 빌려 권모술수의 정치를 행하여 백성들로 하여금 도덕적 교화를 이루지 못한다고 했고, 진 문공과 한 고조는 백성을 부유하게 하였으나 권모술수에 능하였을 뿐 백성을 교화시키지 못했으므로 패도정치의 예임을 알 수 있다.

④ 혼군은 정치를 잘해보려는 뜻은 가지고 있으나 간사한 이를 분별하지 못하여 나라를 망치는 자라고 했고, 송의 신종은 왕도정치를 회복하고자 했으나 왕안석에게 빠져 사악한 이들이 뜻을 이루어 전란의 조짐까지 야기했으므로 혼군의 예임을 알 수 있다.

⑤ 용군은 우유부단하여 구습만 고식적으로 따르다가 나날이 쇠퇴하고 미약해지는 자라고 했고, 주의 난왕, 당의 희종, 송의 영종 등은 구습만을 답습하면서 한 가지 선책도 제출하지 못한 채 나라가 망하기를 기다리고 있던 자들이라고 했으므로 용군의 예임을 알 수 있다.

20 논지·견해 분석 [난이도 중] 정답 ②

정답 체크

B 가설에 따르면 주류 언론에서 상대적 소외감을 더 크게 느끼는 이념적 성향이 소셜미디어를 대안 매체로서 더 주도적으로 활용한다. 따라서 갑국의 주류 언론이 보수적 이념 성향이 강하다면 이는 진보 성향이 주류 언론에서 상대적 소외감을 더 크게 느껴 대안 매체의 활용가치를 더 크게 느낀다는 것이고, 실제로 갑국은 소셜미디어 상에서 진보 성향의 견해들이 두드러지게 나타난다고 했으므로 B 가설을 강화한다.

오답 체크

① A 가설에 따르면 소셜미디어 상에서 진보 성향의 견해들이 두드러지게 나타나는 이유는 진보 이념에서 중시하는 참여 민주주의의 가치가 소셜미디어의 특징과 잘 부합하기 때문이다. 즉, 진보 성향을 가진 사람들이 소셜미디어를 더 자주 이용한다는 것이다. 따라서 을국의 경우 트위터 사용자들이 진보 성향보다 보수 성향이 많았다는 사실은 A 가설을 약화한다.

③ A 가설은 갑국의 소셜미디어 사용자들의 다수가 진보적인 젊은 유권자라고 설명하고 있으나 B 가설은 주류 언론에 대해 소외된 집단이 소셜미디어를 주도적으로 활용할 가능성이 높다고 설명하고 있으므로 갑국의 젊은 사람들 중에 진보 성향의 비율이 높다는 사실은 A 가설은 강화하지만, B 가설과는 무관하다.

④ A 가설은 진보 성향과 소셜미디어의 특징이 잘 부합하기 때문에 진보 성향을 가진 사람들이 소셜미디어를 더 자주 이용한다는 것이고, B 가설은 주류 언론에 대해 상대적 소외감을 느끼는 집단이 소셜미디어를 활용한다는 것이다. 갑국에서 주류 언론보다 소셜미디어의 영향력이 강하다는 사실은 소셜미디어가 상대적 소외감을 느끼는 집단의 매체가 아니라는 것이므로 B 가설은 약화하고, A 가설과는 무관하다.

⑤ A 가설은 진보 성향과 소셜미디어의 특징이 잘 부합하기 때문에 진보 성향을 가진 사람들이 소셜미디어를 더 자주 이용한다는 것이고, B 가설은 주류 언론에 대해 상대적 소외감을 느끼는 집단이 소셜미디어를 활용한다는 것이다. 갑국에서 정치 활동을 많이 하는 사람들이 소셜미디어를 더 많이 사용한다는 사실은 A 가설과 B 가설 모두와 무관하므로 약화하지 않는다.

21 세부 내용 파악 [난이도 상] 정답 ④

정답 체크

ㄴ. 세 번째 단락에서 유충호르몬의 양에 의해서 탈피 이후 유충으로 남아 있을지, 유충의 특성이 없는 성체로 변태할지가 결정된다고 했고, 유충호르몬의 방출량은 유충호르몬의 분비를 억제하는 알로스테틴과 분비를 촉진하는 알로트로핀에 의해 조절된다고 했다. 따라서 변태 과정 중에 있는 곤충에게 유충기부터 알로트로핀을 주입하면, 유충호르몬의 분비가 촉진되어 유충으로 남아 있게 되고 성체로 발생하지 않을 수 있음을 추론할 수 있다.

ㄷ. 두 번째 단락에서 탈피호르몬이 분비되면 탈피의 첫 단계인 허물 벗기가 시작된다고 했고, 세 번째 단락에서 유충호르몬은 탈피 촉진과 무관하게 유충의 특성을 유지하는 역할만을 수행한다고 했다. 따라서 유충호르몬이 없더라도 변태 과정 중 탈피호르몬이 분비되면 탈피가 시작될 수 있음을 추론할 수 있다.

오답 체크

ㄱ. 두 번째 단락에서 탈피 시기가 되면 먹이 섭취 활동과 관련된 자극이 유충의 뇌에 전달되고, 이 자극이 전흉선자극호르몬의 분비를 촉진한다고 했으나, 유충의 전흉선을 제거하면 먹이 섭취 활동과 관련된 자극이 유충의 뇌에 전달될 수 없는지는 제시된 글을 통해 추론할 수 없다.

22 세부 내용 파악 [난이도 상] 정답 ④

정답 체크

ㄴ. 두 번째 단락에서 탈피호르몬은 전흉선에서 분비된다고 했으므로 "성체가 된 이후에 탈피하지 않는 곤충들의 경우, 최종 탈피가 끝난 다음에 전흉선은 파괴되어 사라진다."는 것은 마지막 탈피 후에 전흉선이 없어지고, 이에 따라 탈피 호르몬이 분비되지 않아 더는 탈피하지 않는다는 의미임을 알 수 있다. 따라서 이는 최종 탈피가 일어날 때까지 혈중 탈피호르몬은 일정한 농도로 존재한다는 결과2와 성체로의 마지막 탈피 후에 탈피호르몬이 없어진다는 ㉠이 동시에 성립하는 이유를 제시하므로 적절한 분석이다.

ㄷ. 결과1과 결과2에 따르면 유충에서 성체로의 변태 과정에서 유충호르몬의 혈중 농도는 유충기에 가장 높다가 점점 감소하고 탈피호르몬은 일정한 농도로 유지되므로 이때 탈피호르몬 대비 유충호르몬의 비율은 점차 줄어든다는 것을 알 수 있다. 따라서 결과1과 결과2는 함께 "변태 과정에 있는 곤충의 탈피호르몬 대비 유충호르몬의 비율이 작아질수록 그 곤충은 성체의 특성이 두드러진다."는 가설을 지지하므로 적절한 분석이다.

오답 체크

ㄱ. 세 번째 단락에서 유충호르몬에스터라제는 유충호르몬 분해 효소로서 혈중 유충호르몬의 농도가 낮아지게 하는 역할을 한다고 했으므로 "혈중 유충호르몬에스터라제의 양은 유충기에 가장 많으며 성체기에서 가장 적다."는 가설에 따르면 유충호르몬 혈중 농도는 유충기에 가장 낮고 성체기에 가장 높아야 한다. 따라서 유충호르몬의 혈중 농도가 유충기에 가장 높고 이후 점점 감소한다는 결과1은 이 가설에 의해서 설명되지 않으므로 적절하지 않은 분석이다.

23 세부 내용 파악 [난이도 상] 정답 ④

정답 체크

네 번째 단락에서 예결위는 종합정책질의와 부별심사를 마치면 11~15명 정도의 위원으로 예산안등조정소위원회를 구성한다고 했고, 마지막 단락에서 예결위 위원 전체가 참여하는 종합정책질의나 부별심사는 행정부의 국무위원을 대상으로 각 위원별로 약 10분씩 질의하는 형태로 진행된다고 했다. 따라서 종합정책질의와 부별심사에서의 질의시간이 각 위원별로 약 10분씩이며 예산안등조정소위원회의 위원은 약 11~15명임을 알 수 있으나, 예산안등조정소위원회의 전체 위원 질의시간이 통상 110~150분인지는 제시된 글을 통해 추론할 수 없다.

오답 체크

① 첫 번째 단락에서 예산안을 소관 상임위원회에 회부할 때 국회의장이 심사기간을 정할 수 있으며, 상임위원회가 이유 없이 그 기간 내에 심사를 마치지 않는 경우 예산안을 바로 예결위에 회부할 수 있다고 했다. 따라서 상임위원회의 예비심사가 종료되지 않아도 예결위의 종합심사가 개시될 수 있음을 추론할 수 있다.

② 첫 번째 단락에서 예산안은 기금운용계획안이 포함된다고 했고, 세 번째 단락에서 종합정책질의와 부별심사를 진행할 때 예결위원장은 간사와 협의하여 각 교섭단체별 질의시간 등의 진행방법을 정한다고 했다. 따라서 부별심사에서 부처의 소관 기금운용계획안에 대한 각 교섭단체별 질의시간을 정할 때, 예결위원장은 간사와 협의할 것임을 추론할 수 있다.

③ 세 번째 단락에서 종합정책질의는 모든 부처에 대하여 질의하고 정부측의 답변을 듣는 절차이고, 부별심사는 경제부처와 비경제부처로 나누어 부처의 소관 예산안에 대하여 질의하고 답변을 듣는 절차라고 했다. 따라서 종합정책질의는 예결위 위원들이 예산안에 관하여 경제부처와 비경제부처 전체에게 질의하는 단계임을 추론할 수 있다.

⑤ 첫 번째 단락에서 상임위원회의 예비심사 중 전문위원의 검토보고 후에 대체토론, 소위원회 심사, 찬반토론 및 의결이 이루어진다고 했고, 세 번째 단락에서 예결위의 종합심사 중 전문위원의 검토보고 후에 종합정책질의 및 부별심사, 찬반토론 및 표결이 이루어진다고 했다. 따라서 상임위원회의 예비심사와 예결위의 종합심사 모두 전문위원의 검토보고 후에 찬반토론이 진행됨을 추론할 수 있다.

24 문맥 추론 난이도 중 정답 ②

정답 체크

갑은 ○○시에 주민등록을 두고 있고 무직이며 만 3세인 손녀의 돌봄을 위해 장난감 대여 서비스를 이용하려고 한다. 이때 조례 제5조 제2항 제2호에 따르면 '만 5세 이하 아동의 직계존속 또는 법정보호자'로서 회원이 될 수 있으나, 운영규정 제95조 제2항에 따르면 '만 5세 이하 자녀를 둔 자'여야 하여 회원이 될 수 없다. 따라서 ㉠의 내용으로 적절한 것은 '운영규정 제95조 제2항의 '만 5세 이하 자녀를 둔'을 '만 5세 이하 아동의 직계존속 또는 법정보호자로서'로 개정한다.'이다.

오답 체크

① 운영규정 제95조 제1항의 '회원으로 등록되어 있어야 한다'는 내용은 '본 센터에 개인정보를 제공하여 회원으로 등록되어 있어야 한다'와 동일한 내용이므로 적절하지 않다.

③, ④, ⑤ 갑은 만 3세인 손녀를 돌보고 있는 직계존속으로 기존 조례에 따르면 갑은 ○○시육아종합지원센터의 회원이 될 수 있으므로 조례를 개정하는 것은 적절하지 않다.

25 논리 추론 난이도 중 정답 ③

정답 체크

<보기>에서 갑은 2008년에 한국방문 외국인 관광객 수가 전년 대비 두 배 증가하였다고 주장하나, 을은 2008년에 한국을 방문한 외국인 관광객 수가 전년과 대비하여 크게 증가하지 않았다고 주장한다. 이는 2008년 한국 방문 외국인 관광객 수가 전년 대비 증가하였다는 사실정보에 동의하지 않는 것으로 견해 차이가 발생하는 세 차원 중 (2)에 해당한다. 이때 홍길동씨가 남몰래 추진한 A지역 개발 사업이 법적 절차를 어겼다는 갑의 주장과 홍길동씨는 B지역 개발 사업에 참여하였으며 A지역 개발 사업에는 참여하지 않았다는 을의 반박 역시 홍길동씨가 A지역 개발 사업에 참여했다는 사실정보에 동의하지 않은 경우이므로 갑에 대한 을의 반박이 <보기>와 같은 차원임을 알 수 있다.

오답 체크

① 갑은 자살을 하는 것은 자기보존의 법칙을 위반하는 것이며, 우리 도덕의 기초인 자연법을 부정하는 행위라고 주장하나 을은 자살을 해서는 안 되는 이유는 자연법 때문이 아니라 자살이 사회에 많은 해악을 초래하기 때문이며, 자연법은 규범계와 자연계를 혼동하고 있다고 주장한다. 이는 을이 갑의 주장 중 도덕의 규범인 자연법에 대하여 동의하지 않는 것이므로 견해 차이가 발생하는 세 차원 중 (1)에 해당함을 알 수 있다.

② 갑은 폭력적 광고로 인해 어린이의 폭력적 행위가 증가할 수 있으므로 폭력적 광고가 어린이 시청시간대에 방송되어서는 안 된다고 주장하나 을은 광고주 개인의 합법적인 경제활동을 제한하는 도덕은 있을 수 없으므로 폭력적 광고를 제한할 수는 없다고 주장한다. 이는 을이 갑의 주장인 폭력적 광고가 어린이 시청시간대에 방송되어서는 안된다는 규범에 동의하지 않는 것이므로 견해 차이가 발생하는 세 차원 중 (1)에 해당함을 알 수 있다.

④ 갑은 현대 민주사회에 있어서 교육이란 바람직한 시민적 능력의 확보를 의미한다고 주장하나 을은 교육이란 개인이 지적 성장을 하도록 도와주는 과정이라고 주장한다. 이는 을이 갑의 주장 중 교육의 의미에 동의하지 않는 것이므로 견해 차이가 발생하는 세 차원 중 (3)에 해당함을 알 수 있다.

⑤ 갑은 노동자들이 사용하는 폭력보다 체제의 보이지 않는 폭력이 더 부도덕한 것이라고 주장하나 을은 폭력은 물리적인 힘일 수밖에 없다고 주장한다. 이는 을이 갑의 주장인 폭력은 보이는 폭력과 보이지 않는 폭력이 있다는 개념에 동의하지 않는 것이므로 견해 차이가 발생하는 세 차원 중 (3)에 해당함을 알 수 있다.

정답

p.86

01	②	세부 내용 파악	06	③	논리 추론	11	④	문맥 추론	16	④	논지·견해 분석	21	①	문맥 추론
02	④	세부 내용 파악	07	④	세부 내용 파악	12	④	논지·견해 분석	17	③	문맥 추론	22	②	세부 내용 파악
03	③	세부 내용 파악	08	⑤	문맥 추론	13	⑤	논리 추론	18	⑤	논지·견해 분석	23	④	논지·견해 분석
04	②	문맥 추론	09	①	논리 추론	14	①	논리 추론	19	②	세부 내용 파악	24	②	문맥 추론
05	④	문맥 추론	10	④	논리 추론	15	④	논지·견해 분석	20	③	문맥 추론	25	②	논지·견해 분석

취약 유형 분석표

유형별로 맞힌 문제 개수와 정답률, 틀린 문제 번호와 풀지 못한 문제 번호를 적고 나서 취약한 유형이 무엇인지 파악해 보세요.

유형	맞힌 개수	정답률	틀린 문제 번호	풀지 못한 문제 번호
세부 내용 파악	/6	%		
문맥 추론	/8	%		
논지·견해 분석	/6	%		
논리 추론	/5	%		
TOTAL	/25	%		

해설

01 세부 내용 파악 | 난이도 중 | 정답 ②

정답 체크

두 번째 단락에서 호남지역 세습 무당 집안에서는 여자 무당이 굿을 담당하고 남자 무당이 여러 가지 잡일을 했으며 굿값의 분배도 여자 무당을 중심으로 이루어졌고 남자 무당의 몫이 훨씬 적었다고 했으므로 글의 내용과 부합한다.

오답 체크

① 세 번째 단락에서 호남지역의 무속적 특징이 판소리의 발생을 자극했다고 했으나 첫 번째 단락에서 민(民)의 사회적 열망을 담고 있던 판소리들은 전국으로 확산되었다고 했으므로 글의 내용과 부합하지 않는다.

③ 두 번째 단락에서 세습 무당 집안에서는 많은 명창을 배출했음을 알 수 있다. 그러나 이는 마을굿의 형식을 표준화하는 과정이 아니라 세습 무당 집안에서 태어난 남자들이 노래공부를 열심히 하는 과정에서 나타난 것이므로 글의 내용과 부합하지 않는다.

④ 마지막 단락에서 조선 후기 상행위가 활발해짐에 따라 예능이 상품으로 인정받고, 세습 무당 집안 출신의 노래 잘하는 남자 무당들이 소리판을 벌이며 환영을 받았음을 알 수 있으나 여자 무당이 쇠퇴했는지는 알 수 없다.

⑤ 두 번째 단락에서 판소리는 한국의 서사무가의 서술원리와 구연방식을 빌린 것임을 알 수 있으나 판소리의 시작이 서사무가의 다양화를 가져왔는지는 알 수 없고, 마지막 단락에서 마을굿이 점차 사라지면서 생계를 위협받게 되었다고 했으나 무속이 상업화되었는지도 알 수 없다.

02 세부 내용 파악 | 난이도 중 | 정답 ④

정답 체크

두 번째 단락에서 미란다 판결 전에는 경찰관이 회유나 압력을 행사했더라도 전체적인 신문 상황이 강압적이지 않고 피의자가 임의적으로 진술했다는 점이 인정되면 그 자백이 재판 증거로 사용되었고, 이러한 기준은 사건마다 다르게 적용되었으며 수사 기관으로 하여금 강압적인 분위기를 조성하도록 유도하였다고 했다. 따라서 미란다 판결 전에는 수사 과정에 강압적인 요소가 있었더라도 피의자가 임의적으로 진술한 자백의 증거 능력이 인정될 수 있었음을 알 수 있다.

오답 체크

① 첫 번째 단락에서 미란다 원칙 확립의 계기가 된 재판에서 미국 연방대법원은 미란다의 자백 과정이 공정하지 않아 그 자백을 재판 증거로 삼을 수 없다는 변호인의 주장을 인정하였다고 했으나, 그 재판에서 미란다가 무죄 판정을 받는지는 제시된 글을 통해 알 수 없다.

② 세 번째 단락에서 미란다 판결은 피의자 자백의 증거 능력에 있어 종전의 임의성의 원칙이 아닌 절차의 적법성을 채택하여 피의자의 권리를 보호하는 방향으로 수사 절차를 전환하는 데 기여하였다고 했다. 따라서 미란다 판결은 피해자의 권리가 아닌, 피의자의 권리에 있어 임의성의 원칙보다는 절차적 적법성이 중시되어야 한다는 점을 부각시켰음을 알 수 있다.

③ 세 번째 단락에서 미란다 판결은 피의자의 권리를 보호하는 방향으로 수사 절차를 전환하는 데 기여하였다고 했으나, 이 판결이 가혹 행위를 한 수사 기관에 법적 책임을 묻는 시초가 되었는지는 제시된 글을 통해 알 수 없다.

⑤ 첫 번째 단락에서 미국 연방대법원은 피의자인 미란다가 자신에게 묵비권과 변호사 선임권이 있음을 안 상태에서 경찰관의 신문에 진술했어야 하기 때문에, 경찰관이 이를 고지하였음이 입증되지 않는 한 신문 결과만으로 얻어진 진술은 그에게 불리하게 사용될 수 없다는 판결을 내렸다고 했다. 따라서 미란다 판결에서 연방대법원은 경찰관이 피의자에게 변호사 선임권이나 묵비권에 관한 사실을 고지해야 피의자의 자백이 효력이 있다고 판단했음을 알 수 있다.

03 세부 내용 파악 | 난이도 상 | 정답 ③

정답 체크

두 번째 단락에서 사도세자는 영조의 아들이자 정조의 아버지이고, 정조는 사도세자의 생모인 영빈 이씨의 사당을 세워 선희궁이라는 이름을 붙이고 제사를 지냈음을 알 수 있다. 또한 정조의 아들로서, 그 뒤를 이어 왕이 된 순조 역시 자신의 생모인 수빈 박씨를 위해 경우궁이라는 사당을 세워 제사를 지냈다고 했으므로 영빈 이씨는 영조의 후궁이었던 사람이며, 수빈 박씨는 정조의 후궁이었음을 알 수 있다.

오답 체크

① 첫 번째 단락에서 경종은 생모 희빈 장씨를 위해 대빈궁을 세웠고, 두 번째 단락에서 정조는 정빈 이씨를 조모로 대우하고 연호궁에서 매년 제사를 지냈음을 알 수 있다. 또한 정조는 사도세자의 생모인 영빈 이씨의 사당도 세워 선희궁이라는 이름을 붙이고 제사를 지냈다고 했으나 경종이 선희궁과 연호궁에서 거행되는 제사에 매년 참석했는지는 알 수 없다.

② 첫 번째 단락에서 영조는 『국조속오례의』를 편찬할 때, 육상궁에 대한 제사를 국가의례로 삼아 그 책 안에 수록해 두었다고 했으므로 『국조속오례의』가 편찬될 때 대빈궁, 연호궁, 선희궁, 경우궁에 대한 제사는 국가의례에 포함되지 않았음을 알 수 있다.

④ 세 번째 단락에서 순종은 1908년에 대빈궁, 연호궁, 선희궁, 저경궁, 경우궁을 육상궁 경내로 모두 옮겨 놓고 제사를 지내게 했음을 알 수 있다. 또한 순종은 고종의 후궁이자 영친왕 생모인 엄씨의 사당 덕안궁을 세워 육상궁 경내에 모신 사당이 모두 7개가 되었으며, 이때부터 그곳을 칠궁이라 부르게 되었다. 따라서 대빈궁, 연호궁, 선희궁, 저경궁, 경우궁을 육상궁 경내로 이전한 왕은 고종이 아니라 순종이고, 덕안궁을 세움에 따라 육상궁이 칠궁으로 불리게 되었음을 알 수 있다.

⑤ 조선 국왕으로 즉위해 실제로 나라를 다스린 인물의 생모에 해당하는 후궁으로서 일제 강점기 때 칠궁에 모셔져 있던 사람은 영조의 생모인 숙빈 최씨, 경종의 생모인 희빈 장씨, 순조의 생모인 수빈 박씨로 모두 3명임을 알 수 있다.

04 문맥 추론 _{난이도} 상   정답 ②

정답 체크

<사례>에서 영훈은 순수한 물 1L를 마셨고, 이 물은 혈관 안으로 들어갔다고 했으므로 세포외액의 삼투질 농도는 낮아질 것임을 알 수 있다. 삼투질 농도가 낮아짐에 따라 삼투현상이 발생하고, 세포외액과 세포내액에서 물이 이동한다. 이때 삼투질 농도는 세포내액이 세포외액보다 높으므로 영훈이 섭취한 물 1L 중 일부는 세포외액에서 세포내액으로 이동한다. 또한 인체의 물 중 3분의 2가 세포내액으로 존재하므로 영훈의 세포외액 증가량은 1/3L, 세포내액의 증가량은 2/3L이다. 따라서 빈칸에 들어갈 진술은 '영훈의 세포외액 증가량이 세포내액 증가량보다 적다.'가 가장 적절하다.

오답 체크

① 철수가 마신 0.9%의 소금 용액의 삼투질 농도는 세포내액, 세포간질액, 혈액의 삼투질 농도와 동일하다고 했으므로 삼투현상이 발생하지 않는다. 이에 따라 섭취한 음료는 세포외액에만 존재하므로 철수의 세포외액 증가량은 1L, 세포내액 증가량은 0L이다. 따라서 철수의 세포내액 증가량과 세포외액 증가량은 같지 않음을 알 수 있다.

③ 철수의 세포외액 증가량은 1L, 세포내액 증가량은 0L이고, 영훈의 세포내액 증가량은 1/3L, 세포외액 증가량은 2/3L이다. 따라서 철수의 세포외액 증가량은 영훈의 세포외액 증가량보다 많음을 알 수 있다.

④ 철수의 세포외액 증가량은 1L, 세포내액 증가량은 0L이고, 영훈의 세포내액 증가량은 1/3L, 세포외액 증가량은 2/3L이다. 따라서 철수의 세포내액 증가량은 영훈의 세포외액 증가량보다 적음을 알 수 있다.

⑤ 철수는 0.9%의 소금 용액 1L를 마셨다고 했으므로 삼투질 농도는 300mosm/L이고, 영훈은 순수한 물 1L를 마셨다고 했으므로 삼투현상이 발생하여 삼투질 농도는 0~300mosm/L 사이일 것이다. 따라서 철수의 세포내액의 삼투질 농도는 영훈의 세포내액의 삼투질 농도보다 낮지 않음을 알 수 있다.

05 문맥 추론 _{난이도} 상   정답 ④

정답 체크

만일 규칙 α가 철수가 사용한 규칙과 동일하다면 암호문들에 가장 많이 사용될 알파벳은 E일 가능성이 높다는 내용은 영어에서 알파벳 E가 가장 많이 사용되고, 철수의 암호화 규칙은 'I LOVE YOU'를 'Q RPDA LPX'와 같이 암호화한다는 내용과 맞지 않는다. 철수의 규칙은 E를 A로 암호화하므로 알파벳 중 E가 가장 많이 사용된다면 암호문에 가장 많이 사용될 알파벳은 A일 것이기 때문이다. 따라서 '만일 규칙 α가 철수가 사용한 규칙과 동일하다면 암호문들에 가장 많이 사용될 알파벳은 A일 가능성이 높다'로 수정하는 것이 적절하다.

오답 체크

① 철수가 사용한 규칙에 'I를 Q로 변경한다', 'L을 R로 변경한다' 등이 포함되어 있다는 내용은 '철수는 규칙에 따라 'I LOVE YOU'를 'Q RPDA LPX'와 같이 암호화하게 될 것'이라는 내용과 연결된다.

② 암호문에 단일환자방식의 암호화 규칙이 적용되어 있다는 것을 알고 있다면 문제가 쉽게 해결될 수도 있다는 내용은 '알파벳의 사용 빈도를 파악하여 일대일 대응의 암호화 규칙을 추론해낼 수 있기 때문'이라는 내용과 연결된다.

③ 통계 자료를 확보했다고 해도 암호문이 한두 개밖에 없다면 암호화 규칙을 추론하기는 힘들 것이라는 내용은 '그러나 암호문을 많이 확보하면 할수록 암호문을 해독할 수 있는 가능성이 높아질 것'이라는 내용과 연결된다.

⑤ 암호문 'H FPW HP'는 'I ATE IT'를 암호화한 것이라는 사실을 알 수 있게 될 것이라는 내용은 영어의 알파벳은 E, T, A, O, I, N, S, R, H 순으로 많이 사용되고, 암호문들에 사용된 알파벳은 W, P, F, C, H, Q, T, N 순으로 많이 사용된다는 내용과 연결된다.

06 논리 추론 _{난이도} 상   정답 ③

정답 체크

제시된 글의 내용을 정리하면 다음과 같다.
- A국: 현실적으로 실행 가능한 대안만을 채택함, B원칙의 실현을 목표로 함, 목표는 변하지 않음
- B원칙: 실현하기 위해서는 적어도 하나의 전략이 실행되어야 함
- C전략: B원칙을 실현하기에 충분함, 그러나 현실적으로 실행 불가능함
- D전략: E정책과 더불어 실행할 경우 실행 가능하고 B원칙의 실현도 가능함
- 결론: A국의 외교정책에서 D전략이 채택될 것은 확실함

B원칙을 실현하기 위해서는 적어도 하나의 전략이 실행되어야 한다고 했고, C전략은 B원칙을 실현하기에 충분하나 현실적으로 실행 불가능하다고 했으므로 A국의 외교정책에서 D전략이 채택되는 것이 확실해지기 위해서는 C전략과 D전략 이외에 B원칙을 실현할 수 있는 다른 전략이 없다는 내용이 필요하다. 따라서 결론을 이끌어내기 위해 추가해야 할 전제는 'C전략과 D전략 이외에 B원칙을 실현할 다른 전략은 없다.'가 적절하다.

오답 체크

① D전략의 목표와 C전략의 목표가 동일하다고 해서 D전략이 채택되는 것이 확실해지는 것은 아니므로 추가해야 할 전제가 아니다.

② A국의 외교정책 상 C전략이 B원칙에 부합한다면 D전략이 채택되지 않을 수도 있으므로 추가해야 할 전제가 아니다.

④ C전략과 D전략이 함께 실행될 수 없다고 해서 D전략이 채택되는 것이 확실해지는 것은 아니므로 추가해야 할 전제가 아니다.

⑤ C전략과 E정책이 함께 실행될 수 없다고 해서 D전략이 채택되는 것이 확실해지는 것은 아니므로 추가해야 할 전제가 아니다.

07 세부 내용 파악 [난이도 상]   정답 ④

정답 체크

ㄴ. 진술 A인 '철수는 영희가 교통사고를 일으켰다고 믿는다.'에서 '영희가 초보운전자이고 철수가 이 사실을 알고 있다.'를 가정한다면 철수는 영희가 초보운전자임을 알고 있는 것이므로 진술 A로부터 '어떤 초보 운전자가 교통사고를 일으켰다고 믿는다.'가 도출된다.

ㄷ. 진술 B인 '교통사고를 일으켰다고 철수가 믿고 있는 사람은 영희다.'에서는 철수가 이 사실을 알고 있는지의 여부가 아니라 가리키는 대상이 동일한지의 여부가 중요하다. 따라서 '영희가 동철의 엄마이지만 철수는 이 사실을 모르고 있다.'를 가정하더라도 가리키는 대상은 동일하므로 '교통사고를 일으켰다고 철수가 믿고 있는 사람은 동철의 엄마다.'가 도출된다.

오답 체크

ㄱ. 진술 A인 '철수는 영희가 교통사고를 일으켰다고 믿는다.'에서 철수는 영희가 민호의 아내가 아니라는 것을 모를 수도 있으므로 '영희는 민호의 아내가 아니다.'를 가정한다 해도 진술 A에 의해 '철수는 민호의 아내가 교통사고를 일으켰다고 믿지 않는다.'가 반드시 도출되지는 않는다.

08 문맥 추론 [난이도 상]   정답 ⑤

정답 체크

첫 번째 단락에서 노랑초파리와 세셸리아초파리 모두 lr75a 유전자가 있음에도 노랑초파리만 아세트산을 감지하는 후각수용체 단백질을 만드는 것으로 여겨졌으나, 세셸리아초파리가 프로피온산 냄새를 맡을 수 있다는 사실이 발견되었다고 했다. 이때 두 번째 단락에서 세셸리아초파리의 lr75a 유전자도 후각수용체 단백질을 만들지만 아세트산 냄새를 못 맡는다고 했으므로, 노랑초파리와 세셸리아초파리의 공통점인 lr75a 유전자가 프로피온산을 감지하는 후각수용체 단백질을 만들 수 있다는 내용이 들어가야 함을 알 수 있다. 따라서 빈칸에 들어갈 내용은 '노랑초파리에서 프로피온산 냄새를 담당하는 후각수용체 단백질을 만드는 것이 lr75a 유전자이기 때문이다.'가 가장 적절하다.

오답 체크

① 세셸리아초파리가 주로 먹는 노니의 열매에서 프로피온산 냄새가 나지 않는 것이 세셸리아초파리가 프로피온산 냄새를 맡을 수 있다는 사실을 발견하지 못했던 이유이므로 적절하지 않다.

② 프로피온산 냄새를 담당하는 후각수용체 단백질은 노랑초파리와 세셸리아초파리 모두 lr75a 유전자와 상관이 있으므로 적절하지 않다.

③ 노랑초파리에서 프로피온산 냄새를 담당하는 후각수용체 유전자가 위유전자인지는 제시된 글에서 알 수 없으므로 적절하지 않다.

④ 빈칸의 뒤 내용인 두 번째 단락에서 세셸리아초파리의 lr75a 유전자도 후각수용체 단백질을 만든다고 했으므로 적절하지 않다.

09 논리 추론 [난이도 중]   정답 ①

정답 체크

을의 예측과 병의 예측 중 적어도 한 예측은 그르다고 했으므로 둘 중 하나 혹은 두 예측 모두 거짓이다. 을의 예측이 거짓이라면 '나준이는 프랑스에 가지 않고, 가영이는 미국에 간다.'가 참이어야 하므로 가영이는 미국, 나준이는 중국, 다석이는 프랑스에 갈 것이다. 이때 나준이는 프랑스에 간다고 한 갑의 예측과 가영이는 미국에 가지 않는다고 한 정의 예측도 거짓이 되어 네 예측 중 두 예측은 옳다는 조건에 위배되므로 가능하지 않은 경우이다. 이에 따라 을의 예측은 참이고, 병의 예측은 거짓임을 알 수 있다. 따라서 거짓인 병의 예측에 따라 나준이는 프랑스, 다석이는 중국, 가영이는 미국에 갈 것이며, 옳은 예측을 한 사람은 갑과 을이고 그른 예측을 한 사람은 병과 정이다.

ㄱ. 가영이는 미국에 가므로 반드시 참이다.

오답 체크

ㄴ. 나준이는 프랑스에 가므로 반드시 참이 아니다.

ㄷ. 다석이는 중국에 가므로 반드시 참이 아니다.

10 논리 추론 [난이도 상]   정답 ④

정답 체크

인접한 행정구역만 선으로 연결하는 방법으로 조건에 따라 7개 행정구역의 인접 여부를 정리하면 다음과 같다.

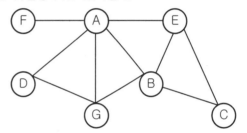

G가 인접한 구역은 a 정책을 추진하는 A, b 정책을 추진하는 B, 추진하는 정책을 알 수 없는 D이다. 여덟 번째 조건에서 인접한 구역끼리는 같은 정책을 추진할 수 없다고 했고 E는 G와 인접해 있지 않으므로, E가 d 정책을 추진하더라도 G는 c 이외에 d 정책도 추진할 수 있다. 따라서 반드시 참은 아니다.

오답 체크

① E는 A, B, C와 인접해 있으므로 a, b, c 정책을 제외한 d 정책만을 추진할 수 있다.

② F는 A와 인접해 있으므로 a 정책을 제외한 b, c, d 중 하나의 정책을 추진할 수 있다.

③ G는 A, B, D와 인접해 있으므로 D가 d 정책을 추진하면, G는 a, b, d 정책을 제외한 c 정책만 추진할 수 있다.

⑤ D는 A, G와 인접해 있으므로 G가 d 정책을 추진하면, D는 a, d 정책을 제외한 b, c 중 하나의 정책을 추진할 수 있다.

🕐 빠른 문제 풀이 Tip

행정구역 위치에 관한 조건과 이에 따른 정책이 조건으로 제시되었으므로, 각 구역의 인접 여부를 도식화하여 정리한 후에 선택지의 정오를 판단하면 보다 쉽게 풀이할 수 있다.

11 문맥 추론 난이도 중 정답 ④

정답 체크

멜라토닌은 빛의 양을 감지하여 생성을 조절하는데, 일몰과 함께 멜라토닌의 생성이 증가하고 동이 트면 멜라토닌의 생성이 감소한다. 이때 ⊙은 멜라토닌이 생식 기관의 발달과 성장을 억제한다는 것이므로 많은 빛에 노출되면 멜라토닌의 생성이 감소하여 생식 기관이 발달하고, 빛에 노출되지 않으면 멜라토닌의 생성이 증가하여 생식 기관의 발달이 더뎌질 것임을 알 수 있다. 따라서 어린 포유동물을 밤마다 긴 시간 동안 빛에 노출하였더니 생식 기관이 비정상적으로 조기에 발달하였다는 관찰 결과는 ⊙을 지지한다.

오답 체크

① 멜라토닌은 송과선에서 분비되는 호르몬이라고 했으므로 송과선을 제거한다면 멜라토닌이 분비되지 않아 생식 기관의 성숙이 빨라져야 한다. 따라서 송과선을 제거한 포유동물이 비정상적으로 성적 성숙이 더뎌졌다는 관찰 결과는 ⊙을 지지하지 않는다.
② 멜라토닌은 생식 기관의 발달과 성장을 억제하므로 멜라토닌이 생성이 증가하면 번식과 짝짓기가 줄어들어야 한다. 따라서 봄이 되면 포유동물의 혈액 속 멜라토닌의 평균 농도가 높아지고 번식과 짝짓기가 많아진다는 관찰 결과는 ⊙을 지지하지 않는다.
③ 빛에 노출되지 않으면 멜라토닌의 생성은 증가한다. 따라서 성숙한 포유동물을 지속적으로 어둠 속에서 키웠더니 혈액 속 멜라토닌의 평균 농도가 낮아졌다는 관찰 결과는 ⊙을 지지하지 않는다.
⑤ 멜라토닌의 생성이 감소하면 생식 기관의 발달이 촉진되므로 생식 기관의 발달이 저조하다는 것은 멜라토닌의 평균 농도가 높다는 의미이다. 따라서 생식 기관의 발달이 비정상적으로 저조한 포유동물 개체들이 생식 기관의 발달이 정상적인 같은 종의 개체들보다 혈액 속 멜라토닌의 평균 농도가 낮았다는 관찰 결과는 ⊙을 지지하지 않는다.

12 논지·견해 분석 난이도 상 정답 ④

정답 체크

부당한 삼단논법을 타당한 논증으로 잘못 판단하는 오류에 대한 갑~병의 견해를 정리하면 다음과 같다.
· 갑: '모든 A는 B이다'를 '모든 B는 A이다'로 잘못 바꾸는 경향 때문
· 을: '모든 A는 B이다'를 'A와 B는 동일하다'로 잘못 이해하는 경향 때문
· 병: 전제가 모두 '모든 A는 B이다'의 형태인 경우 또는 전제 가운데 하나가 '어떤 A는 B이다'의 형태일 경우 각각의 결론도 그런 형태이기만 하면 타당하다고 생각하는 경향 때문
ㄴ. 제시된 심리 실험은 '모든 A는 B이다'의 형태인 전제를 'A와 B가 동일하다'라는 의미로 잘못 이해하여 부당한 삼단논법을 타당한 논증으로 잘못 판단한 경우이다. 따라서 이 심리 실험 결과는 을에 의해 설명되므로 적절한 판단이다.
ㄷ. 제시된 심리 실험은 "어떤 컴퓨터 프로그래머는 과학자이다."라는 전제 2가 '어떤 A는 B이다'라는 형태의 명제로 이루어진 것이고 결론도 그런 형태이기 때문에 부당한 삼단논법을 타당한 논증으로 잘못 판단한 경우이다. 따라서 이 심리 실험 결과는 병에 의해 설명되므로 적절한 판단이다.

오답 체크

ㄱ. 제시된 심리 실험에서 전제 1은 '어떤 A는 B이다', 전제 2와 결론은 '어떤 A도 B가 아니다'라는 형태의 명제로, '모든 A는 B이다'를 '모든 B는 A이다'로 잘못 바꿔 부당한 삼단논법을 타당한 논증으로 잘못 판단한 경우가 아니다. 따라서 이 심리 실험 결과는 갑에 의해 설명되지 않으므로 적절하지 않은 판단이다.

13 논리 추론 난이도 중 정답 ⑤

정답 체크

ㄱ. 참일 가능성이 있다는 말을 ⊙으로 이해하면 NT, CT, CF가 참일 가능성이 있는 진술에 포함된다고 했다. 따라서 ⊙에 따르면 참인 진술인 NT, CT는 참일 가능성이 있는 진술이므로 (2)는 참인 전제가 된다.
ㄴ. 참일 가능성이 있다는 말을 ⓒ으로 이해하면 필연적으로 참이거나 필연적으로 거짓인 진술을 제외한 CT, CF가 참일 가능성이 있는 진술에 포함된다고 했다. 즉, 거짓일 가능성이 있는 진술에도 CT, CF만 포함됨을 알 수 있다. 따라서 ⓒ에 따르면 참일 가능성이 있는 진술인 CT, CF는 거짓일 가능성이 있는 진술이므로 (3)은 참인 전제가 된다.
ㄷ. 참일 가능성이 있다는 말을 ⊙으로 이해하면 필연적으로 거짓인 진술을 제외한 NT, CT, CF가 참일 가능성이 있는 진술에 포함된다고 했다. 즉, 거짓일 가능성이 있는 진술에는 필연적으로 참인 진술을 제외한 CT, CF, NF가 포함됨을 알 수 있다. 따라서 ⊙에 따르면 참일 가능성이 있는 진술인 NT는 거짓일 가능성이 있는 진술이 아니므로 (3)은 거짓인 전제가 된다.

14 논리 추론 난이도 중 정답 ①

정답 체크

정보 1과 정보 5에 따라 C의 아이와 A의 아이가 태어난 요일을 정리하면 다음과 같다.

어머니	A	B	C	D
아이			정	
출생일	월요일			

이때 정보 4에 따르면 B의 아이는 을보다 하루 먼저 태어났다고 했으므로 을의 어머니는 A 또는 D이고, 정보 3에 따르면 목요일에 태어난 아이는 을 또는 정이다. 이에 따라 목요일에 태어난 아이를 기준으로 경우의 수를 나누면 다음과 같다.
<경우 1> 목요일에 태어난 아이가 을인 경우
A의 아이는 월요일에 태어났으므로 목요일에 태어난 을의 어머니는 D이고, 정보 4에 따라 B의 아이는 을보다 하루 먼저인 수요일에 태어났다. 이에 따라 정의 출생일은 화요일이므로, 정보 2에 따라 정보다 먼저 태어난 갑은 A의 아이이고 B의 아이는 병임을 알 수 있다. 이상의 내용을 표로 정리하면 다음과 같다.

어머니	A	B	C	D
아이	갑	병	정	을
출생일	월요일	수요일	화요일	목요일

<경우 2> 목요일에 태어난 아이가 정인 경우

정보 4에 따라 을은 수요일, B의 아이는 그보다 하루 먼저인 화요일에 태어났음을 알 수 있다. 이에 따라 을은 D의 아이이고, 갑과 병은 A 또는 B의 아이임을 알 수 있다. 이상의 내용을 표로 정리하면 다음과 같다.

어머니	A	B	C	D
아이	갑 or 병	갑 or 병	정	을
출생일	월요일	화요일	목요일	수요일

<경우 1>에서 수요일에 태어난 아이는 병이고, <경우 2>에서 수요일에 태어난 아이는 을이므로 반드시 참이다.

오답 체크

② <경우 2>에서 병이 A의 아이이고 갑이 B의 아이라면, 병은 을보다 이틀 일찍 태어났으므로 반드시 참은 아니다.

③ <경우 2>에 따라 정은 목요일, 을은 수요일에 태어났을 수 있으므로 반드시 참은 아니다.

④ <경우 2>에서 병이 A의 아이이고 갑이 B의 아이라면, A는 병의 어머니이므로 반드시 참은 아니다.

⑤ <경우 1>에 따라 B의 아이가 수요일에 태어났을 수 있으므로 반드시 참은 아니다.

---

15 논지·견해 분석 [난이도 하] 정답 ④

정답 체크

제시된 글은 일반적으로 질병의 발생을 개인적인 요인에서 찾으려는 경향이 있지만, 질병의 성격을 파악하고 대처할 때 개인적 요인뿐만 아니라 사회적 요인도 함께 고려해야 한다는 내용이다. 따라서 글의 논지는 '질병의 성격을 파악하고 질병에 대처하기 위해서는 사회적인 측면을 고려해야 한다.'가 가장 적절하다.

오답 체크

① 병균이나 바이러스로 인한 신체적 이상 증상이 가정이나 지역사회에 위기를 야기할 수 있는 사회적 문제라는 것은 글의 내용과 부합하나, 전체 내용을 포괄할 수 없으므로 글의 논지로 적절하지 않다.

② 발병의 책임을 개인에게만 물어서는 안 된다는 것은 글의 내용과 부합하나, 전체 내용을 포괄할 수 없으므로 글의 논지로 적절하지 않다.

③ 질병에 대한 사회적 편견과 낙인이 오히려 더 심각한 문제일 수 있다는 것은 글의 내용과 부합하나, 전체 내용을 포괄할 수 없으므로 글의 논지로 적절하지 않다.

⑤ 글의 논지는 질병에 대처할 때 개인적 요인뿐만 아니라 사회적 요인도 함께 고려해야 한다는 것이므로 질병의 치료에 있어 개인적 차원보다 사회적 차원의 노력이 더 중요하다는 것은 글의 논지로 적절하지 않다.

---

16 논지·견해 분석 [난이도 중] 정답 ④

정답 체크

ㄱ. (가)는 오늘날의 대중은 과거와 달리 지식인이 정해준 기준과 예측, 방향성을 피동적으로 받아들이는 것이 아니라 자신들의 가치기준과 투쟁 목표를 스스로 설정한다고 했으므로 (가)는 오늘날의 대중을 과거의 대중에 비해 능동적인 존재로 봄을 알 수 있다.

ㄷ. (가)는 과거 지식인들이 궁극적인 투쟁의 목표와 전반적인 가치기준을 제시하면서 대중의 현실 인식과 그들의 가치판단에 큰 영향을 미쳤다고 주장하고, (나)는 과거 지식인들이 대중 앞에서 전혀 현실에 맞지 않는 기준을 쏟아냄에 따라 대중들이 현실을 제대로 파악하지 못했고 그로 인해 실제 삶에 맞는 올바른 가치판단을 내리지 못했다고 주장한다. 따라서 (가)와 (나)는 과거 지식인이 대중의 현실 인식과 가치판단에 영향을 미쳤다고 봄을 알 수 있다.

오답 체크

ㄴ. (나)는 과거 지식인들이 실제 현실에 대해 연구도 하지 않고 현실을 제대로 파악하지도 못하면서 언론에 장단을 맞추어 설익은 현실 인식과 가치기준의 틀을 제시하여 대중을 호도했다고 했으므로 (나)는 과거 지식인이 현실을 제대로 파악하지 않고 대중을 잘못된 방식으로 인도하였다고 봄을 알 수 있다.

---

17 문맥 추론 [난이도 상] 정답 ③

정답 체크

제시된 글의 내용을 기호로 정리하면 다음과 같다.

· A: 귀납이 과학의 역사에서 사용된 경우가 드물다.
· B: 과학의 역사는 바람직한 방향으로 발전하지 않았다.
· C: 귀납주의는 실제로 행해진 과학적 탐구 방법의 특징을 드러내는 데 실패했다.
· D: 귀납주의에서는 수많은 과학적 지식을 정당화되지 않은 것으로 간주해야 한다.
· E: 귀납주의는 과학적 탐구 방법에 대한 잘못된 이론이다.

A~E로 글의 논증을 기호화하여 명제로 나타내면 다음과 같다.

· 명제 1: A → B ∨ C
· 명제 2: B → D
· 명제 3: C ⫶ E
· 명제 4: ⓐ
· 명제 5: B ∨ C
· 결론: ⓑ

ⓐ 명제 1, 2, 3과 ⓐ를 통해 명제 5를 도출하기 위해서는 명제 1의 전건인 'A'가 참이어야 한다. 따라서 ⓐ에 들어갈 내용은 '과학의 역사에서 귀납이 사용된 경우는 드물다'는 ㄱ이 적절하다.

ⓑ 명제 5와 명제 2, 3에 따라 'D ∨ E'가 도출된다. 따라서 '~E'이면 선언지제거법을 통해 'D'를 도출할 수 있으므로 ⓑ에 들어갈 내용은 '귀납주의가 과학적 탐구 방법에 대한 잘못된 이론이 아니라면, 귀납주의에서는 수많은 과학적 지식을 정당화되지 않은 것으로 간주해야 한다'는 ㅁ이 적절하다.

ㄴ. 과악의 역사에시 귀납 외에도 디양한 방법들이 사용되었다는 것은 글의 논증과 무관하다.

ㄷ, ㄹ. 명제 5가 참이므로 명제 2와 명제 3에 따라 'D ∨ E'가 참임을 알 수 있으나 'D ∧ E'나 'E → D'가 도출되는 것은 아니므로 적절하지 않다.

18 논지·견해 분석 [난이도 상] 정답 ⑤

ㄱ. 두 번째 단락에서 성 분화가 이루어지지 않은 배아의 초기 생식소에서 아로마테이즈의 발현이 증가하면 유전자 X의 발현 억제로 초기 생식소가 난소로 분화된다고 했고, 세 번째 단락의 기존 연구에서 염색체상 수컷인 거북 배아가 성체로 발달하는 동안 α에 노출되면 난소와 임컷 생식기를 가지고 있는 암컷 거북이 된다고 했다. 따라서 α가 염색체상 수컷인 거북 배아의 미분화 생식소 내에서 유전자 X의 발현을 억제한 것을 보여주는 후속 연구 결과는 기존 연구 결과와 부합하여, α가 수컷 거북의 배아를 여성화한다는 ㉠을 강화하므로 적절한 평가이다.

ㄴ. 두 번째 단락에서 성체 수컷과 성체 암컷 모두 아로마테이즈의 발현량이 많아질수록 혈중 호르몬 A의 양은 줄고 호르몬 B의 양은 늘어난다고 했고, 세 번째 단락의 기존 연구에서 성체 수컷 개구리가 β에 노출되면 암컷 개구리와 비슷할 정도로 혈중 호르몬 A의 양이 줄어들었다고 했다. 따라서 β가 성체 수컷 개구리에서 아로마테이즈의 발현량을 늘린 것을 보여주는 후속 연구 결과는 기존 연구 결과와 부합하여, β가 성체 수컷 개구리의 혈중 성결정호르몬에 변화를 준다는 ㉡을 강화하므로 적절한 평가이다.

ㄷ. 세 번째 단락의 기존 연구에서 거북 배아가 성체로 발달하는 동안 생식소 내에서 생성되는 호르몬 A의 양은 α에 노출된 거북 배아와 α에 노출되지 않은 거북 배아 간에 별다른 차이가 없었다고 했다. 따라서 α에 노출된 거북 배아에서 호르몬 A가 만들어지는 양이 α에 노출되지 않은 거북 배아에서 호르몬 A가 만들어지는 양보다 감소한다는 후속 연구 결과는 기존 연구 결과와 부합하지 않아, 거북의 배아에서 성체로 발달하는 동안 α가 생성되는 호르몬 A의 양에 영향을 미치지 못한다는 ㉢을 약화하므로 적절한 평가이다.

19 세부 내용 파악 [난이도 중] 정답 ②

ㄷ. 두 번째 단락에서 응력한계는 구조물이 변형에 저항하는 한계라고 했고, 마지막 단락에서 구조물의 진동주기와 지진파의 진동주기가 일치하면 공명 현상이 발생하여 지진파의 진동에너지가 구조물에 주입되어 구조물에 더 큰 진동을 유발하고 결국 변형을 발생시킬 수 있다고 했다. 따라서 약한 지진파가 발생해도 구조물과 그 진동주기가 서로 일치하면 응력한계를 초과하는 진동을 유발할 수 있음을 추론할 수 있다.

ㄱ. 두 번째 단락에서 일시적으로 가해진 하중은 진동의 원인이라고 했으므로 구조물에 작용하는 일시적으로 가해지는 힘은 진동을 유발함을 추론할 수 있으나, 상시적으로 가해지는 힘도 진동을 유발하는지는 제시된 글을 통해 추론할 수 없다.

ㄴ. 마지막 단락에서 지진이 일어났을 때 구조물의 진동주기와 지진파의 진동주기가 일치하면 공명 현상이 발생한다고 했다. 따라서 지진으로 인해 생겨난 지진파의 진동주기가 구조물의 진동주기와 일치하면 공명 현상이 발생함을 추론할 수 있으나, 지진이 일어났을 때 구조물에 동적 하중이 가해지고 있으면 지진파가 공명 현상을 만들 수 없는지는 제시된 글을 통해 추론할 수 없다.

20 문맥 추론 [난이도 하] 정답 ③

기존 채용 절차와 개선 채용 절차를 정리하면 다음과 같다.

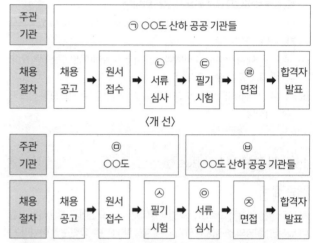

따라서 ㉡과 ㉻에는 모두 '서류 심사'가 들어가므로 적절한 설명이다.

① ㉠에 해당하는 '○○도 산하 공공 기관들'이 기존에 주관하였던 채용 공고, 원서 접수, 필기시험을 개선 이후에는 ○○도에서 주관한다. 따라서 개선 이후 ㉠에 해당하는 기관이 주관하는 채용 업무의 양은 이전보다 줄어들게 될 것이므로 적절하지 않은 설명이다.

② ㉠과 ㉽에는 '○○도 산하 공공 기관들'이 들어가며, ㉻에는 '○○도'가 들어가므로 적절하지 않은 설명이다.

④ ㉢과 ㉺에는 '필기시험'이 들어가며, 두 번째 단락에 따르면 기존의 필기시험 과목인 영어·한국사·일반상식이 국가직무능력표준 기반 평가로 바뀌어 기존과 달리 실무 능력을 평가한다고 했으므로 적절하지 않은 설명이다.

⑤ ㉣과 ㉭에는 '면접'이 들어가며, 기존 채용 절차와 개선 채용 절차 모두 면접을 주관하는 기관은 ○○도 산하 공공 기관들로 같으므로 적절하지 않은 설명이다.

21 문맥 추론 _{난이도} 중   정답 ①

정답 체크

첫 번째 단락에서 개정 근로기준법은 1주를 휴일 포함 7일로 규정하는 문장을 추가하여 52시간 근무제를 확보하였다고 했고, 마지막 단락에서 기존 판례는 연장근로가 소정근로의 연장이며 1주의 소정근로일을 월요일부터 금요일까지의 5일로 보았기 때문에 월요일부터 금요일까지 근로한 52시간과 휴일근로로 가능한 16시간을 더해 1주의 최대 근로시간은 68시간이 되었다고 했다. 따라서 빈칸에 들어갈 내용은 '휴일근로가 연장근로가 아니라고 보았을까?'가 가장 적절하다.

22 세부 내용 파악 _{난이도} 중   정답 ②

정답 체크

을: 두 번째 단락에서 기존 근로기준법의 경우 1주 기준 최대 소정근로는 40시간, 연장근로는 12시간까지만 허용되었으나 휴일근로는 소정근로도 아니고 연장근로도 아닌 것으로 간주하여 최대 근로시간이 68시간이었다고 했으며, 첫 번째 단락에서 개정 근로기준법은 기존 근로기준법에 '1주'를 휴일 포함 7일로 규정하는 문장을 추가하여 52시간 근무제를 확보하였다고 했다. 따라서 개정 근로기준법에 의하면 월요일부터 목요일까지 매일 10시간씩 일한 사람은 총 40시간을 근무한 것으로 금요일에 허용되는 최대 근로시간은 52-40=12시간이므로 적절하다.

오답 체크

갑: 첫 번째 단락에서 개정 근로기준법은 기존 근로기준법에 '1주'를 7일로 규정하는 문장이 추가된 것이라고 했고, 두 번째 단락에서 기존 근로기준법에서도 최대 소정근로시간은 1일 8시간, 1주 40시간이며 연장근로는 1주에 12시간까지만 허용되었다고 했다. 따라서 개정 근로기준법에 의하면 3일 동안 하루 15시간씩 일한 사람은 1일 기준 소정근로 8시간을 제외한 7시간씩 3일 동안 총 21시간의 연장근로를 한 것으로 연장근로 12시간을 초과하여 법 위반에 해당하므로 적절하지 않다.

병: 마지막 단락에서 기존 근로기준법에 따르면 토요일과 일요일을 소정근로일로 보지 않던 기존 판례의 입장에 따르더라도 연장근로가 아닌 한 1일의 근로시간은 8시간을 초과할 수 없다고 했다. 따라서 기존 근로기준법에 의하면 일요일에 12시간을 일했다면 그중 휴일근로시간으로 볼 수 있는 것은 8시간이므로 적절하지 않다.

23 논지·견해 분석 _{난이도} 상   정답 ④

정답 체크

(다)는 어떤 이론은 경험적으로 적절하기 때문에 현상을 예측하는 데 유용하다고 평가될 수 있다고 했고, (마)는 과학사를 되돌아보면 과학적 현상들을 경험적으로 잘 설명할 수 있는 이론이 패러다임으로 자리 잡고 정밀하게 발전하거나 더 설명력이 높은 이론에 의해 대체되었다고 했다. 따라서 (다)와 (마) 모두 과학이론을 평가하는 기준으로 현상의 경험적 설명 가능성을 고려한다는 것은 옳은 추론이다.

오답 체크

① (가)는 과학이론이 경험적 유효성을 가져야 할 뿐 아니라 관측 불가능한 부분까지도 옳게 설명해야 한다고 했고, (다)는 관측할 수 없는 내용은 과학이 접근할 수 없기에 불가능한 목표를 세워서는 안 된다고 했다. 따라서 (가)는 과학의 목표로 인정하지만 (다)는 인정하지 않는 것은 관측 가능한 현상이 아닌, 관측 불가능한 현상의 예측이므로 옳지 않은 추론이다.

② (나)는 관측 불가능한 대상에 대해서 이야기하는 것이 과학의 역할이 아니라고 했고, (다)는 관측할 수 없는 내용에 과학이 접근할 수 있는 능력은 없다고 했다. 따라서 과학이 관측할 수 없는 대상을 탐구할 능력을 가지고 있는지에 대해 (다)는 그렇지 않다고 보지만, (나)의 입장은 알 수 없으므로 옳지 않은 추론이다.

③ (가)는 현대과학이 자연의 진리를 어느 정도 성공적으로 파악하고 있다고 했고, (라)는 과학자들이 만들어낸 이론 중 경험적 시험을 통해 성공적인 것만 살아남는다고 했다. 따라서 (라)가 현대과학이 자연의 진리를 파악하는 성과를 거두지 못했다고 보는지는 알 수 없으므로 옳지 않은 추론이다.

⑤ (라)는 생물의 진화와 같이 과학의 성공은 다양한 이론 중 경험적 시험을 통해 성공적인 것만 남은 것이라고 했고, (마)는 과학이 정체되지 않고 과학적 현상들을 경험적으로 잘 설명할 수 있는 이론이 패러다임으로 자리 잡고 이것이 발전하거나 더 설명력이 높은 이론에 의해 대체된다고 했다. 따라서 (마)도 현재 설명력이 가장 높은 과학이론의 성공을 인정하므로 옳지 않은 추론이다.

24 문맥 추론 _{난이도} 중   정답 ②

정답 체크

크로체는 역사란 현재의 관점에서 과거를 보는 데에서 성립된다고 했고, 칼 벡커도 역사적 사실이란 역사가가 이를 창조하기까지는 존재하지 않는다고 했으므로 칼 벡커는 역사가가 현재의 관점에서 현재의 요구와 상황에 따라 객관적 사실을 재평가해야 한다고 보고 있음을 알 수 있다. 따라서 ⓒ실천적 요구는 '객관적 사실을 밝히려는 역사가의 적극적 욕구'가 아니라 현재의 관점에서 객관적 사실을 재평가해야 한다는 요구로 이해해야 한다.

오답 체크

① '역사적 사실'은 역사가가 새로 창조하여 존재하게 된 것이므로 역사가에 의해 재평가됨으로써 의미가 부여된 것이다.

③ '사실 그 자체'는 가치 재평가가 이루어지기 전의 역사이므로 역사가에 의해 해석되기 전의 객관적 사실이다.

④ '현재 속에 살아 있는 과거'는 역사가가 현재의 관점에서 재창조한 것을 의미하므로 역사가가 자신의 이상에 따라 해석한 과거이다.

⑤ 재구성의 과정은 사실을 역사적 사실로 만들어 놓는 과정이라고 했고, '사실(事實)'은 실제로 있었던 일, '사실(史實)'은 역사에 있었던 일을 의미하므로 '재구성의 과정'은 역사가에 의해 사실(事實)이 사실(史實)로 되는 과정이다.

정답 체크

쟁점 1은 「보험업법」 제00조 제1항에 따르면 법인은 2명 이상, 수행할 업무의 종류별로 1명 이상의 손해사정사를 두어야 하지만, 법인 A에 근무하는 손해사정사가 상근인지 여부가 불분명하기 때문에 비롯된 논쟁이다. 한편 쟁점 2는 「보험업법」 제00조 제2항의 손해사정사가 상근인지 여부가 불분명하고, 법인 B의 지점 및 사무소에 근무하는 손해사정사가 상근인지 여부가 불분명하기 때문에 비롯된 논쟁이다.

ㄴ. 쟁점 2에서 법인 B의 지점에 근무하는 손해사정사가 비상근일 경우에, 「보험업법」 제00조 제2항의 손해사정사가 상근이라면 규정을 위반한 것이고, 비상근이라면 규정을 위반한 것이 아니다. 따라서 「보험업법」 제00조 제2항의 '손해사정사'에 대하여 갑은 상근이어야 한다고 생각하지만, 을은 비상근이어도 무방하다고 생각한다는 사실은 법인 B에 대한 갑과 을 사이의 주장 불일치를 설명할 수 있다.

오답 체크

ㄱ. 쟁점 1에서 법인 A는 업무의 종류가 4개이고 각 종류마다 2명의 손해사정사를 두고 있다고 했으므로 총 8명의 손해사정사가 근무하고 있음을 알 수 있다. 그중 2명이 비상근 손해사정사이고 수행하는 업무의 종류가 다르다면 상근 손해사정사는 총 6명으로 업무의 종류별로 1명 이상의 상근 손해사정사를 두고 있는 것이므로 「보험업법」 제00조 제1항을 위반한 것이 아니다. 따라서 갑의 주장이 옳지 않고 을의 주장이 옳으므로 적절하지 않다.

ㄷ. 법인 A 및 그 지점 또는 사무소에 근무하는 손해사정사와 법인 B 및 그 지점 또는 사무소에 근무하는 손해사정사가 모두 상근이라면, 「보험업법」 제00조 제1항 및 제2항을 위반한 것이 아니다. 따라서 을의 주장은 쟁점 1과 쟁점 2 모두에서 옳으므로 적절하지 않다.

제1회 적중 예상 모의고사

정답

p.102

01	④	문맥 추론	06	④	논리 추론	11	①	세부 내용 파악	16	②	문맥 추론	21	②	문맥 추론
02	②	세부 내용 파악	07	③	문맥 추론	12	⑤	세부 내용 파악	17	④	문맥 추론	22	③	논지·견해 분석
03	⑤	세부 내용 파악	08	③	논리 추론	13	②	세부 내용 파악	18	③	논지·견해 분석	23	④	세부 내용 파악
04	⑤	세부 내용 파악	09	③	논리 추론	14	①	문맥 추론	19	①	논지·견해 분석	24	⑤	문맥 추론
05	④	논리 추론	10	③	논리 추론	15	⑤	세부 내용 파악	20	①	논지·견해 분석	25	③	논지·견해 분석

취약 유형 분석표

유형별로 맞힌 문제 개수와 정답률, 틀린 문제 번호와 풀지 못한 문제 번호를 적고 나서 취약한 유형이 무엇인지 파악해 보세요.

유형	맞힌 개수	정답률	틀린 문제 번호	풀지 못한 문제 번호
세부 내용 파악	/8	%		
문맥 추론	/7	%		
논지·견해 분석	/5	%		
논리 추론	/5	%		
TOTAL	/25	%		

해설

01 문맥 추론 [난이도 중]   정답 ④

정답 체크

(가) 첫 번째 단락에서 재즈는 전통 흑인음악뿐만 아니라 유럽식 악기와 화성도 활용한 하나의 독립적인 장르라고 했으므로 (가)는 '흑인 문화권 밖의 음악 문화를 받아들였기 때문이다.'가 적절하다.

(나) 첫 번째 단락에서 전통 재즈주의자들은 딕시랜드 밴드 중심의 초기 재즈 스타일을 고수하려 했다고 했고, 두 번째 단락에서 재즈 아티스트들은 초기 재즈의 틀에서 벗어나 대중적 취향에 부합하는 재즈음악을 추구했다고 했으므로 (나)는 '딕시랜드 밴드 중심의 재즈를 벗어났기 때문이다.'가 적절하다.

(다) 세 번째 단락에서 오늘날 딕시랜드나 블루스 등 재즈 느낌의 사운드는 여러 장르에 걸쳐 활용되고 있고, 장르의 특징을 복합적으로 활용하는 방식은 현대 음악시장에서 대세적 흐름임을 알 수 있다. 따라서 (다)는 '하나의 독립된 장르가 아닌 여러 장르를 융합한 예술이 되었기 때문이다.'가 적절하다.

02 세부 내용 파악 [난이도 하]   정답 ②

정답 체크

두 번째 단락에서 인간의 본성이 곧 이치라고 했고, 세 번째 단락에서 이치는 반드시 기에 깃들기 때문에 본성은 선하지만 이치와 기질을 겸하면 본성에도 선함과 악함이 있다고 했으므로 기질이 변화하면 본성의 선악도 바뀔 수 있음을 알 수 있다. 따라서 본성의 선악은 기질의 변화에 따라 바뀔 수 있어 고정된 것이 아니므로 글의 내용과 부합한다.

오답 체크

① 두 번째 단락에서 사람의 모습을 좌우하는 것은 본성을 담고 있는 그릇인 기질이라고 했으므로 글의 내용과 부합하지 않는다.

③ 세 번째 단락에서 인간의 타고난 본성은 선하지 않음이 없으나 기의 맑고 흐린 차이에서 선과 악이 비롯된다고 했으므로 기질은 선할 수도 있고 선하지 않을 수도 있지만 인간의 타고난 본성은 항상 선함을 알 수 있다. 따라서 글의 내용과 부합하지 않는다.

④ 세 번째 단락에서 인간의 타고난 본성은 선하지 않음이 없다고 했으므로 성인과 범인의 타고난 본성은 다르지 않음을 알 수 있다. 또한 두 번째 단락에서 인간의 본성은 이치이며 이치는 기질을 어떻게 닦고 변화시켰는가에 따라 변화한다고 했고, 인간의 본성이 하늘의 본성과 같다면 성인과 범인의 차이가 있을 수 없다고 했으므로 성인과 범인의 차이는 타고난 본성의 차이가 아니라 기질의 차이임을 알 수 있다. 따라서 글의 내용과 부합하지 않는다.

⑤ 두 번째 단락에서 기질을 어떻게 닦고 변화시켰는가에 따라 이치가 변화하며, 인간의 본성이 곧 이치이고 이치가 곧 기질이라고 했으므로 기질이 변화하도록 노력하면 인간의 본성 역시 바꿀 수 있음을 알 수 있다. 따라서 글의 내용과 부합하지 않는다.

03 세부 내용 파악 [난이도 중]   정답 ⑤

정답 체크

마지막 단락에서 화승식은 습한 날씨에는 심지에 불이 잘 붙지 않아 사용하기 어렵고, 바퀴식은 제작이 어렵고 고장 나기 쉬워 많이 사용되지 않았음을 알 수 있다. 또한 같은 단락에서 부싯돌식은 내부에서 화약을 점화하기 때문에 날씨에 덜 민감하였고, 고장이 잘 나지 않아 오랫동안 유럽에서 사용되었다고 했으므로 부싯돌식 머스킷은 화승식과 바퀴식 머스킷의 단점을 극복하여 오랫동안 사용되었음을 알 수 있다.

오답 체크

① 첫 번째 단락에서 13세기경 화약이 중국에서 유럽으로 건너온 이후 유럽에서 핸드캐넌이라는 총이 개발되었다고 했으므로 유럽이 핸드캐넌을 중국에서 수입한 것이 아니라 자체 제작한 것임을 알 수 있다.

② 첫 번째 단락에서 핸드캐넌은 화약 구멍에 화약을 넣고 총알을 총포에 넣은 후 불을 화약에 직접 붙이는 구조라고 했으나 핸드캐넌이 화약을 넣는 양으로 총알의 발사 시간을 조절하였는지는 알 수 없다.

③ 첫 번째 단락에서 핸드캐넌은 살상용으로 사용하기 어려워 주로 전투 중에 적을 위협하는 용도로 사용되었다고 했고, 두 번째 단락에서 아쿼버스는 위험이 적고, 사용이 편리하여 전투에서 효과적으로 사용되었다고 했으므로 핸드캐넌과 달리 아쿼버스는 전투에서 효과적으로 사용되었음을 알 수 있다.

④ 세 번째 단락에서 머스킷은 아쿼버스보다 사거리가 늘어났으나 총을 쏜 후 반동이 컸기 때문에 지지대가 필요하였다고 했고, 지지대가 필요하지 않게 되자 머스킷이 유럽에서 보편화되었다고 했으므로 초기 머스킷은 반동이 컸음을 알 수 있다.

04 세부 내용 파악 [난이도 중]   정답 ⑤

정답 체크

세 번째 단락에 따르면 레드 와인과 화이트 와인의 맛은 타닌 성분이 포함된 포도의 씨를 발효 과정에 첨가하는지의 여부에 따라 달라진다. 그러나 두 번째 단락에서 레드 와인은 포도 껍질을 넣고 알코올과 함께 발효하여 진한 색깔이 만들어지고, 화이트 와인은 껍질과 씨를 제거한 포도즙을 발효하여 밝고 연한 색깔이 만들어진다고 했으므로 와인의 색깔을 결정하는 것은 포도의 씨가 아닌 포도 껍질의 첨가 여부임을 알 수 있다.

오답 체크

① 두 번째 단락에서 붉고 탁한 색깔을 띠는 레드 와인은 포도 껍질을 넣고 알코올과 함께 발효한다고 했으므로 레드 와인은 제조 공정에서 포도 껍질을 첨가함을 알 수 있다.

② 두 번째 단락에서 3단계에서 압착된 포도즙은 4단계에서 발효 과정을 거치게 되는데, 이 과정에서 첨가되는 재료에 따라 와인의 색깔이 구분된다고 했으므로 제조 공정에서 레드 와인과 화이트 와인이 구분되는 단계는 4단계임을 알 수 있다.

③ 두 번째 단락에서 화이트 와인은 껍질과 씨를 제거한 포도즙을 발효한다고 했으므로 화이트 와인은 포도의 씨를 발효하지 않음을 알 수 있다.

④ 두 번째 단락에서 레드 와인은 높은 온도에서 발효 과정을 거치며, 온도가 높아질수록 발효 과정에서 미생물이 발생할 수 있으므로 아황산을 첨가함을 알 수 있다.

정답 체크

제시된 글에서 기호화가 필요한 문장을 정리하면 다음과 같다.
· 명제 1: 가수 A ∨ 방송인 B
· 명제 2: 가수 A ∨ TV 광고 → 지하철 옥외광고
· 명제 3: 지하철 옥외광고 → 대학생 서포터즈 ∧ 웹툰 광고
· 명제 4: 방송인 B → ~웹툰 광고
· 명제 5: ~방송인 B → ~대학생 서포터즈 ∨ ~TV 광고

명제 1에 따라 가수 A와 방송인 B 중에서 한 명만 홍보대사로 위촉하거나 둘 다 홍보대사로 위촉하는 것이 가능하므로 이를 기준으로 경우의 수를 나누면 다음과 같다.

<경우 1> 가수 A ∧ ~방송인 B
명제 2에 따라 '지하철 옥외광고'가 참이고, 명제 3에 따라 '대학생 서포터즈'와 '웹툰 광고'도 참이다. '~방송인 B'이고 '대학생 서포터즈'이므로 선언지 제거법에 따라 명제 5에서 '~TV 광고'를 도출할 수 있다.

<경우 2> ~가수 A ∧ 방송인 B
명제 4에 따라 '~웹툰 광고'가 참이고, 명제 3의 대우 '~대학생 서포터즈 ∨ ~웹툰 광고 → ~지하철 옥외광고'에 따라 '~지하철 옥외광고'를 도출할 수 있다. 또한, 명제 2의 대우 '~지하철 옥외광고 → ~가수 A ∧ ~TV 광고'에 따라 '~TV 광고'를 도출할 수 있다. 이때 대학생 서포터즈 운영 여부는 제시된 명제를 통해 확정되지 않는다.

<경우 3> 가수 A ∧ 방송인 B
'가수 A'이므로 명제 2에 따라 '지하철 옥외광고'가 도출된다. 이때 '방송인 B'이므로 명제 4와 명제 3의 대우에 따르면 '~지하철 옥외광고'가 도출되어 모순이 발생하므로 가능하지 않은 경우이다.

이상의 내용을 표로 나타내면 다음과 같다.

구분	가수 A	방송인 B	TV 광고	지하철 옥외광고	대학생 서포터즈	웹툰 광고
경우 1	O	X	X	O	O	O
경우 2	X	O	X	X	O or X	X

ㄴ. <경우 1>에 따라 지하철 옥외광고를 진행한다면, 가수 A씨를 홍보대사로 위촉하고 방송인 B씨는 홍보대사로 위촉하지 않으므로 반드시 참이다.
ㄷ. <경우 2>에 따라 TV 광고를 위한 영상 제작과 부처의 주요 정책을 소재로 한 웹툰 광고 제작 모두 진행하지 않을 수 있으므로 반드시 참이다.

오답 체크

ㄱ. <경우 2>에서 부처의 주요 정책을 소재로 한 웹툰 광고를 제작하지 않더라도 대학생 서포터즈를 운영하지 않을 수 있으므로 반드시 참은 아니다.

정답 체크

병의 두 번째 진술에 따르면 범인은 정이고, 정의 두 번째 진술에 따르면 병의 진술은 거짓이다. 병의 진술이 참이라면 정은 범인이며 정의 진술은 거짓이고, 병의 진술이 거짓이라면 정은 범인이 아니며 정의 진술은 참이다. 이에 따라 병의 진술이 참인 경우와 거짓인 경우로 나누면 다음과 같다.

<경우 1> 병의 진술이 참인 경우
범인은 정이므로 병은 범인이 아니라고 한 갑의 진술은 참이고, 갑의 첫 번째 진술에 따라 갑의 이용 순서는 정 바로 다음이다. 거짓인 정의 첫 번째 진술에 따라 갑의 이용 순서는 을보다 나중이다. 한편 병의 첫 번째 진술에 따라 을의 진술도 참이고, 을의 첫 번째 진술에 따라 병의 이용 순서는 을 바로 다음이다. 이에 따라 거짓 진술을 한 사람은 범인인 정뿐이며, 컴퓨터를 이용한 순서는 '을-병-정-갑'이다.

<경우 2> 병의 진술이 거짓인 경우
거짓인 병의 첫 번째 진술에 따라 을의 진술은 거짓이므로 병의 이용 순서는 을 바로 다음이 아니고, 을은 범인이다. 범인은 을이므로 병은 범인이 아니라고 한 갑의 진술은 참이며, 참인 갑의 첫 번째 진술에 따라 갑의 이용 순서는 정 바로 다음이다. 한편 참인 정의 첫 번째 진술에 따라 을의 이용 순서는 갑보다 나중이다. 이에 따라 거짓 진술을 한 사람은 을과 병이고 범인은 을이며, 컴퓨터를 이용한 순서는 '병-정-갑-을' 또는 '정-갑-병-을'이다.

이상의 내용을 표로 나타내면 다음과 같다.

구분	참만 말한 사람	거짓만 말한 사람	범인	이용 순서
경우 1	갑, 을, 병	정	정	을-병-정-갑
경우 2-1	갑, 정	을, 병	을	병-정-갑-을
경우 2-2	갑, 정	을, 병	을	정-갑-병-을

ㄱ. 어떤 경우에도 갑은 참만 말한 사람이고, 범인이 아니므로 반드시 참이다.
ㄴ. <경우 1>에서 범인인 정의 진술은 거짓이고, <경우 2>에서 범인인 을의 진술은 거짓이므로 반드시 참이다.

오답 체크

ㄷ. <경우 2-1>에 따라 을이 범인일 때, 정의 이용 순서가 병보다 나중일 수도 있으므로 반드시 참은 아니다.

정답 체크

(가) 100만 원의 참가비를 내고 이득을 보려면 상금이 100만 원 이상이 되는 회차 이후에 처음으로 앞면이 나와야 한다. 이때 7회차의 상금은 $2^{7-1}=64$만 원이고, 8회차의 상금은 $2^{8-1}=128$만 원이므로 일곱 번 연속으로 뒷면이 나오다가 여덟 번째에 처음 앞면이 나와야 이득임을 알 수 있다. 따라서 빈칸에 들어갈 말은 "100만 원의 참가비를 냈다면 동전을 던져서 최소 '일곱 번' 연속으로 뒷면이 나와야 이득이고"가 가장 적절하다.

(나) 1,000만 원의 참가비를 내고 이득을 보려면 상금이 1,000만 원 이상이 되는 회차 이후에 처음으로 앞면이 나와야 한다. 이때 10회차의 상금은 $2^{10-1}=512$만 원이고, 11회차의 상금은 $2^{11-1}=1,024$만 원이므로 열 번 연속으로 뒷면이 나오다가 열한 번째에 처음 앞면이 나와야 이득임을 알 수 있다. 따라서 빈칸에 들어갈 말은 "1,000만 원의 참가비를 냈을 때 적어도 손해는 보지 않으려면 '열한 번째'에 처음으로 앞면이 나와야 하기 때문이다'가 가장 적절하다.

08 논리 추론   난이도 하   정답 ③

정답 체크
제시문의 조건을 기호화하면 다음과 같다.
· 조건 1: C → B
· 조건 2: ~A → D
· 조건 3: B → ~D
· 조건 4: C → ~D
· 조건 5: ~A

조건 2와 조건 5를 연결하면 D가 위촉되고, 조건 4의 대우인 'D → ~C'에 따라 C는 위촉되지 않는다. 이때 조건 3의 대우는 'D → ~B'이고, D가 위촉되므로 B는 위촉되지 않는다. 따라서 'C는 위촉되지 않는다'는 반드시 참이다.

09 논리 추론   난이도 중   정답 ③

정답 체크
제시된 대화를 기호화하여 정리하면 다음과 같다.
· 전제 1: ~가영 ∨ 나영 → 다영 ∨ 라영
· 전제 2: ~마영 → 가영
· 전제 3: ㉠
· 결론 1: 가영
· 전제 4: ~마영 → ~사랑
· 전제 5: ㉡
· 결론 2: 사랑 ∧ 아영

㉠ 전제 1의 대우인 '~다영 ∧ ~라영 → 가영 ∧ 나영'과 전제 2에 따라 결론 1을 도출하기 위해서는 '~다영 ∧ ~라영' 또는 '~마영'이라는 전제가 추가되어야 한다. 그러나 '~마영'이 참일 경우 전제 4에 따라 '~사랑'이 도출되고, 이는 결론 2인 '사랑 ∧ 아영'과 모순이다. 따라서 ㉠에 들어갈 내용은 '~다영 ∧ ~라영', 즉 '다영이와 라영이 모두 출장을 가지 않는'이 적절하다.

㉡ 결론 2인 '사랑 ∧ 아영'이 참이므로 전제 4의 대우인 '사랑 → 마영'에 따라 '마영'이 도출된다. 이때 출장 여부가 정해진 인원은 다영, 라영, 마영이고, 결론 2인 '사랑 ∧ 아영'이 도출되기 위해서는 사랑과 아영이 모두 출장을 간다는 명제가 필요하므로 '~다영 ∧ ~라영 → 사랑 ∧ 아영' 또는 '마영 → 사랑 ∧ 아영'이라는 전제가 추가되어야 한다. 따라서 ㉡에 들어갈 내용은 '마영 → 사랑 ∧ 아영', 즉 '마영이가 출장을 가면 사랑이와 아영이 모두 출장을 가기'가 적절하다.

10 논리 추론   난이도 하   정답 ③

정답 체크
제시된 진술을 순서대로 기호화하여 나타내면 다음과 같다.
· 가훈 ∧ 나연
· 나연 ∨ 다현
· (~다현 ∨ 라운) → ~가훈
이때 제시된 진술이 모두 거짓이라고 했으므로 다시 참인 진술로 나타내면 다음과 같다.
· ~가훈 ∨ ~나연
· ~나연 ∧ ~다현
· (~다현 ∨ 라운) ∧ 가훈
두 번째 진술에 따르면 나연과 다현이 선발되지 않고, 세 번째 진술에 따라 가훈은 선발된다. 이때 제시된 진술만으로 라운의 선발 여부는 알 수 없으므로 라운의 선발 여부에 따라 가능한 경우를 나타내면 다음과 같다.

구분	가훈	나연	다현	라운
경우 1	O	X	X	O
경우 2	O	X	X	X

따라서 행정직 공무원 면접시험 대상자 중에서 채용후보자로 선발될 수 있는 최대 인원은 가훈, 라운 총 2명이다.

11 세부 내용 파악   난이도 하   정답 ①

정답 체크
두 번째 단락에서 우리나라의 정식 국호를 결정해야 하는 시기가 오면서 헌법 초안에 사용된 '한국'이라는 국호가 거론되었다고 했고, 이후 헌법기초위원회가 4개의 이름을 국호의 후보로 표결에 부쳤다고 했으므로 4개의 국호 후보는 헌법 초안에 사용될 국호의 후보가 아니라 우리나라의 정식 국호의 후보임을 알 수 있다.

오답 체크
② 첫 번째 단락에서 제국의 지위를 나타내기 위해 '한' 앞에 '대'를 넣었다고 했으므로 '대한'이라는 국호에는 제국의 지위를 나타내는 요소가 들어있음을 알 수 있다.
③ 두 번째 단락에서 대한제국 시기 이전부터 사용된 영문 국호인 'KOREA'와 상통하는 '고려'가 거론되었다고 했으므로 고종 황제가 통치하던 대한제국 시기에도 고려와 상통하는 영문 국호가 사용되었음을 알 수 있다.
④ 첫 번째 단락에서 대한제국과 고종 황제에 관한 평가가 좋을 수만은 없었기에 임시정부 회의에서도 '대한'을 사용하는 것에 반대하는 사람이 많았다고 했고, 두 번째 단락에서 광복 이후 우리나라의 정식 국호를 정해야 하는 시기가 오면서 다양한 반대 의견이 대두되었다고 했으므로 광복 전과 후 모두 '대한'이라는 국호 사용에 대한 반대 의견이 있었음을 알 수 있다.
⑤ 첫 번째 단락에서 '대한'이라는 국호는 일제가 대한제국을 병합한 뒤 다시 조선이라는 이름을 사용하게 하면서 잊히는 듯했으나, 3·1운동 이후 임시정부에 의해 다시 등장하여 임시정부가 새 나라의 이름을 '대한민국'으로 채택하였다고 했으므로 '대한'이라는 국호는 일제에 주권을 빼앗겼을 때에도 계속 사용되었음을 알 수 있다.

12 세부 내용 파악 난이도 중 정답 ⑤

정답 체크

두 번째 단락에서 『팔도지리지』는 『세종실록지리지』의 오류를 수정하고 내용을 추가한 지리지라고 했고, 세 번째 단락에서 『동국여지승람』은 『팔도지리지』에 시문을 함께 기록한 지리지라고 했으므로 『동국여지승람』은 『세종실록지리지』를 수정 및 보완한 지리지에 시문을 추가한 지리지임을 알 수 있다.

오답 체크

① 첫 번째 단락에서 지리지는 국가 통치를 위해 지리·정치·경제·군사 등의 자료를 체계적이고 종합적으로 기록한 것이라고 했고, 고려시대 지리지는 사서의 부록으로 수록되어 지리지로서의 독자적인 지위를 확보하지는 못했음을 알 수 있다. 따라서 고려시대 지리지는 역사서의 보충적 성격을 가졌으나 지리적 내용뿐만 아니라 정치·경제·군사 등의 자료를 체계적이고 종합적으로 기록되어 있음을 알 수 있다.

② 두 번째 단락에서 조선시대에 독자적인 체계를 갖추어 편찬된 최초의 지리지는 『신찬팔도지리지』이고, 『신찬팔도지리지』는 현존하지 않는다고 했으므로 『신찬팔도지리지』는 현존하는 지리지 중 가장 오래된 지리지가 아님을 알 수 있다.

③ 두 번째 단락에서 『세종실록지리지』는 세종의 업적을 기리기 위한 목적에서 실록의 부록 형식으로 발간되었다고 했고, 『세종실록지리지』의 오류를 수정하고 내용을 추가하기 위해 전국 8도를 재조사하여 편찬한 지리지가 『팔도지리지』라고 했으므로 『세종실록지리지』는 실록의 부록임을 알 수 있으나 수록된 자료가 『팔도지리지』에 수록된 자료보다 많은지는 알 수 없다.

④ 두 번째 단락에서 『팔도지리지』는 현존하지 않고, 해당 지리지를 편찬하는 데 사용된 지방 자료인 『경상도속찬지리지』를 통해 내용을 짐작할 수 있다고 했으므로 『팔도지리지』는 『경상도지리지』가 아닌 『경상도속찬지리지』를 통해 내용을 짐작할 수 있음을 알 수 있다.

13 세부 내용 파악 난이도 중 정답 ②

정답 체크

두 번째 단락에서 십자군 전쟁 이후 화폐 경제가 활성화되어 상인들은 장원에서 벗어나 상공업을 운영하였고, 이러한 상공업을 중심으로 한 도시가 출현하였음을 알 수 있다. 이때 국왕은 왕권을 강화하기 위해 장원제도를 기반으로 하는 봉건영주의 세력을 약하게 만들었다고 했으므로 십자군 전쟁은 봉건영주 세력과 장원제도의 쇠퇴에 영향을 주었음을 알 수 있다.

오답 체크

① 첫 번째 단락에서 농노들은 영주의 토지 안에서 보호를 받는 조건으로 토지를 경작하여 각종 세금을 영주에게 납부했고, 영주는 이 중 일부를 국왕에게 세금으로 바쳤음을 알 수 있다.

③ 두 번째 단락에서 국왕은 왕권을 강화하기 위해 도시에 자치권을 부여함으로써 도시로 하여금 장원제도를 기반으로 하는 봉건영주의 세력을 약하게 만들었음을 알 수 있으나 국왕이 도시의 세금을 면제했는지는 알 수 없다.

④ 두 번째 단락에서 십자군 전쟁으로 인한 물자 교환의 확대는 기존에 형식적으로만 존재했던 화폐 경제를 활성화했다고 했으므로 십자군 전쟁으로 인해 화폐가 처음 출현한 것은 아님을 알 수 있다.

⑤ 세 번째 단락에서 12세기경 프랑스는 국왕과 도시 사이에 봉건적 주종관계가 성립되어 봉건영주의 권력이 크게 약화되었음을 알 수 있으나 12세기경 프랑스에서 봉건제도가 철폐되어 신분의 평등이 이루어졌는지는 알 수 없다.

14 문맥 추론 난이도 중 정답 ①

정답 체크

ㄱ. 행위의 결과가 타인에게 침해를 일으킬 것이 분명할 때에만 비로소 개인의 행위에 대해 타인이나 사회의 개입이 정당화될 수 있다고 했고, 개인의 행위가 스스로 동의에 의한 것이라고 보기에 의심스러울 때도 스스로 동의에 의한 행위를 한 것으로 인정해야 한다고 했으므로 자신의 신체에 스스로 문신을 새기는 행위는 자기결정권에 해당하는 사례이다.

오답 체크

ㄴ. 타인에게 피해를 주지 않는 경우라도 자신의 의지로 개인의 자유를 포기하는 하는 경우에는 자기결정권을 인정할 수 없다고 했으므로 스스로 범죄를 저지르고 체포되어 자유를 포기하려는 행위는 자기결정권에 해당하는 사례가 아니다.

ㄷ. 개인의 행위가 스스로 동의에 의한 것이라고 보기에 의심스러울 때도 스스로 동의에 의한 행위를 한 것으로 인정해야 한다고 했으므로 술에 취하여 스스로 의사를 결정하기 어려워 보이는 상황에서도 개인의 행위를 인정해야 하나, 개인의 행위가 타인에게 침해를 일으키는 경우에는 언제든 외부의 개입이 가능하다고 했으므로 타인을 폭행하려는 행위는 자기결정권에 해당하는 사례가 아니다.

15 세부 내용 파악 난이도 중 정답 ⑤

정답 체크

ㄱ. 두 번째 단락에서 언론사가 제기한 의혹이 특정되지 않은 기간 또는 공간에서 구체화하지 않은 사실이라면 피해자가 이를 입증하기는 어려우므로 의혹을 제기한 쪽에서 해당 의혹이 사실임을 증명해야 함을 알 수 있다. 이때 언론사 A의 보도 내용에서 '불특정 다수의 직원'은 대상이 특정되지 않았고, '모욕적인 발언을 하였다'는 것은 특정되지 않은 기간 또는 공간에서 발생한 구체적이지 않은 사실이므로 사업주 '갑'이 해당 사실을 입증하기 어렵다. 따라서 사업주 '갑'이 언론사 A의 보도 내용에 정정 보도를 신청하기 위해서 해당 보도 내용이 허위임을 입증할 필요는 없다.

ㄴ. 두 번째 단락에서 언론사가 제기한 의혹이 내용이 특정 기간, 특정 장소에서 특정한 행위에 관한 내용이라면 피해자가 그 의혹에 관한 충분한 증거를 제출할 수 있으므로 피해자가 의혹의 내용이 사실이 아님을 입증해야 함을 알 수 있다. 이때 언론사 A의 보도 내용에서 '2018년 7월 3일', '후배 연예인 병'', '연습실', '주먹' 등 구체적인 사실을 보도하고 있으므로 연예인 '을'이 해당 사실을 입증할 수 있다. 따라서 연예인 '을'이 언론사 A의 보도 내용에 정정 보도를 신청하기 위해서는 연예인 '을'이 해당 보도 내용이 허위임을 입증해야 한다.

ㄷ. 첫 번째 단락에서 반론 보도를 요구할 때는 피해자가 보도 내용이 허위성을 입증하지 않아도 된다고 했으므로 공무원 '정'이 언론사 A의 보도 내용에 반론 보도를 신청하기 위해서 해당 보도 내용이 허위임을 입증할 필요는 없다.

16 문맥 추론 　난이도 중 　　　정답 ②

정답 체크
흄은 공통감각에 기반한 미적 판단은 보편 타당한 감정으로 서로 공유할 수 있으나 미적 판단이 개인마다 상이한 개념체계의 영향을 받아 편파성을 띠기 때문에 개인의 주관적 감정으로 여겨진다고 본다. 이때 인간이 상상력을 발휘하면 미적 판단의 편파성을 해소할 수 있으므로 빈칸에 들어갈 내용은 '미적 판단에 있어 개인의 개념체계의 작용을 무력화시키는 것이다.'가 가장 적절하다.

오답 체크
① 흄은 인간의 미적 판단이 개인의 주관적 감정으로 여겨지는 이유를 개인마다 상이한 개념체계의 영향을 받아 편파성을 띠기 때문이라고 본다. 만약 상상력이 공통감각과 개념체계를 매개하는 역할을 한다면 미적 판단의 편파성을 배제할 수 없으므로 '미적 판단에 있어 공통감각과 개념체계의 상호작용을 불러 일으키는 것이다.'는 빈칸에 들어갈 내용으로 적절하지 않다.
③ 흄에 따르면 상상력은 자신과의 관계성에 상관없이 지각하는 대상을 자신과 동일시하는 능력이고, 인간은 자신과 타인을 동일시하는 상상력이 있으므로 타인의 감정에 공감할 수 있다. 따라서 '미적 판단에 있어 개인과 타인의 감정을 분리하는 것이다.'는 빈칸에 들어갈 내용으로 적절하지 않다.
④ 흄에 따르면 미적 판단은 공통감각을 통해 인간과 공유할 수 있는 보편 타당한 감정이다. 이때 상상력이 미적 판단을 개인의 주관적인 감정과 동일하게 만든다면 미적 판단의 편파성을 배제할 수 없으므로 '미적 판단을 개인의 주관적인 감정과 동일하게 만든다.'는 빈칸에 들어갈 내용으로 적절하지 않다.
⑤ 흄에 따르면 미적 판단은 공통감각을 통해 인간과 공유할 수 있는 보편 타당한 감정이다. 이때 상상력이 미적 판단에 있어 공통감각의 작용을 무력화한다면 서로 다른 개념체계가 미적 판단의 편파성을 가져오게 된다. 따라서 '미적 판단에 있어 공통감각의 작용을 무력화하는 것이다.'는 빈칸에 들어갈 내용으로 적절하지 않다.

17 문맥 추론 　난이도 중 　　　정답 ④

정답 체크
㉣의 뒤 내용은 자동차 회사들은 정보통신 업체들과 협업을 하는 등 자율주행 자동차를 만드는 데 부족한 부분을 보완하려고 하지만, 정보통신 업체들은 먼 미래를 보고 자동차 회사를 자신들의 시장으로 흡수하려고 한다는 것이다. 따라서 정보통신 업체가 자동차 회사보다 데이터 처리 기술에서 우위에 있음을 암시하는 것이므로 '자동차 회사보다 정보통신 업체가 더 많은 기술과 인력을 가지고 있기 때문에'로 수정하는 것이 가장 적절하다.

오답 체크
① 자동차의 성능이 실제 교통 상황에 불필요할 정도로 높다는 내용은 '자동차 광고는 여전히 해당 자동차의 성능이 얼마나 좋은지' 강조한다는 앞 내용, '편의사항 역시 그다지 실용적이지 않다'는 뒤 내용과 연결된다.
② 자율주행의 단계가 자율주행을 전혀 하지 않는 단계에서 운전자의 제어가 필요 없는 '완전 자율주행 단계'까지 구분된다는 내용은 '앞으로 개발될 완전 자율주행 단계에서 운전자의 제어는 불필요한 요소가 된다'는 뒤 내용과 연결된다.

③ 완전 자율주행 단계에서 차량이 얼마나 고성능인가보다는 얼마나 교통 시스템에 잘 어울려지는가가 중요하다는 내용은 '앞으로 개발될 완전 자율주행 단계에서 운전자의 제어는 불필요한 요소가 된다'는 앞 내용과 연결된다.
⑤ 사람이 운전해야 한다는 전제조건이 부정되는 순간 자동차가 대부분을 주차장에 멈춰 있어야만 할 필요가 없어진다는 내용은 '만약 완전 자율주행 단계의 자동차가 개발된다면, 자동차는 이전과는 다른 방식으로 소비될 것'이라는 앞 내용, '기존의 자동차처럼 개인이 소유하는 것이 아니라 공유의 방식으로 이용되는 것이 더 효율적인 상황이 올 수도 있다는 것'이라는 앞 내용과 연결된다.

18 논지·견해 분석 　난이도 중 　　　정답 ③

정답 체크
고유권한설은 사용자가 징계권을 행사하는 것은 기업의 질서유지를 위해 필요하고, 기업의 안정적인 운영은 사용자와 근로자 양쪽 모두에게 필요한 것이므로 취업규칙 및 단체협약 등 규정의 존재 여부와 상관없이 징계권을 행사할 수 있다고 주장한다. 반면 규범설은 취업규칙 혹은 단체협약에 징계에 관한 규정이 있어야 사용자에게 징계권이 부여되며, 해당 규정에 따라서만 징계권을 행사할 수 있다고 주장한다. 따라서 ㉠은 ㉡과 달리 취업규칙 혹은 단체협약에 명문으로 규정하지 않아도 징계권을 인정할 수 있다고 본다.

오답 체크
① 고유권한설은 사용자가 징계권을 행사하는 것이 근로기준법 제4조에 부합한다고 주장하고, 근로기준법 제4조는 사용자와 근로자가 근로계약 관계에 있어 동등한 지위에 있다고 규정하고 있으므로 ㉠은 근로계약의 본질 상 사용자와 근로자는 대등하다고 해석하는 입장이다.
② 고유권한설은 징계권이 근로계약의 본질에 내재되어 있는 것으로서 취업규칙 규정에 따른 징계권 행사가 가능하고, 취업규칙 규정이 없더라도 징계권 행사가 가능하다고 본다. 규범설 또한 취업규칙에 징계에 관한 규정이 있으면 사용자에게 징계권이 부여된다고 주장한다. 따라서 취업규칙 규정에 따른 징계권 행사는 두 학설 모두 가능하므로 ㉠과 ㉡은 취업규칙 규정에 따른 징계권 행사가 가능한지에 대해 같은 견해를 보인다.
④ 고유권한설은 기업의 안정적인 운영은 사용자와 근로자 양쪽 모두에게 필요한 것이므로 규정의 존재 유무와 상관없이 징계권을 행사할 수 있어야 한다고 주장한다. 반면 규범설은 징계권 행사가 기업의 운영에 필수적인 것이라는 전제가 근로기준법의 정신에 위배되어 부적절하다고 주장한다. 따라서 ㉠과 ㉡은 징계권 행사가 기업의 운영에 필수적인지 여부에 대해 견해가 일치하지 않는다.
⑤ 규범설은 취업규칙 혹은 단체협약에 징계에 관한 규정이 있어야 사용자에게 징계권이 부여되며, 해당 규정에 따라서만 징계권을 행사할 수 있다고 주장하므로 취업규칙에 징계에 관한 규정이 있다면 해당 규정에 따라 징계권을 행사할 수 있음을 알 수 있다. 따라서 ㉡은 노조와의 협의가 아니라 취업규칙에 따른 징계권 행사를 인정한다.

19 논지·견해 분석 [난이도 하] 정답 ①

정답 체크

글의 논지는 과학의 거대화와 상업화로 인해 과학적 발견은 국가와 기업, 연구소와 산업체, 대학, 과학자 모두의 공동 작업을 통해 이루어낸 성과가 되었으므로 그 성과를 더 이상 과학자 개인의 성과로만 볼 수는 없다는 것이다. 따라서 글에 의해 반박될 수 있는 주장은 '과학적 발견은 과학자 개인이 이루어낸 성과이므로 자본의 논리에 의해 그 성과의 의미가 퇴색되어서는 안 된다.'가 가장 적절하다.

오답 체크

② 과학적 발견이 과학자들이 활용할 수 있는 외부적 여건이 얼마나 효율적인지에 따라 성과가 달라진다는 주장은 글의 논지와 같은 방향이므로 글에 의해 반박될 수 있는 주장으로 적절하지 않다.

③ 과학적 발견은 공동 작업을 통해 만들어 낸 결과물이므로 한 일방에게만 성과가 돌아가서는 안 된다는 주장은 글의 논지와 같은 방향이므로 글에 의해 반박될 수 있는 주장으로 적절하지 않다.

④ 과학적 발견은 인적·물적 자본의 결합체이므로 그 성과를 우연적 요소로만 치부할 수 없다는 주장은 글의 논지와 같은 방향이므로 글에 의해 반박될 수 있는 주장으로 적절하지 않다.

⑤ 과학연구의 조직화와 집권화는 과학적 발견의 불확실성을 증가시켜 외부적 요소의 중요성을 강화시킨다는 주장은 글의 논지와 무관하므로 글에 의해 반박될 수 있는 주장으로 적절하지 않다.

20 논지·견해 분석 [난이도 하] 정답 ①

정답 체크

ㄱ. 지구 온도의 상승이 선행하고 지구 내 탄소량이 뒤따라 증가하는 경우도 발생하며 이는 주류적 견해로 설명할 수 없다고 했으므로 지구 내 탄소량과 온도의 상관관계를 다시 측정한 결과, 항상 탄소량이 먼저 증가하고 온도가 뒤따라 상승하는 것으로 나타났다는 것은 글의 주장을 약화한다.

오답 체크

ㄴ. 지구의 온도 상승에 인간이 절대적으로 기여하였는지 불분명하며, 지구온난화는 오히려 자연적인 현상에 가깝다고 했으므로 지구의 전체 탄소 배출량에서 인간이 배출하는 탄소의 비중이 2% 정도로 매우 적다는 사실은 인간의 탄소 배출과 지구온난화의 인과관계를 부정하는 글의 주장을 강화한다.

ㄷ. 지구 내 탄소량과 온도의 상관관계를 인간의 탄소 배출이 지구온난화를 불러온다는 주류적 견해로는 설명할 수 없으며 온난화 현상은 오히려 자연적인 현상에 가깝다고 했으므로 탄소 배출량을 감축시키는 기술을 개발하여도 지금의 온도 상승 속도가 유지될 것이라는 연구 결과는 글의 주장을 강화한다.

21 문맥 추론 [난이도 중] 정답 ②

정답 체크

(가) 타율적 도덕성 단계에는 특정 행위의 옳고 그름을 판단할 때에 그 의도보다는 결과에 집중하는 경향이 나타난다고 했다. 따라서 사례에서 타율적 도덕성 단계의 아동은 결과적으로 더 큰 잘못, 즉 망가뜨린 물건의 개수가 더 많은 것을 나쁜 행동으로 볼 것이므로 빈칸에 들어갈 말은 '갑'이 적절하다.

(나) 자율적 도덕성 단계에는 행위의 동기와 상황을 고려하여 도덕적 판단을 할 수 있다고 했다. 따라서 자율적 도덕성 단계의 아동은 행위의 동기와 의도를 고려하여 실수로 물건을 망가뜨린 경우보다 부모님 몰래 어떤 행동을 하려다 물건을 망가뜨린 경우를 더 나쁜 행동을 판단할 것이므로 빈칸에 들어갈 말은 '을'이 적절하다.

(다) 병의 행동을 옳다고 판단한 이유가 법을 준수해야 하나 그보다 생명의 가치를 우선시해야 하는 상황이기 때문이라고 했다. 따라서 법의 준수 자체가 목적이 아니며 법규범을 초월하는 가치나 원칙이 존재한다고 사고하는 것이므로 빈칸에 들어갈 말은 '5단계'가 적절하다.

(라) 병의 행동을 옳다고 판단한 이유가 남편과 아내의 관계 측면에서, 남편으로서 아내를 살리기 위해 마땅히 해야 할 행동이기 때문이라고 했다. 따라서 도덕적 판단에 있어 사회적으로 기대되는 행동을 하는 것을 옳은 것으로 보는 것이므로 빈칸에 들어갈 말은 '3단계'가 적절하다.

22 논지·견해 분석 [난이도 상] 정답 ③

정답 체크

ㄱ. ㉠에 따르면 인지능력의 발달과 함께 도덕성이 발달하여 5~9세에 해당하는 타율적 도덕성 단계에는 규칙을 절대적으로 따라야 하며 다른 사람들도 모두 자신과 같은 방식으로 규칙을 받아들인다고 사고하고, 10세 이상이 되면 자기 중심성에서 벗어나며 주변 사람들과의 상호작용을 통해 의견의 조율과 합의를 경험하면서 자율적 도덕성 단계에 이른다고 했다. 따라서 ㉠은 자기 중심적 사고에서 탈피하여 다양한 관점을 인정하고 수용하는 능력을 갖출 때 도덕성 발달 수준도 높다는 데에 동의할 것이므로 적절한 평가이다.

ㄴ. ㉡에 따르면 개인은 가치 갈등 상황을 해결함에 있어 상위 수준의 도덕적 가치를 내재화하려는 경향이 있고, 도덕의 발달은 순차적으로 이루어지며 문화권과 관계없이 그 방향과 순서가 동일하다. 따라서 ㉡은 사람의 도덕성이 상위 단계에 이르는 방향으로 발달해가며 퇴행하지는 않는다는 데에 동의할 것이므로 적절한 평가이다.

오답 체크

ㄷ. ㉠에 따르면 4세 이전은 전도덕성 단계, 5~9세는 타율적 도덕성 단계, 10세 이상은 자율적 도덕성 단계 순으로 연령대에 따른 도덕성 발달 단계가 존재한다. 반면 ㉡에 따르면 도덕의 발달 속도와 최종적으로 도달하는 수준은 개개인이 다를 수 있으며 특정 발달 단계가 나타나는 연령대가 고정된 것은 아니다. 따라서 인지능력에 문제가 없다면, 연령별로 기대되는 도덕성 발달 수준이 있고 최종적으로는 가장 높은 도덕적 인지 발달 단계에 이르게 된다는 데에 ㉠은 동의하지만, ㉡은 동의하지 않을 것이므로 적절하지 않은 평가이다.

23 세부 내용 파악 난이도 ❸ 정답 ④

정답 체크

첫 번째 단락에 따르면 유가의 예치는 형벌을 사용하지 않고 예와 덕으로 백성들을 교화시키는 것, 유가적 법치는 예치를 추구하되 이를 달성하는 수단으로 형벌인 법을 사용하는 것을 의미한다. 즉, 유가적 법치는 통치의 목적은 유가를 따르고, 그 수단은 법가를 따른 것으로 볼 수 있다. 이때 세 번째 단락에서 예 이념의 실행과 관련한 구체적인 규제가 유가의 예치 사상이 그토록 기피했던 법치의 성격을 강하게 내포하고 있었다고 했으므로 조선의 유가적 법치가 '예'와 '덕'을 법조문화하였다는 점에서 유가의 성격이 아닌 법가의 성격을 띠고 있음을 알 수 있다.

오답 체크

① 첫 번째 단락에서 조선의 입법가들은 법치의 과도한 엄벌주의 또는 가혹한 법으로는 백성을 교화할 수 없다고 믿었음을 알 수 있다.
② 두 번째 단락에서 『경국대전』은 유가적 법치 사상을 반영하고 있으며, 형벌로써 예와 덕을 가르치되 최종적으로는 형벌이 없어지기를 기대했다고 했으므로 『경국대전』은 형벌을 사용하지 않는 것을 궁극적인 목적으로 삼았음을 알 수 있다.
③ 두 번째 단락에서 조선의 지식인들은 예를 법조문화하여 백성들에게 강제력을 가진 규범으로 인식되기를 원했다고 했고, '충'과 '효'와 같은 유교적 윤리 사상이 법전인 『경국대전』에 포함되도록 하여 예에 벗어난 행동은 형벌로 다스렸다고 했으므로 조선시대의 '효'는 그 사상을 법조문화하고 이를 어기면 처벌했다는 점에서 강제적 규범이었음을 알 수 있다.
⑤ 첫 번째 단락에 따르면 예치는 교화의 방법으로 형벌과 같은 강제가 아닌 덕과 예를 강조하는 사상이다. 그러나 세 번째 단락에 따르면 『경국대전』은 일반 백성들의 일상생활을 철저하게 규정했고, 이로 인해 유가의 예치 사상이 그토록 기피했던 법치의 성격을 강하게 내포하였다. 결과적으로 백성들이 스스로 덕과 예를 실천하기보다는 형벌을 면하기 위해 예를 따르게 만들었으므로 『경국대전』은 예치의 이상을 달성할 수 없었음을 알 수 있다.

24 문맥 추론 난이도 ❶ 정답 ⑤

정답 체크

ㅁ. 허용적 평등은 신분, 성별, 종교, 인종 등에 상관없이 모두에게 교육의 기회를 제공하고, 누구나 개인의 능력에 맞는 교육을 제공하는 평등관을 의미한다. 따라서 과학분야의 지능이 매우 높은 학생들에게 과학 관련 조기교육 및 영재교육 기회를 제공하는 것은 능력에 맞는 교육을 제공하는 것이므로 허용적 평등과 관련된 사례이다.

오답 체크

ㄱ. 학업 성취능력이 떨어지는 학급에 교사가 더 많은 시간과 노력을 기울여 학급 간 학업 격차를 줄이는 것은 교육의 결과를 평등하게 맞추려는 것이므로 결과적 평등과 관련된 사례이다.
ㄴ. 일반 고등학교와 교육 과정이 다른 특수목적 고등학교를 설립을 제한하는 것은 교육의 과정이 모두에게 평등하게 하기 위함이므로 과정의 평등과 관련된 사례이다.
ㄷ. 학업 능력에 상관없이 여성의 입학이 제한되던 사관학교에 여성의 입학을 허용하는 것은 성별에 따른 교육 기회의 차별을 해소한 것이므로 허용적 평등과 관련된 사례이다.

ㄹ. 외딴 섬에 거주하는 학생들의 교육받을 기회를 보장하기 위해 방송통신학교를 설립하는 것은 경제적·사회적·지리적 환경 차이로 교육받을 기회가 제한되던 학생들에게 평등하게 교육 기회를 제공하는 것이므로 보장적 평등과 관련된 사례이다.

25 논지·견해 분석 난이도 ❸ 정답 ③

정답 체크

을은 정의는 절대적인 기준이 아니며, 사회 구성원의 행복의 총량을 더욱 증진시키는 가치만이 정의라고 주장한다. 따라서 을은 정의가 절대적인 기준이라는 것 자체를 부정하고 있으므로 정의의 절대적인 기준에 따라 일부 법률 혹은 도덕적 가치를 반드시 지켜야 한다고 보지 않는다.

오답 체크

① 갑은 법률과 도덕을 준수하는 것이 정의이고, 그것이 사회 구성원과의 최소한의 합의이기 때문에 의무적으로 지켜야 한다고 주장한다. 그러나 을은 법률과 도덕, 정의를 행복의 총량이라는 결과론적 관점에서 접근한다. 따라서 갑은 을과 달리 정의를 의무론적 관점에서 접근하고 있다.
② 갑은 법률이 사회적 질서를 위한 구성원 간의 합의이므로 결과에 상관없이 지켜야 한다고 본다. 을 역시 교통경찰관 철수가 법률을 무시할 경우 단기적으로는 사회 행복의 총량이 증가할 수 있으나 장기적으로는 사회 행복의 총량에 더 부정적 영향을 미치므로 장기적인 관점에서 행복을 더 많이 산출하는 법률은 준수해야 한다고 본다. 따라서 갑과 을은 모두 교통경찰관 철수가 법에 따라 만취한 택시 기사의 면허를 취소하는 것이 정의라고 생각한다.
④ 을이 교통경찰관 철수가 만취한 택시 기사의 면허를 취소해야 한다고 보는 이유는 법률 규정을 따르지 않은 사회는 장기적으로 사회 행복의 총량이 줄어들기 때문이다. 반대로 갑이 만취한 택시 기사의 면허를 취소해야 한다고 보는 이유는 사회적 합의인 법률을 지키는 것 그 자체가 정의이기 때문이다. 따라서 을은 갑과 달리 만취한 택시 기사의 면허를 취소해야 하는 이유를 사회 구성원 행복의 총량에서 찾는다.
⑤ 갑은 정의를 사회의 존속과 유지를 위한 규칙이라고 주장하는 반면 을은 사회 구성원의 행복의 총량을 더욱 증진시키는 가치만이 정의라고 주장한다. 이는 행복의 총량을 증진시키지 않는 가치는 정의라고 할 수 없음을 의미한다. 따라서 을은 갑과 달리 구성원의 행복의 총량이 정의의 가치를 결정한디고 본다.

정답

p.116

01	①	세부 내용 파악	06	②	논리 추론	11	②	논리 추론	16	④	세부 내용 파악	21	③	문맥 추론
02	②	세부 내용 파악	07	①	논리 추론	12	⑤	논리 추론	17	⑤	세부 내용 파악	22	④	세부 내용 파악
03	④	세부 내용 파악	08	①	논리 추론	13	①	논리 추론	18	④	문맥 추론	23	⑤	문맥 추론
04	①	문맥 추론	09	③	문맥 추론	14	②	세부 내용 파악	19	④	논지·견해 분석	24	②	문맥 추론
05	⑤	세부 내용 파악	10	③	논지·견해 분석	15	①	세부 내용 파악	20	⑤	논지·견해 분석	25	③	논지·견해 분석

취약 유형 분석표

유형별로 맞힌 문제 개수와 정답률, 틀린 문제 번호와 풀지 못한 문제 번호를 적고 나서 취약한 유형이 무엇인지 파악해 보세요.

유형	맞힌 개수	정답률	틀린 문제 번호	풀지 못한 문제 번호
세부 내용 파악	/9	%		
문맥 추론	/6	%		
논지·견해 분석	/4	%		
논리 추론	/6	%		
TOTAL	/25	%		

해설

01 세부 내용 파악 난이도 하   정답 ①

정답 체크

두 번째 단락에서 자율적 카드를 받은 참가자가 비자율적 카드를 받은 참가자보다 실험에 참가하겠다고 대답하는 비율이 높았다고 했으므로 이에 따르면 자율성은 목표 설정에 긍정적 영향을 미친다. 그러나 공짜 요구르트는 자율적 카드를 받은 참가자보다 비자율적 카드를 받은 참가자가 더 많이 받았다고 했으므로 목표 달성에는 자율성이 오히려 부정적 영향을 미친다. 따라서 자율성이 목표 설정 단계와 목표 달성 단계에 미치는 영향은 상이함을 알 수 있다.

오답 체크

② 두 번째 단락에서 실험 참가자들에게 해당 실험에 참가할 의향을 물어 공짜 요구르트라는 목표를 설정할 기회를 주었다고 했으므로 실험 참가 여부는 목표 설정 단계에 해당함을 알 수 있다. 그러나 세 번째 단락에서 목표를 설정한 후에는 해당 목표를 달성할 적절한 수단을 선택해야 하고 목표 달성 수단의 선택 폭이 클수록 고려해야 하는 요소가 더 많다고 했으므로 목표 달성에 고려해야 할 요소가 증가하는 것은 목표 달성 단계이지 목표 설정 단계가 아니다. 따라서 자율성이 부여되더라도 실험 참가 여부를 결정할 때 고려해야 할 요소가 증가하는 것은 아님을 알 수 있다.

③ 두 번째 단락에서 자율적 카드를 받은 참가자가 비자율적 카드를 받은 참가자보다 실험에 참가하겠다고 대답하는 비율이 높았다고 했으므로 자율성이 부여될 경우, 자율성이 부여되지 않은 경우에 비해 목표 설정에 더 적극적임을 알 수 있다.

④ 두 번째 단락에서 자율적 카드를 받은 참가자가 비자율적 카드를 받은 참가자보다 실험에 참가하겠다고 대답하는 비율이 높았다고 했으므로 자율적 카드를 받은 참가자가 공짜 요구르트를 적게 받은 이유가 실험 참가율이 낮았기 때문은 아님을 알 수 있다. 또한 세 번째 단락에서 목표를 달성할 수 있는 많은 수단 중 우리가 선택할 수 있는 폭이 커지면 고려해야 하는 요소가 더 많고 일이 어렵게 느껴지기 때문에 목표 달성의 동기가 약화된다고 했으므로 자율적 카드를 받은 참가자가 공짜 요구르트를 더 적게 받은 이유는 자율성이 목표 달성 동기를 약화시켰기 때문임을 알 수 있다.

⑤ 세 번째 단락에서 목표 달성 수단을 선택하는 과정에서 자율성이 주어지면 선택의 폭이 커져 고려해야 하는 요소가 더 많아짐은 알 수 있으나 목표 달성 과정에서 고려해야 할 수단이 많아진다고 해서 자율성이 증가하는지는 알 수 없다.

02 세부 내용 파악 난이도 중   정답 ②

정답 체크

두 번째 단락에서 머신 러닝은 입력된 데이터를 통해 해당 결괏값을 도출하는 규칙을 학습한다고 했고, 세 번째 단락에서 머신 러닝은 데이터와 해당 데이터의 결괏값을 모두 입력하여 컴퓨터가 학습할 수 있게 해주어야 한다고 했으므로 머신 러닝은 '개와 고양이의 사진'이라는 데이터와 '고양이'라는 결괏값을 주면 고양이의 추상적 데이터 처리 규칙을 학습한다. 따라서 머신 러닝이 개와 고양이를 구분하기 위해 고양이의 추상적 데이터 처리 규칙을 입력하지는 않아도 됨을 알 수 있다.

오답 체크

① 두 번째 단락에서 AI는 기존 컴퓨터와 달리 데이터 분석 규칙을 인간이 직접 설정하지 않아도 이를 자체적으로 구축하여 사람이 수행하던 작업을 스스로 해결함을 알 수 있다.

③ 세 번째 단락에서 머신 러닝은 데이터와 데이터의 결괏값을 모두 입력해야 하나, 딥 러닝은 데이터만 입력하면 데이터를 처리하는 규칙을 발견하여 스스로 결괏값을 도출함을 알 수 있다.

④ 두 번째 단락에서 머신 러닝은 데이터와 결괏값을 입력하면 해당 데이터를 바탕으로 결괏값을 도출하는 데이터 처리 규칙을 스스로 학습함을 알 수 있다.

⑤ 세 번째 단락에서 딥 러닝은 데이터만 입력하면 규칙을 발견하여 스스로 결괏값을 도출한다고 했으므로 학습할 데이터는 인간이 직접 입력해주어야 하지만 최적 경로 탐색의 결괏값인 최소 도착시간에 관한 데이터는 입력하지 않아도 딥 러닝이 스스로 도출함을 알 수 있다.

03 세부 내용 파악 난이도 상   정답 ④

정답 체크

첫 번째 단락에서 목성은 지구의 궤도보다 바깥쪽 궤도를 도는 외행성으로 구분됨을 알 수 있다. 또한 세 번째 단락에서 외행성의 위치가 충 부근이 되면 보름달처럼 보이는데, 이때는 외행성이 하늘에서 오른쪽으로 움직여 이 모습이 마치 역으로 공전하는 것처럼 보인다고 했으므로 밤에 보름달처럼 보이는 목성은 역으로 공전하는 듯이 보일 것이라는 내용은 글의 내용과 부합한다.

오답 체크

① 첫 번째 단락에서 지구형 행성은 암석으로 구성되어 있어 밀도가 높고 크기가 작으며, 목성형 행성은 수소, 헬륨, 얼음 등으로 구성되어 있어 밀도가 물과 비슷하고 크기가 크다고 했으나 지구형 행성이 목성형 행성보다 밀도가 낮고 크기도 작은지는 알 수 없다.

② 첫 번째 단락에서 태양계에는 태양에서부터 가까운 순서대로 수성, 금성, 지구, 화성, 목성, 토성, 천왕성, 해왕성 8개의 행성이 있으며, 지구형 행성은 태양에서 가까운 4개의 행성임을 알 수 있다. 또한 두 번째 단락에서 내행성이 최대 이각에 있을 때는 행성의 모양이 반달처럼 보이나, 마지막 단락에서 외행성은 지구의 궤도보다 바깥쪽 궤도를 돌기 때문에 최대 이각이 존재하지 않는다고 했으므로 최대 이각이 존재하지 않는 지구형 행성인 화성도 반달처럼 보이는지는 알 수 없다.

③ 첫 번째 단락에서 금성은 지구의 궤도보다 안쪽 궤도를 도는 내행성으로 구분됨을 알 수 있다. 이때 두 번째 단락에서 내행성이 최대 이각에 있을 때는 반달처럼 보인다고 했으나 지구에서 보름달 모양의 금성을 볼 수 있는지는 알 수 없다.

⑤ 세 번째 단락에서 외행성의 이각이 0도, 90도, 180도일 때를 각각 합, 구, 충으로 부른다고 했으므로 외행성이 합 위치에 있을 경우 이각은 0도임을 알 수 있다. 이때 두 번째 단락에서 이각이 0도이면 태양과 행성, 지구의 위치가 나란히 있기 때문에 지구에서 행성의 모습을 볼 수 없다고 했으므로 천왕성이 합 위치에 있으면 지구에서 천왕성을 볼 수 없다. 따라서 글의 내용과 부합하지 않는다.

해커스 단기합격 7급 PSAT 기출+적중 모의고사 언어논리

04 문맥 추론 [난이도 중]   정답 ①

정답 체크

· 갑의 두 번째 대화에 따르면 총 사업비는 4억 원이고, 을의 두 번째 대화에 따르면 연구 장비 이외의 사업비는 모두 인건비로 처리할 수 있다. 이때 연구 장비는 연간 5천만 원이 소요되는데 2년 기간으로 도입 계획을 세우고 있다고 했으므로 연구 장비 도입 비용은 총 1억 원, 인건비로 처리할 수 있는 금액은 3억 원이다. 갑의 두 번째 대화에 따라 연구 장비 도입의 총 비용이 1억 원 이상이므로 연구 장비 도입 심의요청서를 제출해야 함을 알 수 있다.

· 갑의 세 번째 대화에 따르면 정부출연금이 4억 원 이상인 경우 신규채용인력 1명을 의무적으로 고용해서 인건비에 반영해야 하나, 갑의 두 번째 대화에서 총 사업비가 4억 원이라고 했고, 을의 첫 번째 대화에서 총 사업비의 10%를 제외한 나머지 사업비가 정부출연금이라고 했으므로 정부출연금은 4억 원 미만이다. 이에 따라 신규채용인건비는 반영할 필요가 없다.

· 을의 마지막 대화에 따르면 인건비 총비용 중 10% 이상은 간접비로 반영하고, 간접비는 연구지원비 항목으로 산정해야 하므로 연구지원비는 3천만 원으로 책정되어야 한다.

따라서 빈칸에 들어갈 내용은 '연구 장비 도입 심의요청서를 제출하고 연구지원비는 3천만 원으로 제출하겠습니다'가 가장 적절하다.

05 세부 내용 파악 [난이도 상]   정답 ⑤

정답 체크

A에 의하면 경제 변수 예측 모델은 투자자들에게 경제 변수를 통제할 수 있다는 믿음을 심어주었고, 금융기관 또한 이 믿음을 바탕으로 주택시장의 위험 요소를 과소평가한 채 복잡한 투자상품을 만들어 시장의 위험을 증가시켰기 때문에 금융위기가 발생했다. 또한 B에 의하면 자본이 주택시장으로 집중되면서 주택시장의 위험이 과소평가되었고, 이에 따라 제조업의 원자재 생산 등에 쓰일 자본 부족으로 산출량과 시장의 공급이 감소하며 금융위기가 발생했다. 따라서 A와 B 모두 주택시장의 위험에 대한 과소평가가 금융위기와 연관되어 있다고 봄을 추론할 수 있다.

오답 체크

① A에 의하면 경제 변동을 일으키는 경제 변수는 투자자들의 변덕스러운 심리에 영향을 받으므로 이를 정확하게 예측하는 것은 불가능에 가깝다. 따라서 경제 변동은 심리적 요소에 영향을 받으므로 정확하게 예측할 수 없음을 추론할 수 있다.

② B에 의하면 경제호황으로 늘어난 통화가 주택시장으로 집중되었고, 이에 따라 제조업의 원자재 생산 등에 쓰일 자본이 부족해져 산출량과 시장의 공급이 감소하면서 금융위기가 발생했다. 따라서 금융위기의 원인은 주택시장으로의 자본 집중이 심화된 데에 있음을 추론할 수 있다.

③ A에 의하면 시장의 위험 요소를 예측하지 못한 경제 변수 예측 모델에 대한 잘못된 믿음이 금융위기를 초래했고, B에 의하면 경제 변수 예측 모델이 자본의 집중을 부추겨 금융위기를 초래했다. 따라서 A와 B 모두 경제 변수 예측 모델이 금융위기에 부정적인 영향을 미쳤다고 봄을 추론할 수 있다.

④ A에 의하면 금융위기는 경제 변수 예측 모델이 시장의 위험 요소를 예측하지 못했고, 이를 활용한 금융기관들이 시장의 위험 요소들을 과소평가한 채 복잡한 투자상품을 만들어 시장의 위험을 증가시켰기 때문에 발생했다. 그러나 B에 의하면 통화팽창으로 인해 자본이 주택시장으로 집중됨에 따라 제조업의 원자재 생산 등에 쓰일 자본이 부족해졌고, 이에 따라 산출량과 시장의 공급이 감소하면서 경제 호황이 끝나고 금융위기가 발생했다. 따라서 A와 달리 B는 시장의 공급 감소가 금융위기 발생 과정과 관련이 있다고 봄을 추론할 수 있다.

06 논리 추론 [난이도 중]   정답 ②

정답 체크

제시된 명제를 기호화하여 정리하면 다음과 같다.

· 명제 1: A ∨ B ∨ C
· 명제 2: A → C
· 명제 3: C → ~B
· 명제 4: B → (A ∧ ~C) ∨ (~A ∧ C)
· 명제 5: ~A ∨ ~B ∨ ~C

반드시 시행되는 정책안을 고르기 위해 명제 1에 따라 각 정책안을 시행할 때 가능한 경우의 수를 나누면 다음과 같다.

<경우 1> 정책안 A를 시행하는 경우
명제 2에 따라 정책안 A를 시행하면 정책안 C도 시행되고, 명제 5에 따라 정책안 B는 시행되지 않는다.

<경우 2> 정책안 B를 시행하는 경우
명제 3의 대우는 'B → ~C'이므로 정책안 C를 시행하지 않고, 명제 4에 따라 정책안 C를 시행하지 않으면 정책안 A를 시행해야 한다. 그러나 이는 명제 2의 대우인 '~C → ~A'와 모순이다. 이에 따라 정책안 B는 시행할 수 없다.

<경우 3> 정책안 C를 시행하는 경우
명제 3에 따라 정책안 B는 시행하지 않고, 정책안 A의 시행 여부는 확인할 수 없다.

따라서 <경우 1>, <경우 3>에 따라 정책안 C는 반드시 시행된다.

07 논리 추론 [난이도 중]   정답 ①

정답 체크

제시된 글에서 기호화가 필요한 문장을 정리하면 다음과 같다.

· 진술 1: 양자역학 ∧ A 원리 → 입자 소멸
· 진술 2: 입자 소멸 → 블랙홀 소멸
· 진술 3: 양자역학 → ~입자 소멸 ∧ ~에너지 상실
· 진술 4: 특이점 존재 → ~블랙홀 소멸
· 진술 5: 특이점 존재 → 일반 상대성 이론
· 진술 6: ~블랙홀 소멸 ∧ 양자역학

ㄱ. 진술 2의 대우와 진술 1의 대우를 연결하면 '~블랙홀 소멸 → ~입자 소멸 → ~양자역학 ∨ A 원리'이다. 이때 진술 6이 '~블랙홀 소멸 ∧ 양자역학'이므로 선언지 제거법에 따라 'A 원리는 존재하지 않는다.'는 반드시 참이다.

ㄴ. 진술 4에 따라 '특이점 존재 → ~블랙홀 소멸'이 참이고, 진술 6에 따라 '~블랙홀 소멸'이 참임을 알 수 있으나 '특이점 존재'가 참인지는 알 수 없다. 따라서 '특이점이 존재한다.'는 반드시 참은 아니다.

ㄷ. 진술 6에 따라 '~블랙홀 소멸'이 참이므로 '블랙홀 소멸 ∨ 일반 상대성 이론'이 참이라면 선언지 제거법에 따라 '일반 상대성 이론'이 참이어야 한다. 이때 진술 5에 따라 '특이점 존재 → 일반 상대성 이론'임을 알 수 있으나 제시된 진술만으로 '특이점 존재'가 참인지는 알 수 없으므로 '일반 상대성 이론'이 참인지 역시 알 수 없다. 따라서 '블랙홀이 소멸하거나 일반 상대성 이론이 참이다.'는 반드시 참은 아니다.

08 논리 추론 난이도 상 정답 ①

정답 체크

체육대회가 열리는 경기장 5곳을 경기장 1~5로 가정하여 A시의 홍보부스 설치 기준에 따라 각 시의 설치해야 할 홍보부스 개수를 표로 정리하면 다음과 같다.

구분	경기장 1	경기장 2	경기장 3	경기장 4	경기장 5
A시	2개	2개	2개	2개	2개
B시	8개	5개	4개	3개	0개
C시					
합계	10개	7개	6개	5개	2개

ㄱ. 경기가 가장 많은 경기장은 B시에서 홍보부스 4개를 설치하고, 수용인원이 가장 많은 경기장은 C시에서 홍보부스를 4개 설치한다고 했으므로 B시와 C시 모두 경기장 1에 홍보부스 4개를 설치해야 한다. 따라서 반드시 참이다.

ㄴ. B시와 C시는 경기장 1~5에 홍보부스를 4개, 3개, 2개, 1개를 설치할 수 있고, B시와 C시의 홍보부스 개수의 합은 8개, 5개, 4개, 3개, 0개이므로 B시와 C시 각각의 홍보부스를 설치할 수 있는 경우를 정리하면 다음과 같다.

<경우 1>

구분	경기장 1	경기장 2	경기장 3	경기장 4	경기장 5
B시	4개	3개	1개	2개	0개
C시	4개	2개	3개	1개	0개
합계	8개	5개	4개	3개	0개

<경우 2>

구분	경기장 1	경기장 2	경기장 3	경기장 4	경기장 5
B시	4개	2개	3개	1개	0개
C시	4개	3개	1개	2개	0개
합계	8개	5개	4개	3개	0개

<경우 2>에서 경기가 두 번째로 많은 경기장은 B시에서 홍보부스 3개를 설치하고, 수용인원이 네 번째로 많은 경기장은 C시에서 홍보부스 1개를 설치하므로 경기가 두 번째로 많은 경기장과 수용인원이 네 번째로 많은 경기장이 같다. 그러나 <경우 1>은 경기가 두 번째로 많은 경기장과 수용인원이 네 번째로 많은 경기장이 서로 다르므로 반드시 참은 아니다.

ㄷ. A시는 모든 경기장에 홍보부스 2개를 설치하지만 B시와 C시가 같은 경기장에 홍보부스 2개를 설치한 경우는 없으므로 반드시 참이 아니다.

09 문맥 추론 난이도 중 정답 ③

정답 체크

ㄱ. 제시된 글의 결론은 크립토크롬4가 지구 자기장을 감지하게 해주는 나침반 단백질로 텃새나 여우를 포함한 포유류의 방향을 감지하는 데 관여한다는 것이다. 텃새나 여우의 경우 시간이나 계절에 상관없이 늘 방향을 인지해야 하므로 지구 자기장을 감지하는 데 관여하는 크립토크롬의 생성량이 일정해야 한다. 따라서 '계절마다 이동하지 않는 텃새의 계절별 크립토크롬4의 양이 거의 변하지 않았다.'는 ㉠을 지지하는 진술로 적절하다.

ㄴ. 크립토크롬4가 철새와 텃새의 방향 인지와 관련된 단백질이라면 철새가 이동할 지역의 방향을 인지해야 하는 시기에는 크립토크롬4의 생성량이 더 많아야 한다. 따라서 '계절마다 이동하는 철새의 경우 다른 지역으로 이동할 시기가 왔을 때, 크립토크롬1과 2에 비해 크립토크롬4가 훨씬 많이 만들어졌다.'는 ㉠을 지지하는 진술로 적절하다.

ㄷ. 제시된 글에서 과학자들은 텃새나 여우 같은 동물들은 시간대나 계절에 상관없이 방향을 인지해야 하므로 지구 자기장을 감지하는 데 관여하는 크립토크롬은 항상 일정한 양이 생성될 것이라는 가설을 세웠고, 크립토크롬4는 그 양이 시간대에 상관없이 일정하다는 결과를 통해 크립토크롬4가 자기장 방향을 인식하는 단백질이라고 결론을 내렸다. 그러나 여우나 텃새가 시간대별로 방향을 확인할 필요성이 다르다면 방향을 인지하는 크립토크롬4의 생성량도 시간대별로 달라져야 하므로 '여우나 텃새는 하루 중 사냥시간인 오후보다 저녁에 활동량이 훨씬 적어 방향을 확인할 필요성도 줄어들었다.'는 ㉠을 지지하는 진술로 적절하지 않다.

10 논지·견해 분석 난이도 중 정답 ③

정답 체크

ㄷ. 병은 한민족의 정체성을 가지고 있다면 외국 국적자라고 하더라도 한민족 구성원이라고 할 수 있고, 한국 국적을 취득함으로써 한국인이 될 수 있다고 주장하므로 병은 한국인이 아닌 한민족 구성원이 있을 가능성을 인정한다. 그러나 갑은 한국이 한국인과 한민족 구성원의 범위가 일치하는 단일민족 국가라고 주장한다. 따라서 한국인이 아닌 한민족 구성원이 있을 가능성에 대해 병은 인정하지만 갑은 부정함을 알 수 있다.

ㄱ. 갑은 역사를 공유하며 사회를 공동 운영해 온 후손만이 민족이 되므로 귀화한 사람에게 국적이 부여될 수는 있어도 민족성은 부여되지 않는다고 주장한다. 반면 병은 민족은 국경을 초월하는 개념으로서 문화를 공유하며 정체성을 형성하는 집단이므로 외국 국적자라고 하더라도 한민족 구성원이라 할 수 있다고 주장한다. 따라서 갑은 병의 주장을 지지하지 않음을 알 수 있다.

ㄴ. 을은 '민족'이라는 개념이 정치적 필요에 의해 국가가 만들어낸 것이므로 정부가 선언한 민족은 국가 구성원에게 자동적으로 적용된다고 보고, 한국 국적을 취득하면 한민족의 구성원이 될 수 있다고 주장한다. 그러나 병은 정부의 일방적인 선언으로 민족이 결정된다는 주장은 민족 구성원들의 배타적 정체성을 제대로 설명하지 못한다고 주장한다. 따라서 을의 입장과 병의 입장은 동시에 참이 될 수 없으므로 양립할 수 없음을 알 수 있다.

11 논리 추론　난이도 중　　　　정답 ②

정답 체크

논증을 기호화하면 다음과 같다.
- 전제 1: 폐경색 → 흉통
- 전제 2: 흉통 → ~비명
- 결론: ~비명 → 폐경색

전제 1과 전제 2를 연결하여 '폐경색 → ~비명'을 도출할 수 있다. 그러나 '~비명 → 폐경색'은 그 역에 해당하는 논증으로 '후건 긍정의 오류'이므로 전제에서 결론이 도출되지 않는다.

① 전제: 변호사 시험 응시 → 법학전문대학원 수료
　결론: 갑 변호사 시험 응시 → 갑 법학전문대학원 수료
　'전건 긍정법'에 따라 전제에서 결론이 도출된다.
③ 전제 1: 을 최종 면접 대상자
　전제 2: 1차 시험 합격 → 전기기능사 자격
　전제 3: 최종 면접 대상자 → 1차 시험 합격
　결론: 을 전기기능사 자격
　전제 3과 전제 2를 연결하여 '최종 면접 대상 → 전기기능사 자격'을 도출할 수 있으므로 '전건 긍정법'에 따라 전제에서 결론이 도출된다.
④ 전제 1: (채소류 > 육류) → 미각
　전제 2: 병 ~미각
　결론: 병 ~(채소류 > 육류)
　전제 1의 대우가 '~미각 → ~(채소류 > 육류)'이므로 '후건 부정법'에 따라 전제에서 결론이 도출된다.
⑤ 전제 1: 대법원 판결 → 오류 가능성
　전제 2: 대법원 판결 → ~불복
　전제 3: 오류 가능성 → 비판의 여지
　전제 4: 진리 → ~오류 가능성 ∧ ~비판의 여지
　결론: 대법원 판결 → ~진리 ∧ 비판의 여지
　전제 1과 전제 3을 연결하면 '대법원 판결 → 비판의 여지'이고, 전제 4의 대우는 '오류 가능성 ∨ 비판의 여지 → ~진리'이므로 '대법원 판결 → ~진리'를 도출할 수 있다. 따라서 전제에서 결론이 도출된다.

12 논리 추론　난이도 중　　　　정답 ⑤

정답 체크

제시된 조건을 기호화하여 정리하면 다음과 같다.
- 조건 1: (갑 ∨ 을 ∨ 병) ∧ (정 ∨ 무 ∨ 기)
- 조건 2: 을 → 병
- 조건 3: 무 → ~을
- 조건 4: ~을 ∨ ~기 → ~갑
- 조건 5: ~갑 → ~정

조건 4의 대우 '갑 → 을 ∧ 기'와 조건 2에 따라 갑이 선발되면 을, 병, 기도 선발되어 승진 대상자가 3명이라는 조건에 위배된다. 이에 따라 '~갑'이 참이며, 조건 5에 따라 '~정'도 참이다. 이에 따라 나머지 4명 중 을의 선발 여부를 기준으로 경우의 수를 나누면 다음과 같다.

<경우 1> 을이 선발되는 경우
조건 2에 따라 병도 선발되며, 조건 3의 대우 '을 → ~무'에 따라 무는 선발되지 않는다. 이에 따라 승진 대상자로 선발되는 것은 을, 병, 기이다.

<경우 2> 을이 선발되지 않는 경우
갑과 을이 선발되지 않으면 조건 1에 따라 병이 선발된다. B부서에서 2명이 선발되어야 하므로 정을 제외한 무와 기가 선발된다. 이에 따라 승진 대상자로 선발되는 것은 병, 무, 기이다.

ㄴ. 어떤 경우에도 병과 기 주무관은 선발되므로 반드시 참이다.
ㄷ. 어떤 경우에도 갑과 정 주무관은 선발되지 않으므로 반드시 참이다.

ㄱ. <경우 2>에 따라 B부서에서 2명이 선발될 수 있으므로 반드시 참이 아니다.

13 논리 추론　난이도 상　　　　정답 ①

정답 체크

B팀과 C팀의 순위에 대하여 기철, 윤지, 석준의 예측이 상충하므로 이들의 예측을 기준으로 경우의 수를 나누면 다음과 같다.

<경우 1> 기철의 예측이 옳은 경우
기철의 예측에 따라 A·C팀은 결승전, B·D팀은 3·4위전을 치르고 B팀은 4위, D팀은 3위를 한다. 이때 B팀이 C팀보다 많은 상금을 받는다는 윤지의 예측과 C팀이 3위를 한다는 석준의 예측은 틀리게 되므로, 보람과 경미의 예측은 옳음을 알 수 있다. 한편 1위와 2위는 확정되지 않는다.

<경우 2> 윤지의 예측이 옳은 경우
윤지의 예측에 따라 B·C팀은 3·4위전, A·D팀은 결승전을 치르고 B팀은 3위, C팀은 4위를 한다. 이때 C팀이 결승전을 치르고 B팀이 4위를 한다는 기철의 예측과 C팀이 3위를 한다는 석준의 예측은 틀리게 되므로, 보람과 경미의 예측은 옳음을 알 수 있다. 한편 경미의 예측에 따라 D팀은 2위, A팀은 1위를 한다.

<경우 3> 석준의 예측이 옳은 경우
석준의 예측에 따라 C팀은 3위가 된다. 이때 윤지의 예측에 따라 B팀이 결승전에 진출하지는 못하나 C팀보다 상금을 많이 받는다면 B팀이 3위, C팀이 4위가 되어야 하므로 윤지의 예측은 틀리게 된다. 또한, C팀이 결승전을 치른다는 기철의 예측도 틀리고, 보람과 경미의 예측은 옳음을 알 수 있다. 한편 보람의 진술에 따르면 A·B팀, C·D팀이 각각 준결승전을 치르므로 D팀은 결승전에 진출한다. 또한, 경미의 진술에 따르면 A팀과 B팀 중 준결승전에서 이긴 팀은 D팀과 결승전을 치러 1위를 하고, 진 팀은 C팀과 3·4위전을 치러 4위를 함을 알 수 있다.

이상의 내용을 표로 나타내면 다음과 같다.

구분	경기별 대진표			순위			
	준결승전	결승전	3·4위전	1위	2위	3위	4위
경우 1-1	A·B, C·D	A·C	B·D	A	C	D	B
경우 1-2	A·B, C·D	A·C	B·D	C	A	D	B
경우 2	A·B, C·D	A·D	B·C	A	D	B	C
경우 3-1	A·B, C·D	A·D	B·C	A	D	C	B
경우 3-2	A·B, C·D	B·D	A·C	B	D	C	A

ㄱ. <경우 3-2>에 따라 B팀이 1위를 하여 40만 원의 상금을 받고, A팀이 4위를 하여 10만 원의 상금을 받을 수 있으므로 반드시 참이다.

오답 체크

ㄴ. <경우 1-2>에 따라 D팀이 3·4위전을 치렀을 때 C팀이 1위를 하고 A팀이 2위를 할 수 있으므로 반드시 참은 아니다.

ㄷ. <경우 2>에 따라 A팀이 D팀과 결승전을 치렀을 때 C팀이 4위를 할 수 있으므로 반드시 참은 아니다.

> ⏱ 빠른 문제 풀이 Tip
> 기철과 윤지의 진술은 합접명제(p ∧ q)이므로 p와 q 모두 거짓일 때뿐만 아니라, p와 q 중 하나라도 거짓이면 그 진술은 거짓이 된다는 점에 유의한다.

14 세부 내용 파악 [난이도 중] 정답 ②

정답 체크

마지막 단락에서 많은 과학자들이 아인슈타인의 주장을 반박하고자 여러 실험을 했지만 오히려 아인슈타인의 주장이 옳음을 증명하였고, 현대에는 빛이 입자성과 파동성을 모두 지닌 것으로 결론을 내렸다고 했으므로 아인슈타인의 주장이 틀렸음을 증명하려는 아인슈타인 이후 과학자들의 광전효과에 대한 실험은 모두 그 목적과는 다르게 아인슈타인이 옳다는 결론을 내리게 되었음을 알 수 있다.

오답 체크

① 세 번째 단락에서 토마스 영 이후에도 맥스웰 등이 빛이 전자기파의 일종임을 증명하면서 빛이 입자라는 주장은 사라지는 듯했다고 했으므로 맥스웰은 빛이 파동이라고 주장했음을 알 수 있다.

③ 첫 번째 단락에서 호이겐스와 같은 동시대 다른 물리학자들이 뉴턴이 주장한 것과 같은 현상을 근거로 빛이 파동임을 주장했지만 물리학 분야에서 뉴턴의 업적이 대단하였기에 빛은 입자라고 받아들여졌다고 했으므로 뉴턴은 빛이 입자라고 주장했고, 호이겐스 등이 주장했던 빛이 파동이라는 주장이 뉴턴의 명성에 의해 묵살되었음을 알 수 있다.

④ 세 번째 단락에서 광전효과는 이전부터 알려져 있었지만, 이것이 왜 발생하는지는 알 수 없었다고 했으므로 아인슈타인이 광전효과를 처음으로 발견한 것은 아님을 알 수 있다.

⑤ 두 번째 단락에서 회절 현상과 간섭 현상을 이용한 이중 슬릿 실험을 통해 빛이 파동임을 다시 주장했다고 했으므로 토마스 영 이전에 파동의 회절과 간섭 현상은 이미 발견되었고, 토마스 영은 이를 활용하여 빛이 파동이라고 주장했음을 알 수 있다.

15 세부 내용 파악 [난이도 중] 정답 ①

정답 체크

첫 번째 단락에서 19세기 건축가들은 중세의 전통적인 건축 양식을 비판하며 새로운 건축 양식으로 건축물을 만드는 모더니즘 건축 운동을 하였다고 했고, 두 번째 단락에서 모더니즘 건축 운동은 20세기에 들어와 세계대전을 겪게 되면서 그 결실을 맺게 되었다고 했으므로 모더니즘 건축 운동은 세계대전 이후 생활 방식 변화의 결과가 아님을 알 수 있다.

오답 체크

② 세 번째 단락에서 미스 반 데어 로에는 강철로 기둥을 만들어 건축물의 하중을 지탱하였다고 했고, 마지막 단락에서 르 코르뷔지에는 철근 콘크리트를 이용하여 건축물의 하중을 지지하는 기둥을 최소한으로 사용하였다고 했으므로 미스 반 데어 로에와 르 코르뷔지에의 건축 양식에서는 건축 재료로 철을 사용하였음을 알 수 있다.

③ 세 번째 단락에서 미스 반 데어 로에는 강철로 기둥을 만들어 건축물의 하중을 지탱하고 유리 벽으로 밖에서 안이 보이도록 하여 이전의 육중한 건축물과 대비되는 가벼워 보이는 건축물을 제안했다고 했으므로 미스 반 데어 로에는 철근과 유리를 통해 가벼워 보이는 건축물을 만들고자 하였음을 알 수 있다.

④ 세 번째 단락에 따르면 미스 반 데어 로에는 강철로 기둥을 만들고 유리로 벽을 만들어 이전의 육중한 건축물과 대비되는 가벼워 보이는 건축물을 제안했고, 마지막 단락에 따르면 전통적인 건축 양식은 막대한 하중을 분산시키기 위해 두꺼운 벽을 사용해야 했으나, 르 코르뷔지에는 철근 콘크리트를 이용하여 건축물의 하중을 지지하는 기둥을 최소한으로 사용하고 벽을 제거했다. 따라서 미스 반 데어 로에와 르 코르뷔지에 모두 전통적인 건축 양식의 한계를 벗어나고자 하였음을 알 수 있다.

⑤ 마지막 단락에서 전통적인 건축 양식은 창문을 작고 적게 사용해야 했는데, 르 코르뷔지에의 건축 양식을 이용한 건축 구조 하에서는 창문을 다양한 크기로 사용할 수 있었다고 했으므로 르 코르뷔지에의 건축 양식을 이용한 건축물은 전통적인 건축물보다 채광이 용이하였음을 알 수 있다.

16 세부 내용 파악 [난이도 중] 정답 ④

정답 체크

ㄱ. 첫 번째 단락에서 물은 0℃에서 4℃로 온도가 상승할 때 오히려 부피가 감소하고 밀도가 높아지는 음(−)의 열팽창이 발생한다고 했으므로 물의 온도가 어는 점에서 4℃까지 상승하면 물의 부피는 오히려 줄어들 것임을 추론할 수 있다.

ㄷ. 세 번째 단락에서 호수의 수면에 있는 물은 4℃가 되면 밀도가 가장 커져서 가라 앉고, 수심이 깊고 수온이 낮은 물은 부피가 커지고 밀도가 작아져서 수면으로 떠오르는 대류현상이 발생하는데, 호수의 물이 모두 4℃ 이하가 되면 더 이상 대류현상이 발생하지 않고 호수의 표면부터 얼기 시작함을 알 수 있다. 따라서 호수의 모든 수온이 4℃ 이하로 떨어지지 않는 한 호수의 대류현상은 멈추지 않을 것임을 추론할 수 있다.

ㄴ. 두 번째 단락에서 물의 어는 점에서 물의 온도가 상승할 경우, 얼음 결정이 줄어들어 부피가 감소하고 밀도가 높아지는 효과와 열팽창으로 인하여 부피가 증가하고 밀도가 낮아지는 두 가지 상반된 효과가 동시에 일어남을 알 수 있다. 이때 물은 0℃에서 4℃가 될 때까지 얼음 결정이 줄어들어 나타나는 효과가 물의 열팽창 효과보다 크므로 물은 0℃에서 4℃가 될 때까지 온도가 상승할 때는 물의 부피가 감소하고 밀도가 높아지는 음의 열팽창이 발생한다. 따라서 물은 10℃ 구간 이후부터가 아니라 4℃ 이상부터 온도 상승에 따른 물의 부피 증가가 이루어질 것임을 추론할 수 있다.

17 세부 내용 파악 정답 ⑤

ㄴ. 저작권 침해가 인정되기 위해서는 보호대상 저작물과 침해 작품과의 의거성 및 유사성이 인정되어야 한다. 의거성은 침해자의 저작물에 대한 접근 가능성이 입증되면 존재한다고 했으므로 저작권자와 동일한 작업실에서 근무하는 만화가 B에게는 의거성이 존재한다. 또한 보호대상인 저작권자의 작품과 캐릭터의 이름, 대사, 줄거리 등이 상당히 유사한 작품을 제작했으므로 보호대상 저작물과 유사성도 인정된다. 따라서 만화가 B가 저작권자와 동일한 작업실에서 근무하며, 보호대상인 저작권자의 작품과 캐릭터의 이름, 대사, 줄거리 등이 상당히 유사한 작품을 제작하였다면 저작권 침해가 인정됨을 추론할 수 있다.

ㄷ. 의거성은 침해자의 저작물에 대한 접근 가능성이 입증되면 존재한다고 했으므로 시인 D와 함께 생활하는 소설가 C에게는 의거성이 존재한다. 그러나 저작권법은 저작권자의 사상이나 감정 그 자체를 보호하고 있지는 않다고 했으므로 시인 D의 사상은 보호대상이 아니다. 따라서 소설가 C가 함께 생활하는 시인 D의 사상을 참고하여 작품을 제작하였다면 저작권 침해가 인정되지 않음을 추론할 수 있다.

ㄱ. 첫 번째 단락에서 저작권 침해란 저작권자의 허락이나 정당한 권한 없이 서작권의 보호대상인 저작물을 이용하거나 허락이 있더라도 그 이용 허락 범위를 넘어서 이용하는 경우를 말한다고 했으므로 예술가 A가 저작권자가 허락한 범위 내에서 저작권자 저작물의 핵심 표현 방식을 그대로 차용하였다면 저작권 침해가 인정되지 않음을 추론할 수 있다.

18 문맥 추론 정답 ④

제시된 글에서 자신의 죽음으로 위험에 처한 생명을 살리는 행위는 그 의도에 의해 선하다고 했고, 소방관이 환자를 구하기 위해 불에 자신의 몸을 스스로 던졌으나, 환자를 구하지 못하고 소방관과 환자 모두 죽음에 이르렀다 하더라도 그것을 악한 행위라고 볼 수 없다고 했으므로 '행위자의 행위는 의도가 아닌 결과에 따라 선악을 구분한다'로 수정하는 것은 적절하지 않다.

① 윤리학에 따르면 인간의 행위는 본능과 충동에 의한 비윤리적 행위인 '인간의 행위'와 의도·결정·동기로 이루어진 윤리적 행위인 '인간적 행위'로 구분된다. 자살은 행위자가 행위의 결과를 인식하고 동기를 갖고 있으며, 스스로 자살의 방법을 선택하는 윤리적 행위이므로 '인간적 행위'로 수정하는 것이 적절하다.

② 공리주의자들은 소방관이 위험에 처한 인명을 구조하기 위해 불에 몸을 던지는 경우와 같은 이타적 자살일 경우에만 선이라고 부를 수 있다고 주장한다. 그러나 제시된 글에서 불 속에 쓰러져 있는 사람이 위험한 것을 알고 불에 몸을 던진 것은 위험에 처한 생명을 살리기 위한 행위이지 자신의 생명을 끊기 위함은 아니라고 했으므로 '자살이 아닌 윤리적으로 선한 행위라고 해석하는 것이 옳다'로 수정하는 것이 적절하다.

③ 불 속에 쓰러져 있는 사람이 위험한 것을 알고 불에 몸을 던진 것은 위험에 처한 생명을 살리기 위한 행위이지 자신의 생명을 끊기 위함은 아니므로 '자살의 의도가 없다'로 수정하는 것이 적절하다.

⑤ 공리주의자들은 이타적인 자살만이 윤리적으로 선한 자살이라고 주장한다. 그러나 제시된 글에서 소방관이 환자를 구하기 위해 불에 자신의 몸을 스스로 던졌으나 소방관과 환자 모두 죽음에 이른 경우에는 선한 의도로 비롯된 죽음이더라도 이타적인 자살이라고 볼 수 없다고 했으므로 '공리주의가 주장하는 윤리적으로 선한 자살은 존재하지 않는다'로 수정하는 것이 적절하다.

19 논지·견해 분석 정답 ④

ㄱ. A 연구진은 꿀벌 유충이 먹는 음식인 로열젤리의 섭취 기간이 여왕벌과 일벌을 결정짓는다고 주장한다. 그러나 일벌이 될 꿀벌 유충과 여왕벌이 될 꿀벌 유충이 유전적으로 차이가 존재한다면 일벌과 여왕벌을 결정짓는 요소가 로열젤리의 섭취 기간이 아니므로 글의 논지를 약화한다.

ㄷ. A 연구진은 로열락틴이라는 로열젤리 속 단백질이 일벌을 여왕벌로 만든다고 주장한다. 그러나 꿀벌 유충이 단백질을 흡수하지 못하고 배설한다면 로열락틴이라는 단백질이 여왕벌과 일벌을 결정짓는 요소가 아니므로 글의 논지를 약화한다.

ㄴ. A 연구진은 로열락틴이라는 로열젤리 속 단백질이 일벌을 여왕벌로 만든다고 주장한다. 이때 로열락틴이 섭씨 40도 이상에서 한 달 이상 노출되면 파괴되는 것과 로열락틴이 파괴된 로열젤리는 여왕벌을 만드는 데 효과가 없다는 것을 발견하였다고 했으므로 섭씨 50도 이상에서 두 달 이상 방치된 로열젤리는 로열락틴이 파괴되었음을 알 수 있다. 따라서 섭씨 50도 이상에서 두 달 이상 방치한 로열젤리를 부화한 꿀벌 유충에게 지속적으로 섭취시켰으나 여왕벌이 되지 않았다면 파괴되지 않은 로열락틴이 여왕벌과 일벌을 결정짓는 요소일 수도 있으므로 글의 논지를 약화하지 않는다.

> 🕐 **빠른 문제 풀이 Tip**
> 글의 논지를 약화하지 않는 사례를 찾아야 하므로 우선 글의 논지가 무엇인지 파악한다. 이 문제의 경우 A 연구진의 실험이 제시되었으므로 실험의 과정 및 결과, 결론을 중심으로 글의 논지를 파악한 후, <보기>에서 글의 논지와 반대 방향의 진술을 찾는다.

20 논지·견해 분석 [난이도 중] 　　　정답 ⑤

ㄱ. 글의 주장은 국가들 간 전쟁 없는 평화상태를 유지하기 위해 주권은 어떠한 방법으로도 침해되어서는 안 된다는 것이고, 인도적 개입의 명목으로 다른 국가의 내정을 간섭하는 것은 안 된다는 것이다. 따라서 '방치된 인도적 위기상황의 영향이 인접국으로 퍼져나가면 전쟁보다 더 많은 사람들이 죽거나 다치는 일이 발생한다.'는 인도적 개입이 없어 평화상태가 유지되지 않은 것이므로 글의 주장을 약화한다.

ㄴ. 세 번째 단락에서 주권최우선주의가 독재 정부를 옹호하는 장치가 되어 반인권 범죄를 조장한다는 주장에 대해 인도적 개입이라는 명목으로 다른 국가에 대한 내정 간섭과 침략 전쟁이 활성화될 경우에 반인권 범죄로 인한 피해가 더 많은 사람에게 발생할 수 있다고 반박하고 있다. 따라서 독재 정부에 의한 반인권 범죄 피해를 입은 사람이 인도적 개입이라는 명목의 침략 전쟁으로 반인권 범죄 피해를 입은 사람보다 많다면 반박의 내용을 부정하는 것이므로 글의 주장을 약화한다.

ㄷ. 세 번째 단락에서 역사적으로 인도적 위기 상황에 처한 국민들은 반인권 범죄를 스스로 타개해 나갔을 뿐 외세의 개입을 통해 이를 해결한 사례는 없음을 알 수 있다. 따라서 패권국가가 독재 정부인 국가에 인도적 개입을 하여 평화적으로 독재 정부를 몰아낸 사례가 있다면 인도적 개입이 평화적으로 반인권 범죄를 해결할 수 있다는 것이므로 글의 주장을 약화한다.

21 문맥 추론 [난이도 중] 　　　정답 ③

두 번째 단락에서 뮐러가 정리한 이상적인 살충제의 조건 중 가능한 많은 종류의 곤충에게 효과가 있어야 하고, 화학적으로 안정되어 효과가 오래 지속되어야 한다는 조건은 훗날 DDT의 치명적인 문제점과 결부되는 특성이었다고 했으므로 1950년대 말 드러난 DDT의 부작용은 이 두 가지 특성과 관련 있음을 알 수 있다.

㉠ DDT가 해충뿐만 아니라 그 천적까지 퇴치하여 살충제의 살포를 중단하면 해충이 더욱 창궐했다고 했다. 따라서 빈칸에 들어갈 말은 '많은 곤충에게 효과가 있어야 한다는'이 가장 적절하다.

㉡ DDT는 잘 분해되지 않아 먹이사슬을 통해 동식물 체내에 축적되고 오랜 기간 잔존하기 때문에 해충 이외의 동식물도 부정적인 영향을 받게 되었다고 했다. 따라서 빈칸에 들어갈 말은 '약효가 오랫동안 작용해야 한다는'이 가장 적절하다.

22 세부 내용 파악 [난이도 하] 　　　정답 ④

마지막 단락에서 DDT는 살충제의 독성 강도에 따른 네 가지 분류 중 세 번째인 보통독성에 해당하지만 잔류성이 크다는 문제가 있으며, 위해성 문제로 1970년대에 DDT의 사용이 금지되었다가 현재는 일부 국가에서만 합법화되었다고 했다. 따라서 DDT의 경우처럼 독성 강도 자체는 높지 않더라도 잔류성이 큰 살충제의 경우 사용을 금지하는 국가들이 있음을 알 수 있다.

① 두 번째 단락에서 자이들러가 1874년에 DDT를 처음 합성했고, DDT의 살충 효과는 그 후인 1939년 뮐러에 의해서 밝혀졌다고 했다. 따라서 자이들러가 강력한 살충 효과를 갖는 물질을 개발하는 과정에서 DDT가 만들어진 것은 아님을 알 수 있다.

② 첫 번째 단락에서 화학 살충제가 생태계에 미치는 악영향을 제시한 『침묵의 봄』은 1962년에 출간되었다고 했고, 마지막 단락에서 DDT의 폐해가 하나둘씩 드러나는 와중에 『침묵의 봄』이 출간되면서 DDT의 위해성에 대한 논란이 일었다고 했다. 따라서 『침묵의 봄』을 통해 화학 살충제의 유해성이 공론화되기 전에도 화학 살충제 사용에 따른 부작용이 발견되었음을 알 수 있다.

③ 세 번째 단락에서 1939년 뮐러가 DDT의 효과를 발견하여 살충제로 개발되었을 당시에는 인체에도 무해한 것으로 알려졌다고 했고, 마지막 단락에서 1950년대 말에서야 DDT의 폐해가 드러났다고 했다. 따라서 DDT를 살충제로 사용하기 시작할 시기에는 인체 유해성을 감수한 것이 아니라 이에 대해 알려지지 않았던 것임을 알 수 있다.

⑤ 두 번째 단락에서 뮐러가 제1차 세계대전에서 인명피해를 낳은 전염병의 확산을 막기 위해 개발한 살충제가 DDT였다고 했고, 세 번째 단락에서 해충이 먹은 뒤에야 효과가 나타나는 기존 살충제와 달리 DDT는 뿌리는 즉시 살충 효과를 냈으며 값이 저렴하였다고 했다. 따라서 DDT는 제1차 세계대전 시기에 사용되던 살충제에 비해 살충 효과가 빠르게 나타나고 가격경쟁력도 있었음을 알 수 있다.

23 문맥 추론 [난이도 중] 　　　정답 ⑤

㉠ 세 번째 단락에서 국내 이익집단의 반대가 격렬할수록 윈셋의 크기가 줄어들어 협상이 타결될 가능성이 줄어들지만 협상이 타결될 경우 얻을 수 있는 국익은 커짐을 알 수 있다. 또한 마지막 단락에서 '발목 잡히기 전략'은 협정에 반대하는 국내 이익집단에게 고의적으로 협정 내용을 알려 국내에 부정적인 여론을 형성하는 것이라고 했으므로 ㉠에 들어갈 말은 '자국 윈셋의 범위를 좁혀 협상의 타결로 얻을 수 있는 국익을 높이는 전략이다.'가 적절하다.

㉡ 세 번째 단락에서 국내 이익집단의 여론이 우호적일수록 윈셋의 크기가 커져 협상 타결 가능성은 증가함을 알 수 있다. 또한 마지막 단락에서 '메아리 전략'은 협상 상대 국가에게 자국과의 협상이 긍정적 효과를 가져올 것임을 강조하여 협상 타결 가능성을 높이는 방법이라고 했으므로 ㉡에 들어갈 말은 '상대국의 윈셋 범위를 넓혀 협상 타결 가능성을 높이는 전략이다.'가 적절하다.

24 문맥 추론 난이도 중 정답 ②

정답 체크

운영규정에서 시설이용자는 집단급식소에서 급식을 받는 인원으로 급식소 종사자는 제외한다고 했고, 법률에서 집단급식소는 1회 50명 이상에게 식사를 제공하는 후생기관이라고 했으므로 상위법령인 법률 제2조에 따라 A시 급식소는 시설이용자 45명, 급식소 종사자 6명을 포함하여 51명에게 급식을 제공하는 후생기관으로 집단급식소에 해당함을 알 수 있다. 또한 제52조에 따라 A시 급식소는 집단급식소 운영자가 영양사도 아니고, 1회 100명 미만의 인원에게 급식을 제공하나 산업체가 아니므로 영양사를 두어야 함을 알 수 있다. 따라서 갑은 법률에 따라 A시 급식소는 영양사를 의무적으로 두어야 하는 집단급식소이고, 이에 따라 보조금 지급이 적법하다는 결론을 내렸을 것이므로 'A시 급식소는 영양사를 의무적으로 두어야 하는 집단급식소이므로 부조금 지급이 적법하다.'가 가장 적절하다.

오답 체크

①, ③, ④, ⑤ A시 급식소는 영양사를 의무적으로 두어야 하는 집단급식소에 해당하며, 보조금 지급이 적법하므로 적절하지 않다.

25 논지·견해 분석 난이도 상 정답 ③

정답 체크

ㄱ. 제4조 제3항에 따르면 의결정족수는 관리규약으로 정한 정원을 기준으로 산정하지만, 해당 입주자대표회의 구성원의 3분의 2 이상이 선출되었을 때에는 그 선출된 인원의 과반수라는 완화된 의결정족수가 적용된다. 쟁점1에서 A아파트의 입주자대표회의 구성원은 최초 선출 당시에는 관리규약으로 정한 정원의 3분의 2 이상인 8명이었으나, 일부 동별 대표자의 사퇴로 그 미만인 6명이 되었다. 이때 완화된 의결정족수가 적용되지 않는다면 관리규약으로 정한 정원의 과반수 찬성이 있어야 하며, 완화된 의결정족수가 적용된다면 의결 당시 선출되어 있는 인원의 과반수 찬성이 있어야 한다. 따라서 갑은 입주자대표회의 의결정족수에 대해 갑은 관리규약으로 정한 정원의 과반수여야 한다고 생각하지만, 을은 의결 당시 선출되어 있는 인원의 과반수여야 한다고 생각하기 때문이라고 하면, 갑과 을 사이의 주장 불일치를 설명할 수 있으므로 적절한 분석이다.

ㄴ. 쟁점2는 입주자대표회의 의결정족수가 선출된 인원 13명의 과반수인 7명인지, 회의에 참석한 7명의 과반수인 4명인지에서 비롯된 논쟁이다. 따라서 입주자대표회의 의결정족수는 회의 참석 인원에 따라 변경되는 것이 아니라고 확정된다면, 7명의 찬성으로 의결 가능하여 갑의 주장은 옳고, 을의 주장은 그르므로 적절한 분석이다.

오답 체크

ㄷ. 제4조 제3항의 '선출된 인원의 과반수'라는 완화된 의결정족수는 의결 당시 선출되어 있는 현재 인원이 입주자대표회의 구성원의 3분의 2 이상일 경우에 적용한다는 사실이 밝혀지면, 쟁점1에서 관리규약으로 정한 정원의 3분의 2 미만이 된 A아파트 입주자대표회의의 의결정족수는 12명의 과반수인 7명이므로 6명의 현재 인원으로 입주자대표회의 의결이 불가능하다는 갑의 주장은 옳다. 한편 쟁점2에서 B아파트는 최초 선출된 인원이 13명이고 현재 인원이 12명으로 관리규약으로 정한 정원의 3분의 2 이상이다. 따라서 의결 당시 선출되어 있는 현재 인원을 기준으로 적용하여도 쟁점2에서 입주자대표회의의 의결정족수는 7명으로 갑의 주장은 옳으므로 적절하지 않은 분석이다.

해커스공무원 **단기 합격생**이 말하는

공무원 합격의 비밀!

해커스공무원과 함께라면
다음 합격의 주인공은 바로 여러분입니다.

10개월 만에
전산직 1차 합격!

최*석 합격생

언어논리는 결국 '감'과 '기호화'의 체화입니다.

언어논리 조은정 선생님의 강의를 통해 제시문 구조, 선지
구조 등 문제접근법에 대해서 배웠고, 그 방식을 토대로
문제 푸는 방식을 체화해가면서 감을 찾아갔습니다.
설명도 깔끔하게 해주셔서 도식화도 익힐 수 있었습니다.

단 3주 만에
PSAT 고득점 달성!

김*태 합격생

총 준비기간 3주 만에 PSAT 합격했습니다!

자료해석 김용훈 선생님은 인강으로 뵈었는데도 정말
친절하셔서 강의 보기 너무 편안했습니다. 분수비교와
계산방법 등 선생님께서 쉽게 이해를 노와주셔서 많은
도움이 되었습니다.

7개월 만에
외무영사직 1차 합격!

문*원 합격생

상황판단은 무조건 '길규범' 입니다!

수험생이 접하기 어려운 과목임에도 불구하고 길규범 선생
님께서는 정말 여러가지의 문제풀이 방법을 알려주십니다.
강의가 거듭될수록 문제푸는 스킬이 나무처럼 카테고리화
되어서 문제에 쉽게 접근할 수 있게 되었어요!

해커스공무원 gosi.Hackers.com

더 많은 합격수기가 궁금하다면? ▶

20대 마지막
기회라 생각했던
박*묵님도

적성에 맞지는 않는 전공으로
진로에 고민이 많았던
박*훈님도

여군 전역 후 노베이스로
수험 생활을 시작한
박*란님도

해커스공무원으로 자신의 꿈에 한 걸음 더 가까워졌습니다.

당신의 꿈에 가까워지는 길
해커스공무원이 함께합니다.